DIE SONNE

DIE SONNE

Das Gestirn in der Kulturgeschichte

Zusammengestellt und herausgegeben von

MADANJEET SINGH

Mit Beiträgen von:

AHMAD HASAN DANI, Pakistan; ALLEN F. ROBERTS, U.S.A.; MIRANDA GREEN, Großbritannien; JAMES F. ROMANO, U.S.A.; JEANNINE DAVIS-KIMBALL, U.S.A.; CHRISTOPHER D. ROY, U.S.A.; JACQUES LACARRIERE, Frankreich; JAMES R. RUSSELL, U.S.A.; BORIS I. MARSHAK, Rußland; ELIZABETH SCHULTZ, U.S.A.; ANATOLY IVANOVICH MARTYNOV, Rußland; EDI SEDYAWATI, Indonesien; MARY ELLEN MILLER, U.S.A.; MADANJEET SINGH, Indien; EDUARDO MATOS MOCTEZUMA, Mexiko; HUA TAO, China; RAMIRO MATOS MENDIETA, Peru; PANOS D. VALAVANIS, Griechenland; GREGORY NAGY, U.S.A.; FUMIKO YAMAMOTO, Japan; JAN L. PERKOWSKI, U.S.A.; ATSUHIKO YOSHIDA, Japan; YURI A. PIATNITSKY, Rußland; VERA N. ZALESSKAYA, Rußland.

In Zusammenarbeit mit:

HELEN DICKINSON BALDWIN, U.S.A.; PAULINA LEDERGERBER, Ecudaor; PETER BRYDER, Schweden; YEVGENY V. MAVLEEV, Rußland; WILLIAM COWARD, Großbritannien; LYUMILLA PIROGOVA, Rußland; JENNIFER ISAACS, Australien; RAKSHA TALWAR, Indien; ANAND KRISHNA, Indien; MOIRA TAMPOE, Sri Lanka.

Aus dem Englischen übersetzt von
Thérésa-M. Bullinger

Ernst Wasmuth Verlag Tübingen · Berlin
UNESCO

Ernst Wasmuth Verlag Tübingen · Berlin
Satz: Computer Staiger GmbH, Ammerbuch-Pfäffingen.
Druck und Einband: Amilcare Pizzi s.p.a., Milano
Printed in Italy
ISBN 38030 3059 5

Inhaltsverzeichnis

3

1. Madhavi Mudgal und ihre Mittänzerinnen bei der Vorführung eines Sonnentanzes vor dem indischen Sonnengott Sûrja. Skulptur aus dem 13. Jahrhundert im Sonnentempel von Konarak, Indien. (Nationalmuseum, New Delhi).

2. Die Sonne in Form von golddurchwirkter Stickerei. 17. Jahrhundert. Rewa, Indien.

3. Taperet mit erhobenen Händen bei der Verehrung des ägyptischen Sonnengottes Harachte, der Sonnenstrahlen in Form von Lilienblüten aussendet. Auf Holz gemalt. 9. Jahrhundert v. Chr. (Musée du Louvre, Paris).

Vorwort

„Alles, was existiert, wurde aus Sûrja, dem Gott der Götter geboren“, sagt der Rigweda des alten Indiens, und drückt damit die uralte Verehrung aller Kulturen aus, die diese der Sonne seit dem Beginn der Geschichte entgegenbrachten. Wie die Gläubigen Indiens, die an den Ufern heiliger Flüsse den Segen des Sonnengottes Sûrja erflehen, pilgern Tausende von Japanern im Land der „aufgehenden Sonne“ zum Beten an den Meeresstrand von Futamigaura in Ise, zum Schinto-Schrein der am „Himmel scheinenden“ Sonnengöttin Amaterasu.

Als Spenderin von Licht und Leben identifizierten die alten Kulturen die Sonne gemeinhin als Symbol der Wahrheit, als das allessehende „eine Auge“ der Gerechtigkeit und Gleichheit, als Brunnen der Weisheit, des Erbarmens und der Erleuchtung, als die Heilerin von körperlichen und geistigen Krankheiten, und vor allem als die ureigentliche Quelle von Fruchtbarkeit, Wachstum und Erfüllung wie auch des Todes und der Erneuerung des Lebens. Die meisten religiösen Rituale, sozialen Funktionen, kulturellen Veranstaltungen, Festspiele und Sport können auf die uralte Verehrung der Sonne zurückgeführt oder mit ihr durch bäuerliche oder Fruchtbarkeitsriten in Verbindung gebracht werden. Das Entzünden von Feuern, das Springen über das Feuer, das Tanzen um einen im Mittelpunkt stehenden Baum oder Pfahl während der Winter- und Sommersonnenwende haben ähnliche Bedeutungen wie das Entzünden der Olympischen Flamme und der olympische Läufer, welcher dieses Sonnensymbol von einem Ort der Spiele zu einem anderen trägt.

Kunstwerke mit Sonnenmotiven kann man in vielen eindrucksvollen Sonnentempeln und -schreinen sowie in Museen und an archäologischen Fundstätten überall auf der Welt finden. Sonnensymbole spiegeln sich in schönen Textilmustern, in gestickten Mänteln, in gravierten Kürbisflaschen, in verzierten Schüsseln und anderen Gegenständen aus Holz, Silber oder Gold wider. Diese Kunstformen transzendieren Zeit wie Raum und zeigen, wie sich die tiefverwurzelten Sonnenkulturen in unserem täglichen Leben als komplexe Gesamtheit künstlerischer Erfindungsgabe und Identität einerseits und als kulturelle Interaktion zwischen den verschiedenen Kulturen andererseits manifestieren.

„Derjenige, der dem Menschen innewohnt und derjenige, der in der Sonne wohnt, ist ein- und derselbe“, sagen die Taittirija-Upanischaden. In diesem Geiste hat Madanjeet Singh dieses Buch in Zusammenarbeit mit einer Reihe von Wissenschaftlern, die aus verschiedenen Regionen der Welt stammen, konzipiert und zusammengestellt. Einige von ihnen hatten schon mit ihm an dem UNESCO-Projekt „Integral Study of the Silk Roads“* im Rahmen des Weltjahrzehnts für kulturelle Entwicklung zusammengearbeitet.

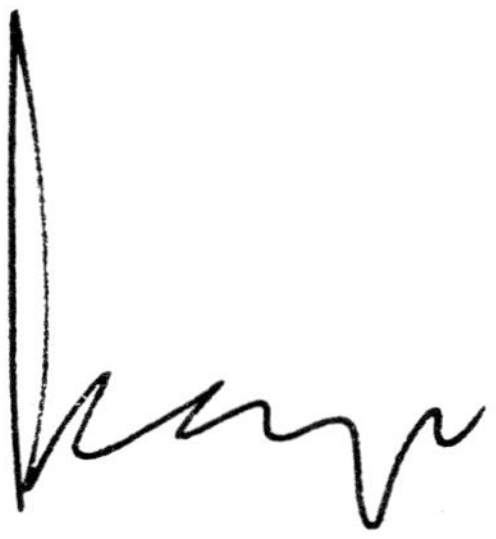

Federico Mayor
Generaldirektor der UNESCO, Paris.

---

* „Integrales Forschungsprojekt der Seidenstraßen“

4

4. Traditionelle japanische Zeichnung der Neujahrsfeierlichkeiten am Strand von Futamigaura, Ise, Japan.

5

Einführung

MADANJEET SINGH

Tausende von Menschen im „Land der aufgehenden Sonne" pilgern alljährlich zum Strand von Futamigaura bei Ise und erwarten das Anbrechen des Neujahrstages, um die Sonnengöttin Amaterasu zu ehren. Die Stille der Dunkelheit wird nur vom rhythmischen Brechen der Wellen gegen den Strand unterbrochen. In dem Maße, wie sich der Himmel auf großartige Weise karmesinrot verfärbt, heben sich allmählich die verschwommenen Umrisse zweier *Mateo-iwa*-Felsen im Meer ab, wovon der eine größer ist als der andere. Es heißt, daß der größere Felsen das männliche, der kleinere das weibliche Prinzip darstellt; und das kräftige Seil, das die beiden Felsen verbindet, versinnbildlicht das ewige Band, das das göttliche Paar vereinigt. Das Tor der Himmlischen Gottheiten *Shinmai-Dorii* auf dem größeren Felsen ist das universelle Symbol des Sonnentors zur Unsterblichkeit (Abb. 5).

Wenn dann die verschwommenen Umrisse der Gebirgsketten jenseits des Meeres deutlicher werden, wächst die Erregung, und die Menschen lehnen sich mit gefalteten Händen über die gigantischen Krötenskulpturen aus Bronze und Stein (Abb. 86), um den Sonnenaufgang zu sehen. Schließ-

5. Die beiden *Mateo-iwa*-Felsen am Meeresufer von Futamigaura stellen das göttliche Paar dar. Das „Tor der Himmlischen Gottheiten" auf der Spitze des größeren der beiden Felsen ist das universelle Sonnentor, das zu Leben oder Tod führt.

6

7

lich erscheint über den Bergspitzen der prächtige Strahlenkranz der Sonnengöttin. Plötzlich wird die Stille unterbrochen, wenn die bislang bang wartenden Menschen zwei Mal scharf in die Hände klatschen und sich dann verbeugen, um die Aufmerksamkeit der Göttin auf sich zu ziehen. Das Sonnenspektrum verändert immer wieder seine Farbe, während die Gläubigen ihre Augen schließen und solange beten, bis die Sonnenstrahlen nicht mehr länger rot sind. Wieder klatschen sie in die Hände, dieses Mal, um sich von der Sonnengöttin zu verabschieden. Dann gehen sie auf das am Meeresufer liegende Heiligtum von Amaterasu zu, während andere sich um die himmlische Höhle versammeln, aus der die Göttin hervorgegangen sein soll, um die Welt mit dem Sonnenlicht geistiger Errettung zu erleuchten (Abb. 6, 7).

Das Sonnenabbild in dem schmucklosen hölzernen Schrein ist lediglich ein kleiner runder Spiegel, der zusammen mit Jadeschmuck und dem bronzenen Dolch die drei heiligen Zeichen der japanischen Mythologie ausmacht. Die Assoziation des Spiegels, der Amaterasu aus der Höhle hervorlockt, mit der Sonne wurzelt in der uralten Praxis, konvexe polierte Bronzescheiben herzustellen, auf die auf der nichtreflektierenden Seite Sonnensymbole eingraviert waren. Der sibirische Ursprung ist hier offensichtlich, da ja bronzene Spiegel, Dolche und perforierte Pfahlenden bei den skythischen Völkern der eurasischen Steppe weit verbreitet waren. Bronzespiegel mit geometrischen Mustern aus Kreisen, Bändern mit Radmotiven, dachförmigen Dreiecken, Punkten und schräg eingeschnittenen Linien (Symbol für die Sonnenstrahlen) waren auch auf dem riesigen eurasischen Kontinent – von Hallstatt in Österreich bis nach Minusinsk im oberen Tal des Jenissej-Flusses in Sibirien – sehr beliebt sowie auch in Korea (Abb. 9 bis 13).

6. Die Sonnengöttin Amaterasu tritt aus der Höhle hervor – in einem rituellen, *Takachiho-Kagura* genannten Schinto-Tanz.

7. Das Hervortreten Amaterasus aus der Höhle ist in einem Holzschnitt von Toyokuni III., *Der Ursprung des Iwato-Kagura* (1844), dargestellt. (Asai Collection, Tovonaka City, Japan).

8

Die verschiedenen Modelle von Bronzespiegeln können bis zu den Spiegeln im Hui-Stil des Chinas der Vor-Han-Zeit zurückverfolgt werden. Man nimmt an, daß es sich bei mehreren der kleinen Scheiben, die aus dem Grab in Shang-ts'un-ling in Honan (8. Jahrhundert v. Chr.) stammen, um die ältesten Spiegel Chinas handelt. Die Sonnen-Symbolik auf den Honan-Spiegeln wird oft in Form von Drachen dargestellt, die mit Tiersymbolen durchflochten sind, deren Schwänze sich zu Voluten winden. Reliefierte oder gehämmerte Spiegel mit Tiersonnensymbolen waren in China während der Sui- und T'ang-Dynastien sehr verbreitet. Zu ihnen gehörten auch Hinweise auf die Himmelsrichtungen und die „fünf Elemente" der taoistischen Bildsprache wie auch die zwölf Tiere des Tierkreises. Tierkreiszeichen waren bereits im römischen Einflußgebiet beliebt, wie das die Tyche mit dem Tierkreis beweist, die eine nabatäische Göttin des Glückes aus dem 2. Jahrhundert n. Chr. darstellt und in Chirbet Tannur in Jordanien ausgegraben wurde. (Abb. 14). Während des 7. und 8. Jahrhunderts wurde ein „Löwen-mit-Trauben-Motiv" offensichtlich von den Uiguren Zentralasiens eingeführt, das dann eng mit dem manichäischen Glauben in Verbindung trat; dies ist auch der Grund, warum diese Art Spiegel ganz abrupt nach der Verfolgung des Manichäismus in China 843 n. Chr. verschwand. Auch ägyptische und ägäische Bronzespiegel sowie ihnen ähnliche etruskische Sonnenscheiben des vorrömischen Italiens (10. bis 9. Jahrhundert v. Chr.) beziehen sich auf die Sonne.

Die beiden *Mateo-iwa*-Felsen und die himmlische Höhle in Futamigaura, von welcher behauptet wird, daß aus ihr die Göttin hervortritt, erinnern an die Mythen von Sonnenfinsternissen der australischen und asiatischen Völker und an ähnliche Höhlen- und Unterweltlegenden in verschiedenen anderen Kulturen, die sich auf die Sonne beziehen. Die australischen Ureinwohner glaubten, daß es

8. Eine japanische Gläubige, die im Schinto-Heiligtum von Ise betet.

während der *wongar* oder „Traumzeiten“ einmal eine Höhle gegeben hatte, in der eine schöne Frau, die Sonne, schlief. Von dem „ursprünglichen Volk“ der Inka in Peru wurde ebenfalls angenommen, daß es aus einer Höhle hervorgegangen war, weil seine Gottheit Virakocha es aus bemalten Puppen aus Stein erschaffen hatte. Die Ayarmaca in Nordchile – die wie die Inka Virakocha, den Schöpfer von Helden, verehrten – glaubten, daß nachdem sich Männer und Frauen der Gottheit gegenüber unehrerbietig verhalten hatten, diese sie in Stein verwandelt hatte; da sie aber in völliger Dunkelheit nicht überleben konnten, erschuf Virakocha die Sonne neu und brachte so die Menschen zum Leben zurück. Nach einem Mythos der Sumerer verhalf der Sonnengott Utu dem Dumuzi, dem jungen Gemahl der Gottheit Inanna, zur Flucht aus der Unterwelt, indem er ihn in Stein verwandelte. Nur ein Mann und eine Frau überlebten die große Flut, die der erzürnte Zeus in der griechischen Mythologie über die Menschheit gebracht hatte, und dieses Paar, Deukalion und Pyrrha, schuf die Menschheit neu, indem es auf dem Berg Parnaß, den Apollo häufiger aufsuchte, Steine über die Schulter und hinter sich warf. *Bhavisya Purana* sagt, daß Wischwakarma, der göttliche Bildhauer der Hindus, aus der Sonnenkugel die menschliche Gestalt meißelte. Man könnte diesen Gedanken fortspinnen und sagen, daß unsere Spezies während des Paläolithikums, als die Menschen noch in Höhlen oder unter überhängenden Felsen lebten und hölzerne Stöcke sowie grob beschlagene Faustkeile für die Jagd auf wilde Tiere verwendeten, „buchstäblich aus der Sonnenkugel herausgemeißelt“ worden ist.

Diese Werkzeuge herstellenden Hominiden, wie sie von den Anthropologen genannt werden, traten ungefähr vor eineinhalb Millionen Jahren auf. Aber die Sonnenidentifikation der von ihnen gejagten Tiere wurde erst sehr viel später in den eindrucksvollen kreisförmigen Gravierungen evident, die in zentralasiatischen Gebieten (um 13 000 v. Chr.) in Sibirien und Westturkistan entdeckt wurden. Sie scheinen die frühesten Kunsterzeugnisse Persiens und Mesopotamiens beeinflußt zu haben, während andere mit Ost- und Zentraleuropa durch die Wolga und Kasachstan in Verbindung kamen.

9

10

11

12

13 a

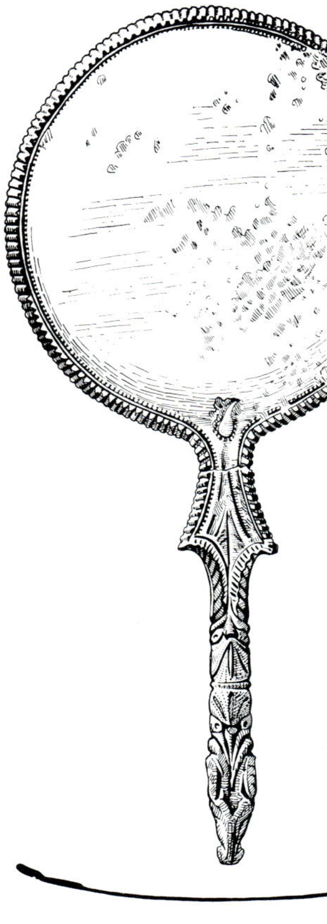
13 b
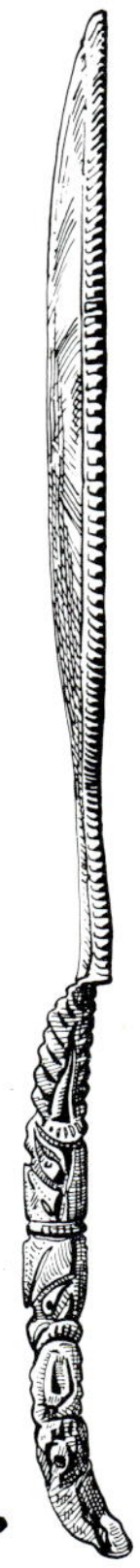

9. Bronzespiegel (22 cm). Frühe Eisenzeit, etwa 3. bis 2. Jahrhundert v. Chr. Provinz Kangwon, Republik Korea. (Sungjon University Museum, Republik Korea).

10. Bronzescheibe (12,7 cm) mit Sonnenstrahlenmotiven, ähnlich der schamanistischen Volkskunst Sibiriens. Ende des 4. Jahrhunderts v. Chr. Provinz Iksan, Nord-Chola, Republik Korea. (Nationalmuseum von Korea, Seoul).

11. Mehrgriffiger Spiegel (11 cm) mit sich überkreuzenden Sonnenstrahlen. Beginnendes 2. Jahrhundert v. Chr. Ch’op’o-ri, Provinz Süd-Chola. Republik Korea. (Nationalmuseum von Korea, Seoul).

12. Rituelle Handglocke (15 cm) mit acht Schellen und Sternenmuster, die die Sonne darstellen. Erste Hälfte des 3. Jahrhunderts v. Chr. Aus Nonan in der Provinz Süd-Ch’ungch’ong. Republik Korea. (Nationalmuseum von Korea, Seoul).

In einer Vielfalt von anthropomorphen Formen, wie zum Beispiel in dem Nimbus um den Kopf, in aus einem Kreis hervortretenden Strahlen, in konzentrischen Kreisen mit Punkten usw. ist die Sonne auf Felsbildern wiedergegeben, die in Zaraut Say in der Babadag-Hügelkette östlich von Termes gefunden wurden, oder in Tamgaly in der Nähe von Alma Ata in Kasachstan und in Saimaly Tasch, hoch im Tienschan-Gebirge von Kirgistan (Abb. 16, 17, 18). Neben den Tierdarstellungen in den Höhlen von Lascaux in Frankreich, in Altamira in Spanien, in Adduara in Sizilien (15 000 bis 10 000 v. Chr.) und in dem prähistorischen Tassili N'Ajjer in der Sahara (7000 bis 4000 v. Chr.) gibt es auch noch seltsame menschliche Gestalten, so zum Beispiel unter den Höhlenmalereien von Trois Frères im französischen Departement Ariège den tanzenden Mann, der ein Geweih auf dem Kopf und einen Pferdeschwanz hat. Diese Bilder können mit ähnlichen Figuren verglichen werden, die auf den Mohendscho Daro-Siegeln (aus dem 3. Jahrtausend v. Chr.) zu sehen sind, die im Indus-Tal gefunden wurden; es handelt sich dabei um Symbole, die mit der Sonne in Zusammenhang stehen. Unter den ganz eindeutigen Sonnenmotiven in Mohendscho Daro gibt es ein Siegel, das einige Tiere zeigt, die aus einer Sonnenscheibe hervorgehen (Abb. 15).

Solche „magischen Zeichnungen" haben auch die späteren Fruchtbarkeitskulte von Mutter Erde und Muttergottheiten eingeleitet. Die ursprüngliche zwiebelförmige Rundheit und die eiförmige Gestalt alter Fruchtbarkeitsidole, wie z.B. der Venus von Willendorf in Österreich (ca. 25 000 bis 20 000 v. Chr.), können mit dem sogenannten „heiligen Kieselstein" verglichen werden. In Indien kennt dieser Stein eine Parallele in dem Salagrama-Ammoniten, der die Sonnengottheit Wischnu darstellt; oder es gibt den Brahmanda-Stein, der vom fließenden Wasser glatt poliert wurde und mit *hiranya-garbha*, „dem goldenen Ei" (oder Schoß) Brahmas identifiziert wird, der im Rigweda als „die strahlende Sonne" beschrieben ist. (Abb. 19, 20). Die Hindu-Mythologie besagt, daß *hiranya-garbha* aus der Lotusblüte (einem Sonnensymbol) hervorging, die aus dem Nabel Wischnus sprießt, der auch

14

15

13 a,b. Etruskischer Bronzespiegel mit den beiden Dioskuren und Minerva, der Gemahlin von Herkle, der „Energie des Feuers". 5. Jahrhundert v. Chr. (Eremitage, St. Petersburg).

14. Tyche mit Tierkreis, die nabatäische Glücksgöttin darstellend. Ausgrabung von 1937–38 im Heiligtum von Chirbet Tannur in Jordanien. Frühes 2. Jahrhundert. (Cincinnati Art Museum, Ohio).

15. Ein Mohendscho Daro-Siegel mit Tieren, die aus einer Sonnenscheibe hervortreten. 1. Jahrtausend v. Chr. (Indisches Nationalmuseum, New Delhi).

Sûrja-Narajana oder „Sonnengott" genannt wird. In einer anderen Verkörperung, als Wikrantamurti, soll Wischnu das Universum in drei Schritten durchmessen haben, was unterschiedlich interpretiert wird: daß es dabei um die drei Standpunkte der Sonne zu Tagesanbruch, Mittag und Sonnenuntergang geht, um Feuer, Blitz und Sonne oder um Himmel, Erde und Unterwelt (Abb. 21).

Das Feuer scheint schon sehr früh, nachdem es vor etwa eineinhalb Millionen Jahren von den Menschen der tropischen und subtropischen Alten Welt – wahrscheinlich in Afrika oder Südasien – entdeckt worden war, mit der Sonne und der Fruchtbarkeit identifiziert worden zu sein. Man nimmt an, daß das Feuer ursprünglich durch Reibung erzeugt wurde, zum Beispiel durch das Reiben zweier Holzstücke aneinander; ein *tau* (Sonne) genannter Baum ist das Totem des Teilstammes Tau der Kenyahs in Indonesien, die glauben, daß der Koitus darin besteht, daß man eine Liane der *Lurek*-Pflanze an einem Baum reibt. Auch die australischen Ureinwohner und die Eingeborenen von Papua-Neuguinea führen die Ursprünge des Feuers auf den Sexualakt zurück. In Indien, Mexiko und verschiedenen afrikanischen Ländern kann noch heute das alte Ritual, Feuer mit Hilfe von „männlichem und weiblichem" Feuerholz zu entzünden, beobachtet werden. Die Maori glauben, daß das Feuer von ihrem Held Maui seiner Vorfahrin Mahuike in den Tiefen der Erde entrissen wurde, ehe es in einen Baum getan wurde – was der Grund dafür sei, daß Feuer aus Holz entzündet werden kann. Die Tlingit im Nordwestpazifik erzählen die Geschichte, daß Jungfrauen auf magische Weise durch den Sägestaub eines Feuerbohrers empfangen können. Im westafrikanischen Reich der Loango wird das für die Entzündung von Feuer notwendige Bohren durch den öffentlichen Koitus eines jungen Paares dargestellt, eine Sitte übrigens, die man auch bei den Monomotapa in Afrika beobachten kann.

„Das Wasser gebar Agni (Feuer)", sagt der Rigweda, und in den meisten archaischen Zivilisationen werden Feuer und Wasser (wie Himmel und Erde) in einer Einheit aus Gegensätzen zusammen- und

17

18

16. Felsbilder mit Sonnensymbolen. Bronzezeit. Saimaly Tasch. Kirgistan.

17, 18. Vermenschlichte Sonnengottbilder aus den Saimaly-Tasch-Felsbildern. Bronzezeit. Tienschan-Gebirge, Kirgistan.

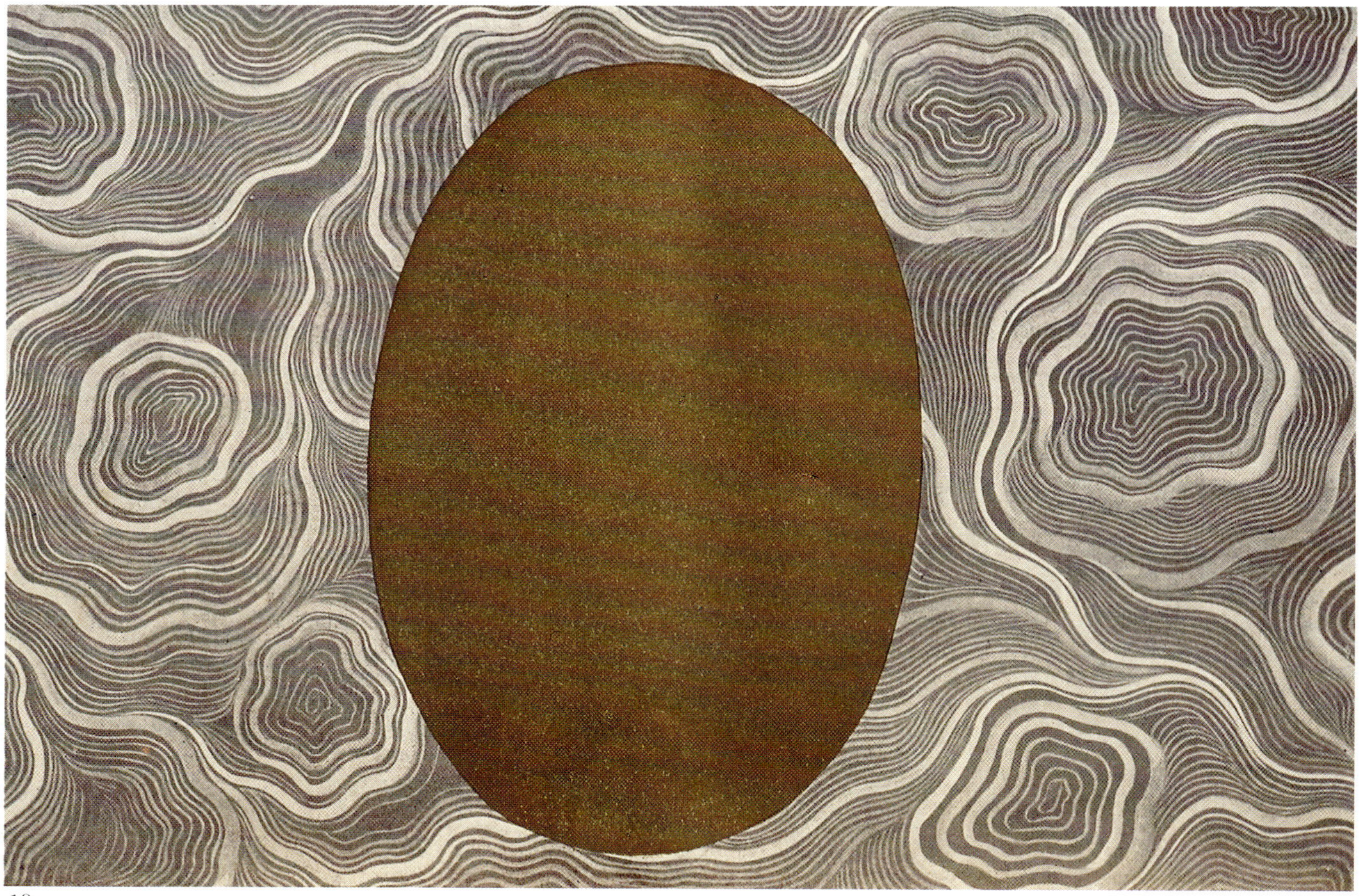

19

mit den kosmischen Fruchtbarkeitskräften der Sonne in Verbindung gebracht. Die Etrusker verehrten Herakles, „die Energie aus Feuer". Als die Sonnengottheit der Fruchtbarkeit wurde er gewöhnlich dargestellt, wie er zusammen mit seiner Frau Minerva – der griechischen Athena – im Wasser schwimmt. In Indien riet man einer unfruchtbaren Frau, die sich ein Kind wünschte, nackt und der Sonne zugewandt im Wasser zu stehen; und selbst heute noch kann man häufig beobachten, wie kinderlose Frauen zu dem bekannten Dharma-Tempel im Burdwan-Distrikt, Bengalen, pilgern, in der Hoffnung, ein Tropfen Fruchtbarkeitssonnenwasser möge auf ihr Haupt fallen, während ein Bildnis der Sonnengöttin Dharma Thakur ins heilige Wasser des Flusses getaucht wird (Abb. 23). Der griechische Redner Aeschines aus dem 4. Jahrhundert v. Chr. sprach von einem ähnlichen Brauch im alten Griechenland, wonach Mädchen kurz vor ihrer Heirat an einem sonnigen Morgen nackt im Fluß Skamandros zu baden pflegten – in der Hoffnung, sein Wasser möge ihre Jungfräulichkeit segnen.

In vielen Kulturen wird das Feuer (die Sonne) meist als männlich und das Wasser (der Mond) als weiblich personifiziert. Andererseits wird Feuer, wenn es „im Schoß der Erde bewahrt wird", weiblich, während das Regenwasser, „der himmlische Samen", einen männlichen Charakter annimmt. Das ist vielleicht der Grund, warum die Sonne in verschiedenen Kulturen als männlich und weiblich zugleich gesehen wird, wie z.B. Schemesch, die Sonne der Hebräer, oder in Ostindonesien, wo die Sonne als doppelgeschlechtlich gilt. Über das Geschlecht Amaterasus wird noch heute in Japan diskutiert, und in China wird das Geschlecht von Hsi-ho, die die „Mutter von Zehn Sonnen" genannt wird, ebenfalls infrage gestellt. Unabhängig von ihrem Geschlecht gelten Sonne und Mond in den meisten Kulturen als Bruder und Schwester und als die Ahnen der Menschheit.

19. Hiranja-garbha ist in der Hindu-Mythologie das goldene Ei Brahmas, der im Rigweda als die „herrlich scheinende Sonne" beschrieben ist. Kangra-Malschule, 17. Jahrhundert. (Bharat Kala Museum, Varanasi, Indien).

20

So sind zum Beispiel Amaterasus' Eltern, Izanagi und Izanami, Bruder und Schwester; die Sonnengöttin selbst zeugte Kinder mit ihrem Bruder Susanowo. Tefnut ist zugleich Zwillingsschwester und Frau des ägyptischen Gottes von Luft und Licht, Schu, geradeso wie der Gottkönig Osiris mit seiner Schwestergemahlin Isis regierte. Nach der indischen Mythologie wurde Yama, ein Sohn der Sonne, von seiner Zwillingsschwester Yami (der Fluß Jamuna) dazu bewogen, das Menschengeschlecht dadurch fortzupflanzen, daß er ihr beiwohnte. Njord, der Vater des skandinavisch-germanischen Gottes für Sonnenschein und Fruchtbarkeit Freyr, ist mit seiner eigenen Schwester verheiratet. Ugaritische Texte sprechen davon, daß der oberste Gott Baal Fruchtbarkeitsaspekte habe; dies steht im Zusammenhang mit seinen Beziehungen zu Anath, seiner Schwester und Gemahlin. Rhea, eine Himmels- und Erdgöttin des späteren Kretas (der Name erinnert an Rait, die ägyptische weibliche Personifizierung der Sonne) heiratet ihren Bruder Kronos, den Vater von Zeus. Die sumerische Göttin Inanna, die später mit Ischtar, der Schwester von Schamasch, identifiziert wurde, ist zugleich die Gattin des Sonnengottes des semitischen Pantheons. Die Kohabitation von Schwester Sonne und Bruder Mond spiegelt sich auch in der einheimischen amerikanischen Mythologie in so weit entfernt liegenden Gebieten wie Grönland und dem Mackenzie-Fluß in Nordkanada wider; und in der Anden-Kultur ist die Mondgöttin Mama-Kilya die Schwester und Gemahlin des Sonnengottes Inti.

Da sie noch inmitten einer allumfassenden Natur lebten, urteilten die ehemals „primitiv" genannten Kulturen, die das Untersuchungsobjekt der Völkerkunde oder Ethnographie sind, noch nicht nach jenen Kriterien, wie sie heutzutage von unserem modernen analytischen Verstand angewandt werden. Sie machten noch keinen Unterschied zwischen dem *Animismus*, wonach alle Dinge eine Seele haben; dem *Totemismus*, wonach die Sicherheit eines Menschenlebens vom Schutz durch

20. Gläubige, die der Sonne, dargestellt als Hiranja-garbha, ihre Verehrung darbringen. Moghul-Malschule, 18. Jahrhundert. Indien.

Tiere abhängt; dem *Fetischismus*, bei dem leblose Gegenstände mit magischen Kräften erfüllt werden; und *dem Schamanentum*, der Offenbarung der unsichtbaren Welt der Natur über „Medizinmänner" oder Schamanen. Ihre Erkenntnisse gleichen dem Schinto-Konzept *kami*, das einem modernen Gehirn jedoch nicht leicht eingeht. Motoori Norinaga, ein japanischer Wissenschaftler aus dem 18. Jahrhundert schrieb dazu folgendes: „Ich verstehe es selbst nicht; das *kami* ist beides, die Gottheiten des Himmels und der Erde, wie sie in den alten Berichten vorkommen; und sie sind auch menschliche Wesen sowie Vögel, Tiere, Pflanzen, Seen, Berge, Bäume, Wasser und so weiter." Dies steht in Einklang mit der chinesischen Legende von Hsi-ho, „der Mutter der Zehn Sonnen", in der jede Sonne ein Naturelement verkörpert, also die Sonne, Wolken, Wasser, Felsen, einen Hirsch, eine Schildkröte, einen Kranich, eine Kiefer, einen Bambus und das Kraut des ewigen Lebens. Die Zehn Sonnen sind auf einem zehnteiligen farbigen Wandschirm aus der Zeit der koreanischen Yi-Dynastie dargestellt (Abb. 30).

Unsere prähistorischen Vorfahren scheinen instinktiv gewußt zu haben (wie es auch die indische *sutratma*-Lehre lehrt), daß alle Dinge mit der Sonne in Beziehung stehen. Es muß ihnen bewußt geworden sein, daß Tiere und Vögel, Insekten und Fische durchweg die Sonne als ihren Bezugspunkt verwendeten; dieselbe Technik wandten sie dann für sich an, um sich selbst bei der Jagd oder der Suche nach Weideland zu orientieren. Sie brauchten nicht erst den „kosmischen Feigenbaum auf den Kopf zu stellen", um zu verstehen, daß seine Wurzeln natürliche und geistige Nahrung direkt von der Sonne bezogen, wie dies die *Veden* und die *Upanishaden* später zu erklären versuchten: „Der dreifache Brahmane hat seine Wurzeln oben", sagt das *Maitreya Upanishad.* Die Beziehung zwischen der Sonne und dem Baum wird in der jüdischen kabbalistischen Literatur auf ähnliche Weise erklärt: „Der Lebensbaum reicht von oben nach unten, und es ist die Sonne, die alles erleuchtet." Die Gleichung Sonne und Baum kann man auch einigen fein gearbeiteten Elfenbeinarbeiten entnehmen (Abb. 27, 28, 29). Es ist dies ein Motiv, das im Laufe der Jahrhunderte von den meisten Kulturen immer wieder abgebildet, weiter ausgearbeitet und neu interpretiert wurde. Seine klassische Form finden wir in Gestalt der schönen Skulptur Berninis, die in der Villa Borghese in Rom steht und Daphne darstellt, wie sie sich, als sie von Apoll, dem griechischen Sonnengott, verfolgt wurde, selbst in einen Baum verwandelte.

Nach und nach verwandelten sich beinahe alle Elemente der Natur, wie Steine, Berge, Bäume, Pflanzen, Blumen, Vögel, Tiere, Wasser und Feuer in Sonnengottheiten mit vermenschlichten oder theriomorphen Formen und/oder wurden in sonnenbezogene Kultobjekte umgewandelt. Der Baum wurde in der Weda-Literatur zum Beispiel zu einer Opferstelle (*Yupa*), die die Trinität von Feuer, Sturm und Sonne (*Agni, Vayu* und *Aditya*) verkörperte. Eine ähnliche Symbolik betraf den Schaft des Schirms (*chattravalli)* einer Stupa oder kam in anderen hinduistischen oder buddhistischen Reliquien zum Tragen, zum Beispiel in einer senkrechten Säule (*stambha* oder *laat*). Dasselbe gilt für die heilige Säule (*matzewa)* der alten Hebräer oder die beeindruckenden ägyptischen Obelisken und den Säulenbaum (*djed).* In Serbien und Rußland sowie bei den in der Gegend der Elbe siedelnden Slawen wurde die Sonne mit alten Bäumen identifiziert, die man dadurch ehrte, daß man Zäune um sie herum errichtete. Die Birke in Sibirien und Zentralasien hat bei den Schamanenritualen eine verwandte Bedeutung, indem sie durch die „Sonne" in der Dachöffnung der Nomaden-Jurte hindurchstößt. In Mittelamerika errichteten Maya-Könige „Steinbäume" genannte Stelen in dem Glauben, daß diese ihren königlichen Status im Zentrum des Kosmos bekräftigten. Der japanische Brauch, auf einem Berg einen heiligen Baum zu fällen, den Stamm dann ins Dorf hinunterzubringen (Abb. 31, 32) und ihn als eine heilige Säule (*mi-hashira)* wieder aufzustellen, erinnert an das alte, alljährlich stattfindende sonnenbezogene Fest der Kybele, der Bergmutter der gräko-römischen Glaubensvorstellung, bei welchem ebenfalls eine Kiefer gefällt und dann zum Heiligtum der Kybele gebracht wurde, die dann dort zusammen mit ihrem Geliebten Attis verehrt wurde.

21

21. Wischnu Wikrantamurti durchmaß das Universum in drei Schritten. Er setzte seine Füße in den Himmel, auf die Erde und in die Unterwelt; außerdem in Feuer, Blitz und Sonne. Steinernes Relief. 467 n. Chr. Katmandu, Nepal.

22

23

24

25

22. Isis, die ägyptische Sonnengöttin der Fruchtbarkeit, wie sie den Sonnengott Horus liebkost. Späte Bronzezeit. (Musée du Louvre, Paris).

23. Frauen, die sich ein Kind wünschten, wurde geraten, nackt im Wasser zu stehen und dabei die Sonne anzusehen. Dieser alte Brauch wird noch heute in Indien befolgt.

24. Frau mit Spiegel (einem Sonnensymbol). Skulptur an einem mittelalterlichen Sonnentempel in Indien.

25. Hethitische Göttin aus Gold mit einer Sonnenscheibe als Kopfputz, die ein Kind auf ihrem Schoß hält. 13. Jahrhundert v. Chr. Zentralanatolien. (National Geographic Society, Washington, D.C.).

26 a 26 b

26 a,b. Hölzerne männliche und weibliche Akua'ba-Doppelfigur, mit der Sonne als Kopf bzw. Kopfputz. Asante-Gruppe, Ghana. (National Museum of African Art, Smithsonian Institution, Washington, D.C.).

27

28

29

30

27, 28. Möbelpaneele aus Elfenbein, die eine Göttin mit einer geflügelten Sonnenscheibe über zwei Schutzgeistern zeigen (28). Phönizisch. (Britisches Museum, London).

29. Jedes der beiden äußeren Paneele (27, 29) zeigt einen stilisierten Baum mit einer Sonnenscheibe darüber. 8. Jahrhundert v. Chr. Phönizisch. (Britisches Museum, London).

30. Die Sonne gehört zu den zehn Elementen der Natur, die Langlebigkeit symbolisieren. *Sehwa* genanntes koreanisches Bild aus dem 18. Jahrhundert. Yi-Dynastie. (Hoam Art Museum, Yongin).

Der Berg als Kultsymbol wurde zur „Himmelsleiter“, die man brauchte, um den Himmel zu erreichen, wo mutmaßlich der Sonnengott und andere Sonnengottheiten lebten. In Ägypten wurde der Begriff der „Leiter des Horus“ mit den frühesten mastabaähnlichen Konstruktionen identifiziert, über welchen die Stufenpyramiden (wie zum Beispiel die Sakkara-Pyramide) errichtet wurden. Schamasch, der Sonnengott des semitischen Pantheons, erhob sich aus den östlichen Bergen; er war der Anlaß dafür, daß auf Anhöhen Zitadellen gebaut wurden, wie zum Beispiel die Zikkurate des babylonischen Mondgottes Nanna. Die Hebräer errichteten die Hohen Orte (*bamot*), und die Griechen versuchten, ihren höchsten Berg, den Olymp, nachzugestalten. Pausanias, ein griechischer Reisender im 2. Jahrhundert n. Chr. erzählt, daß er auf der Burg von Korinth, Akrokorinth, die Sonnenaltäre des Kultes sah. Die Azteken brachten die Teotihuacan-Pyramiden in Mexiko mit der Sonne und dem Mond in Verbindung (Abb. 39); eine ähnliche Bedeutung maßen die Indianer ihren heiligen Chimborazo-Bergen im „Herz der Anden“ bei.

Der über einem Hügel errichtete buddhistische Tempel von Borobudur in Indonesien wird nach dem Gipfel im Himalaya „Kailascha“ genannt; dieser wird von Hindus und buddhistischen Pilgern erklommen, um dem Aufenthaltsort der Götter auf dem mythischen Berg Meru möglichst nahe zu sein. *Panchajanah*, die fünf Geschlechter im Rigweda, veranschaulichen den „Sinn, der gerichtet ist auf die gegen die Sonne hin ansteigenden Ebenen“. Der Berg in Bojonegoro auf Java wird verehrt, weil „die Sonne aus ihm hervorgeht“ und in Sri Lanka wird Saman, „die Gottheit der Morgensonne“ auf dem Berg Samanolakanda verehrt, der auch Adamsgipfel genannt wird. Der chinesische Kaiser Wu-di der Han-Dynastie (140–87 v. Chr.) besuchte den Berg Cheng am östlichen Ende der Shandong-Halbinsel, um die aus dem Meer aufsteigende Sonne anzubeten. Die Berggottheit des alten Japans, Yama-no-kami, wird als „die Sonne der Wälder und Tiere“ verehrt.

Der heilige Berg Obong ist zusammen mit der Sonne und dem Mond – mit dem sich die koreanischen Könige der Yi-Dynastie identifizierten – auf einem farbigen achtteiligen Faltschirm dargestellt, der hinter den Betten des königlichen Paares aufgestellt wurde (Abb. 37). In Mexiko wurde die Identifizierung des heiligen Berges mit der Sonne durch die Azteken-Skulptur *Teocalli de la Guerra*

31

32

31, 32. Das *Okibiki* genannte Fest wird in Japan gefeiert. Dabei wird ein riesiger Holzstamm, der die Sonne symbolisiert, in einer Prozession zum Zingu Shicho Kohoka in Ise gebracht.

33

34

35

33. Siegesstele des akkadischen Königs Naram-Sin aus Susa. Etwa 2250 v. Chr. (Musée du Louvre, Paris).

34. Die Anden in Süd-Zentralperu werden mit der Sonne identifiziert. In Machu Picchu, der „verlorenen Stadt der Inka", wurden zahlreiche Sonnentempel errichtet.

36

Sagrada (1500) dadurch graphisch dargestellt, daß am oberen Ende einer steilen Treppe der übliche Tempel durch das Bild der Sonne ersetzt wurde (Abb. 35). Wie bei dem Maya-Tempel in Palenque in Cerros, Belize (Abb. 490, 491), ist die Konzeption der Sonne durch eine bergähnliche dreistöckige Konstruktion mit steiler Treppe und relativ kleinem Tempel und einem hochaufsteigendem Dach dargestellt, wie man dies auch in Tikal in Guatemala und am kambodschanischen Baksei Chamkrong-Tempel in Angkor vorfindet. Dies spricht von verblüffenden architektonischen Ähnlichkeiten zwischen weit voneinander entfernt liegenden Kulturkreisen, die ja an den entgegengesetzten Enden der Welt entstanden.

Am Himmel fliegende Vögel wurden natürlich auch mit der Sonne identifiziert, und diese Symbolik tritt in einer phantastischen Vielfalt von Mythologien und Formen bei den verschiedensten Kultu-

35. Die Identifizierung der Sonne mit Bergen wird auf dieser Aztekenskulptur *Teocalli de la Guerra Sagrada* (1500) dargestellt. Sie zeigt die Sonnenscheibe, die sich anstelle des üblichen Tempels auf der Spitze der Pyramide befindet. (Anthropologisches Nationalmuseum, Mexico City).

36. Die Tempel Asiens sind dem heiligen Berg Kailasch im Himalaya nachgebildet, wie hier der Sonnentempel von Khadschuraho. Mitte des 10. bis Mitte des 11. Jahrhunderts n. Chr. Indien.

37

ren in Erscheinung. Die russische Folklore verleiht einem mythischen Feuervogel, von dem „selbst nur eine einzige seiner Federn die ganze Welt mit dem Sonnenlicht des Glückes überfluten konnte" außerordentliche Kräfte. Im alten Ägypten war ein anderer sagenhafter Vogel, der Reiher, als *bennu* bekannt und wurde mit der Verehrung der aufgehenden Sonne und dem Leben nach dem Tode in Verbindung gebracht. Von diesem goldenen Vogel mit glänzendem purpurroten Gefieder, von den Griechen Phönix genannt, wurde gesagt, daß er fünfhundert Jahre lebe und ein Nest aus aromatischen Zweigen und Gewürzen baue, das er anzünde, wenn sein Ende nahe, um selbst von den Flammen verzehrt zu werden. Weiter sagt die Legende, daß wie ein Wunder aus dem Scheiterhaufen dann ein neuer Phönix heraussteigt, der, nachdem er die Asche seines „Vaters" in einem goldenen Ei aus Myrrhe (*hiranya-garbha?*) einbalsamiert hat, mit diesem nach Heliopolis fliegt, wo er es auf dem Altar des Sonnentempels niederlegt.

Das Bild des Phönix erscheint auf den Münzen des späten Römischen Reiches. Dasselbe Thema ist auch auf den Münzen der Kuschan-Dynastie in Indien (ab etwa dem späten 1. bis zum 3. Jahrhundert) als das „sonnenähnliche" *ẖvarenah* in der Gestalt eines Vogels dargestellt, das Yima, die iranische Göttin der Unterwelt, verläßt (Yama in der Hindu-Mythologie). Vielleicht hat dieser Mythos in Arabien oder in Indien seinen Ursprung, wo es genügend wohlriechende Sträucher für sein Nest gab. Der chinesische Vogel heißt *pheng* oder *ch'i-lin*. In der arabischen Mythologie heißt er *ruẖ* oder *anqā* (auf Persisch: *sīmorġ*). Nach dem Kosmographen Al-Qazwini aus dem 13. Jahrhundert soll „der riesige Vogel mit der Spannbreite seiner riesigen Flügel den Himmel verdunkelt" haben. Das Thema ist auf verschiedenen islamischen Monumenten abgebildet, wie zum Beispiel in Buchara, wo mythische Vögel beim Flug zur Sonne dargestellt sind (Abb. 42). Das „alles sehende Auge" der Sonne wird in vielen Teilen der Erde mit einem Vogel identifiziert. Während der Seidenstraßenexpedition der UNESCO in die ehemalige Kirgisische Sowjetrepublik erzählte mir ein Einheimischer, daß er sein Pferd mit geschlossenen Augen reiten könne, weil der Falke, den er sich halte, die „Sonne seiner Augen" sei (Abb. 44). Der sehr populäre asiatische Sonnengott Garuda aus dem indischen Epos Râmâjana wird als das „Sonnenauge Râmas" portraitiert, und zwar in einer Episode, in welcher seine Frau Sîtâ von dem Dämonen Râwana entführt wird (Abb. 49). In einem anderen weit entfernt liegenden Winkel der Welt wird diese Idee von einer schönen Azteken-Skulptur, „Sonne" genannt (1480),

37. Bei einem koreanischen Faltschirm mit acht Schirmen, auf denen der Berg Obon abgebildet ist, stellt die Sonne den König und der Mond die Königin dar. Yi-Dynastie. Zweite Hälfte des 18. Jahrhunderts. (Hoam Art Museum, Yongin).

38

39

symbolisiert, wobei ein Mann in der Haut eines Adlers steckt. Diese Skulptur wurde direkt beim Templo Mayor-Museum in Mexico City ausgegraben (Abb. 47).

Das Adler- oder Falken-Bild auf der Palette des Königs Narmer aus Hierakonpolis (ca. 3000 v. Chr.), das den Sonnengott Horus darstellt, gehört zu den frühesten Kunstwerken, die zusammen mit dem Löwen (Abb. 53, 54) zu den königlichen Sonnensymbolen *par excellence* der klassischen Kulturen Ägyptens und Mesopotamiens wie auch anderer großer Zivilisationen wurden. Der Löwe wurde mit der Sonne schon im Jahre 2500 v. Chr. identifiziert, als der berühmte ägyptische Sphinx mit dem Körper eines Löwen und einem menschlichen Haupt für den Pharao Chephren als „dem lebenden Bild des Sonnengottes" geschaffen wurde (Abb. 55). Entsprechend den königlichen Tiersonnensymbolen hatten auch die Nomadenkulturen ihre eigenen sonnenbezogenen Tiere, insbesondere solche, die Hörner und Geweihstangen trugen. Ein sibirischer Mythos berichtet folgendes:

Der wilde Hirsch Miandasch hat den Schoß von Mutter Erde verlassen.
Miandasch ist die Quelle alles Lebens auf der Erde.
Er läuft weiter und weiter und zeigt den Weg zur Sonne.

Zu den frühesten sibirischen Mythen zählt eine populäre Legende, nach welcher der gigantische kosmische Jäger Arom-Tell (Tjermes) auf seiner unaufhörlichen Jagd nach dem riesigen Rentier oder Elch seine feurigen Pfeile des Blitzes abschießt. Das himmlische Rentier (das bei einigen jungsteinzeitlichen Darstellungen mit kreisförmigen Sonnensymbolen wiedergegeben ist) rennt während des Tages von Ost nach West und steigt bei Nacht zum „unterirdischen See" hinunter. Die Moral der Geschichte ist, daß der Jäger beim Töten des Sonnentieres nicht erfolgreich sein darf, denn sonst würde „die Sonne im Blut ertrinken, die Sterne würden vom Himmel fallen und alle lebenden Kreaturen auf der Welt würden umkommen." Später führten skythische Legenden (7. bis 2. Jahrhundert v. Chr.) Totemvorstellungen von einem Volk ein, das vom Hirsch abstammt. So führte die magische Schwängerung eines jungen Mädchens durch einen Hirsch zur Geburt eines Hirschmannes.

Unter den Kultobjekten, die in den alten Grabhügeln und -kammern Zentralasien gefunden wurden, fanden sich Bronzespiegel, die Darstellungen des Rens, wie es über den Himmel reitet, tragen

38. *Das Buch der Wunder* des Kosmographen Al-Qazwini stellt die Verbindung zwischen Sonne, Mond und Bergen dar.

39. Die Sonnenpyramide von Teotihuacán, „der Stadt der Götter". Beginn des christlichen Zeitalters. Mexiko.

40

41

sowie andere Sonnensymbole wie Ziegen, Widder, Schlangen und Vögel. Das vergoldete bronzene Rentier mit geschwungenem Geweih, das in den Grabhügeln von Tschelintin und Issyk in Kasachstan gefunden wurde, gehört zur selben Tradition handwerklicher Kunst, die auch die talentierten hethitischen Metallschmiede Zentralanatoliens dazu inspiriert hatte, das elegante *rhyton* oder Trinkhorn zu gestalten. Auf dem ruhenden Hirsch ist ein schöner Fries eingraviert; dieser zeigt eine Sonnengöttin, die vor einem Altar oder einem Kohlenbecken sitzend mit der einen Hand einen Falken hält (Abb. 65). Eine andere Figur, wahrscheinlich der Schutzgott der Tierwelt, steht auf einem Tier mit Hörnern und hält einen Raubvogel; vor ihm stehen Gläubige mit Opfergaben.

Vor allem die Ziege wurde mit der Sonne identifiziert. So assoziieren zum Beispiel nordafrikanische Völker die Ziege mit ihrer Bergverehrung und haben auf sie bezogene Kultrituale, mit denen sie um Regen bitten. Thor, die germanische Sonnengottheit für Fruchtbarkeit und Gewitter, reiste in einem von Ziegen gezogenen Streitwagen. Der Rigweda der nomadischen Arier berichtet von der einfüßigen Ziege *Aja-ekapad* (der schnelle Einfüßler), dem Zugtier der Sonnengottheit Pûschan. Dieser Gott mit dem goldenen Bart ist der „gute Hirte", der in der mitternächtlichen Höhle, wo er geboren und von Agni (dem Feuer) gefunden wurde, leuchtet. Er ist der „Hirte, der auf dem Pfad der Pfade geboren wurde, das Kind des Weges, der Wanderer, der beständige Führer, der nie seine Herde verliert und der hilft, Schätze zu finden". Er ißt *karambha*, „die Lebensnahrung". Und die Ziege, die seinen siebenrädrigen goldenen Streitwagen zieht, stellt die Kraft der Sonnenbewegung dar, die „Sûrjas Sonnenpferden vorausgeht" und im Jahreszyklus zum Himmel hinaufsteigt. Dies wird vom „Sonnen-

40. Einer der frühesten Sonnengötter in Gestalt eines Falken ist auf der Palette König Narmers von Hierakonpolis dargestellt. Etwa 3000 v. Chr. (Ägyptisches Museum, Kairo).

41. Begräbnispapyrus der hochgestellten Priesterin Anhai; er zeigt den Sonnengott als Falken. 20. Dynastie, etwa 1100 v. Chr. (Britisches Museum, London).

42

könig“ Sûrjawarman II., dem Erbauer des berühmten Tempels Angkor Wat (Abb. 61), insofern wortgetreu umgesetzt, als er in einer „spektakulären Prozession von Wagen fuhr, die von Ziegen und Pferden, alle mit Gold verziert, gezogen wurden“. Über die märchenhafte Zeremonie, die im Königreich der Khmer während der ersten Hälfte des 12. Jahrhunderts stattfand, berichtete Chou Ta-kuan, ein chinesischer Besucher.

Der Rigweda identifizierte die Gottheit Waruna mit „dem Pferd der dort drüben gelegenen Sonne, die wie ein Lebensfunke bei Tagesanbruch aus dem Wasser aufsteigt und dann bei Sonnenuntergang stirbt, ehe sie am nächsten Morgen wieder aufgeht“. Diese Symbolik hat seinen Gegenpart in der Bronzezeit in Europa, und zwar in dem Pferd, das den Sonnenwagen von Trundholm, Dänemark, zieht. Es transportiert eine Sonnenscheibe, die auf einer Seite vergoldet ist, um die Tagessonne darzustellen, während die einfache, schmucklose Rückseite die Nachtsonne bedeutet (Abb. 60). Das Pferd als Sonnensymbol nahmen die Herrscher wie ihre Untertanen für sich in Anspruch, aber die Aufnahme der Nomadenziege in den königlichen Hofstaat war vergleichsweise eine spätere Entwicklung. In der Kunst wird die Verschmelzung zweier Kulturen, einer hohen und einer niedrigen, von einer einmaligen etruskischen Bronzefigur symbolisiert: Sie hat den Kopf einer Ziege, die aus dem flammenden Rücken eines brüllenden Löwen heraustritt, dessen Schwanz in einer Schlange endet (frühes 4. Jahrhundert v. Chr.). Das sogenannte Mythische Tier, das 1533 in Arezzo ausgegraben und von Cosimo de Medici gekauft wurde, vereinigt auf kunstvolle Weise drei wichtige Sonnenmotive zu dieser faszinierenden Skulptur, die die Sonne darstellt (Abb. 57). Eine weitere berühmte Skulptur,

42. Der mythische Sonnenvogel, hier dargestellt auf dem Eingangsiwan der Madrasa Nadir Diwan Beg in Buchara aus dem 17. Jahrhundert. Er kommt unter verschiedenen Benennungen und in vielerlei Gestalt auf der ganzen Welt vor.

43

44

45

43. Der große Sonnenadler (1720) wurde während der Yi-Dynastie von dem koreanischen Künstler Chong Hong-Nae in Gold auf Seide gemalt. (Nationalmuseum von Korea, Seoul).

44. „Der Adler ist die Sonne meiner Augen“ – so die Aussage dieses Kirgisen. Dies entspricht einer in vielen Kulturen verbreiteten Meinung.

45. In Zentralasien stellt eine Eule die nächtliche Sonne dar, so wie der Adler die Tagessonne symbolisiert.

46

die *Ziege im Dickicht*, die in den Königsgräbern von Ur im Irak ausgegraben wurde (etwa 2600 v. Chr.), ist ebenfalls eine Anspielung auf den „königlichen Status“ der Ziege (Abb. 66).

. So wurden also Ziegen und Tiere mit Geweihen nicht nur von den oberen Gesellschaftsschichten aufgenommen, sie wurden sogar als Sonnengottheiten verehrt, wie es das mesopotamische Ritualobjekt von Larsa (ca. 1800 v. Chr.) zeigt, das einen Andächtigen neben einer „Dreieinigkeit“ von Ziegen darstellt. In der anthropomorphen religiösen Anbetung war dies vielleicht der Beginn des Konzeptes von der Heiligen Dreifaltigkeit, wovon die Kaschmir-*Vyuha*-Form Wischnus ein Übergangssymbol sein dürfte: sie besteht aus der Dreierkombination von Löwen-Mensch-Bären-Köpfen, die von drei Menschenköpfen überragt werden und ganz oben in einem Pferdekopf kulminieren. Zu Wischnus Inkarnationen gehören mehrere Mensch-Tier-Konfigurationen, wie z.B. Kalki mit dem Pferdekopf, Waraha mit dem Bärenkopf, Narasimha mit dem Löwenkopf, Kûrma als Schildkröte und Matsja, der Fisch. Auch die christliche Ikonographie übernahm schließlich nicht nur den von der Sonne inspirierten Heiligenschein, sondern Mischwesen, wie die Evangelistensymbole: den Adler für den Hl. Johannes, den Löwen für den Hl. Markus und den Stier für den Hl. Lukas.

Ein außerordentliches chinesisches Fundstück, das vermenschlichte und tiersymbolische Sonnensymbole in sich vereint, ist jener rituelle Bronzekessel zum Aufbewahren von Münzen (206 v. Chr.), der in Jinning in den Shi-zhai-Bergen in der Provinz Yünnan gefunden wurde (Abb. 70). Der

46. Der Adler ist ein populäres Sonnenmotiv in den buddhistischen Klöstern des Himalaya. Hier ist er in einem Thikse-Schrein aus dem 16. Jahrhundert dargestellt. Ladakh, Indien.

47

48

49

47. Eine von einem Azteken-Krieger mit Adlerhaut symbolisierte Sonne. Etwa 1480. (Templo Mayor Museum, Mexico City).

48. Der traditionelle Vogelmann vom Sepik-Fluß in Neuguinea. (Washington University Gallery of Art, St. Louis, Missouri).

49. Geflügelter Garuda aus Zentraljava. Etwa 8. Jahrhundert. (Nationalmuseum, Djakarta, Indonesien).

50

51

52

50. Der Sonnen-Vogelmann im Tolima-Stil. (Goldmuseum, Bogota, Kolumbien).

51. Der ägyptische Sonnengott Harachte. Etwa 9. Jahrhundert v. Chr. (Ägyptisches Museum, Kairo).

52. Die buddhistische Version des Garuda. 16. Jahrhundert. Thimphu-Kloster. Bhutan.

54

vergoldete Mann, der auf einem zentralen Podest ein Pferd reitet, ist offensichtlich eine Sonnengottheit, da er von Sonnensymbolen in Form von vier Stieren umgeben ist, die die vier Himmelsrichtungen versinnbildlichen, während die beiden löwenartigen Figuren als Kesselhandgriffe die beiden Horizonte symbolisieren. Normalerweise wurden Sonnengötter in Gold, dem „Sonnenmetall", dargestellt; dies war in Zentralasien weit verbreitet, wie das auch das Beispiel des Goldenen Mannes, der jetzt im Archäologischen Museum in Alma Ata, Kasachstan, zu sehen ist (Abb. 71), zeigt. Dieses Objekt befand sich unter mehreren Hunderten von Kunstwerken aus Gold, Silber, Holz und Keramik, als 1969 in Issyk Kurgan ein Schatzfund der sakischen Kultur aus dem 5. bis 4. Jahrhundert v. Chr. ausgegraben wurde. Die Kultur dieser Saken blühte zur selben Zeit wie die „Sonnenkulturen" der in den Küstengebieten des Schwarzen Meeres lebenden Skythen und der im Gebiet der Wolga siedelnden Sarmaten.

Die komplexen symbolischen Besonderheiten der Sonne wurden zu einem großen Teil von alten Glaubensformen abgeleitet, bei denen gehörnten Tieren, Reptilien, Vögeln und Pflanzen sowie anthropomorphen Handlungen ganz besondere Kräfte oder Bedeutungen zugeschrieben wurden. Wie das eine Bein der Ziege Pûschans ist der dreifüßige Vogel (Krähe), der normalerweise innerhalb eines Kreises auf der Krone des Bodhisattwa Sûrjaprabha, oder „Licht der Sonne", eingraviert ist, ein Sonnensymbol, das mit dem Aufkommen des Buddhismus in Korea und Japan populär wurde. Dieses Motiv sieht man auch in der Krone einer Gold- und Bronze-Skulptur aus dem 15. Jahrhundert, die in einer Steinpagode im Sujong-Tempel von Yangsu-ri, Südkorea, entdeckt wurde (Abb. 72). Es dürfte wahrscheinlich auf die chinesische Mythologie zurückzuführen sein, in welcher die goldene dreifüßige Krähe den „Geist der Sonne" versinnbildlichte, erinnert aber auch an die drei Fußabdrücke Wischnus, die der Hindu-Sonnengott an drei verschiedenen Stellen hinterließ, als er mit drei Schritten das Universum durchmaß (Abb. 21). Der Buddhismus wurde während des 4. Jahrhunderts von China aus in Korea eingeführt; er führte einige der sonnenbezogenen Begriffe ein, die China ursprünglich selbst von Indien und Zentralasien übernommen hatte. Nach der Überlieferung kam der Buddhismus von Indien nach China, nachdem der Han-Kaiser Ming (58 – 76 n. Chr.) von einer fliegenden goldenen Gottheit geträumt hatte, was er sich als eine Vision des Buddha deutete.

---

53. Löwenkopf mit Sonnensymbolen. Detail einer etruskischen Bronze-Chimäre, die das Grab gegen Eindringlinge bewacht. Spätes 6. Jahrhundert v. Chr. (Eremitage, St. Petersburg).

54. Elfenbeinpaneel, das beidseits geschnitzt ist und einen sitzenden Löwen zeigt, der mit einer Sonnenscheibe und Uräus bekrönt ist. 9. Jahrhundert v. Chr. Phönizisch. (Britisches Museum, London).

55. Folgende Seiten: Der Große Sphinx mit dem Körper eines Löwen und einem menschlichen Haupt in Giseh, Ägypten, wurde etwa 2500 v. Chr. für den Pharao Chephren als „dem lebenden Bild des Sonnengottes" geschaffen. Die kolossalen Pyramiden stellten die „himmlische Leiter des Sonnengottes Horus" dar.

56

Die Geste der Beruhigung (*abhaya-mudrā*), bei welcher der Buddha die Fläche seiner Hand zeigt, ist ebenfalls ein wichtiges Sonnensymbol (Abb. 73, 315), ein Motiv, das von prähistorischen Felsbildern in vielen Teilen der Welt dargestellt wurde. In Afrika kann der Zusammenhang der ausgestreckten offenen Hand mit der Sonne zurückgeführt werden auf die durch das Eindrücken mit der offenen Hand hinterlassenen Spuren bei den Felsengesichtern, die die aufgehende Sonne darstellen, in Tassili N'Ajjer in der Sahara. Diese Tradition wird noch deutlicher durch die Hand, die in eine hölzerne Kuba-Buschoong-Trommel eingeschnitzt und mit Sonnenscheiben (*phila*) verziert wurde (Abb. 76). Prähistorische Handsymbole wurden auch im Bohuslän-Gebiet in Südschweden und auf der dänischen Insel Bornholm gefunden. Die Fingerabdrücke, die eine ausgestreckte und gespreizte Hand auf dänischen Felsbildern hinterlassen hat, sind wie die Arme eines Kreuzes dargestellt, das in vier Richtungen weist. In Pech-Merle in Südfrankreich ist ein Handabdruck bezeichnenderweise über der Darstellung eines Pferdes abgebildet. Große erhobene Hände mit Fingern, die Sonnenstrahlen oder Geweihe darstellen, veranschaulichen die Symbolik des Sonnenaufgangs. Die Felsbilder im Val Camo-

57

56. Imdugud, eine sumerische Sonnengottheit, war ein Mischwesen, ein löwenköpfiger Adler mit einem fischähnlichen Schwanz. Dieses schöne Amulett aus Gold und Lapislazuli wurde von dem sumerischen König von Ur (etwa 2500 v. Chr.) dem benachbarten König von Mari als Geschenk überreicht, weil dieser die lebenswichtige Handelsstraße nach Sumer kontrollierte.

57. Drei Sonnensymbole sind in dieser etruskischen Bronze, dem Mythischen Tier (Chimäre), kunstvoll vereinigt: Aus dem flammenden Rücken eines brüllenden Löwen, dessen Schwanz in einer Schlange endet, tritt ein Ziegenkopf hervor. 4. Jahrhundert v. Chr. (Archäologisches Museum, Florenz).

58

59

nica in Norditalien (Abb. 78) oder die ihnen ähnlichen, aus der Anasazi-Kultur stammenden Felszeichnungen, die in dem versteinerten Wald von Arizona (ca. 700–1300) (Abb. 77) gefunden wurden, sind hierfür Beispiele. Eine Bronzetafel in Wismar in Deutschland (ca. 1200 v. Chr.) zeigt eine Scheibe mit dreigegabelten stilisierten Händen als Sonnensymbole.

Ausgestreckte Hände, die nach unten zeigen, suggerieren gewöhnlich den Sonnenuntergang oder die „Nacht-Sonne", wie dies bei dem etruskischen Sonnengott Cautha oder Uzil der Fall ist (Abb. 75). Das Kunstwerk aus Etrurien aus dem 5. Jahrhundert v. Chr. stellt einen geflügelten Jüngling mit dem Körper und der Haut eines Reptils, wie er aus dem Wasser steigt, dar, wobei man an eine Art Sonnentheologie mit dualistischen Glaubenselementen denken könnte, die von der Tag- und der Nacht-Sonne repräsentiert werden. Derlei orientalische Begriffe von der Unsterblichkeit und der Wiedergeburt der Seele, bei denen einander gegenübergestellte Kräfte feuriger Elemente, die aus dem Wasser hervortreten, gen Himmel aufsteigen, wurden zu einem universellen Thema in den Mythologien vieler Kulturen und ihrer Kunst. Ein besonders bemerkenswertes Beispiel, das Sonnen- und Wasser-Motive auf sich vereinigte, ist der „Imdugud" genannte löwenköpfige Adler mit einem fischähnlichen Schwanz (Abb. 56). Dieses phantastische Amulett aus Gold und Lapislazuli wurde von dem Sumererkönig von Ur (ca. 2500 v. Chr.) dem Nachbarkönig von Mari übersandt, um sich die Nutzung der Handelsstraßen in den benachbarten Gebieten, die dieser kontrollierte, zu sichern.

Ewig schläft Wischnu, der sich in urzeitlichen Wassern bewegt, auf der „endlosen" Schlange Ananta (Abb. 83) während der periodisch wiederkehrenden Vernichtung und Erneuerung der Welt durch

58. Die Sonne scheint während der Wintersonnwende durch das „Oberfenster" in den Gang des Grabes in Newgrange, Irland. Megalithzeitalter.

59. Die massiven Steinsäulen der großen megalithischen Monumente in Stonehenge in England waren so angelegt, daß man von ihnen aus die aufgehende und die untergehende Sonne beobachten konnte, insbesondere während der Winter- und Sommersonnwende.

60

Agni. Sein Äquivalent im Wadschrajana-Buddhismus ist die gewundene vielköpfige Göttin Pantscharakscha, deren Haupt von einem flammenden Nimbus umgeben ist und die „tausend Augen“ hat, die ihren ganzen Körper bedecken, wenn sie sich aus den aufgewühlten Wassern gen Himmel erhebt (Abb. 74). In China wird dieses Konzept von Fruchtbarkeit und Wiedererneuerung von der gewundenen Sonne und den Mondkörpern Fu-xi und Nu-wa in den Schöpfungsmythen der Tao-Tradition verkörpert (Abb. 82). Am entgegengesetzten Ende des Erdballs verehrten die Azteken Mexikos Xiuhcoatl, die Feuerschlange (Abb. 90), und die Hopi-Indianer Arizonas huldigten der Sonne, indem sie den Schlangen-Antilopen-Tanz aufführten, bei welchem eine Anzahl Schlangen in die vier Himmelsrichtungen freigesetzt wurden, um Regen herbeizuschaffen.

Eine heilige Schlange (*uraeus*), die sich vor der Gestalt eines Hundes aufrichtet, befand sich unter dem Goldschmuck mit Sonnensymbolen, der im alten Königreich Kusch gefunden wurde (Abb. 84). In der Zeit von vor 700 v. Chr. bis etwa 350 n. Chr. blühte in Afrika im Niltal die meroïtische Kultur, und obwohl sie weit entfernt von den klassischen Zentren der Zivilisation lag, wird die Vermischung verschiedener Kulturen dadurch ersichtlich, daß an der Fundstelle griechische, lateinische und ägyptische Inschriften wie die einheimische Sprache der Meroïter entdeckt wurde. Die Universalität jener Vorstellung, die Sonne und Wasser in einen symbolischen Zusammenhang stellt, wird auch durch das babylonische Steinrelief von Susa aus dem 12. Jahrhundert v. Chr. sehr gut veranschaulicht; es zeigt eine Schlange, die sich um den Weltenberg schlängelt; ihr Kopf aber ruht auf dem Gipfel (Abb. 89).

---

60. Die Sonnenscheibe auf dem Trundholm-Wagen ist auf der einen Seite vergoldet, während die andere Seite schlicht und schmucklos gehalten ist. Dies versinnbildlicht die Tages- und die Nachtsonnen. Bronzezeit. (Nationalmuseum, Kopenhagen).

61

Nommo, der Begleiter des höchsten Wesens Amma, ist nach der Tradition des Volkes der Dogon aus dem afrikanischen Mali ein Zwitter mit schlangenähnlichen Armen und Beinen. Er stahl „ein Stück Sonne“, die zum Schmieden von Ammas Schöpfungen verwendet wurde, um die Schmiede der Dogon mit Feuer zu versorgen. Eine ähnliche Legende aus der griechischen Mythologie erzählt, wie der Titan Prometheus, der griechische Gott des Feuers, dem Schmied Hephaistos die Sonne stahl – ein Mythos, der noch heute alljährlich während der Prometheus-Festspiele in Griechenland zelebriert wird. Vielleicht ist die Nommo-Mythologie in der hölzernen Skulptur des berühmten Hufschmieds und Kuba-Häuptlings Mbop Pelyeeng aNce nachvollzogen (Abb. 91). Die Universalität dieser Tradition ist auch in anderen Teilen der Welt evident: Als Beispiel hierfür sei die Schmiede genannt, die in dem indonesischen, an den Abhängen des Berges Lawu in Zentraljava liegenden Heiligtum von Candi Sukuh aus dem 15. Jahrhundert abgebildet ist. In diesem schönen Fries werden von einem Schmied diverse Symbole für Wolken und Blitz, Sonne und Feuer vorgeführt (Abb. 92). Die Sonnen- und Feuer-Motive (Abb. 319) sind besonders deshalb interessant, weil sie der Kopfbedekkung sehr ähnlich sind, die der Goldene Mann aus Kasachstan trägt (Abb. 71).

Mit der Bildung ackerbauender Gemeinschaften verschob sich die Gewichtung von Fruchtbarkeit und Reife auf die Bearbeitung des Bodens und brachte den Kampf um die Kontrolle des Wassers mit sich, ein sich ständig wiederholendes mythologisches Thema bei Bauern, Viehzüchtern und Marschbewohnern, insbesondere in jenen Gebieten, die sich vom Niltal in Afrika über das Gebiet zwischen Euphrat und Tigris bis hin zum Tal des Indus auf dem indischen Subkontinent erstreckten. Wie im realen Leben wurden nun mythische Schlachten geschlagen, um das fruchtbar machende Wasser

61. Aruna, der Wagenlenker des Sonnengottes Sûrja, lenkt den Sonnenwagen. Darstellung im Angkor Wat Tempel, der von dem „Sonnenkönig“ Sûrjawarman II. gebaut wurde. 12. Jahrhundert. Kambodscha.

62

aus den Klauen von Tieren und Monstern zu befreien und nach einer Trocken- oder Dürreperiode die Landwirtschaft und Vegetation wiederzubeleben. In der palästinensischen und syrischen Mythologie kämpft Baal, der Gott der Fruchtbarkeit, mit Leviathan, dem Wassermonster; und nach einem indischen Mythos erschlägt Indra, der Gott des Firmamentes, Writa, den Dämon der Trockenheit und Dürre. Solche sonnenbezogenen Mythen, die Tod und Regenierung symbolisieren, waren unter den Ägyptern, Babyloniern, Assyrern, Aramäern, Kanaanitern, Phöniziern, Sumerern und Ariern ebenso verbreitet wie auch in ägäischen, etruskischen, griechischen, römischen und keltischen Gemeinschaften. Eine Entsprechung findet sich in der Mythologie der nordamerikanischen Huron-Indianer, bei welchen der Frühjahrsheld Joskeha den Frosch tötet, der es verhinderte, daß das Wasser ungehindert fließen konnte.

So traten nun die Götter von Blitz und Donner auf wolkenbedeckten Bergen in den Vordergrund, und obwohl es eigentlich nur ihre Aufgabe war, der Sonne „himmlischen Samen der Fruchtbarkeit" zu hüten, versuchten sie, sich einen Teil der Vorrechte der Sonne anzueignen. Als Hüter des Regenwassers begannen sie, für sich einen Status in Anspruch zu nehmen, der dem der allmächtigen Sonne vergleichbar sein sollte. Der neidische Zephyr, der in der griechischen Mythologie der Gott des Westwindes ist, leitete Apollos Diskuswurf (der mit der Sonne assoziiert wird) auf boshafte Weise um und tötete damit Apollos Geliebten Hyazinthos (Abb. 93), den prähistorischen Sonnengott, den die Griechen der klassischen Zeit dann durch Apollo ersetzten (Abb. 94). Unter den Rebellen waren Sonnengottheiten wie Ninurta, der mesopotamische Gewittergott, oder Indra in Indien; es gab den sumerisch-akkadischen Gott Enlil, den griechisch-römischen Gott Zeus/Jupiter, Perkons bei den

62. Aruna lenkt den von sieben Pferden gezogenen Wagen des Sonnengottes Sûrja. Pahari-Miniatur aus dem 18. Jahrhundert. (Bharat Kala Museum, Varanasi, Indien).

63 a

63 b

Letten, Taranis bei den Kelten, Thor/Donnar bei den Germanen, Perkunis bei den Slawen usw. Der baskische Gott Orko, der finnische Gott Ukko und die westasiatischen Götter Teschub und Hadad beteiligten sich ebenfalls an dieser Art Machtkampf.

Aber die kluge Sonne wußte, wie sie die Ambitionen ihrer Untergeordneten beschneiden konnte, indem sie sich nämlich mit mächtigen Königen und Imperatoren zum gemeinsamen Nutzen verbündete. So identifizierten sich die Pharaonen Ägyptens mit dem Sonnengott Rê; die Griechen beanspruchten für sich, vom Sonnengott Helios oder Apollo abzustammen. Die Römer hielten sich für so unbesiegbar wie ihren Sonnengott Sol Invictus. Wie die königlichen Anhänger des sumerischen Sonnengottes Utu wurden die semitischen Herrscher Mesopotamiens mit ihrem Sonnengott Schamasch gleichgesetzt. Persische Monarchen beschworen Mithras, die alte Gottheit des Feuers, die die Sonne repräsentiert, und die mittelalterlichen königlichen Familien Indiens beanspruchten für sich, daß sie von „Sûrja-Wanscha", der Sonnenrasse, abstammten. Jenseits des Atlantik war der König der Natchez-Indianer in Amerika als die „Große Sonne" bekannt, dem das „Volk der Sonne" opferte; Aztekenherrscher identifizierten sich selbst mit dem Sonnengott Huitzilopochtli; Maya-Könige trugen den Titel „der sonnengesichtige Herr" Kinich Ahau; und die Inkaherrscher von Peru führten ihre Abstammung auf den Sonnengott Inti zurück. Auch im Afrika südlich der Sahara verglichen die frühen Hofhistoriker die Sonne mit Moro Naba, dem König von Ouagadougou (Mossi-Reich). In den Kulturen, in denen die Sonne als weiblich angesehen wurde, wurde sie zur Gemahlin mächtiger Herrscher. So ist in der chinesischen Mythologie die Sonnengöttin Xihe die Gattin des Kaisers Dijun.

63 a,b. Die etruskische Sonnentheologie ist auf diesem Bronzedreifuß dargestellt; das Naturelement Feuer versucht, sich vom Chaos zu befreien. Dies wird von Herkle, dem Gott der Sonnenenergie, dadurch symbolisiert, daß er den in einen Wasserbüffel verwandelten Flußgott Acheloos besiegt (63b). Etrurien. 6. Jahrhundert v. Chr. (Eremitage, St. Petersburg).

64

Konsequenterweise wurden Königsthrone oder die Altäre, von denen aus die Propheten predigten, auf der ganzen Welt mit der Sonne identifiziert. Die buddhistischen *Mahâvamsa*-Schriften berichten von Buddhas Elfenbeinthron aus dem 2. Jahrhundert v. Chr., der „geschmückt war mit einer Sonne aus Gold und einem Mond aus Silber". In Ägypten wurde der Thron wie die Sonne zum Schöpfer der Pharaonen selbst, denn der Name Isis ist die griechische Form des alten ägyptischen Hieroglyphen, der „Thron" bedeutet, und die Sonnengöttin war die Mutter des Königs. „Die Waffen von Göttern und Königen wurden aus Stücken geschmiedet, die aus Sûrja zurechtgeschnitten wurden", sagt das Purâna (Sammlung alter indischer Erzählungen). Diese Ideen beeinflußten in den meisten Kulturen eine Fülle von Kunstformen, in welchen nicht nur Waffen und Schilde, sondern fast alles, was

64. Der Löwe, der einen Rehbock überwältigt hat (der im Frühjahr ohne Geweih ist), hat im persisch-sogdischen Stil eine ähnliche Bedeutung wie der den Wasserbüffel besiegende Herkle oder wie Mithras, der den Stier tötet. Silberschale aus dem 7. Jahrhundert aus Chorassan. (Eremitage, St. Petersburg).

königlich war, wie zum Beispiel die königlichen Gewänder, Juwelen, Pferde und Elefanten (auch ihre Sättel und *haudas)* usw. mit der Sonne assoziiert wurden (Abb. 101 bis 114).

Aber auch das gemeine Volk identifizierte seine tagtäglichen Gebrauchsgegenstände mit der Sonne, so z.B. den breitrandigen Hut mit einer konischen Krone, wie er in China, Korea, Japan und in anderen Teilen der Welt in Gebrauch ist (Abb. 127). In Griechenland wird eine ähnliche Kopfbedekkung nach dem geflügelten Reisehut des griechischen Gottes Hermes *petasos* genannt. Nahe dem Sonnentempel im indischen Konarak – er datiert aus dem 13. Jahrhundert – gibt es ein Dorf mit dem Namen Pipli, wo beinahe jeder Einwohner mit der Herstellung von kunsthandwerklichen Erzeugnissen beschäftigt ist, die Sonnenmotive tragen, wie Textilien, Stickereien, geschnitzte Kürbisse und andere Artefakte, bei denen Leder, Holz, Lack, Gold, Silber und andere Metalle verwendet werden. Die Pipli-Frauen weben wunderbare Stoffe, die sie mit runden Spiegeln, die die Sonne darstellen, durchsetzen (Abb. 115); dabei handelt es sich um Muster, die den Stickereien der mittelamerikanischen Indianer, besonders solchen aus Guatemala, verblüffend ähnlich sind.

Die Sonne in verschiedenen Gestalten und Formen ist auch das Hauptthema einer farbenfrohen Vielfalt baltischer und slawonischer Handarbeiten, Stickereien für Kleider, Kopftücher, Gürtel, Schuhzeug, Tischdecken, Handtücher usw., die eine wichtige Rolle während Hochzeiten, Taufen und Begräbnissen spielen. Das gleiche gilt auch für die Susani-Textilien Usbekistans, wovon eine erlesene Auswahl im Museum für Kunsthandwerk in Taschkent ausgestellt ist (Abb. 123, 124, 125). In Europa wird eine schöne Sammlung von Tapisserien mit dem Thema der Erschaffung der Welt im Museum der Kathedrale von Gerona in Spanien aufbewahrt (Abb. 130); in Frankreich haben moderne Künstler wie Lurçat einige hervorragende Werke mit Sonnenmotiven geschaffen (Abb. 131). Der Drache in China ist der Beschützer der Sonne (und des Volkes); deshalb sind Motive der Sonne und anderer Planeten in stilisierte Logogramme eingearbeitet worden, wie man dies an dem Zeremoniengewand von Lin Putian sehen kann, das sich jetzt im Museum der Himmlischen Kaiserin in Quanzhou befindet (Abb. 129).

Zu den Pflichten der Herrscher früher Zivilisationen gehörte die Verantwortung, die Sonne davor zu schützen, von ihrer Bahn abzukommen, besonders wenn sie ihren jahreszeitlichen Zyklus änderte (Sonnenwende). Um seinen Untertanen gute Ernten zu sichern, gehörte es zu den Aufgaben des Königs, dafür zu sorgen, daß die Sonne sich auf ihrem vorgeschriebenen Kurs weiterbewegte. Die Verbindung zwischen der Sonne und der Landwirtschaft resultierte in Ägypten in der Schaffung des ersten Sonnenkalenders mit 365 Tagen (5. Jahrtausend v. Chr.) und der Beschreibung der Sonnenbahn an sich sowie in Bezug auf die alljährliche Überschwemmung des Nildeltas. Noch sinnreicher war der zweispurige Mayakalender, der die heilige Runde von 260 Tagen mit einem ungefähren Jahr von 360 Tagen kombinierte. Die Maya waren wie die Azteken Bauern, und die Sonnenkalender, die sie schufen, um landwirtschaftliche Zyklen und Rhythmen festzuhalten, waren funktionelle lebenserhaltende Hilfen, um die Jahreszeiten vorauszusagen, was gleichzeitig die heilige Position ihrer Könige im Zentrum des Kosmos konsolidierte (Abb. 142). Die neolithischen Monumente in Stonehenge in England und der „Dschantar Mantar“ von Dschaipur (Jaipur) in Indien aus dem 18. Jahrhundert hatten eine ähnliche Funktion. Mit ihrer Hilfe konnten die richtigen Daten für Sonnenfeierlichkeiten berechnet werden und den Bauern der jahreszeitliche Rhythmus ihrer Arbeit vorgegeben werden (Abb. 143, 144, 145).

Es konnte also die „alles sehende Sonne“ von ihrer vorgeschriebenen Bahn am Himmel nicht abweichen. Als solche übernahm sie daher auch die Aufgabe, Gesetz und Ordnung aufrechtzuerhalten, indem sie als Zeuge von Verträgen und Abkommen und deren Einhaltung fungierte. Deshalb wurden auch alte Grenzsteine oft mit Bildern der Sonnenscheibe verziert, als Zeichen einer unwiderruflichen Garantie gegen territoriale Übergriffe (Abb. 146, 147). Im Römischen Reich wurde verlangt, daß Eide bei Mithras geschworen wurden; für die Abfassung königlicher Verträge wurden normaler-

65 a

65 b

65 a,b. Ein hethitisches Silber-Rhyton oder Trinkhorn mit einem gravierten Fries, der Sonnengötter zeigt, die Raubvögel halten, sowie Gläubige mit Opfergaben. 13. Jahrhundert v. Chr. Zentralanatolien.

66

67

68

66. *Ziege im Dickicht*. Sie wurde in den sogenannten Königsgräbern in Ur gefunden. 2600 v. Chr. (Britisches Museum, London).

67. Handgriff mit geflügelter Ziege. Teil eines rituellen Gegenstandes aus Silber und Gold. 5. Jahrhundert v. Chr. Achämenidenzeit. Iran. (Musée du Louvre, Paris).

68. Eine mesopotamische Zeremonien-„Dreieinigkeit" aus Ziegen. 1800 v. Chr. Larsa. (Musée du Louvre, Paris).

69

weise Metallplatten benutzt, die das Bild des Sonnengottes trugen (Abb. 148, 149). Mythen und Legenden unterstützten diese Praktiken noch. In der griechischen Mythologie war es der allgegenwärtige Helios, der Zeuge des sonst gut gehüteten Geheimnisses war, daß Hades Persephone entführt und zu sich in die Unterwelt genommen hatte. Ähnlich war Sûrja derjenige, der Rahu, den Dämonen, der in die Versammlung der Götter einbrach, entlarvte; Rahu stahl von dem *Amrita*, das Wischnu seinen Gästen anbot. Wischnu (als Mohini) schlug Rahu den Kopf ab; da Rahu aber bereits von dem *Amrita* gekostet hatte, war er unsterblich geworden und konnte deshalb nicht getötet werden. So wurde sein abgeschlagener Drachenkopf zum aufsteigenden „Knoten" der Sonne, während sein Körper, Ketu, der Drachenschwanz, in den absteigenden „Knoten" verwandelt wurde.

Mit der Entwicklung metaphysischen Denkens vervielfältigten sich auch die geistigen Verantwortlichkeiten der Sonne. Der Sonnengott Mithras (auf Wedisch: Mitra) wurde der Wagenlenker des Ahura Masda, des zoroastrischen Schöpfergottes des Lichtes, dem die böse Finsternis des Angra Mainju oder Ahriman entgegengesetzt ist. Ahura Masda ist „wie die Sonne anzusehen – denn die Sonne ist das größte aller sichtbaren irdischen Feuer", sagte Zoroaster (etwa 628–551 v. Chr.). Und bis zum heutigen Tage heißt das Wort für Sonne in verschiedenen ostiranischen Sprachen ganz einfach „des Ahura Masda". Der Zoroastrismus und Manichäismus gehörten zu den großen dualistischen Weltreligionen, die von der Sonne inspiriert waren. Obwohl der Manichäismus seither so gut wie verschwunden ist, wurde die Religion einst von vielen Menschen praktiziert, von Spanien im Westen bis zur Ostküste Chinas, wo es eine schöne Abbildung Manis (216–274 n.Chr.) im Tempel Cao'an gibt, der in der Nähe von Quanzhou, in der Provinz Fujian, liegt und noch immer besucht wird (Abb. 152). Der Manichäismus war in der Tat ein „ökumenischer" Glaube, der viele Völker umfaßte, da Mani ver-

69. Die Ziege, die die Sonne symbolisiert, straft einen Sünder. Wandgemälde aus dem 16. Jahrhundert im Himalaya-Kloster Thikse. Es stellt das buddhistische „Weltenrad" dar. Ladakh, Indien.

70

70. Ein rituelles Bronzegefäß, auf dem ein vergoldeter, auf einem Pferd reitender Sonnengott dargestellt ist. Dieser ist von vier Stieren umgeben, die die vier Himmelsrichtungen veranschaulichen; die beiden Löwinnenfiguren symbolisieren die beiden Horizonte. 206 v. Chr. Dieses Kultgefäß wurde in den Shi-zhai-Bergen, Jinning, in der Provinz Yünnan, China, gefunden. (Museum der Provinz Yünnan, Kumming, China).

71

schiedene andere Religionen, wie z.B. das gnostische Christentum, den Zoroastrismus und den Buddhismus mittels einer streng dualistischen Philosophie, die auf dem ewigen Kampf zwischen Gut und Böse, Licht und Finsternis aufgebaut war, verbinden wollte. Der manichäische Sonnengott, auch als der Dritte Gesandte (*Neryosang)* bekannt, wohnt zusammen mit der Mutter des Lebens und dem Lebendigen Geist („Heilige Dreieinigkeit") in der Sonne. Unter anderem setzt der Dritte Gesandte die Sonne und den Mond in Bewegung und schafft damit auf der Erde den Wechsel der Jahreszeiten.

„Sûrja ist die endgültige Wahrheit", sagt das *Aditya-Hrydya Sûtra*. Diese Idee findet eine anmutige Darstellung in der Miniaturzeichnung, *das Herz von Sûrja*, auf welcher Wischnu und seine Gemahlin Lakschmi in der Sonne sitzen (Abb. 159). Der Buddha nennt die Sonne „das feurige Herz, meine Verwandte", wie dies im *Samyutta Nikaya* gesagt wird. Und die Buddhisten in Indien, China, Korea und Japan glauben, daß der Palast der Bodhisattwas wie derjenige von Ekadasamukhawalokiteswara (die eine zehngesichtige Gottheit) (Abb. 251) und des populären chinesischen Awalokiteswara Kouan-yin (Sahasrabhujasahasranetrawolekiteswara), „eintausend Hände und tausend Augen", ihren Standort in der Sonne, der Wahrheit, haben (Abb. 156). Der Pantscharakscha-Göttin des Wadschrajana-Buddhismus, die in Klöstern im Himalaya abgebildet ist, werden ähnliche Tugenden zugeschrieben (Abb. 74).

In der persischen mystischen Dichtung und Folklore ist die Sonne ein Mädchen mit runden Wangen (*ḫoršīd)* (Abb. 353), und in Japan heißt es, daß Kinder, die rosige runde Wangen haben, von der Sonne gesegnet sind. Die Griechen gingen so weit, die Figur der Wahrheit an die Sonnenscheibe anzugleichen, so daß die Wahrheit buchstäblich so rund wie die Sonne wurde. Dies wurde in einer my-

71. Unter den Funden, die 1969 in Issyk Kurgan in Kasachstan ausgegraben wurden und sich auf die Sonne beziehen, war auch der „Goldene Mann". Sakisch, 5. bis 4. Jahrhundert v. Chr. (Archäologisches Museum, Alma Ata, Kasachstan).

72

73

stischen Reise ausgeführt, die der Philosoph Parmenides im Sonnenwagen und in Begleitung der Töchter des Helios unternahm. Als er die göttliche Schwelle von Nacht und Tag, die von der „rächenden Gerechtigkeit" bewacht wird, überschritt, erkannte er endlich „das unerschütterliche Herz der *wohl abgerundeten* Wahrheit". Der massive Marmormonolith, der die Gestalt einer kreisförmigen Sonnenscheibe hat, die *Bocca della Verità* („der Mund der Wahrheit"), ist eine bemerkenswerte griechisch-römische Interpretation von Platos Identifikation der Sonne mit der Wahrheit und ihrer „rächenden Gerechtigkeit". Die Sonnengottheit (4. Jahrhundert v. Chr.) wurde ursprünglich als Pan, Sohn des griechischen Gottes Hermes, verstanden, der als Schutzherr der Weiden und der Fruchtbarkeit mit den Hörnern, Beinen und Ohren einer Ziege dargestellt wurde. Später übernahmen ihn die Römer als ihren ländlichen Gott Faunus. Sein Abbild in Form einer riesigen Marmorscheibe ist jetzt in der Säulenhalle der Kirche Santa Maria in Cosmedin in Rom aufgestellt. Dort wurde sie auch in einem früheren heidnischen Tempel gefunden (Abb. 154). Menschen, die lügen, sollten ihre Hand nicht in den „Mund der Wahrheit" stecken, denn es heißt, daß die „rächende Gerechtigkeit" der Sonne sie abbeiße.

Die „rächende Gerechtigkeit" der Sonne beim Wadschrajana-Buddhismus wird auf einem Wandgemälde, dem „Weltenrad", im Himalayakloster Thikse in Ladakh von einer Ziege veranschaulicht, die einen Sünder verschlingt (Abb. 69). In der Hindu-Mythologie wird dieses Thema durch eine volkstümliche Legende interpretiert, derzufolge Wischnu als Nara-simha (Mann-Löwe) plötzlich aus einer Säule hervortritt und Hiranja-kasipu in Stücke zerreißt, weil dieser Tyrann und König es seinem Sohn Prahalada nicht erlaubte, die Sonnengottheit anzubeten (Abb. 155). Dies ist eine Variation der

72. Der Bodhisattwa Sûrjaprabha weist sich aus durch das dreifüßige Vogelsonnensymbol in seiner Krone. Diese „Licht der Sonne" genannte Gold- und Bronze-Statue aus dem 15. Jahrhundert wurde in einer koreanischen Steinpagode des Sujong-Tempels in Yangsu-ri (Republik Korea) entdeckt. (Nationalmuseum von Korea, Seoul).

73. Der wirbelnde Flammennimbus und die Handgestik (*mudrā*) dieses vergoldeten koreanischen Bronze-Buddhas (*Kongdokmyongbul*) sind jeweils Sonnenmotive. 539 n. Chr. Koguryo. (Nationalmuseum von Korea, Seoul).

74

74. Die orientalischen Begriffe der Reinkarnation, wobei die Kräfte feuriger Elemente aus dem Wasserstrudel gen Himmel aufsteigen, werden von Pantscharakscha, Göttin des Wadschrajana-Buddhismus, veranschaulicht. 16. Jahrhundert. Tajul-Kloster, Ladakh, Indien.

75

griechischen Legende, nach welcher der Gott Dionysos die Mänaden aufstachelte, Orpheus in Stücke zu zerreißen, weil dieser den rivalisierenden Gott Apollo verehrte. Und der Aberglaube reichte noch weiter: so wird allgemein angenommen, daß König Karl I. von England (1625–49) deshalb hingerichtet wurde, weil er seinen Untertanen im Namen der Sonne keine Freiheit ließ (Abb. 183), während Hitler ein ähnliches Schicksal widerfuhr, weil er das Hakenkreuz-Emblem mißbrauchte.

Auch in den mündlichen Überlieferungen Schwarzafrikas wird die Sonne mit der Wahrheit assoziiert und mit Zauberformeln beschworen, was in den afrikanischen Kulturen eine große Rolle spielt. Nach der Übersetzung von Romanus Egudu lautet der Text zu einem Lied eines Ibo-Wahrsagers in *Black Orpheus* wie folgt:

> Was wird es heute sein?
> Erfolg oder Mißerfolg? Tod oder Leben?
> Ha! Die Flut kann den Berg nicht hinauffließen.
> Welches ist der böse Geist, der seinen Schatten
> zwischen mich und die Wahrheit wirft?
> Ich halte meinen Zauberstab gegen ihn.
> Hier ist der Osten, dort der Westen.
> Hier geht die Sonne auf ...
> Sieh' wie die Wahrheit auf den Strahlen der Sonne heranreitet.

In Schwarzafrika wird das Bild der Sonne selten dargestellt, obwohl ihre verwandelnde Kraft in vielen Bereichen des Lebens allesdurchdringend ist. Wie in alten Stammeskulturen werden das Licht und die Wärme der Sonne wegen ihrer Fruchtbarkeit und Lebenskraft geschätzt, aber gleichermaßen wird sie gefürchtet wegen ihrer Macht, zu versengen und zu töten, und dies ganz besonders in

75. Der etruskische Sonnengott Cautha oder Uzil wird in der Gestalt eines geflügelten Jünglings mit dem Körper und der Haut eines Reptils dargestellt. Mit gestreckten Händen, die die Sonne symbolisieren, steigt er aus dem Wasser hervor. 5. Jahrhundert v. Chr. Etrurien. (Eremitage, St. Petersburg).

76

77

78

76. Die offene Hand ist ein universelles Sonnensymbol, wie dies auf dieser afrikanischen Kuba-Buschong-Trommel ersichtlich ist, die mit Sonnen-(*phila*-)Motiven bemalt ist. (Museum of Mankind, London).

77. Felsbilder anasazischen Ursprungs aus einem versteinerten Wald in Arizona. Etwa 700–1300 n. Chr.

78. Felsbilder aus dem Val Camonica, Norditalien. Bronzezeit. (Zeichnung: Paul Jenkins, nach Anati).

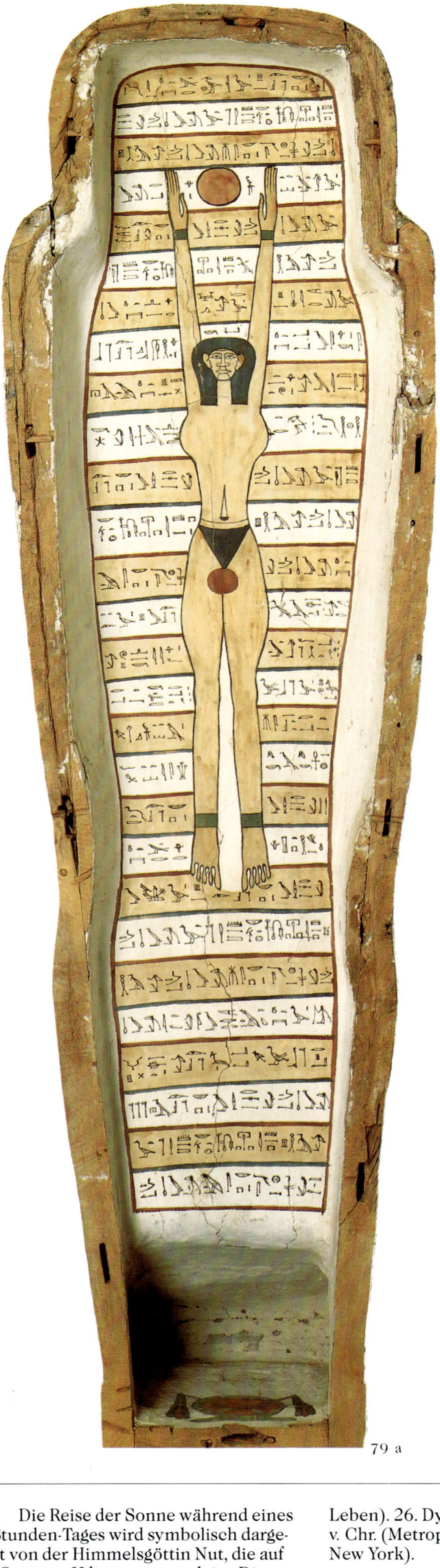

79 a

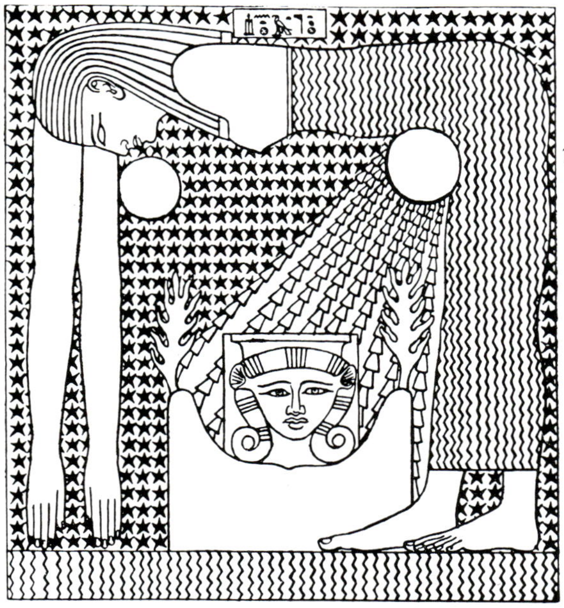

79 b

80

79a. Die Reise der Sonne während eines 24-Stunden-Tages wird symbolisch dargestellt von der Himmelsgöttin Nut, die auf den Sarg von Udjaersen gemalt ist. Die Tochter eines Priesters aus Theben hält die Sonne in ihren Händen, ehe sie diese verschluckt (Sonnenuntergang, Tod). Gleichzeitig wird gezeigt, wie sie die Sonnenscheibe gebiert (Sonnenaufgang, Leben). 26. Dynastie. Etwa 656–525 v. Chr. (Metropolitan Museum of Art, New York).

79b. Nut, die die Sonne gebiert. Skizze nach einer Wandmalerei im Hathor-Tempel von Dendéra. 1. Jahrhundert v. Chr., Ägypten.

80. Fruchtbarkeit wird durch eine Sonnenscheibe vor dem Geschlecht einer aztekischen Terrakottafigur symbolisiert. Etwa 1500. (Anthropologisches Nationalmuseum, Mexico City).

der Sahara. Kongolesische Stammesangehörige betätigen während des Sonnenaufganges aus Furcht vor der Sonne ihre Trommeln, weil sie glauben, die Sonne sei ein Löwe, dessen Brüllen (Gewitter) ihre Tiere verscheuche. Die Sonne zeigt sich bei ihnen nicht in anthropomorpher Form, sondern läßt ihre Potenz als Teil der gesamten kosmischen Kraft in einer Vielfalt von phantastischen Masken spürbar werden, die den Geist von Tieren oder von Vorfahren symbolisieren. In einem das ganze Leben umfassenden System von Ritualen, Beschwörungen, Weissagungen, Schutzgeistern, Beschneidungszeremonien, Tanz und Musik werden diese Geister angerufen; und dies alles harmonisiert mit dem Sonnenrhythmus (Abb. 465 bis 473).

Die Tradition alter „magischer Zeichnungen im Schoß der lebenden Erde“ wurde von verschiedenen Kulturen in der einen oder anderen Form fortgeführt; desgleichen wurden ihnen die heilenden und schützenden Kräfte der Sonne zugeschrieben. Die Navajo-Indianer, die im dürren Südwesten der Vereinigten Staaten leben, glauben, daß man alle möglichen Arten von Krankheiten heilen kann, wenn man ein rituelles Bild der Sonne in den Sand zeichnet (Abb. 161). In Indien wird das Bodenbemalen *dhûli-chitra* genannt und die „magischen Diagramme“ können von verschiedenen Begriffen wie *kolam, alpana, rangoli, aripan, mandana, sanjhi* usw. beschrieben werden. Sie stehen im Bezug zum Jahreskreislauf der Sonne sowie auch auch zur Morgen- und Abendsonne (den beiden Horizonten). Ihre schützenden Kräfte werden bei jedem Sakrament des Lebens (*samskara*) angerufen, aber auch beim Übergang von einer Lebenssituation zu einer anderen, wie z.B. bei einer Geburt, bei der Initiation eine Knabens mit dem heiligen Faden, bei einer Heirat und anderen Glück verheißenden Gelegenheiten. Meist werden die Bodenzeichnungen von Frauen unter Verwendung von nasser Reispaste, Zinnoberrot, Kurkuma-Pulver und in manchen Fällen von Kuhdung gemalt. Mit der Sonne in einer besonders prominenten Rolle beinhaltet das Gelübde (*vrata*), das mit der Zeichnung einhergeht, dann den ganzen Kosmos mit der Sonne, dem Mond und den Sternen. Solche Zeichnungen sind insbesondere in Mithila, Bihar, populär, wo von einem frisch verheirateten Mädchen erwartet wird, daß es die Wände ihres Brautzimmers ausmalt (Abb. 166) und außerdem nach ihrer Heirat während eines Monates allmorgendlich, mittags und abends das Bild der Sonne an die Außenwand des Hauses zeichnet (Abb. 162).

Die Sonne im *dhûli-chitra* ist nicht immer ein Kreis – sie kann auch als Viereck dargestellt werden. Dies ist eine Tradition, die bis auf das von den Zivilisationen des Industales (etwa 2500 – ca. 1750

81

81. Felsbilder aus der Bronzezeit stellen überall auf der Welt Verbindungen zwischen der Sonne und der Fruchtbarkeit her, wie hier diese Zeichnung aus dem Val Camonica in Italien. Am Phallus dieser männlichen Figur ist die Sonnenscheibe befestigt. (Skizze: Paul Jenkins, nach Anati).

82

v. Chr.) konzipierte Hakenkreuz-Symbol zurückgeführt werden kann. In diesem Sinne wurden die vier Seiten eines viereckigen wedischen Altares mit den vier Himmelsrichtungen identifiziert und später als die vier Weltenhüter oder die Himmlischen Könige (*Lokapâla* in Sanskrit) personifiziert. Die vier Himmelsrichtungen kommen in ganz Asien auf den Hindu- und buddhistischen Tempelskulpturen und Reliquiengegenständen vor, wie zum Beispiel bei dem schönen vergoldeten Bronzekorb, der sich jetzt im koreanischen Nationalmuseum in Seoul befindet (Abb. 98). Eine abstrakte Darstellung beinhaltet die chinesische Konzeption von Himmel und Erde in Form von rituellen Jadegegenständen; das *pi* ist kreisförmig (Abb. 261) und das *ts'ung* ist äußerlich viereckig und innen röhrenförmig (Abb. 262). Die Trommeln von Schamanen weisen eine ähnliche Kombination von kreisförmigen und viereckigen Sonnensymbolen auf.

Die verblüffende Komplexität der Sonnensymbolik wurzelt in einigen wenigen Grundmotiven, wie in den rudimentären Formen einfacher oder strahlenförmiger Kreise und in konzentrischen Kreisen mit Punkten, Spiralen, Rädern und anderen nimbusähnlichen Formen, wie man sie in Felsbildern überall auf der Welt beobachten kann (Abb. 16, 333). Solche Ideogramme könnten auch die frühesten Formen von Hieroglyphen oder des „heiligen Meißelns" inspiriert haben, welche die ägyptische Theologie bis auf Thoth (gegen Ende des 4. Jahrtausends v. Chr.) zurückführt und die mit dem Sonnengott Rê identifiziert wurden. In Indien war „zifferngestaltig" (*Sunya-mûrti)* eine der vorwedischen Namensgebungen für die Sonne; vielleicht entwickelte sich aus ihr sogar die indische Kon-

83

82. Die schlangenartig umeinander gewundenen Körper von Fuxi und Nu-wa stellen die Sonne und den Mond in den Schöpfungsmythen der chinesischen Tao-Tradition dar und symbolisieren Fruchtbarkeit und Wiedergeburt. Malerei auf Hanfleinen aus Turfan, China, aus dem 7. Jahrhundert. (Nationalmuseum von Korea, Seoul).

83. In den Urwassern, während der periodisch wiederkehrenden Vernichtung und Erneuerung der Welt durch Agni (Feuer), schläft der hinduistische Sonnengott Wischnu ewig auf der endlosen Schlange Ananta. Spätes 17. Jahrhundert. Buddha Nilakantha. Nepal.

84

85

86

84. Diese goldene Figur, die einen Hund mit der heiligen Schlange Uräus darstellt, gehört zu dem in Kusch gefundenen Goldschmuck mit Sonnensymbolen. Das meroïtische Königreich hatte seine Blütezeit im Niltal von vor 700 v. Chr. bis etwa 350 n. Chr.

85. Die Sonne wird hier von dem Glorienschein des Wischnu Balarama in Form einer siebenköpfigen Schlange symbolisiert. 6. Jahrhundert. Kaschmir, Indien.

86. Die gigantischen Bronze- und Steinkröten, die im Meer am Ufer von Futamigaura in Ise, Japan, hocken, verweisen auf die Beziehung der Sonne zu Wasser und Fruchtbarkeit.

87 a

87 b

87 c

88

89

90

87a. Volkstümliche indische Darstellung einer Súrja-Mandala mit einer Kobra, die Sonne, Wasser und die Vegetation symbolisiert.

87b. Silberamulett aus aufgerollten Schlangen. 18. Jahrhundert. Gudscherat, Indien.

87c. Ein Stein aus dem 15. Jahrhundert, der den Heiligen Guga Pir in Gestalt einer Kobra darstellt. Triwambaka, Indien.

88. Kobra-Verehrung im Liugaradsch-Tempel aus dem 10. Jahrhundert. Bhuwaneschwar, Indien.

89. Eine Schlange, die sich um den Weltenberg windet. Beginnendes 12. Jahrhundert v. Chr. Susa, Iran. (Musée du Louvre, Paris).

90. Xiuhcoatl, die aztekische Feuerschlange. 1500 v. Chr. (Anthropologisches Nationalmuseum, Mexico City).

91 a

91 b

zeption der mathematischen Null. Einige chinesische Wissenschaftler sind der Ansicht, daß die Sonnenbilder auf neolithischer Keramik der Da-wen-kou-Kultur (4300–2500 v. Chr.) die Grundlage primitiven chinesischen Schreibens gewesen sein könnten. Das Schreiben in der norwegischen Mythologie wird ebenfalls der Weisheit von Odins „einem Auge“ (der Sonne) zugutegehalten, das ihn dazu befähigte, insgeheim auf Bildersteine zu schreiben.

Die revolutionäre Erfindung des Rades, die um etwa 3500 v. Chr. anzusetzen ist, gehört zu den größten technologischen Errungenschaften aller Zeiten; es ist sehr wohl möglich, daß diese Idee ursprünglich dem kreisförmigen Bild der Sonne entliehen wurde. Eine Vielfalt von radförmigen Felszeichnungen aus der Jungsteinzeit- und der frühen Bronzezeit-Kunst zeigt, daß erfinderische und phantasievolle Menschen in Sumer die Form des Rades aus dem Bild der beständig sich fortbewegenden Sonnenscheibe am Himmel abgeleitet haben könnten, noch bevor dieses im eigentlichen Sinne „erfunden“ wurde. Selbst das Speichenrad, das um etwa 2000 v. Chr. aufkam, wurde offensichtlich in Anlehnung an Felsbilder entworfen, bei denen der Kreis entweder in der Mitte durchkreuzt oder tatsächlich schon mit Speichen und Sprossen versehen ist. Der „Sonnenwagen“ und seine Mythologie ist dann in den meisten Kulturen nur die natürliche Folge.

91a. Holzfigurine (*ndop*) des Kuba Buschong-Häuptlings Mischoa Pelyeeng aNce, wie er seine Trommel, ein Sonnensymbol, betätigt. Spätes 18. Jahrhundert. (Museum of Mankind, London).

91b. Der Beruf des Schmiedes wird weltweit mit der Sonne identifiziert, wie dies hier von dem afrikanische Kuba-Buschong-Häuptling Mbop Pelyeeng aNce aus dem 18. Jahrhundert veranschaulicht wird. (Museum of Mankind, London).

92

Es könnte sein, daß die Spirale, die ja ein in der Architektur sehr gängiges Motiv und ein beliebtes Kunstmotiv ist, vielleicht ebenfalls von auf die Sonne bezogenen Tiergeweihen abgeleitet wurde (Abb. 334). Hinweise auf Zusammenhänge mit der Fruchtbarkeitsidee lassen sich aus den eingravierten geometrischen Spiralmustern auf dem Rücken und den Schenkeln weiblicher „Venus"-Figurinen aus Elfenbein (ca. 24 800 v. Chr.), die in Mähren gefunden wurden, schließen. Ähnliche spiralförmige Sonnensymbole sind auch anderswo zu finden, so zum Beispiel bei alten Bronzespiegeln, insbesondere bei Scheiben aus Honan in China (8. Jahrhundert v. Chr.), auf denen Drachen mit Tiersymbolen verflochten sind, deren Schwänze in Voluten enden. Die „mystische Spirale", wie sie auch im *ûrnâ* von Buddhas Lockenhaar vorkommt, die Voluten alter Portale oder die Kapitelle ionischer und korinthischer Säulen in Griechenland, die die Architektur vieler Länder beeinflußten, zeugen von der weit verbreiteten Beliebtheit dieses Motives.

Während Künstler, Architekten und Techniker von den nützlichen, der Sonne entliehenen Ideen profitierten, während Zoroaster und Mani der Sonne göttliches Licht der Tugend gegen die Dunkelheit des Übels beschworen, verwendeten große Eroberer und Herrscher den Geist solarer Universalität, um sich der Loyalität und unbedingten Treue und Ergebenheit ihrer Untertanen zu vergewissern.

92. Wolken-, Blitz-, Sonnen- und Feuer-Motive sind hier in dieser schönen Darstellung auf einem Fries einer Schmiede im Sanktuarium von Candi Sukuh, Indonesien, dargestellt. 15. Jahrhundert. (Mit freundlicher Genehmigung der Museumsleitung von Djakarta).

93

94

Angesichts der ständig wachsenden Zahl antagonistischer Sekten, die soziale Spannungen, ethnische Auseinandersetzungen und religiöse Feindseligkeiten auslösten, versuchten Herrscher wie Echnaton in Ägypten, Alexander der Große, Aurelian in Rom, Aschoka und Akbar in Indien, Ludwig XIV. in Frankreich und noch andere mehr – auch wenn sie in Zeit und Raum weit voneinander entfernt lebten – unter Verwendung von Sonnensymbolen und entsprechenden Einheitsnormen stabile Regierungen zu schaffen. Der „Sonnenkönig“ Frankreichs sagte, *L'Etat c'est moi*, und jenseits des Atlantiks wurde alles, was unter der Sonne existierte, vom „Sonnenkönig“ der Inkas für sich beansprucht.

Echnaton (um 1353 v. Chr.) suchte sein Volk unter dem alles umfassenden Licht, das von seiner Sonnenscheibe, Aton, ausging, zu vereinigen. Eine Hymne, die auf den Gräbern von El-Amarna steht, sagt: „Du bist schön, groß, glänzend und stehst hoch über jedem Land, und deine Strahlen umhüllen die Länder bis zu der Grenze von allem, was du geschaffen hast, du, die du die Sonne bist; und du reichst bis an ihre Grenzen und unterwirfst sie deinem geliebten Sohn“. Echnaton schuf keine neue Religion, sondern wählte Aton unter verschiedenen anderen Göttern, wie dem falkenköpfigen Sonnengott Horus, aus. Er legte die Betonung auf *maat,* das heißt „Wahrheit“ und schuf in Tell el-

93. Hyacinthos, der prähistorische griechische Sonnengott, wurde von dem neidischen Westwind Zephyr getötet, indem dieser den Diskuswurf Apollos umleitete, als die beiden Liebenden mit dem Sonnensymbol spielten. Römische Kopie der originalgriechischen Statue. Etwa 4. Jahrhundert v. Chr. (Eremitage, St. Petersburg).

94. Statue des Apollo Belvedere, eine römische Kopie des griechischen Originals, wahrscheinlich von Leochares. 4. Jahrhundert v. Chr. (Vatikanmuseum, Rom).

Amarna in Ägypten erstmals einen „realistischen“ Stil. Er hatte nämlich seinen Künstlern und Handwerkern befohlen, originalgetreu das darzustellen, was sie tatsächlich sahen, und nicht mehr den traditionsgebundenen Regeln und Richtlinien zu folgen, mit welchen bisher die Persönlichkeit des Pharao verherrlicht werden mußte. So kam es, daß der dem Bildhauer Totmes zugeschriebene Stil in der ägyptischen Kunst eine revolutionäre Umwandlung bewirkte. Sogar die eigenartig deformierte Physiognomie des Echnaton selbst wurde in diesem einmaligen und außerordentlich originellen Amarna-Stil abgebildet (Abb. 168). Hier beschränkten sich die Künstler nicht mehr auf offizielle Themenvorgaben, sondern porträtierten den König so, wie er im täglichen Leben war, wie er seine Frau streichelte, mit seinen Kindern spielte oder Untertanen und gemeines Volk belohnte. Von diesem Ausgrabungsort stammt auch das berühmte Portrait der Nefertiti oder Nofretete aus der Zeit des Neuen Königreiches. Die Königin muß tatsächlich so erstaunlich schön gewesen sein, da sie ja „realistisch“ porträtiert worden war (Abb. 167)!

Ähnlich strebte auch Alexander der Große (356–323 v. Chr.) danach, die Welt „wie die Sonne“ zu regieren, insbesondere nach seiner Eroberung Ägyptens, als er beschloß, „der Sohn des Sonnengottes Amun zu werden“. Er versuchte, die vielen verschiedenen Glaubensformen und -praktiken, die in seinem schnell wachsenden Weltreich existierten, zu fusionieren, indem er nach seinen östlichen Feldzügen eine Reihe hellenistischer Kolonien errichtete oder festigte und dort eine Mischkultur und einen hybriden Kunststil ermutigte. Unter den Objekten, die in Ai Chanum am linken Ufer des Oxus (dem modernen Amu Darja in Afghanistan) ausgegraben wurden, befindet sich auch das wunderschöne Kybele-Medaillon (Abb. 170). Seine Schmuckplatte aus mit Gold platiniertem getriebenem Silber zeigt die griechische Göttin der Natur, Kybele, wie sie den geflügelten Siegesgott in einem Wagen begleitet. Sie fahren auf einen Altar zu, auf welchem eine Sonnengottheit mit einer Art Stundenglas steht. Es handelt sich hier um eine faszinierende Synthese zwischen Kunststilen dreier alter Zivilisationen: Kybeles Wagen im indischen Stil wird von Löwen (anstatt von einer Quadriga) gezogen, während Helios – im griechischen Stil – zusammen mit dem Mond und einem Stern am Himmel glänzt, was eindeutig auf mesopotamische Vorbilder zurückgeht.

Das Medaillon erlaubt einen interessanten Vergleich mit einer indischen Miniatur aus Radschasthan aus dem 17. Jahrhundert (Abb. 171). Letztere vereinigt in sich verschiedene zusätzliche Elemente aus der Hindu-Mythologie, wie zum Beispiel den stierköpfigen Rahu (Eklipse), der versucht, den Sonnenwagen von hinten aufzuhalten, während Hanuman, der Affengott, der den Streitwagen

95

95. Auf diesem Keilschrift-Rollsiegel aus grünem Serpentin bahnt sich der aufgehende Sonnengott Schamasch seinen Weg durch die Berge des Ostens. Das Siegel stellt außerdem die wichtigsten Sonnengötter der akkadischen Dynastie dar, die Mesopotamien von etwa 2350–2200 v. Chr. regierte. (Britisches Museum, London).

96

97

98

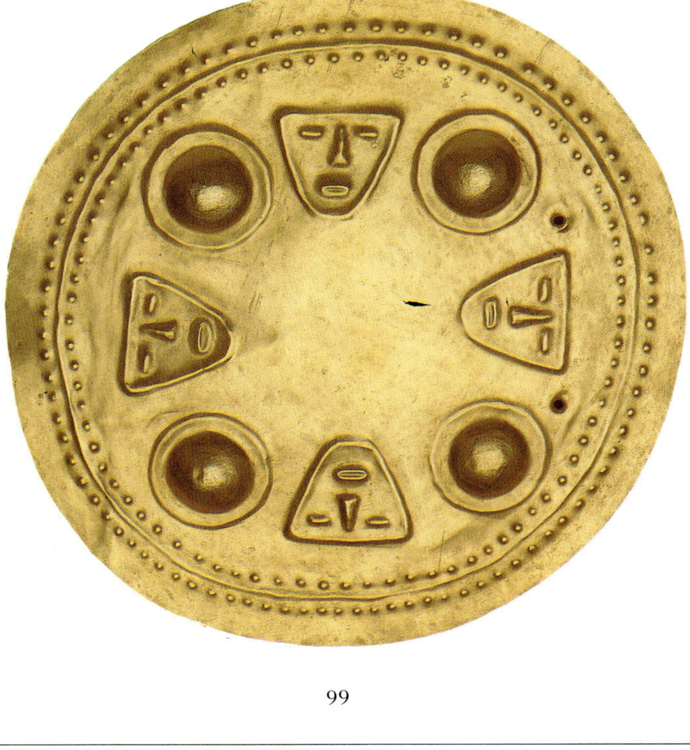

99

96. Der babylonische König Nabu-apla-iddina bei der Verehrung des Sonnengottes Schamasch in dessen Tempel, der auf dem himmlischen Ozean ruht. Eine Sonnenscheibe wird von zwei Göttern auf einen Schemel herabgelassen. Die kleineren Symbole stellen den Mondgott, den Sonnengott und die Göttin Ischtar (Venus) dar. Etwa 870 v. Chr. Sippar, Irak. (Britisches Museum, London).

97. Eine semitische Ritualschale mit dem Sonnenemblem und mythologischen Szenen. Phönizisch (Nordwest-Syrien). 8. bis 7. Jahrhundert v. Chr. (Musée du Louvre, Paris).

98. Die kreisförmige Sonne konnte auch als Viereck dargestellt werden, wie hier der wedische Altar mit seinen vier Himmelsrichtungen, die von den vier Weltenhütern (*Lokapalas*) repräsentiert werden. Darstellung auf einem koreanischen vergoldeten Bronzekorb. 682 n.Chr. (Nationalmuseum von Korea, Seoul).

99. Gehämmerte Sonnenscheibe aus Gold, die die Sonnengötter der vier Himmelsrichtungen zeigt. Etwa 6. bis 7. Jahrhundert n. Chr. (Nationalmuseum von Costa Rica, San José).

100

101

102

103

lenkt, ein Banner voranführt; die Räder des Wagens werden von Schlangen gestützt. In Asien war die Zahl der Pferde, die Sûrjas Sonnenwagen ziehen, nicht auf ein Viergespann beschränkt; es konnten zwei (Abb. 61), fünf, bis zu sieben (Abb. 62) Pferde sein, wie das indische Skulpturen und Bilder beweisen.

Die Maurja-Kaiser Indiens eiferten Alexanders Beispiel nach, das dieser mit seinem kurzen Feldzug nach Indien im Jahre 326 v. Chr. gesetzt hatte; dies trug dazu bei, daß die alten, auf die Sonne bezogenen Ideen der Weden wieder auflebten. Tschandragupta Maurja (etwa 321–297 v. Chr.) verlieh sich selbst die Rolle des „Sonnenwächters“ (*Chakravartin*) als eines Kaisers des Universums. Aschoka (272–237 v. Chr.), der letzte wichtige Kaiser der Maurja-Dynastie, errichtete zahlreiche Säulen mit Sonnensymbolen (Abb. 173). Das indische Lotusmotiv mit seinen tausend Blütenblättern stellt die unsterblichen Strahlen der Sonne dar. Die ägyptischen Löwen symbolisieren die vier Viertel des Universums. Die Stiere und Pferde auf ihrem Abakus wurden aus Mesopotamien übernommen, während Geißblatt und Akanthusblatt dem hellenistischen Stil entstammten. Maurja erließ mehrere in Fels eingemeißelte Edikte und betonte wiederholt „Einheit“ oder „Zusammenkommen“ (*samavayo*) als kaiserlichen Wahlspruch. Der römische Kaiser Aurelian (215–275 n. Chr.) versuchte ebenfalls, divergierende Sekten und Stämme in seinem Reich unter die Ägide der Unbesiegbaren Sonne (*sol invictus*) zu bringen. Und indem er sich selbst als Restaurator der Welt (*restitutor orbis*) mit der Aura der göttlichen Sonne umgab, überzeugte er seine Armeen davon, daß Sol Invictus die wichtigste Quelle der Autorität war.

Die „Göttliche Sonne“ war das Zentrum des synkretistischen Kultes Din-i Ilahi. Der Moghul-Kaiser Akbar (1542–1605) versuchte, die verschiedenen Völker seines riesigen indischen Reiches um die-

100. Diese Dioritstele, auf die der *Codex Hammurabi* in Keilschrift eingemeißelt ist, zeigt den babylonischen König vor dem Sonnengott Schamasch. Relief aus Susa. 18. Jahrhundert v. Chr. (Musée du Louvre, Paris).

101. Der Thron der Najakkar-Könige von Sri Lanka ist mit Sonnensymbolen verziert. 18. Jahrhundert. (Nationalmuseum von Sri Lanka, Colombo).

102. Der Thron wurde, wie die Sonne, zum Schöpfer der Pharaonen, wie zum Beispiel der Thron des Echnaton. Etwa 353 v. Chr. (Ägyptisches Museum, Kairo).

103. Ein römischer Thron aus Marmor aus einem Mithras-Heiligtum. Etwa 2. Jahrhundert. Jetzt in der Basilika S. Clemente in Rom.

104

105

sen Kult zu versammeln. Auf der Basis alter Traditionen, zu denen auch die Heiligkeit der Kuh gehörte, ermutigte Din-i Ilahi das Vermischen des islamischen, hinduistischen, zoroastrischen, buddhistischen, dschainistischen und selbst christlichen Glaubens mit – wie es Abul Fazl, des Kaisers enger Freund und Chronist ausdrückte – „dem großen Vorteil, das, was gut in einer Religion ist, nicht zu verlieren, aber alles, was besser in der anderen Religion ist, dazuzugewinnen". Akbar stand unter dem Einfluß des islamischen Sufi-Mystizismus, insbesondere der *išrāğī*- oder „illuministischen" Schule, die der Seher Schihab ad-Din Suhrawardi im 12. Jahrhundert im Iran gründete und welcher die zoroastrische und manichäische Verehrung der Sonne ihren Stempel aufgedrückt hatte. Er gründete seine Philosophie auf die Verse des Qur'an (Koran), in welchem Gott als „Licht des Lichtes" gepriesen wird. Im präislamischen Zentralasien wurden Sonne und Mond zusammen mit anderen wichtigen Gottheiten verehrt. In der sogdischen Ikonographie (7. bis 8. Jahrhundert) war Chwar, die Sonne, noch ein Wagenlenker und Bogenschütze und offensichtlich ein Untergebener der Nanaja, der Göttin von sowohl Tag wie Nacht, worauf die Sonnen- und Mondscheiben, die sie in ihren erhobenen Händen hält, hinweisen (Abb. 343). Diese präislamischen Himmelskörper und ihre Tiersymbolik fanden später ihren Weg ins islamische Kunsthandwerk Persiens und Indiens.

Während der Zeit Akbars war ein spezifisch indischer Malstil im Prinzip von einer Art undogmatischer „Sonnenvision" inspiriert. Charakteristisch für ihn war, wie lebhaft er mit der physischen Welt verfuhr; damit unterscheidet er sich eindeutig von den safawidischen Miniaturen in Iran, auf denen die Moghul-Malerei aufbaute. Im Gegensatz zum persischen Stil, bei dem Linienführung und Details besonderes Gewicht hatten, ermutigte Akbar seine Maler, realistische und perspektivische Techni-

104. Alljährlich werden bei einer religiösen Prozession in Tritschburpuram, Südindien, Elefanten mitgeführt, die mit Sonnensymbolen geschmückt sind.

105. Dieser Elefant aus Marmor mit dem Bild der Sonne auf der Stirn steht am Eingang zum Palast des Maharadscha von Dschaipur, Indien.

106. Die universelle Assoziation der Sonne mit der Jagd ist auf einem Fries im Palast des Marquis von Fronteira dargestellt. 1670 n. Chr. Portugal.

107. Sonne und Mond zieren die berühmten Jagdschalen der Sassaniden Persiens. 3. bis 7. Jahrhundert. (Eremitage, St. Petersburg).

106

107

109

110

108

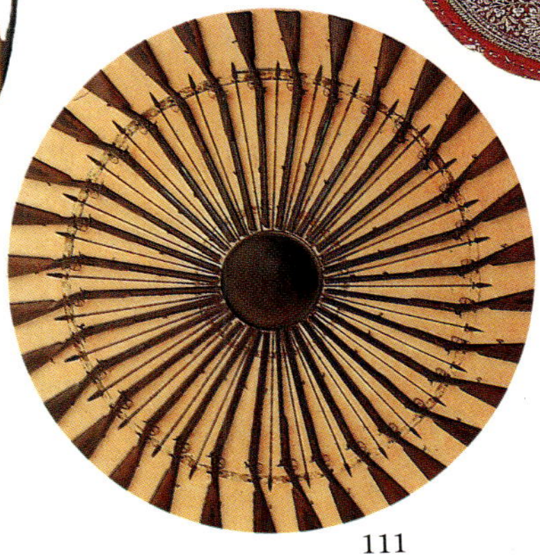

111

112

113

114

108. In Südasien sind die „Hauda"-Sitze für Elefanten gewöhnlich mit Sonnenmotiven verziert. 15. Jahrhundert. Dschaipur.

109, 110. Sonnen- und Mond-Wimpel. 18. Jahrhundert. Udaipur, Indien.

111. Gewehre, die so arrangiert sind, daß sie die Sonne darstellen. Palast in Dschaipur, Indien, aus dem 18. Jahrhundert.

112. Handfächer mit Silbergriff aus dem 18. Jahrhundert. Dschaipur.

113. Königliche Embleme aus Dschaipur. 18. Jahrhundert.

114. Eine römische Tasse mit einem Hakenkreuz im Zentrum. Etwa 230–260 n. Chr. Chatuzange in Gallien. (Britisches Museum, London).

115

115. Dieser kreisförmige, sonnenähnliche Spiegel, der von einem Pipli-Textilmuster eingefaßt ist, erinnert an das japanische Abbild der Amaterasu. Er schwimmt neben zwei Lotusblumen, wie sie der Sonnengott Sûrja in dem benachbarten Konarak-Sonnentempel hält.

116

117

118

119

120

121

122

116. Ein Sonnengesicht auf einem Seidenschal aus Kullu, Indien, aus dem 17. Jahrhundert.

117–120. Lack-Kunsthandwerk mit Darstellungen von Sonne und Sonnengottheiten. Bhuwaneschwar, Indien.

121. Eine Frau bei der Arbeit in dem Dorf Pipli, Indien.

122. Vor dem Bild der Sonnengottheit Dschaganath bemalt ein traditioneller indischer Künstler auf der Erde einen Keramiktopf, um „dem Feuer zu helfen, schneller zu brennen".

123

124

125

126

127

128

123–125. Susani-Textilien aus dem 18. und 19. Jahrhundert. Sie sind nach einem Dorf in Usbekistan benannt, das für seine Sonnenmuster berühmt ist. (Taschkent Museum, Usbekistan).

126. Stilisierte Sonnensymbole auf dem Turban einer Kirgisin.

127. Die konischen Hüte, die japanische Bauern tragen, symbolisieren die Sonne.

128. Eine Braut in Kasachstan, die neben einem Wasserlauf sitzt und den traditionellen konischen „Sonnenhut“ trägt.

129 a

129 b

130

131

129 a,b. Das zeremonielle Kleidungsstück der „Himmlischen Kaiserin“ Lin Putian mit Sonnensymbolen. 1680 n. Chr. (Shrine Museum Quanzhou, China).

130. Bildteppich, der die Erschaffung der Welt darstellt. 11. Jahrhundert. (Museo Tesoro Catedralico, Gerona, Spanien).

131. Sonnen-Gobelin des französischen Künstlers Jean Lurçat.

132

133

134

135

132. Eine Lettin mit ihrem traditionellen Sonnenschmuck.

133, 134, 138, 141. Goldschmuck mit Sonnenmotiven. Er wurde im ehemaligen Königreich Kusch ausgegraben und stammt aus der meroïtischen Kultur, die von vor 700 v. Chr. bis etwa 350 n. Chr. im Niltal blühte.

135. Goldenes Halsband mit Anhängern, die Sonnenmotive aufweisen. Mesopotamien. Etwa 19. bis 18. Jahrhundert v. Chr. (Metropolitan Museum of Art, New York).

136 a

136 b

137

138

139

140

141

136 a,b. Goldschmuck der Paekche-Könige in Korea, eingelegt mit Sonnenmotiven wie Flammen, Lotusblättern und Lotusknospen. Frühes 6. Jahrhundert. (Kyongju Nationalmuseum, Republik Korea).

137. Das Kopfstück, das *bindu* auf der Stirn, und der Nasenring sind durchweg Sonnensymbole, die in Indien seit uralten Zeiten getragen werden.

139, 140. Achämenidischer Goldschmuck mit geflügelten und gehörnten Greifen und anderen Sonnensymbolen. 5. bis 4. Jahrhundert v. Chr. (Britisches Museum, London).

142

143

142. Der große Steinkalender der Azteken. 1500 n. Chr. (Anthropologisches Nationalmuseum, Mexico City).

143. Die neolithischen Monumente von Stonehenge in England.

144,145. Das Observatorium von Dschaipur, Dschantar Mantar, war eine der fünf aus Stein und Marmor (1699–1743) gebauten Sternwarten des Maharadscha Dschai Singh II. Wie die Aztekten- und Maya-Kalender werden einige ihrer Instrumente auch heute noch von Pandits, also Gelehrten und weisen Männern, dazu verwendet, um günstige Daten für Festlichkeiten und Jahreszeitenrhythmen zu bestimmen.

144

145

146

147

ken zu adoptieren, die er an Kunstwerken, welche christliche Missionare aus Europa zu ihm gebracht hatten, so bewunderte. Der „naturalistische" Moghul-Stil ist in dem berühmten *Hamzeh-nāmeh*-Manuskript (ca. 1567) zu erkennen. Bei dieser Technik gewann das Bild eine größere expressive Kraft dadurch, daß die Masse und nicht mehr die Linie allein betont wurde (Abb. 174). Die Elfenbeinminiatur, die sogar Polo spielende Frauen darstellt, demonstriert eine neue sinnliche Tendenz, die auch die Frau und den weiblichen Körper verherrlicht. Es war eine recht weltliche Kunst, die das islamische Verbot, demzufolge nur die Männer im Freien Sport treiben dürfen, mutig ignorierte (Abb. 185).

Der leuchtende Geist der Sonne inspirierte auch die japanische Malerei. Die kaiserlichen Edikte des 7. und 8. Jahrhunderts, die die Grundlagen für die politischen, rechtlichen und ethischen Werte Japans legten, beziehen sich wiederholt auf „der Sonne scheinendes, leuchtendes, reines, ehrliches und aufrichtiges Herz". Und diese Tugenden wurden auch von der Ästhetik übernommen, so daß Reinheit, Geradlinigkeit und Leuchtkraft zur Essenz japanischer Kunst und Literatur wurden. Im *Vocabulary of Japanese Aesthetics* von Hisamatsu Sen'ichi wird die Qualität der Kunst mit dem „hochstehenden Mond an einem herrlichen sonnigen Tag" verglichen. Das glückverheißende Abbild der aufgehenden Sonne wurde oft auf der ersten Seite eines Buches oder einer Serie von Drucken abgebildet, wie z.B. von Meistern des Farbholzschnittes wie Hiroshige (1797–1858) oder Eisen (1790–1848). Das Bild der Sonne am Ende eines solchen Werkes war Garant dafür, daß Wahrheit, Gerechtigkeit und Tugend schlußendlich triumphieren (Abb. 245). Der durchdringende Einfluß der Sonne auf die japanische Kultur zeigt sich auch in der *haiku*-Dichtung, in der Kalligraphie, in den mit Tusche beschrifteten Papierrollen, aber auch in der Teezeremonie, in Blumenarrangements und in den japanischen Gartenanlagen.

146. Mit dem Bild der Sonne als Garant versehene babylonische Grenzsteine, *kuduwu* genannt, wurden in Tempeln aufgestellt, um Landvergaben zu dokumentieren.

147. Eine Gedächtnisstele mit Keilschrifttexten wurde zu Ehren des „Dolchträgers" des babylonischen Gottes Marduk aufgestellt. 9. Jahrhundert v. Chr. (Britisches Museum, London).

148

149

150

Auch im Bereich der Architektur ist es unmöglich, den gewaltigen Einfluß, den die Sonne überall auf der Welt aufgrund der Erfindungsgabe der Menschen oder durch die Interaktion verschiedener Kulturen ausgeübt hat, in einer kurzen Einleitung zusammenzufassen. So wie es schwerfällt, sich vorzustellen, daß ein riesiger prächtiger Baum aus einem winzigen Samenkorn entsteht, so erstaunlich ist es, wie sich das einfache Sonnenmotiv einer Nomadenjurte in Form einer kleinen runden Öffnung im Zeltdach letztlich in die großartige und wunderbare Lichtquelle der Kuppel des Hadrian-Pantheons in Rom (117–126 n. Chr.) (Abb. 175) verwandelte. Es scheint so, als ob auch römische Bäder und ähnliche Bauten, die als Grabstätten heidnischer Herrscher errichtet wurden, solch „weiterentwickelte Jurten“ waren. Erst im 4. Jahrhundert erhielt die sich am Licht orientierende Architektur in den Tauf- und Begräbniskapellen, die an Basiliken angebaut wurden, eine christliche Bedeutung. Der Brauch, heidnische Kultstätten auf den Sonnenaufgang hin auszurichten, wurde von christlichen Kirchen übernommen, wobei sich der Altar entweder im Ostteil oder – noch präziser – genau in der Richtung befand, in der die Sonne am Feiertag des Kirchenheiligen aufging. Die Sonne war auch das Vorbild für eine kreisförmig angeordnete Stadtanlage, in deren Zentrum sich in vielen mittelalterlichen Städten Europas das wichtigste Gotteshaus befand, wie z.B. in der römischen Stadt Bram in Frankreich (gegründet 333 n. Chr.) (Abb. 176). Der Stadtplan erinnert an die alten zoroastrischen Siedlungen in Zentralasien, die entweder kreisförmig (*kūkeldas*) oder in Form eines durchkreuzten Kreises (*šaštepa*) angelegt waren.

Faszinierende Innenräume, die mit samtenem Sonnenlicht „ausgekleidet“ waren, können in der Hagia Sophia in Istanbul (532–537 n. Chr.) bewundert werden, aber auch in einer Reihe weiterer Bauwerke, wie etwa dem Castel del Monte, das von Kaiser Friedrich II. von Hohenstaufen (1194–1250) errichtet wurde, oder in dem berühmten Tadsch Mahal, das 1632–54 von einem Konsortium

148, 149. Die sieben Sonnenstrahlen, die von Mithras' Strahlenkranz ausgehen, symbolisieren den Triumph über die Mächte der Dunkelheit. Der lateinische Text ist eine Widmung an Sextus Pompeius Maximus von seinen Mitpriestern. (Britisches Museum, London).

150. Das Haupt der Freiheitsstatue ist mit den sieben Strahlen des Mithras geschmückt, und auch die Flamme, die sie in der Hand hält, ist ein Sonnensymbol.

151

von Architekten aus Indien, Persien, Zentralasien, der Türkei und aus anderen Ländern gebaut wurde. Die von der Familie Solis in der spanischen Stadt Cáceres errichtete *Casa del Sol* (Sonnenhaus) mit ihrem Sonnenemblem (Abb. 520) ist ein schönes Beispiel für die architektonische Interaktion verschiedener Kulturen. Ein Vorfahre der Solis hatte im 16. Jahrhundert der spanischen Krone in Peru gedient und nach seiner Rückkehr aus Tahuantinsuyu dieses „Haus der Sonne" gebaut. „Unsere Augen sind so geschaffen, daß sie die Dinge über das Licht wahrnehmen", stellte der Architekt Le Corbusier fest. In der Charta von Athen, die 1940 beim Internationalen Architektenkongreß verfaßt wurde, wird „ein Platz an der Sonne" als „Grundrecht eines jeden Individuums" anerkannt. Der französische „Sonnenkönig" Ludwig XIV. (1638–1715), den Voltaire mit den ägyptischen Sesostris-Königen verglich, war ebenfalls ein herausragender Monarch, der sich der Sonnensymbolik bediente und das großartige Schloß von Versailles mit seinen bezaubernden Gärten errichtete. Marly, einer seiner Lieblingspaläste, stellt das Sonnensystem dar, wobei ein zentrales Gebäude die Sonne repräsentiert und von Pavillons wie von Satelliten umgeben ist. Der Monarch verherrlichte den Apollo-Mythos und oft erschien er bei verschwenderischen Festen, die er in den weitläufigen Gärten von Versailles veranstaltete, umgeben von seiner barocken Entourage als Sonnengott. In der Grotte der Tethis befindet sich eine Apollostatue, die dem König, der ganz in dieser Art und Weise von seinen Mätressen bedient wurde, gleicht. In seinen Memoiren zur Erziehung des Kronprinzen erläutert der König die Wahl des Sonnensymbols: „Weil sie beständig überall Leben, Freude und Aktivität hervorbringt, weicht die Sonne nie von ihrem geraden und immergleichen Wege ab."

Eine von seinem Chronisten Abul Fazl verfaßte detaillierte Beschreibung des Sonnentempels im indischen Konarak inspirierte Akbar vielleicht zum Bau des Diwan-i Chas, des herrlichen Palastes in Fatehpur Sikri: Sein kreisförmiger Thron stellt die Sonne dar, von ihm führen vier diagonal angeordnete Gänge mit Säulen, die die Planeten symbolisieren, in die vier Himmelsrichtungen. Dschahangir, der Sohn und Nachfolger Akbars (1569–1627), beauftragte den Franzosen Augustine Heriart mit dem Entwurf und der Ausführung eines Königsthrones, auf dem – wie Heriart einem seiner Freunde

151. Der Siegelzylinder aus Achat zeigt den achämenidischen Perserkönig Darius den Großen (522–485 v. Chr.) bei der Löwenjagd unter der geflügelten Scheibe des zoroastrischen Gottes Ahura Masda. (Britisches Museum, London).

152

153

152. Das Granitrelief, das Mani vor dem Hintergrund einer Aureole im Turfan-Stil zeigt, wurde während der Yuan-Dynastie (1279–1368 n. Chr.) geschaffen und befindet sich im Tempel von Cao'an bei Quanzhou in China.

153. Im Tempel von Cao'an wird Mani immer noch verehrt, aber mitunter verwechseln chinesische Gläubige den Propheten mit dem Buddha Sakjamuni.

154

154. Die sog. *Bocca della Verità* ist eine massive marmorne Sonnenscheibe. Menschen, die lügen, sollten ihre Hand lieber nicht in den Mund der Wahrheit stecken, denn die „rächende Gerechtigkeit der Sonne“ könnte sie abbeißen. Etwa 2. Jahrhundert v. Chr. Kirche Santa Maria in Cosmedin, Rom.

155

155. Die „rächende Gerechtigkeit" der Sonne wird in der hinduistischen Mythologie von dem Menschenlöwen *Narasimha Avatara* dargestellt, der aus einer Säule heraustrat und den Tyrannen tötete, der seinen Sohn Prahalada nicht die Sonnengottheit Wischnu verehren lassen wollte. Tschangu Narajan, Nepal.

156

157

158

berichtete – „der König einmal im Jahr, wenn die Sonne ins Haus des Schützen tritt, Platz nimmt". Er wurde mit einem Haus, einem Pferd, einem Stall und vielleicht auch mit einigen Goldmünzen mit Sonnenprägung belohnt (Abb. 181). Das Sonnen-und-Löwen Motiv, das auf Dschahangirs Münzen geprägt war, findet sich auch bei Bauwerken in Samarkand und Buchara, denn die Moghuln, die von den Timuriden abstammten, standen in ständigem Kontakt mit diesen Regionen (Abb. 180).

Der Polosport, der wohl schon zu Zeiten von Darius I. (Regierungszeit 522–486 v. Chr.) in Persien bekannt war und in Indien seit der Zeit der Hunnen (5. Jahrhundert) ausgeübt wurde, nahm unter Akbar wieder seine ursprüngliche Bedeutung als „Sonnenspiel" an. Das Spiel hieß *čouġān* und wurde zu Akbars Zeiten mit einem „brennenden Feuerball" (*čakkar*) gespielt (Abb. 184). Behende Reiter auf schnellen Pferden bewegten den „Sonnenball" über das „Himmelsfeld", und jeder Torschuß bedeutete einen Triumph des Lichtes über die Finsternis, einen Sieg des Guten über das Böse. In der Tat ist der Ball in allen Sportarten wie Fußball, Hockey, Basketball und Cricket ein Sonnensymbol. Das so beliebte Baseballspiel ist wegen der an eine Sonnenuhr erinnernden Form des kreisförmigen Spielfeldes und wegen seiner Spielregeln hiervon nicht ausgenommen. Wie die anderen Sportarten versinnbildlicht auch Baseball die Sonnenzyklen, und zwar auf ganz ähnliche Weise wie es die alten zeremoniellen Wettkämpfe, die als Teil von Fruchtbarkeitsriten veranstaltet wurden, taten.

156. Die mit tausend Händen und Augen ausgestattete chinesische Sonnengottheit Kouan-yin innerhalb der Sonnenscheibe. 981 n. Chr. Dun-huang, China. (Musée Guimet, Paris).

157, 158. Sûrjaprabha, die buddhistische Sonnengottheit und Tschhandraprabha, die Mondgottheit, aus dem Tokoin-Tempel, Japan. 12. Jahrhundert. (Fukuoka-Kunstmuseum, Japan).

Die Verbindung der Sonne mit dem Sport kann bis zum „Epos“ des sumerischen Helden Gilgamesch zurückverfolgt werden, das in Keilschrift auf Tontafeln festgehalten wurde (etwa 2100 v. Chr.). Dort wird erzählt, wie die Sportgeräte (ein Stock und ein Ring oder Ball), die Gilgamesch aus dem Holz eines entwurzelten Baumes geschnitzt hatte, in die Unterwelt fielen, als er anfing, sein Volk durch ständige sportliche Wettkämpfe zu tyrannisieren, und wie schließlich der Sonnengott ein Loch in die Erde grub, um sie wieder hervorzuholen. Die olympische Fackel, die der Läufer trägt, um die alle vier Jahre stattfindende „Olympiade“ zu eröffnen, bezieht sich auch auf den Sonnenzyklus. Die Spiele, die erstmals im 8. Jahrhundert v. Chr. in Olympia in Griechenland durchgeführt wurden, waren zeremonielle Wettkämpfe zu Ehren von Zeus, dem himmel- und wetterbestimmenden Donnergott. Sie wurden angeblich von Herakles in Olympia gegründet, während die pythischen Spiele in Delphi Apollo geweiht waren (Abb. 186, 187).

Wie im Sport ist die Sonne in nahezu allen Aspekten des Lebens präsent, sei es nun in der Kunst, der Architektur, der Literatur, der Philosophie und der Religion, bei Festspielen, in der Folklore, im Tanz oder in der Musik. Jeden Morgen weckt uns ein „heidnischer“ Gott des Tages auf, denn die Römer benannten in den ersten Jahrhunderten der christlichen Ära die Wochentage nach den sieben Planeten: Sonne, Mond, Mars, Merkur, Jupiter, Venus und Saturn. Montag war der Tag des Mondes; mit der Eingliederung der angelsächsischen und skandinavischen heidnischen Götter wurde Tyr, ei-

159

159. Das Herz von Sûrja. Indische Miniaturmalerei. Maharatha Schule. 1725. (Bharat Kalar Museum, Varanasi, Indien).

160. Die Sonne und der Mond gehören zu den Göttern, die den „Tausend Buddhas“ im Radscha Mahawihara Felsentempel Gefolgschaft leisten. 18. Jahrhundert. Dambulla, Sri Lanka.

160

161

162

163

164

165

ner der ältesten Götter der nordischen Mythologie, mit Mars identifiziert und so kam es zu Tys dagr oder Dienstag (englisch: *Tuesday*). Mittwoch (englisch: *Wednesday*) leitet sich ab von Wotan, der auch als Odin bekannt ist, und Thor, der Donnergott der frühen germanischen Völker, wurde gleichbedeutend mit Donnerstag (englisch: *Thursday*), wobei er mit dem römischen Gott Jupiter gleichgesetzt wurde. Freitag (englisch: *Friday*) ist nach Frigg, der Gemahlin Odins und der Mutter eines weiteren heidnischen Gottes, Baldr, benannt. Der Tag des Saturn oder Samstag (englisch: *Saturday*) wird gefolgt vom Sonntag (englisch: *Sunday*), dem Tag der Ruhe und Erholung, wie es auch heute noch Brauch ist. Die Römer setzten die sieben Planeten mit den sieben Sonnenstrahlen gleich, die vom Kopf des Mithras ausgehen. So wurde auch die Zahl Sieben zu einer der wichtigen Zahlen, wie zuvor schon das durch die Sonne verkörperte *eine* Auge der Wahrheit und Gerechtigkeit, die *zwei* Horizonte, die *drei* Welten und die *vier* Himmelsrichtungen.

Ähnliche Vorstellungen finden sich auch bei vielen anderen Kulturen, wie etwa die sieben Zikkurat-Stufen; der babylonische Glaube an den Hebdomadismus; die heilige Zahl Sieben in der mithraischen Initiation im vorislamischen Persien; *saptami*, der siebte Tag im Monat Magha (Januar), wenn die Gläubigen in Indien in einem der „sieben heiligen Flüsse" (*sapta-sindhava*) baden; die sieben Räder am Wagen des Sonnengottes Pûschan; die sieben Zungen Agnis – eine Tradition, aus der der Kult der sieben Schwestern, sieben Mütter und sieben Jungfrauen in Südasien hervorging. Die sie-

161. Ein Navajo-Medizinmann aus dem dürren Südwesten der Vereinigten Staaten heilt ein krankes Kind, indem er ein Bild der Sonne in den Sand zeichnet. (American Museum of Natural History, New York).

162–165. Die „magischen Diagramme" der Sonne und anderer Planeten (163), die auf Boden und Wände eines Hauses gemalt werden, sollen heilen und bei wichtigen Stationen des Lebens wie Hochzeit (164), Geburt (165) etc. Segen spenden.

166

ben übereinander getürmten „Schirme", die buddhistische Stupas krönen, stellen ebenso wie die sieben heiligen Stufen des Buddha die sieben Himmel dar. In schamanistischen Ritualen gibt es sieben Stufen, und in der Mayakultur wurde der nächtliche Sonnengott Jaguar der Unterwelt mit der Zahl Sieben identifiziert.

Nach dem Qur'an (Koran) „schuf Gott sieben Firmamente", und die Gemeinde der zoroastrischen Parsen in Indien glaubt an die „sieben heiligen Wesen" (*Amĕša Spĕnta*), die aus Ahura Masda „wie an einer Fackel entzündete Fackeln" hervorgingen. Der jüdische siebenarmige Leuchter, der als Menora bekannt ist, wurde von dem jüdischen Philosophen Philo von Alexandrien (etwa 30 v. Chr. bis 50 n. Chr.) in Bezug auf die Umlaufbahnen der sieben Planeten um die Sonne gedeutet, denn der senkrechte Kerzenständer in der Mitte des Leuchters stellt das Licht Gottes dar, von dem die anderen sechs Kerzen ihre Leuchtkraft erhalten. Die Menora geht auf mesopotamische Vorbilder zurück, die Philo vielleicht bei seinem Versuch inspirierten, mosaische Gesetze und die Philosophie Platos mit orientalischem Gedankengut vor dem Hintergrund der Universalität der Sonnenkulturen zu verbinden.

Die meisten Prozessionen und Volksfeste in aller Welt lassen sich als bäuerliche oder Fruchtbarkeitsriten entweder direkt oder indirekt auf die Sonne zurückführen, obwohl sich im Laufe der Zeit ihre jeweiligen Eigenarten verwischt und verändert haben und teilweise gänzlich neu interpretiert wurden. In Usutsu auf der japanischen Insel Usushima wird eine spezielle rote Reissorte angebaut,

166. *dhûli-chitra*-Zeichnungen der Sonne sind besonders in Mithila, Bihar, verbreitet, wo frisch verheiratete Mädchen alle Wände des Brautgemaches ausmalen müssen.

167

168

wobei das Reisfeld als heiliger Körper der Sonnengottheit Tentô betrachtet wird. Es ist Brauch, einen Sack Reis als religiöses Ritual am Dach eines Hauses anzubringen. Jedes Jahr wird er heruntergenommen, in einer Prozession zu einem anderen Haus gebracht und mit einer ähnlichen Zeremonie geehrt. Das Oberhaupt des Dorfes trägt den Sack, der wie ein Säugling bekleidet und eingewickelt wird, auf dem Rücken, und die Menschen knien nieder und beten mit gefalteten Händen, wenn die Prozession vorüberzieht.

Die Prozessionen asiatischer, afrikanischer und indianischer Völker, in denen Sonnensymbole in Form von Tieren und Reptilien mitgeführt werden, haben auch Entsprechungen in Europa. Bis vor kurzem wurde noch zum Karneval (am Faschingsdienstag) wie bei einer römischen Opferprozession ein fetter Ochse durch die Straßen von Paris geführt. Die einst so beliebten Karnevalsriesen in Douai und Dünkirchen in Frankreich sowie im belgischen Antwerpen gehen ursprünglich auf die Opferrituale alter Sonnenkulte zurück, in denen riesige Weidengestelle mit Grünpflanzen umhergetragen wurden – ganz ähnlich den mit allerlei Gemüsen ausstaffierten Figuren bei den englischen *May Day*-Umzügen (die im Grunde Fruchtbarkeitsfeste sind). Christen in Wales übernahmen ein anderes heidnisches Fruchtbarkeits- und Begattungsritual, in dem die Verbindung von Sonne und Wasser dadurch evoziert wurde, daß man dreimal in Richtung des Sonnenverlaufes um einen heiligen Brunnen ging. Auch heidnische Prozessionen wie die Bacchanalien, Luperkalien und Saturnalien waren Vorläufer der Karnevalsumzüge, die in vielen römisch-katholischen Ländern dem Frühling vorangehen.

167–168. Der ägyptische König Echnaton schuf den neuen Kunststil *Amarna*, der auf dem Begriff *maat*, d.h. „Wahrheit der Sonne“, beruhte und den Künstlern untersagte, den Pharao zu idealisieren. Deshalb wurde seine ungewöhnliche Physiognomie so, wie sie tatsächlich war, abgebildet und die Königin Nofretete in ihrer natürlichen Schönheit porträtiert.

169. König Echnaton versuchte, sein Volk unter dem allumfassenden Licht, das von seiner Sonnenscheibe (Aton) ausging, zu vereinen. Etwa 1353 v. Chr. (Ägptisches Museum, Kairo).

Sonnenrituale wurden auch durchgeführt, um die Sonne „zu ermutigen und ihr beizustehen“, wenn sie beim Jahreszeitenwechsel (Sonnenwende) „zu zögern schien oder unentschlossen war“, und auch um die Angst, daß sie während einer Sonnenfinsternis erlöschen könnte, zu besänftigen. Die Ojibway-Indianer Nordamerikas und die Senci im östlichen Peru schießen brennende Pfeile zur Sonne, um das sich verdunkelnde Gestirn während einer Sonnenfinsternis wieder zu entzünden; die Prärieindianer Nordamerikas errichten einen Pfahl, der die Macht der Sonne symbolisiert, und tanzen um ihn herum. In einigen bäuerlichen Gemeinden in Südasien wird immer noch *cadak*, eine Zeremonie, in der ein Mann an einem Haken baumelt, durchgeführt: Er wird an einem hohen Pfahl befestigt und dreht sich um den Mast herum, um der Sonne mit diesem Beschwörungsakt zu helfen, sich von ihrer Position im Schützen zum Steinbock weiterzubewegen. In französischen Dörfern im Thur- und Thanntal werden drei Meter hohe Feuersäulen (*chavandes*) gebaut, um die Sonne mit

169

170

170. Das Medaillon der Kybele, das in der hellenistischen Stadt Ai Chanum (Afghanistan) ausgegraben wurde, verbindet gräko-romanische, mesopotamische, persische und indische Kunststile, die Alexander der Große (356–323 v. Chr.) in seinem Bestreben, „wie die Sonne zu regieren", vereinte.

171

ausreichend Feuerenergie zu versorgen, die sie braucht, um ihre Reise um die Erde während der kritischen letzten Phasen fortsetzen zu können, bevor sie ihre Richtung von der längsten (21. Dezember) zur kürzesten Nacht (21. Juni) ändert (Abb. 445, 446). Auch in slawischen, baltischen und anderen nördlichen Kulturen wird bei der Sommersonnwende in ähnlicher Weise „nachgeholfen", wobei der Brauch, um einen Mast zu tanzen oder über ein Feuer zu springen, inzwischen mit einer christlichen Bedeutung versehen ist (Abb. 415).

Aquitanische Sonnenriten aus dem 4. Jahrhundert, in denen ein brennendes Sonnenrad einen Berg hinabgerollt wird, wurden ebenfalls vom Christentum übernommen und zu Ehren der Geburt von Johannes dem Täufer gefeiert. Die Verschmelzung von heidnischen Sonnenfeiern und christlichen Festen ist besonders in lateinamerikanischen Ländern verbreitet. Das alte Inka-Sonnenfest *Inti-raymi*, das den Beginn der Sommersonnwende markiert, wurde mit Fronleichnam und dem Johannistag gleichgesetzt. Die beiden Ereignisse finden fast gleichzeitig statt und werden mit einem großen Aufgebot an Fanfaren, Liedern und Tänzen in farbenprächtigen Kostümen gefeiert (Abb. 192). Die Anwesenheit des Andensonnengottes macht sich auch bei weltlichen Anlässen bemerkbar, so etwa bei der spektakulären Modenschau, die ein amerikanisches Modehaus in der Ruine eines antiken Sonnentempels in Ecuador veranstaltete (Abb. 193). Bei der Inszenierung dieser Modenschau bediente man sich der prächtigen Goldmaske des Inka-Sonnengottes, die jetzt im Archäologischen Museum der Zentralbank von Ecuador in Quito ausgestellt ist (Abb. 511).

In Rußland wird die Sonnengottheit Yaril während des Maslenitsa-Festes und während eines anderen, ebenso verbreiteten Frühlingsfestes gefeiert. Dieses Fest ist mit einem Fruchtbarkeitsritual verbunden, bei dem ein weißgekleidetes Mädchen mit einem Kranz auf dem Kopf auf einem weißen Pferd durch ein Saatfeld reitet und Prozessionstänzer Lieder zu Ehren des Sonnengottes singen (Abb. 194). In der slawischen Tradition wird das weiße Pferd ebenfalls mit dem Sonnenkult verbunden, und man glaubt, daß die Frau auf dem Pferd früher nackt geritten sei – ganz ähnlich der legendä-

---

171. Es ist interessant, das Medaillon der Kybele mit einer indischen Miniaturmalerei aus Radschasthan aus dem 17. Jahrhundert zu vergleichen, in dem Kybele durch Sûrja ersetzt ist und einige spätere Elemente der Hindu-Mythologie verarbeitet werden. (Santi Choudhary Collection, Jaipur).

172

173

172. Die Tierkreiszeichen inspirierten die Miniaturmalereien der Akbar-Schule, wie man dies an dem Schafbock (Zeichen des Widders) erkennen kann. 16. Jahrhundert. (Bharat Kala Museum, Varanasi, Indien).

173. Die Kapitelle der Gedenksäulen, die von dem Maurja-Kaiser Aschoka errichtet wurden, weisen Sonnensymbole aus mehreren Komponenten auf und lehnen sich stilistisch an verschiedene Kulturen an. Sarnath, Indien, etwa 240 v. Chr. (Sarnath Museum, Indien).

174

ren Lady Godiva, die im englischen Coventry (1057) quer durch eine Menschenmenge über den Marktplatz ritt. Die Godiva-Prozession wird immer noch alle sieben Jahre als Teil der Coventry Fair durchgeführt. In derselben Tradition steht vielleicht auch eine Skizze Goyas, *Disparate Desenfrenado* (Abb. 196), in dem ein Pferd (das die Sonne symbolisieren könnte) eine Frau auf seinem Rükken zu entkleiden scheint.

Die Römer veranstalteten im Rahmen der Sol Invictus-Religion am Tag der Wintersonnwende ein farbenprächtiges Fest, denn die zunehmende Länge der Tage wurde als eine Zeit der Wiedererneuerung des Lebens betrachtet, vergleichbar mit der Wiedergeburt des Sonnengottes Mithras. Statt des Festes am Tag der Unbesiegbaren Sonne (*dies invicti solis*), das von Kaiser Aurelian im 3. Jahrhundert in Rom eingeführt wurde, wurde die Geburt von Jesus Christus, der „Sonne der Gerechtigkeit", nun als Weihnachten gefeiert. Die Geschenke und Glückwünsche, die der Nikolaus den Kindern bringt, kommen nicht von Christi Geburtsort in Judäa, sondern aus der entgegengesetzten Richtung, aus der Gegend des Nordpols. Bis ins 17. Jahrhundert sprachen sich strenggläubige Kirchenmänner dagegen aus, heidnische Feste in der Form christlicher Ersatzfeste weiterzufeiern: im calvinistischen Genf wurde jeder, der Weihnachten feierte, ins Gefängnis gesteckt, und in den britischen Kolonien in Amerika erließ ein Friedensrichter in Massachusetts ein Gesetz (1640), das eine Geldstrafe von fünf shilling gegen solche Verstöße vorsah.

Der Heiligenschein, der heute so selbstverständlich in der Kunst ist, ist auch eine Hinterlassenschaft heidnischer Künstler, die die Sonne als erste in der Form einer menschlichen Gestalt wieder-

174. Akbars „Sonnenvision" lag dem berühmten *Hamzeh-nāmeh*-Manuskript (ca. 1567) zugrunde, das eher die Fläche als die Linienführung betont, wie dies *Der Prinz bei der Sonnenandacht* zeigt. (Museum für angewandte Kunst, Wien).

175

175. In der Jurte der Nomaden findet sich das Urbild der Sonne, so wie es auch in der Kuppel des Hadrian-Pantheons umgesetzt wurde. Rom. 117–126 n. Chr. Gemälde von Giovanni Paolo Pannini, etwa 1740. (National Gallery of Art, Washington, D.C., Samuel H. Kress Collection).

gaben, wie man es auf zahlreichen Felsbildern sehen kann (Abb. 16, 17, 18). Das „Antlitz" der Sonne scheint dort später durch die realen Gesichter von Heiligen ersetzt worden zu sein, wobei das Sonnengesicht auf den Strahlenkranz reduziert wurde. Ursprünglich fand sich die Darstellung von strahlenden Häuptern nur in der Darstellung von Sonnengottheiten, wie etwa beim babylonischen Schamasch und sumerischen Asakku. Diese Besonderheit wurde später von hellenistischen und römischen Statuen übernommen und der griechische Helios und der römische Sol Invictus mit einem Strahlenkranz dargestellt. Später wurden dann auch römische Kaiser mit der Sonnenscheibe abgebildet. Zu dieser Zeit war der Strahlenkranz auch in asiatischen Kulturen bekannt. Er verbreitete sich aber erst richtig nach der ersten, unter griechisch-römischem Einfluß entstandenen Darstellung Buddhas im Gandhara-Stil. Bevor das Abbild Buddhas im 1. Jahrhundert geschaffen wurde, wurde die Sonne (in Form des Hakenkreuzes) als ikonographischer Ersatz in den Fußabdrücken Buddhas abgebildet (Abb. 286). Die hinduistische Ikonographie entwickelte dies weiter, indem dort der Strahlenkranz Wischnus mit der Kopfbedeckung der siebenköpfigen Schlange (ähnlich den sieben Strah-

176

176. Die Sonne war der Bezugspunkt für kreisförmig angelegte Siedlungen und die Orientierung ihrer Gebäude – wie in der römischen Stadt Bram in Frankreich, die 333 n. Chr. gegründet wurde.

177

len, die von Mithras' Strahlenkranz ausgehen) gleichgesetzt wurde, wie es z.B. bei Wischnu Balarama, einer Bronzestatue aus Kaschmir aus dem 5. Jahrhundert, zu sehen ist (Abb. 85).

In der frühen christlichen Kunst wurde der Strahlenkranz vermieden, da Geistliche wie Clemens von Alexandria, Origenes und Epiphanius sich aufgrund seines heidnischen Ursprungs gegen ihn aussprachen. Seit der Mitte des 4. Jahrhunderts jedoch durfte Christus schließlich eine Krone mit Sonnenstrahlen ähnlich der der römischen Kaiser tragen. Etwa ab dem 6. Jahrhundert wurden die Jungfrau Maria und andere christliche Heilige mit einem Strahlenkranz dargestellt, aber der Widerstand gegen ihn dauerte bis ins 9. Jahrhundert an, als in der karolingischen Kunst heidnische Sonnensymbole mit der christlichen Botschaft identifiziert wurden. Wie man an einer Reihe von Handschriften und ihren mit Juwelen, Elfenbein und Gold verzierten Einbänden sehen kann, setzte sich der Strahlenkranz nun als Symbol geistiger Leuchtkraft durch (Abb. 197, 198). Diese realistische Darstellung eines übernatürlichen Lichtes verbreitete sich überall in der europäischen Kunst, insbesondere auf byzantinischen und russischen Ikonen, aber auch in der spanisch-christlichen Kunst, die die jahrhundertelange maurische Vorherrschaft ablöste. Der kraftvolle, die Bewegung betonende Stil bestimmte die spanisch-romanischen Statuen des frühen 12. Jahrhunderts, die vor allem durch Bauwerke wie die Puerte de las Platerías in der Kathedrale von Santiago de Compostela und das Tympanon und die Kapitelle der Kirche von St. Isidoro, León, bekannt wurden. Orientalische Einflüsse sind in den ausgeprägten Gesichtszügen der Sonne und des Mondes deutlich erkennbar, die denen des Christus und anderer Figuren in einer Reliefdarstellung der Kreuzabnahme (Abb. 200) ähneln, sowie auch in der Verwendung des schwarzen Bernsteins *azabache* (ein spanisches Wort arabischem Ursprungs).

177. Eine Apollo-Statue in der Grotte der Tethis im Park von Versailles, den der „Sonnenkönig" Ludwig XIV. (1638–1715) anlegen ließ.

178

In dieser Zeit (etwa 9. Jahrhundert) wurde die paläo-christliche Figur des Elias oder Ilya anstelle der blitzeschleudernden Sonnengottheit Perun („Perkunas“ der Litauer) verehrt (Abb. 201). In Byzanz verschmolz sein Name Ilyos mit Gelyos, dem antiken Sonnengott. Die Legende besagt, daß der hebräische Prophet Elias, der auch vom Islam anerkannt ist, so lange in strengster Abgeschlossenheit (wie Amaterasu) in einer Höhle lebte und dort von einer Krähe (dem chinesischen „Geist der Sonne“) gefüttert wurde, bis ihm ein Engel in einem von feurigen Rössern gezogenen (Helios)-Wagen den Weg zum Himmel wies. Dieses Thema wird oft auf byzantinischen und russischen Ikonen wie auch auf Werken der Palecher Schule aus Pappmaché dargestellt, wobei weltliche und christliche Motive miteinander verschmelzen. Die russische Palech-Kunst im 17. Jahrhundert nahm ihren Anfang im Gebiet von Waldimir-Susdal und wurde vom altslawischen Volksgut inspiriert, nach welchem der Sonnengott Yaril „Spender des Lebens und Wohlstandes war“.

Die veränderte Vorstellung zeigt sich auch in dem mehrfarbigen Mosaik, auf dem der Sonnengott Helios zum *Cristo Sole* verwandelt wurde (Abb. 204). Das Bild wurde 1574 bei den Ausgrabungen von heidnischen Gräbern aus dem 2. Jahrhundert unter dem Petersdom in Rom entdeckt. Vor einem Strahlenkranz, von dem sieben Strahlen ausgehen, steht „Die Sonne Christi“, mit einer Tunika und einem wehenden Mantel bekleidet, in einem von weißen Pferden gezogenen Wagen (Quadriga). Der heidnische Ursprung des Mausoleums (das von den Eltern des Toten, Julius Tarpeianus, errichtet wurde) zeigt sich auch in seiner Grabkammer und den Weinlaub-Dekorationen, die auf Dionysos verweisen. Die Basilika S. Clemente in Rom wurde ebenfalls über einer heidnischen Kultstätte (aus dem 2. Jahrhundert) errichtet, in deren Untergeschoß eine die Geburt des Mithras zeigende Statue immer noch neben der Sonnengottheit, die einen Stier tötet, steht. Im Kirchenraum der aus dem 12. Jahr-

178. Helios in seinem Sonnenwagen in Versailles darf auch als eine Darstellung des Sonnenkönigs verstanden werden.

179

180

181 a b

hundert stammenden Basilika selber ist das Kreuz Christi mit Vögeln und anderen Sonnenmotiven an den Wänden und auf dem Fußboden abgebildet (Abb. 203, 205).

Im 12. Jahrhundert setzte sich im Zuge des „Europäischen Humanismus“ die Auffassung durch, daß das Wesen der Sonne als etwas Materielles betrachtet werden muß, und so konnte sie wieder scheinen: Sie strahlte in der Frische und Schönheit des irdischen Lebens und erfreute sich gleichzeitig an Gottes kosmischem Ruhm. Die Vorläufer der Bewegung waren Intellektuelle wie Alain de Lille, Bernhard Sylvester und Johann von Salisbury gewesen. Später stärkte die relative Meinungsfreiheit, die sich Künstler, Schriftsteller und Dichter während der Renaissance errungen hatten, den erhabenen Status der Sonne, wie sie ihn im Orient und in Italien während der römischen Periode gehabt hatte. Eine Parallele dazu stellte der islamische Sufi-Mystizismus dar, der mit ähnlichen *bhakti*-Vorstellungen in Indien in Zusammenhang stand, die in den Werken von männlichen und weiblichen Dichter-Heiligen wie Mirabai, Kabir und Nanak ihren Ausdruck fanden. Sie lehnten die engstirnige Verehrung Gottes ab und lehrten weltliche Ideale in einfacher und verständlicher Umgangssprache statt anspruchsvollem Sanskrit. Der bengalische Mystiker Tschhaitanja (15./16. Jahrhundert) besang die leidenschaftliche Sehnsucht einer Frau nach ihrem Geliebten; sein Zeitgenosse Wallabha pries die Heldentaten des göttlichen Liebhabers Krischna (die Inkarnation Wischnus). Und damit wurde eine neue Ära herausragender Dichtung und Kunst eingeleitet.

In Europa legte die Verehrung der Sonne durch Künstler der Romantik, wie J.M.W. Turner, Philipp Otto Runge und Eugène Delacroix, um nur einige Namen zu nennen, die Grundlagen für den Impressionismus in der Malerei. Die sonnendurchfluteten Landschaften Turners (1775–1851) wurden nicht nur von Claude Lorrain (1600–1682), dem größten Meister idealistischer Landschaftsmalerei, sondern auch von den Gedichten John Miltons und James Thomsons beeinflußt. In Anlehnung an

179, 180. Das Sonne-und-Löwen-Motiv, das sich am Eingangsiwan der Madrasa Schir-Dor aus dem 18. Jahrhundert befindet, ist ein sehr altes Symbol, das erstmals in Mohendscho Daro im Industal erscheint.

181 a,b. Das Sonne-und-Löwen-Motiv wurde auch auf die Goldmünzen des Moghul-Kaisers Dschahangir (1569–1627) geprägt. (Bharat Kala Museum, Varanasi, Indien).

182

183

Miltons *May I Sing to Thee?* glorifizierte Thomson die Sonne in zahlreichen Passagen von *Spring and Summer*: – wie die Sonne beim Sonnenaufgang die „tauglänzende Erde“ erleuchtet, wie sie den Himmel beim Sonnenuntergang färbt – eine Atmosphäre, die in Turners Gemälden wundervoll eingefangen ist, wenn die Sonne in der Morgen- oder Abenddämmerung geheimnisvoll hinter den Wolken oder dem Nebel in farbiger Pracht hervortritt. Der deutsche Maler Philipp Otto Runge (1777–1810) überwand die *Melancholie* (Abb. 210) Albrecht Dürers (1471–1528) und begeisterte sich stattdessen für die Trennung des Lichtes von der Dunkelheit. Er wurde von der Beschreibung des Heiligen Johannes angeregt, der die Erleuchtung als „das Licht, das in der Dunkelheit scheint“ beschrieb und die Heilige Dreifaltigkeit mit den drei Primärfarben Blau, Rot und Gelb gleichsetzte.

Die kühne Initiative der Maler seit der Renaissance befreite so das Farbenspektrum der Sonne von den Zwängen mittelalterlicher Orthodoxie und brachte letztlich eine Reihe impressionistischer Maler hervor, die von der Sonne besessen waren und die wie Georges Seurat und Paul Signac versuchten, die Strahlen der Sonne durch die sogenannte „Trenntechnik“ von Licht und Schatten einzeln herauszustellen. Unter diesem Einfluß stand auch Camille Pissarro (1830–1903), wie man an seinem *Sonnenuntergang im Winter bei Eragny* sehen kann (Abb. 209). Die Folge war eine wunderbare, neue expressionistische Strömung in der modernen Kunst, die von den größten Malern wie etwa Vincent van Gogh (1853–1890) verkörpert wurde (Abb. 212). Die Tendenz, den Farben in der Malerei um ihrer selbst willen Vorrang zu geben, wurde von dem französischen Dichter Guillaume Apollinaire (1912) als „Orphismus“ bezeichnet. Zu den führenden Vertretern des abstrakten Kubismus gehört Robert Delaunay, von welchem das Bild *Simultane Komposition: Sonnenscheiben* stammt, dessen kosmische Aura durch das runde Format des Gemäldes eindeutig unterstrichen wird (Abb. 211).

182, 183. Goldmedaille (1633) von Nicolas Briot, die zum Gedenken an die Rückkehr Karls I. von England (1625–1649) nach London geprägt wurde. (Sotheby’s Collection, New York).

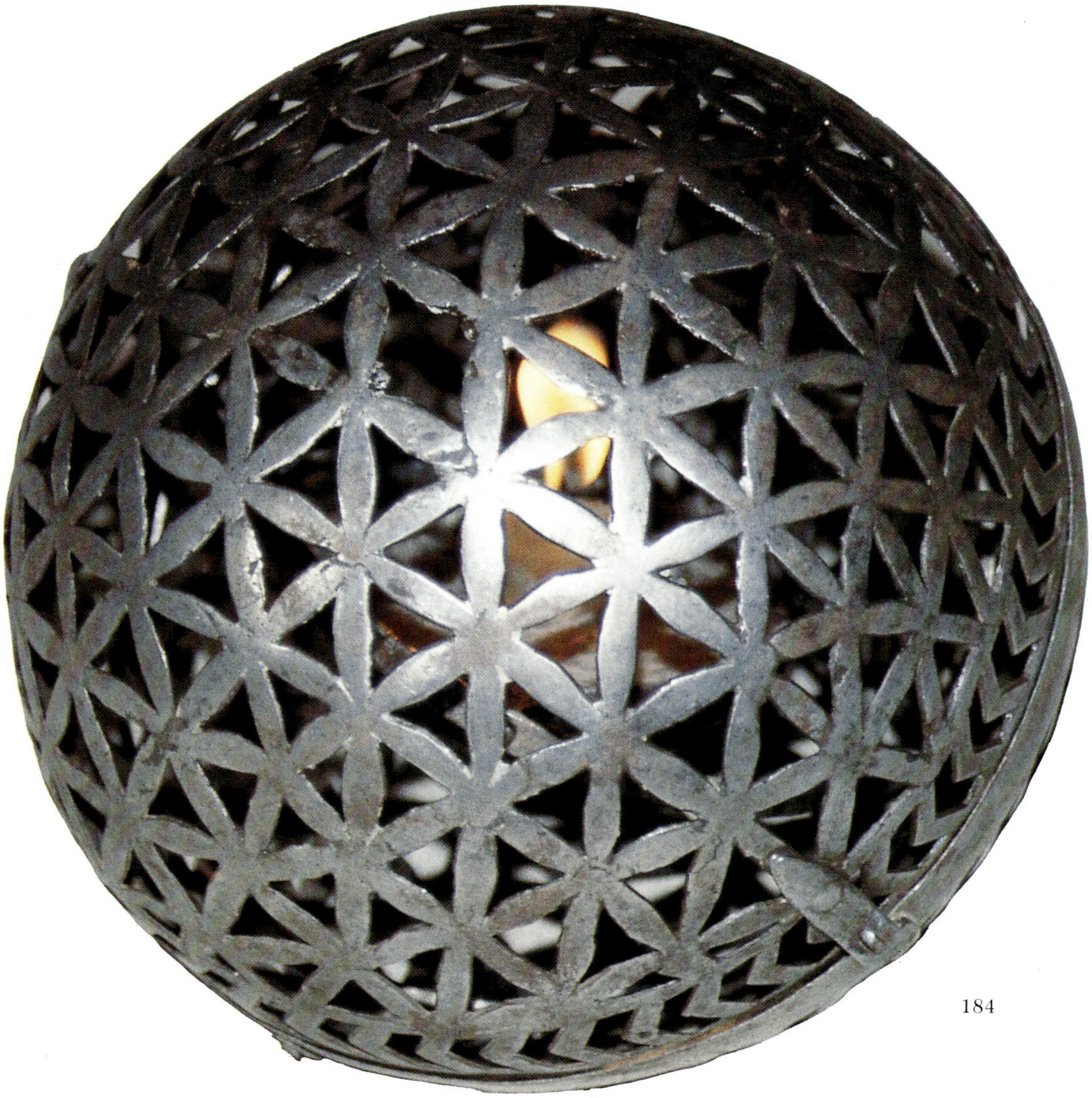

184

185

184. Das „Sonnenspiel“ Polo wurde zur Zeit Akbars (1542–1605) tatsächlich mit einem brennenden „Sonnenball“ gespielt. (Sawai Man Singh Museum, Jaipur, Indien).

185. Eine Miniaturmalerei auf Elfenbein aus der Radschasthan-Schule, die Frauen beim Polospiel zeigt. (Maharaja Sawai Man Singh II Museum, Jaipur, Indien).

186

187

186, 187. Sonne, Mond und andere Planeten schwebten bei den Olympischen Spielen in Barcelona 1992 über den Köpfen der Menge. Wie das Epos des sumerischen Helden Gilgamesch (ca. 2100 v. Chr.) zeigt, gab es die Verbindung von Sport und Sonne schon vor den griechischen Göttern Herakles und Apollo.

189

188. Wandmalerei (1810), die die Verehrung Sûrjas durch sieben Planeten darstellt. Sein Sonnenwagen wird von seinem Wagenlenker Aruna geführt. (Traditionelles Dschaipur-Haus von Santi Tschhoudhari, Indien).

189. Der Sonnenwagen Sûrjas. Indische Miniaturmalerei. Mewar-Schule, 18. Jahrhundert.

Schon seit jeher war das Bild der Sonne auch ein zentrales Motiv der Weltliteratur. In einem Beispiel, das der sumerischen Priesterin Enheduanna, der frühesten bekannten Autorin (ca. 2300 v. Chr.), zugeschrieben wird, erscheint das Paradies als „der Ort, an dem die Sonne aufgeht“. Von Homers *Odyssee* und Sophokles' *Ödipus* bis zu Dantes *Göttlicher Komödie* ist die Sonne ein Leitmotiv der europäischen Literatur: in Miltons *Comus*, Cyrano de Bergeracs *Die andere Welt*, John Keats' *Ode to Apollo*, Marcel Prousts *Auf der Suche nach der Verlorenen Zeit*, Charles Dickens' *Ein Weihnachtslied in Prosa*, Bram Stokers *Dracula* und Ernest Hemingways *Fiesta*, um nur einige Beispiele zu nennen. Elf Tage vor seinem Tod am 22. März 1852 bezeichnete Johann Wolfgang von Goethe Christus und die Sonne als die erhabensten Offenbarungen des Göttlichen: „Fragt man mich: ob es in meiner Natur sei, ihm anbetende Ehrfurcht zu erweisen? so sage ich: Durchaus! – Ich beuge mich vor ihm, als der göttlichen Offenbarung des höchstens Prinzips der Sittlichkeit. – Fragt man mich: ob es in meiner Natur sei, die Sonne zu verehren? so sage ich abermals: Durchaus! Denn sie ist gleichfalls eine Offenbarung des Höchsten, und zwar die mächtigste, die uns Erdenkindern wahrzunehmen vergönnt ist. Ich anbete in ihr das Licht und die zeugende Kraft Gottes, wodurch allein wir leben, weben und sind, und alle Pflanzen und Tiere mit uns.“[1)]

Ähnliche Gedanken brachte Goethe im „Faust“, seinem größten Drama, zum Ausdruck, dessen zweiter Teil kurz vor seinem Tode fertiggestellt wurde. Seine Verehrung der Sonne stand in engem Zusammenhang mit seinem erstaunlichen Wissen im Bereich der Weltliteratur und der Philosophie, wie etwa seiner Kenntnis der Schriften Kalidasas, den Goethe als herausragenden indischen Dichter und Dramatiker bewunderte. Kalidasa war einer der „neun Juwelen“ am Hofe Wikramaditjas („Sonne der Tapferkeit“), des legendären Königs von Udschain, und seine in Sanskrit verfaßten Schriften wie etwa *Jahreszeitengirlanden* beeinflußten Max Müller in seiner umstrittenen Annahme, daß sich alle Sonnenmythen auf Sanskrit-Originale zurückführen ließen.

Die Kurzgeschichte *Die Sonne* (1920) von D.H. Lawrence ist eine moderne Version der Sonnenmythologie, ein Symbol für die Lebenskraft der Fruchtbarkeit, die das Prinzip von Auferstehung und Erneuerung durch sexuelles Erwachen bestimmt. In dieser bezaubernden Erzählung, die in einem Urlaubsort am Mittelmeer spielt, beschreibt Lawrence mit scharfer Feder die Gefühle einer erschöpften amerikanischen Hausfrau bei ihrer Begegnung mit der Sonne, die in der Figur eines warmherzigen uneigennützigen Liebhabers personifiziert wird: „Aber dann kam der Morgen, an dem die Sonne nackt und wie geschmolzen aufging und über dem Horizont des Meeres stand. Das Haus war gen Südosten gekehrt, so daß Juliet es vom Bett her sehen konnte. Ihr war, als hätte sie nie zuvor die Sonne aufgehen sehen. Nie hatte sie die Sonne nackt und rein überm Meereshorizont stehen und die Nacht abschütteln gesehen.“[2)] Ähnliche Gefühle stellen sich auch ein, wenn man die üppigen Gravuren sieht, die *mithuna*, d.h. den „Zustand des Paarseins“, darstellen und sich an den Wänden mittelalterlicher indischer Tempel befinden, z.B. die ungewöhnlich offenherzigen erotischen Skulpturen an den Wänden der Sonnentempel in Khadschuraho und Konarak (Abb. 213 bis 216). Diese Tradition wurde dem tantrischen Mystizismus in Südasien zugeschrieben. Sein buddhistisches Gegenstück ist das göttliche Paar Yab-Yum, das die kosmische Verbindung der Sonne und des Mondes, der Erde und des Himmels darstellt (Abb. 218). Die Chinesen stellten die zwei komplementären Kräfte oder Prinzipien in einem abstrakten Symbol in Form einer Sonnenscheibe mit dem Namen Yin-Yang dar (Abb. 219, 220).

Auch in der Musik zeigt sich, wie verwandt antike Traditionen in sehr unterschiedlichen Weltregionen waren und daß die gleichen Themen immer wieder in ganz anders gearteten Zivilisationen auftauchen. Die Flöte und die Trommel zählen zu den ältesten Musikinstrumenten. Als phallisches

1) Johann Peter Eckermann. Gespräche mit Goethe in den letzten Jahren seines Lebens. Hrsg. Heinz Schlaffer. München: Hanser, 1986, S. 694 ff.
2) D. H. Lawrence. Gesammelte Erzählungen. Reinbek bei Hamburg: Rowohlt, 1968. Übers. Martin Beheim-Schwarzbach.

---

190. *Geburt der Sonne und Triumph des Dionysos*. Gemälde von Corrado Giaquinto (1700–1765). (Museo del Prado, Madrid).

191

Symbol wird die Flöte überall mit dem Mann identifiziert, während die Trommel den Schoß der Frau darstellt. Gemeinsam symbolisieren sie die Sonne und die Fruchtbarkeit, ein glückliches Leben und Wiedergeburt. In so weit auseinanderliegenden Kulturen wie der der Indianer Panamas und der des alten Griechenlands wurde die Flöte zum Test der Jungfräulichkeit eingesetzt. Der Kuhhirte Krischna, eine hinduistische Sonnengottheit, machte häufig von ihrer aphrodisischen Wirkung auf Frauen Gebrauch, wenn er die Hirtenfrauen verführte. Auch die bacchantischen Jünger des Dionysos tanzten bei Fackellicht zu den Rhythmen der Flöte und des *Tympanon* (Handpauke) (Abb. 222).

In China wurde die Verbindung zwischen Sonne, Wasser und Fruchtbarkeit durch die bekannten Bronzetrommeln dargestellt. Erstmals wurde eine solche Trommel, die ähnliche Sonnenmotive wie auf Bronzespiegeln aufwies, in Chuxiong in der Provinz Yünnan (7. Jahrhundert v. Chr.) ausgegraben. Erst im 1. Jahrhundert v. Chr. wurden jedoch das Bild der strahlenden Sonne in die Mitte der Trommel gestellt und eine Anzahl Kröten (die das Wasser darstellen) am äußeren Trommelrand wiedergegeben (Abb. 230). Auch in Afrika wurden die Trommeln mit der Sonne assoziiert, so an hölzernen Kubatrommeln, die mit dem Sonnenmotiv (*phila*) dekoriert sind (Abb. 76). Die Trommel oder das Tamburin des sibirischen Schamanen ist eine wichtige Informationsquelle zur Bedeutung der Sonnensymbole. Die Kreisform der Trommel symbolisiert das Universum, das in drei Teile geteilt ist: Himmel, Erde und Unterwelt. Die Sonne und der Mond leben in der oberen Welt und können durch den Klang der Trommel, die mit Symbolen der Sonne und den Tierkreiszeichen bemalt ist, herbeigerufen werden (Abb. 229).

191. Die Neujahrsfrühlingszeremonie wird von Priestern, die Roben mit einem Sonnenemblem tragen, im Tempel der „Himmlischen Kaiserin“ Lin Putian zelebriert. Quanzhou, China.

192

In den meisten Kulturen sind Flöte und Trommel die wichtigsten Begleitinstrumente zu Sonnentänzen, die meist von vier Tänzern, die die vier Teile des Universums repräsentieren, durchgeführt werden (Abb. 223). In Japan treten die vier Tänzer, die *yorozuimai* genannt werden, bei den Zeremonientänzen, die *bugaku* heißen, mit ähnlichen Musikinstrumenten auf (Abb. 227). Beim *Inti-raymi*-Sonnenfest der peruanischen Inka repräsentierte die traditionelle Flöte, die *pincullo*, die oben und unten je zwei Löcher hat, die vier Himmelsrichtungen. Sie wurde von der dröhnenden lederbespannten Trommel mit Namen *tinya* begleitet. Das Fest fiel mit der Erntezeit zusammen, und junge unverheiratete Mädchen wetteiferten miteinander, um von den vier Haupttänzern, die „Söhne der Sonne" genannt und als Engel der fruchtbaren Verbindung zwischen Sonne und Erde betrachtet wurden, geschwängert zu werden (Abb. 228). Die Maya glaubten auch daran, daß der Sonnengott Kinich Ahau die Personifikation der Zahl vier sei.

Musikstücke der Anden wie Valle-Riestras *Ollanta* und Vicente Steas *Aboriginal Symphony*, die im 19. Jahrhundert entstanden, wurden von der Volkskultur inspiriert. Auch Daniel Alomia Robles griff in seinen Werken auf die Volkskultur zurück und integrierte lokale Sonnenthemen in seine Werke, so z.B. in die *Hymne auf die Sonne*. In klassischen europäischen Werken, z.B. in Mozarts *Zauberflöte*, ist die kosmische Bedeutung der Flöte ebenfalls offensichtlich. In dieser Oper sind zwei „Bereiche" durch Licht und Dunkelheit voneinander getrennt, und der Kampf geht darum, den mächtigen siebenfachen Sonnenkreis zu beherrschen, den der „Gemahl" der Königin, die über die Nacht herrscht, an Sarastro (Zoroaster?), den Hohepriester des Isis- und Osiriskultes, vermacht hat.

192. Die Fronleichnamsprozession durch die Hauptstraße von Canâr, Eludor, verbindet das *Inti-Raymi*-Sonnenfest der Inka mit christlichen Vorstellungen.

193. Eine Modenschau in den Ruinen eines alten Sonnentempels in den Anden.

194

195

Die Königin wird von drei Frauen (einer Dreieinigkeit) unterstützt, die die Schlange töten, die den jungen Prinzen Tamino verfolgt, und die ihm die Zauberflöte geben. Der Name Taminos erinnert an Tammuz, das syrische und phönizische Äquivalent zu Adonis, ein ebenfalls schöner Jüngling wie Orpheus und Krischna. Die Zauberflöte, auf der Tamino spielt, hilft ihm und Pamina, seiner Geliebten und Tochter der Königin, die Feuer- und Wasserprobe zu bestehen. Das Genie Mozart hat diese Feuer- und Wasserprobe der Flöte wunderbar in Musik umgesetzt; die Komposition bietet allerdings eine andere Interpretation an als Haydns *Schöpfung*, in der sich die Geburt des Lichtes aus der Dunkelheit in einem erstaunlichen musikalisch umgesetzten, explosionsartigen Durchbruch der Sonne vollzieht.

In den meisten traditionellen Kulturen herrscht der Glaube an eine sowohl mitleidige als auch rächende Sonne, die Leben schafft und erhält, aber auch den Tod bringt. „Diese Sonne“ (*si saule*) bedeutet im Baltischen Licht und Leben, während „jene Sonne“ (*vina saule*) auf Dunkelheit und Tod verweist. Die dünne Trennlinie zwischen Leben und Tod ist lediglich die universelle Schwelle der „Sonnentür am Weltenende“, die Ananda Coomaraswamy in seiner Abhandlung mit dem Titel *Svayamatrnna*: *Janua Coeli* beschreibt. Er erläutert dort, daß in den meisten antiken Kulturen ein Anwärter auf das ewige Heil nur dann Erlösung finden konnte, wenn er „auf dem Weg durch die Sonnentür kam“ und so von der Sterblichkeit zur Unsterblichkeit übertrat. Nach dem Rigweda durchquert Wischnu mit dem dritten Schritt Sûrjaloka (das Reich der Sonne), das letzte Ziel des Lebens

194. *Das Lied des Sonnengottes Yaril* (1954), gemalt von B.M. Yermolaew. Die traditionellen Palech-Lackminiaturen entstanden im Gebiet von Wladimir Susdal im 18. Jahrhundert in Rußland. (Museum der dekorativen Künste, Moskau).

195. Die auf slawischer Folklore basierende Palech-Kunst verbindet weltliche und religiöse Vorstellungen bei Feiern, die sich auf die Sonne beziehen, wie hier beim Maslenitsa-Fest. Gemälde von Walentina Malahowa. Mstera, Rußland. (Museum der dekorativen Künste, Moskau).

196

nach dem Tode. Dies wird auch durch den wedischen Feueraltar symbolisiert, in dem drei Steine die „universellen Lichter“ Feuer, Wind und Sonne (Agni, Waju und Aditja) repräsentieren, auf denen die mit Sûrjas Lebensatem erfüllten Gottheiten zwischen Himmel und Erde auf- und absteigen.

In dieser Anordnung ist der oberste Stein der „Selbstdurchlöcherte“ oder das „Sonnentor der Wahrheit“, ohne den der Weg durch die Sonne, die als Himmelspförtner agiert, versperrt ist. In den brahmanischen Upanischaden heißt es: „Er erreicht die Sonne, dort öffnet sie sich wie das Loch einer Trommel, durch das er höher steigt.“

Mit einigen Abweichungen ist die indische Vorstellung der Sonnentür mit der chinesischen, ägyptischen, griechischen, hebräischen und anderen verwandt. In China wird die Sonnentür von „zwei Durchlässen“ (statt der drei wedischen) symbolisiert: das Erdsymbol *tsúng* ist innen röhrenförmig und außen eckig und das Sonnensymbol *pi* ist eine durchbohrte runde Scheibe. *Tsúng* wird in der chinesischen Literatur (*Ku yu tú pú*) als „Radnaben des antiken Jadewagens, der für den Kaiser, den Sohn des Himmels, vorbehalten war“, beschrieben und *pi* wird mit den flachen neolithischen Kampfkeulen und mit Spinnwirteln verglichen. Sowohl *pi* als auch *ts'ung* sind aus Jade, einem Symbol der Unsterblichkeit.

Ein ringförmiges Symbolpaar der sibirischen Schamanen besteht ebenfalls aus einer durchbohrten Scheibe, die die Erde repräsentiert, während die Sonne mit der runden Öffnung im Dach der Jurte gleichgesetzt wird. In den Schamanenritualen der Altaivölker wird eine junge Birke (*axis mundi*)

196. In *Disparate Desenfrenado*, einer Radierung Goyas (1746–1828), wird die Sexualität von einem Pferd symbolisiert, das eine Frau auf seinem Rücken zu entkleiden scheint. (Museo del Prado, Madrid).

197

198

199

197. Das sog. Evangeliar Franz' II. ist ein Beispiel für die karolingische Kunst. Auf den beiden Seiten des Kreuzes zeigt es den König als Sonne und die Königin als Mond. Spätes 9. Jahrhundert. Nordfrankreich. (Bibliothèque National, Paris).

198. Der Elfenbeindeckel (ca. 870) des Perikopenbuchs Kaiser Heinrichs II. (1007) ist ein weiteres Beispiel der Karolingerkunst, das die Sonne in ihrem von vier Pferden gezogenen Wagen zeigt; zur Linken Christi ist die Mondgöttin in ihrem von Stieren gezogenen Wagen abgebildet. (Bayerische Staatsbibliothek, München).

199. Ein Mosaik nach Antonio Achilli, das irische Mönche mit erhobenen Händen zeigt, die so wie die alten Ägypter die Sonne verehren. St. Columbanus-Grottenkapelle, Petersdom, Rom.

200

200. Sonne und Mond neben dem Kreuz symbolisieren die kosmische Bedeutung der Erlösung. Mitte des 12. Jahrhunderts. Nordspanien. (Metropolitan Museum of Art, New York. Geschenk von Ella Brummer).

201

201. Die feurige Himmelfahrt des jüdischen Propheten Elias (etwa 9. Jahrhundert), der sowohl im Christentum als auch im Islam verehrt wird, wurde nach dem Vorbild der Sonnengottheit Perun der nordslawischen Mythologie gestaltet. Moskauer Schule. (Madanjeet Singh Collection).

202

203

205

204

206

207

208

202, 203. Die aus dem 12. Jahrhundert stammende Basilika S. Clemente in Rom weist Sonnenmotive auf, denn sie war ursprünglich ein Mithras-Heiligtum aus dem 2. Jahrhundert. Die Sonne wird durch die Vögel am Kreuz symbolisiert (203).

204. Ein aus dem 2. Jahrhundert stammendes mehrfarbiges Mosaik des Sonnengottes Helios in dem heidnischen Grab, das 1574 unter der St. Peter-Basilika entdeckt wurde und als „Cristo Sole" bekannt ist.

205–208. An diesem aus dem 12. Jahrhundert stammenden Mosaik mit Sonnenmotiven in der Basilika S. Clemente in Rom, die über dem Mithras-Tempel (206) errichtet wurde, kann man erkennen, wie religionsüberschreitend Kulturen sein können. Die Geburt des Sonnengottes wird von einer Statue des Mithras dargestellt, der in Gestalt einer Schlange aus einer Wolke hervortritt (207). Ein anderes Bild zeigt ihn, wie er einen Stier tötet (208).

209

210

in der Jurte als Symbol des Torgottes (*udesi-burchan*) aufgestellt, und am Fuße des Baumes werden mit einer Axt sieben Stufen als „Leiter zum Himmel“ eingekerbt. Der Baum durchdringt die „Sonne“ im Dach der Jurte und macht so dem Schamanen den Weg zum Himmel, also von einer Welt zur anderen, frei.

Eine Anzahl Zeichnungen und Reliefs an ägyptischen Bauwerken richtete sich nach dem Totenbuch, denn sie zeigen das Sonnentor entweder als eine offene Tür mit einer Sonnenscheibe, die von einem Sonnengott in anthropomorpher oder zoomorpher Form bewacht wird, oder als eine geschlossene, Sonnenuntergang und Tod symbolisierende Tür, die dem Unwürdigen den Eintritt verwehrt. Die alten Ägypter glaubten, daß kein anderer Weg zur Sonne führe als die „Leiter des Horus“, und die Erlaubnis, sie zu besteigen, hing von einer Seelenprüfung ab, in der „das Herz“ mit der Feder der Wahrheit (*maat*) aufgewogen wurde.

In der hebräischen Mythologie stellt G'bilon das Äquivalent zum Sonnentor dar und *Sefer hazohar* (Das Buch der Herrlichkeit) lehrt den Weg durch das Sonnentor, der immer höher führt, bis er den kosmischen Thron erreicht.

Wenn Sokrates in einem griechischen Mythos einem Gefangenen dabei hilft, der Dunkelheit der Höhle zu entfliehen, befreit dieser sich von seiner Unwissenheit und erblickt schließlich Wahrheit und Wirklichkeit im Lichte der Sonne. Turner nannte eine seiner Arbeiten *Angel Standing in the Sun* und versah sie mit folgenden biblischen Worten: „Das Licht ist nicht nur herrlich und heilig, es ist auch verschlingend, verzehrend und gnadenlos. Gerecht, und ohne Unterschiede zu machen, ver-

209. *Winterlicher Sonnenuntergang bei Eragny* (1898). Ölgemälde von Camille Pissarro. (Galerie Schmit Collection, Paris).

210. Unter dem Einfluß der Renaissance und ihres neuen Sonnenkonzeptes überwand Albrecht Dürer (1471–1528) in seinen Werken die Orthodoxie der Gotik, wie dies aus seinem bekannten Gemälde *Die Melancholie* (1514) hervorgeht. (Metropolitan Museum of Art, New York).

211

212

211. *Simultane Komposition: Sonnenscheiben* (1912) von Robert Delaunay. (Museum of Modern Art, New York. Simon Guggenheim Fund).

212. *Der Sämann* (1888). Ölgemälde von Vincent van Gogh. (Rijksmuseum Kröller-Müller, Otterlo, Niederlande).

213

214

215

216

213–215. Relief mit *mithuna*-Darstellungen, Liebenden und Musikern am Sonnentempel in Khadschuraho, Indien (11. Jahrhundert).

216. Ein Fries mit erotischen Skulpturen von dem aus dem 13. Jahrhundert stammenden Sonnentempel in Konarak, Indien.

217. Kum Kum Mohanti und ihre Mittänzerinnen tanzen auf der Balustrade des aus dem 13. Jahrhundert stammenden Sonnentempels in Konarak, Indien, einen Sonnentanz.

218

218. Das göttliche Paar Yab-Yum symbolisiert die kosmische Vereinigung der Sonne (männlich) und des Mondes (weiblich). 18. Jahrhundert. Pemiangtse-Kloster, Sikkim, Indien.

219

220

221

schlingt es die ganze Welt.“ Dies erinnert an die tiefgründige östliche Weisheit, derzufolge die Sonne durch einen Totenkopf mit einem flammenden goldenen Dreizack (*trisula*) symbolisiert wird und den Namen „Herrscher der Erde“ trägt. Man findet sie auf dem Dach buddhistischer Klöster in schwindelerregender Höhe nahe den Berggipfeln des Himalaya (Abb. 235).

Die Vorstellung des Sonnentores regte die meisten antiken Zivilisationen dazu an, an ihren Tempeln, Zitadellen und Burgen wunderbare Sonnenportale anzubringen, die mit Sonnenmotiven, insbesondere mit Löwe und Sphinx, verziert wurden (Abb. 55). Die Ägypter, Mesopotamier, Hethiter, Griechen und Römer bauten ebenso wie die asiatischen Buddhisten, Hindus und Muslime imponierende Sonnentore. Ein Beispiel hierfür ist die glitzernde Sonnentor-Fassade des Taledschu Bhawani-Tempels in Bhatgaon in Nepal (Abb. 234). Fern vom japanischen *Shinmai-Dorii* wurden Sonnentore auch von den Indianern Amerikas errichtet, zum Beispiel das in der Andenregion Südamerikas während der Tiahuanco-Periode (450–850 n. Chr.) erbaute Tor. Die in die Pforte geschnitzte anthropomorphe Hauptfigur, der sogenannte Stabgott, hält sein Herrschaftszepter in ganz ähnlicher Art und Weise in der Hand wie der Sonnengott Sûrja den Stab (in dem aus dem 8. Jahrhundert stammenden Martand-Tempel in Kaschmir).

So faszinierend wie die universelle Verbreitung des Sonnentores ist auch die Tatsache, daß man in ganz unterschiedlichen Teilen der Erde Spiegel, die die Sonne symbolisieren, findet. Wie der heilige Spiegel der Sonnengöttin Amaterasu in Japan, wird auch im tiefen Süden von Indien ein Spiegel im

219. Ein chinesisches Yin-Yang Symbol stellt die zwei komplementären Kräfte der Natur, Licht und Dunkelheit, Himmel und Erde, Mann und Frau, dar.

220. Ein stilisiertes Yin-Yang Motiv (1840) im Walichanow-Museum, Tschochan, Kasachstan.

221. In einem *Mushin-do* Gemälde, das schamanistische Geister darstellt, symbolisiert ein Paar die Sonne und den Mond (*munyô mudang*). 19. Jahrhundert. (Daea High School, Chinju, Korea).

222

Sutschhindram-Tempel verehrt. Dieses Sonnensymbol findet sich als Dekor in den Steinwänden vieler mittelalterlicher Tempel in Südasien, wobei die Spiegel von hübschen jungen Frauen in unterschiedlichen Posen gehalten werden (Abb. 24). Das Sonnensymbol der Azteken in Mexiko war ein heiliger Vogel mit einem Spiegelkopf; man glaubte, daß sich in ihm Prophezeiungen oder böse Omen, von denen es vor der Ankunft der Spanier mehrere gegeben haben soll, erkennen ließen. Der magische Spiegel zeigte dem „Mutigen Fürsten" Moctezuma mehrere Unglückszeichen, wie z.B. Horden bewaffneter Fremder, eine Feuerzunge, die sich aus der Erde erhob und neue Sterne schuf, einen neuen Kometen am Himmel, Schnee in seiner Hauptstadt Tenochtitlán (das moderne Mexico City) und wie einer der dortigen Tempel auf geheimnisvolle Weise niederbrannte.

Die antike Tradition, derzufolge etruskische und griechische Bronzespiegel die Sonne repräsentierten, setzte sich in Europa in den Künsten und der Literatur fort, z.B. in Bram Stokers Schauerroman *Dracula* (1897), in dem der geheimnisvolle Graf Dracula (Abb. 397) der Sonne ausweicht, indem er den Rasierspiegel seines englischen Lehrers hinauswirft, den er in sein einsames Schloß in Transsylvanien, einer von Vampiren und Werwölfen heimgesuchten Gegend, eingeladen hatte.

Darüberhinaus wird in einer Reihe weltweit verbreiteter Mythologien den Augen der Gottheiten kosmische Bedeutung zugeschrieben. In der ägyptischen Mythologie wird der Himmelsgott Horus in Form einer Sonnenscheibe mit Flügeln oder aber in menschlicher Form mit dem Gesicht eines Falken, dessen Augen Sonne und Mond sind, dargestellt. Im Schinto-Mythos wird die japanische Sonnengöttin Amaterasu aus dem glänzenden Wasser geboren, das aus Izanagis einem Auge strömt, und der Mondgott aus dem Wasser des anderen Auges. Im *Râmâyana* des Tulsi Das manifestierte sich Râma selbst kurz nach seiner Geburt als „Kosmischer Mann" (Abb. 237). In der chinesischen Mythologie ist Pan-gu der Gott, der Himmel und Erde erschaffen hat und dessen zwei Augen sich bei seinem Tod in die Sonne und den Mond verwandeln.

222. Indische Miniaturmalerei auf Leinwand, die Krischna und seine Anhänger bei einer Feierlichkeit in einem Sonnentempel zeigt. 17. Jahrhundert, Radschasthan. (Madanjeet Singh Collection).

223

224

225

226

227

228

223. Die „Kum Kum Mohanti"-Gruppe bei einem Sonnentanz im Konarak-Sonnentempel, bei dem vier Tänzer die vier Himmelsrichtungen repräsentieren.

224. Volkstänzer bilden einen Kreis, der in der *Rasleela*-Tradition der Krischna-Verehrung die Sonne repräsentiert, Radschasthan, Indien.

225, 226. Mexikanische Tänzer tragen Hüte mit Spiegeln, die die Sonne symbolisieren.

227. *Bukabu*, ein japanischer Zeremonientanz, wird von vier Tänzern im Zingu Shicho Kohoka, Ise, durchgeführt.

228. Vier Tänzer beim Fronleichnamsfest auf dem Hauptplatz von Peliteo, Ecuador.

Die Vergleiche zwischen dem amerikanisch-indianischen und griechisch-römischen Pantheon, die von einigen Wissenschaftlern gezogen wurden, zeigen die überraschende Übereinstimmung zwischen Sonnenkulturen und ihren Mythologien in sehr weit auseinanderliegenden Teilen der Erde, wobei die Ähnlichkeiten Zeit und Raum überbrücken und sich kontinuierlich in der globalen Totalität von Form und Inhalt manifestieren. Die Frage, ob solche Ähnlichkeiten zufällig sind oder aus der Interaktion zwischen Kulturen entstanden sind, wird kontrovers diskutiert. Vielleicht liegt in diesem unerklärlichen Phänomen das eigentliche Wesen des prähistorischen mythen-erschaffenden Zeitalters und seiner kulturellen Universalität.

All dies, auch der Himmel, reflektiert sich in dem kleinen runden Spiegel, der in einem einfachen Holzschrein am Ufer von Futamigaura in Japan hängt. Das reine Licht der Sonne wird in ihm als das „wahre Herz", als der eigentliche Kern aller Erscheinungen gesehen. Er spiegelt das allumfassende Licht von Atons *maat* oder Wahrheit wider; das Mitleid und die „rächende Gerechtigkeit" des Helios; die Weisheit von Odins einäugiger Unbestechlichkeit und Gerechtigkeit; Mithras' Schutz der Verträge und Pflichten; Sûrjas geistige Erleuchtung und heilende Kraft; Schamasch, Utu und Chwar als Beherrscher von Nacht und Tag, Gut und Böse; Huitzilopochtli, Inti, und Kinich Ahau, die Schiedsrichter über Gut und Böse, Leben und Tod. Kurz gesagt: die Gesamtheit der Sonnengötter, die die letztendlich kosmogonische welterzeugende Universalität der verschiedenen Kulturen repräsentieren.

Wenn man durch Amaterasus Spiegel schaut, reflektiert sich nicht etwa eine vage vergangene Zeit, in der primitive Völker in einer isolierten animistischen Umgebung lebten, sondern die sich beständig fortsetzende Metamorphose einer sich stets entwickelnden und erneuernden Allgegenwart der Sonne, die heute noch ebenso Teil unseres alltäglichen Lebens ist, wie sie es in der Vergangenheit war. Als höchster Herrscher der oberen wie auch der unteren Welten, von Licht und Dunkel, ist die Sonne immer noch der „Gott", der in der einen Hand die Tod und glühende Zerstörung bringende Keule hält, die uns durch das Loch in der Ozonschicht der Atmosphäre jederzeit bedrohen kann: In der anderen Hand aber hält er den Olivenzweig der friedlichen Morgenröte eines hellen und schönen Tages, eine Belohnung für unsere effektive Nutzung der Solarenergie, für den Schutz der natürlichen Umwelt und für die Achtung des tierischen Lebens.

Ich persönlich wünsche mir, daß diese Publikation einmal mein Passierschein für das Sonnentor der Unsterblichkeit sein wird. Ich bin der UNESCO dafür dankbar, daß ich an den Expeditionen teilnehmen durfte, die im Zusammenhang mit dem *Integralen Forschungsprojekt Seidenstraßen* stattgefunden haben. Nur so konnte ich, nachdem ich dem Phänomen Sonne jahrelang nachgejagt war, das meiste, hier zusammengestellte und auf die Sonne bezogene Material sammeln. „Haben Sie

229 a

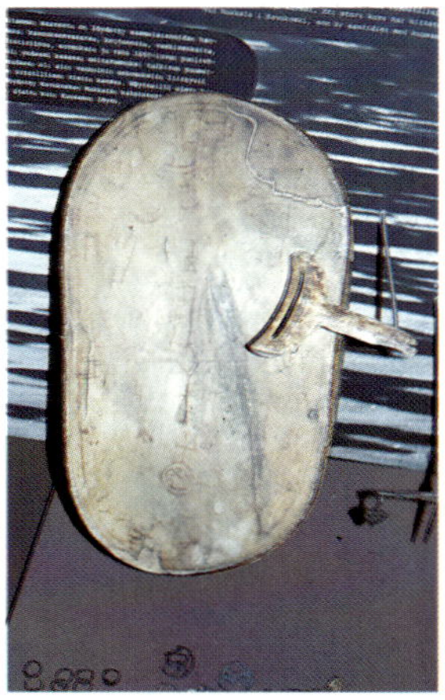

229 b

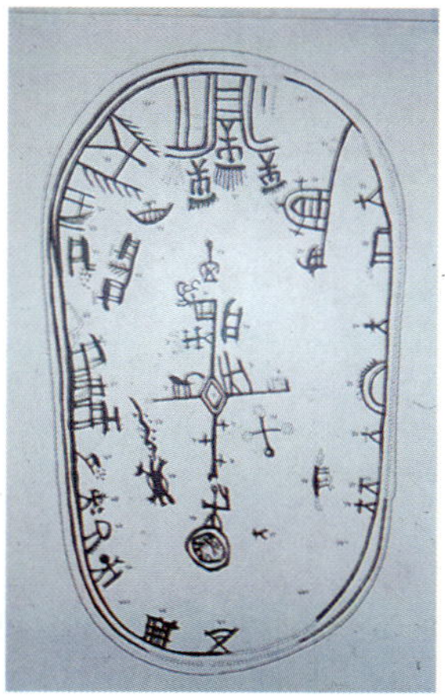

230 a

230 b

229 a,b. Kosmische Symbole auf einer Schamanentrommel.

230 a,b. Sonnensymbole auf einer chinesischen Bronzetrommel, etwa 1. Jahrhundert n. Chr. Provinz Guangxi, China.

231. Eine hölzerne Stammestrommel in Form einer Frau gilt als Symbol für den weiblichen Schoß, wie das über den Bauch gespannte Leder zeigt. Zentralindien. (Crafts Museum, New Delhi).

231

232

233

232. Sarangi, ein Musikinstrument der Santal-Stämme. 19. Jahrhundert. Bihar, Indien. (Nationalmuseum, New Delhi).

233. Eine Frau, die eine Trommel auf ihrem Kopf trägt, symbolisiert Fruchtbarkeit, wie es hier diese Holzskulptur des Bager-Stammes in Guinea veranschaulicht. (National Museum of African Art, Smithsonian Institution, Washington, D.C.).

234. Folgende Seiten: Das Sonnentor und die vergoldete Fassade des Taledschu Bhawani-Tempels. 17. Jahrhundert. Bhatgaon, Nepal.

235

235. Die Sonne in Form eines Totenkopfes mit flammendem goldenen Dreizack wird als „Herrscher der Erde" bezeichnet und gilt als Symbol des Lebens und des Todes. 16. Jahrhundert. Kye-Kloster, Ladakh, Indien.

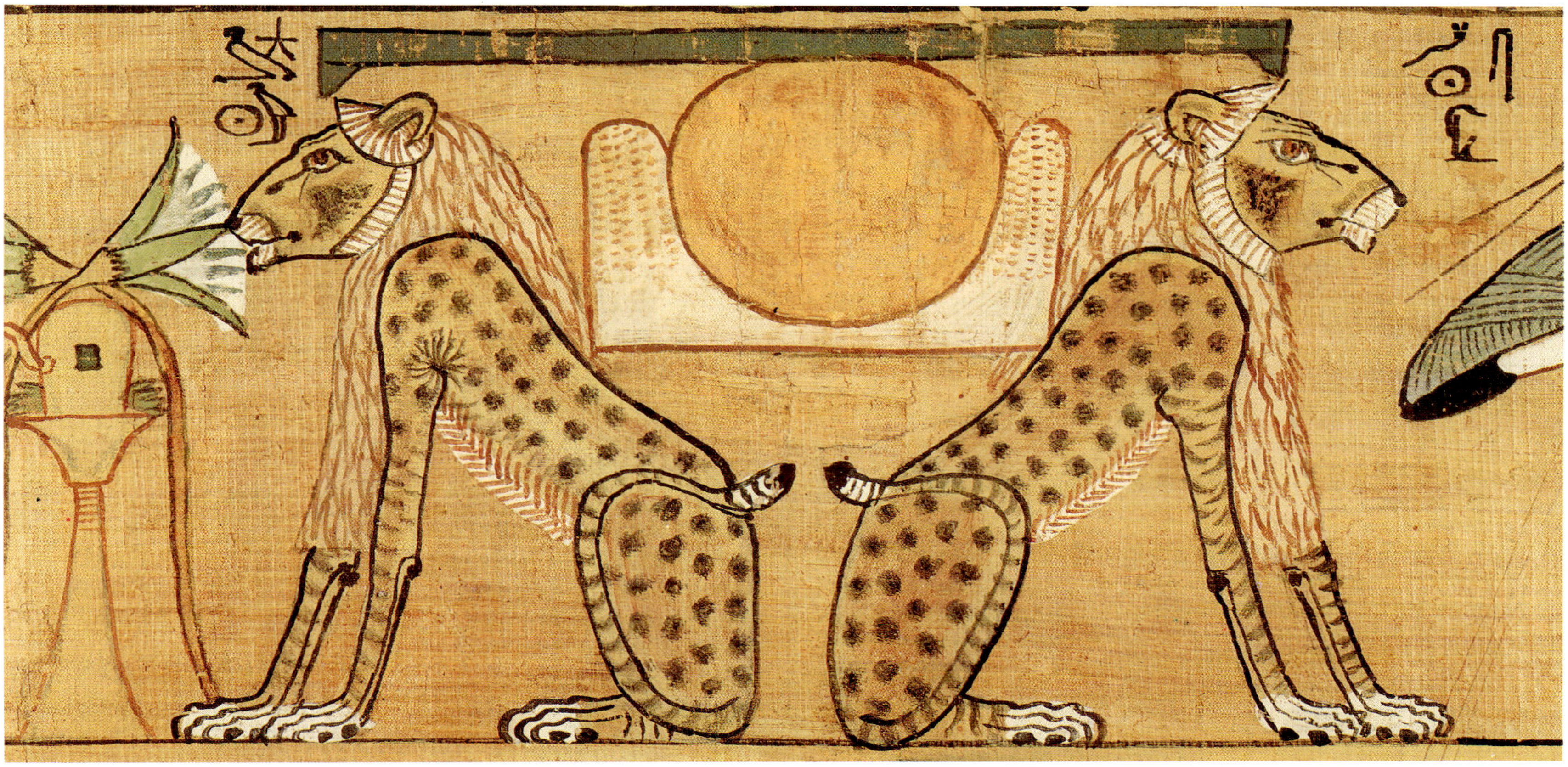

236

künstlerische oder literarische Werke, die sich auf die Sonne beziehen?“ war meine ständige Frage in zahlreichen Museen, Institutionen, archäologischen Ausgrabungsstätten und Bibliotheken, die wir während der langen und anstrengenden Landreise durch die Wüste von Takla-Makan von Xi'an nach Kaschgar in China besuchten, während der Schiffsexpedition von Venedig nach Osaka in Japan, die uns durch siebzehn Länder führte, und während der Steppen-Expedition von Aschchabad in Turkmenistan nach Alma Ata in Kasachstan.

„Ist das alles was Sie haben?“ fragte ich die Direktorin des Museums in Alma Ata, als sie mir einige Fragmente von Felsbildern zeigte, die sich auf die Sonne bezogen und die ich schon vor einigen hundert Meilen in Tamgaly gesehen und photographiert hatte. Sie sah mich fragend an, dachte nach und meinte: „Tatsächlich haben wir noch etwas. Es ist das Schönste überhaupt.“

„Wollen Sie es mir nicht zeigen?“ fragte ich begierig und wunderte mich, warum sie es nicht schon früher erwähnt hatte.

„Natürlich!“ sagte sie und führte mich in den Innenhof hinaus. Dann deutete sie mit einem breiten Lächeln auf die glänzende, strahlende Sonne am tiefblauen Himmel.

Ich schaute hinauf und erinnerte mich an die in den Texten von Heliopolis verewigte Hymne („Gib mir Licht, damit Ich Deine Schönheit sehen kann“). Es war mir zu Mute, als sollte ich meine Hände in der Art erheben, wie die Ägypter, wenn sie die Sonne anbeteten, und wie wir Inder es heute noch imitieren (Abb. 238) und dazu das *Gayatri*-Gebet sprechen: „Laßt uns über das göttliche Licht und die Herrlichkeit des Gottes *Savitre* (die Sonne) meditieren, damit sie unseren Geist erleuchte und inspiriere.“

---

236. Die Löwen der beiden Horizonte bewachen das Sonnentor in der Mitte. *Das Totenbuch*, Papyrus des königlichen Schreibers Hunefer. 19. Dynastie, etwa 1290 v. Chr. (Britisches Museum, London).

237

237. Wie auch in den Mythologien verschiedener anderer Kulturen manifestiert sich der hinduistische Gott Râma auch als der „Kosmische Mann“, dessen zwei Augen Sonne und Mond sind. Miniaturgemälde. 1800. Benares-Schule. (Bharat Kala Museum, Varanasi, Indien).

238

238. Eine morgendliche Szene am Ganges in Benares zeigt, wie die Sonne mit erhobenen Händen verehrt wird. Im Gegensatz dazu wird in Indien bei allen anderen Anlässen mit gefalteten Händen gebetet.

239

240

Die Sonne in Kunst und Kultur Japans

Elizabeth Schultz und Fumiko Yamamoto

In unserer modernen Welt wird das Bild der Sonne sofort mit Japan assoziiert. Wenn man jedoch die Bedeutung dieses Bildes in der japanischen Kultur untersucht, muß man berücksichtigen, daß ein Symbol einerseits die Werte und Ziele eines Volkes widerspiegelt und sie festlegt, andererseits aber auch Veränderungen dieser Werte und Ziele zum Ausdruck bringt. In der europäischen Ikonographie wird die Sonne oft vermenschlicht und dadurch vertraut gemacht: Indem man ihr ein Gesicht gibt, kann sie die Stirn runzeln oder lächeln, ihre Strahlen sind lang, kurz oder gezackt und sie kann weiß, gelb, orange oder bunt sein. In Japan dagegen ist sie streng, nüchtern und vollkommen: rund, rot und manchmal mit einem symmetrischen Strahlenkranz. Jahrhundertelang wurde die Sonne als Gott verehrt, und die einzige menschliche Verbindung war der Kaiser persönlich, der ganz offensichtlich als ein direkter Nachfahre der Sonne galt. Die wichtigste symbolische Darstellung war ein Spiegel, der das Licht der Sonne unmittelbar und glänzend reflektierte. Im Laufe der Zeit wurde die Sonne Teil der allgemeinen japanischen Ikonographie, ein Zeichen für materiellen und geistigen Wohlstand sowie für die Erneuerung des Lebens. Es war die Leuchtkraft, die Schönheit und die Vergänglichkeit

239. Toyokuni (1786–1864) beschreibt eine koreanische Königin beim Sonnengebet, wie sie in der Umrahmung von Hiroshige (1797–1858) dargestellt ist. (Elizabeth Schultz Collection).

240. Sonnenaufgang am Ufer von Futamigaura in Ise, Japan.

des Mondes, die japanische Dichter und Künstler inspirierte, die Sonne wurde dagegen nur selten in Gedichten besungen. Im Gegensatz zum bleichen Mond war ihre Bedeutung immer ideologisch gefärbt. Bis zum Ende des Zweiten Weltkriegs war die Sonne, die wie die kaiserliche Familie wegen ihres Glanzes, ihrer Kraft und ihrer Verläßlichkeit verehrt wurde, das einzige Symbol, das die politischen und ethischen Grundsätze Japans anschaulich verkörperte. Obwohl der Krieg und der darauf folgende wirtschaftliche Aufstieg Japans dazu führten, daß die verschiedenen Bedeutungsebenen der Sonne neu überdacht wurden, erhellt sie immer noch das Leben des japanischen Volkes.

Im Japanischen verweisen die Wörter und Ideogramme für „Sonne“ auf verschiedene Anschauungen. Das chinesische Begriffszeichen für Sonne ist *hi*, das im Japanischen sowohl „Sonne“ als auch „Tag“ bedeutet. Etymologisch leitet sich das heutige abstrakte Ideogramm (日) direkt vom eigentlichen Bild der Sonne ab. Seine Aussprache ist heute identisch mit der des Wortes „Feuer“, was darauf hindeutet, daß die Japaner vor dem Gebrauch chinesischer Ideogramme die Sonne und das Feuer als verwandte Aspekte der Natur betrachteten. Im *Kojiki* (712 n. Chr.), dem ältesten Schriftstück Japans, erscheint das einfache Ideogramm *hi*, das eng mit den Naturkräften verbunden ist, häufiger als alle anderen Ideogramme, die „Sonne“ bedeuten. Das Wort für „Japan“ selbst ist *Ni-hon* (日本), das sich aus der gekürzten Form für *nichi* (eine andere Lesart für *hi*) und *hon*, d.h. „Quelle“ zusammensetzt. Übersetzt lautet der Eigenname Japans also „Die Quelle der Sonne“.

Die ursprünglichen Besiedler des japanischen Archipels stellten eine Sonnengöttin mit Namen Amaterasu („Die himmlisch Scheinende“) ins Zentrum einer Mythologie, die sie wohl aus anderen südpazifischen Quellen übernommen haben. Der Gelehrte und Staatsmann Motoori Norinaga (1730–1801) schrieb über diese Göttin: „Im ganzen Universum ist sie ohnegleichen. Ihr Licht strahlt ewig bis ans Ende des Himmels und der Erde... Diese Göttin ist die Herrlichkeit aller Herrlichkeiten.“ Nach den alten japanischen Aufzeichnungen *Kojiki* und *Nihonshoki* (720 n. Chr.) gründete Amaterasu den japanischen Staat, indem sie ihren Enkel, Prinz Ninigi, von den weiten Ebenen des Himmels herniederschickte, um die Inseln zu regieren. Im *Kojiki* wird der Begriff *hi* gebraucht, um sowohl die von Amaterasu abstammenden Götter als auch die alten Kaiser, die ihre direkten Nachfahren waren, zu bezeichnen. In der großen, über viertausend Gedichte umfassenden Lyriksammlung *Manyoshu*, die zwischen der zweiten Hälfte des 5. und der Mitte des 8. Jahrhunderts zusammengetragen wurde, ist *hi no mika*, d.h. „Prinz der Sonne“, eine häufige Bezeichnung für königliche Personen. In Murasaki Shikibus *Tale of Genji* (etwa. 1002) wird Prinz Genji „Der Strahlende“ und seine Stiefmutter „Die Dame der strahlenden Sonne“ genannt, wobei beide Beinamen nicht nur auf ihre individuelle Schönheit und Ausstrahlung, sondern auch auf ihre kaiserliche Herkunft verweisen. Mit dieser von der Sonne ererbten Göttlichkeit wurde die japanische kaiserliche Familie zum Zentrum einer Staatsreligion, dem Schintoismus, und zu absoluten Herrschern. In ihnen galten Himmel und Menschliches als eines, und im Vergleich zu den chinesischen Kaisern, die nur „Söhne des Himmels“ waren, waren die japanischen Kaiser selbst „der Himmel“. Diese irdischen Manifestationen der Sonnengöttin forderten daher uneingeschränkte Verehrung.

Im *Kojiki* und *Nihonshoki* wird auch von den spezifischen Umständen der Geburt der Amaterasu und von ihrem Leben berichtet, die mit bestimmten grundlegenden Lehren des Schintoismus sowie der Politik und Ethik Japans eng in Verbindung gebracht wurden. Grundlagen dieses Systems sind einerseits die Furcht vor Verunreinigung und andererseits die Verehrung von Sauberkeit, Klarheit und Geradlinigkeit. Vor der Geburt Amaterasus mußte sich ihr Vater Izanagi vom Schmutz des Todes und der Dunkelheit reinwaschen. In einer anderen Geschichte wurde sie von ihrem Bruder Susanowo geneckt, als sie mit Weben beschäftigt war, und um seinem ungebärdigen Benehmen Einhalt zu gebieten, versteckte sie sich in der Dunkelheit einer Höhle und versagte der Welt so ihre Helligkeit. Erst als eine andere Göttin einen Spiegel in einen Baum gegenüber der Höhle hing, kam Amaterasu, nachdem sie einen Schimmer ihres eigenen Lichtes gesehen hatte, wieder in ihrer ganzen

241

242

Pracht hervor. Als Ninigi auf die Erde herabstieg, um über diese zu regieren, überreichte ihm Amaterasu zur Erinnerung an sie einen ähnlichen Spiegel.

Weil der Spiegel das reine Licht der Sonne reflektiert, meint man, daß sich in ihm auch die wahre Natur aller Dinge spiegelt. Er gilt als der wichtigste Teil der kaiserlichen Insignien. Im frühen 14. Jahrhundert wurde folgendes über den Spiegel geschrieben: „Richtig und Falsch, Gut und Böse lassen sich immer im Spiegel erkennen. Seine Bedeutung liegt darin, daß er alles so aufzeigt, wie es erscheint. Er ist die ursprüngliche Quelle von Korrektheit und Aufrichtigkeit."

Die kaiserlichen Edikte des 7. und 8. Jahrhunderts, die die Grundlage der japanischen Politik, Rechtssprechung und Ethik bilden, sprechen wiederholt von der Bedeutung eines „offenen, reinen, ehrlichen und ernsthaften Herzens". Diese Werte wurden auf die antike Ästhetik übertragen, in der Reinheit, Geradlinigkeit und Klarheit die obersten Grundsätze waren. Ihre Essenz war „die Mittagszeit an einem klaren sonnigen Tag".

Der Schintoismus hat die bildhafte Darstellung seiner Gottheiten nie ermutigt. Die wirkliche Sonne und ihre Manifestion in der Person des Kaisers waren im antiken Japan ein ausreichender Beweis für die Präsenz der Göttin. Nur die strahlenden Spiegel in vielen Schinto-Schreinen verkörpern ihren Geist. Sie ist selten auf Bildern zu sehen, und weder sie noch die Sonne werden als Statuen abgebildet. Im traditionellen japanischen Alltagsleben wurden die Sonne und der Kaiser nicht in Form eines Bildes verehrt, sondern dadurch, daß man sich in einem einfachen Ritual die Hände und das Gesicht wusch und sich anschließend zur Sonne wandte, in die Hände klatschte und sich verbeugte. In

241. Der Samuraikrieger *Hachiman Taro Minamoto no Yshiie* mit einem Fächer, der mit dem Bild der Sonne verziert ist. Aus dem Holzschnitt-Buch *Bilder alter Steigbügel* (1836) von Hokusai. (Elizabeth Schultz Collection).

242. Holzschnitt mit der Darstellung eines Neujahrsfestes von Toyohiro (1773–1828). (Spencer Museum of Art, University Kansas, Lawrence).

einigen Teilen des Landes bildeten sich kompliziertere Rituale zur Verehrung der Sonne heraus, die oft mit buddhistischen und taoistischen Elementen vermischt wurden. In Tsushima treffen sich beispielsweise in Notzeiten die Männer eines Dorfes in einem bestimmten Haus, um das Erscheinen der Sonne abzuwarten. In der Gegend von Tokio tanzen die Menschen bei der Frühlings- und Herbstsonnenwende und beten für die auf- bzw. untergehende Sonne. In der Gegend von Kyoto und Hyogo folgen die Menschen einen Tag lang dem Lauf der Sonne, und gehen mit ihr von Ost nach West. In der Mie-Präfektur wird der Sonne am Neujahrstag geopfert, und in Kanagawa verehrt man die Sonne mit Gebeten und Weihrauch.

Außer den Mythen, die sich direkt auf Amaterasu beziehen, gibt es nur wenige Legenden über die Sonne. Nach einer Anekdote soll ein Bademeister zu einem Küchenmädchen gesagt haben, daß der Mond wichtiger als die Sonne sei, weil „er nachts erscheint, wenn alles dunkel ist. Die Sonne erscheint nur mitten am Tag, wenn man sowieso kein Licht braucht". Hier ist impliziert, daß die Sonne so verläßlich ist, daß man sie für selbstverständlich hält. Mehrere Sonnen-Geschichten zeigen die Überheblichkeit von Menschen, die versuchen, sie zu manipulieren. *Kojiki* und *Nihonshoki* berichten, daß Jimmu, der erste japanische Kaiser (etwa 7. Jahrhundert v. Chr.) einmal mit dem Gesicht zur Sonne gewandt auf seine Feinde zuging. Folglich wurde er besiegt, denn das war ja so, als ob er die Sonne selbst angreifen wollte. In mehreren Märchen, in denen reiche Landbesitzer eine Rolle spielen, werden die Gefahren bei dem Versuch, die Sonne von ihrer Bahn abzubringen, vor Augen geführt. In einer Geschichte geht es um einen Landbesitzersohn, der sich über die Bauern ärgert, die bei seinem Vater um Geld betteln; in dem Versuch, die Bittsteller im Dunkeln stehen zu lassen, zielt er deshalb mit einem Pfeil auf die Sonne. Eine andere Geschichte berichtet von einem Bauern, der von der Sonne verlangt, sie möge doch die ganze Nacht über scheinen, damit er nur einen einzigen Tag zum Reispflanzen brauche. Als Folge dieser Anmaßungen nimmt das Vermögen der beiden reichen Bauern drastisch ab. Der Landbesitzer in der zweiten Geschichte verliert seine Tochter an einen Drachen, und zur Erntezeit verwandelt sich sein Reis in Binsen. Andere Geschichten verweisen auf die Kraft der Sonne als Schöpferin und Erhalterin des Lebens und als Wunder- und Gnadenquelle. In der Gegend von Tsushima wie von Kagoshima erzählt man sich die Geschichte einer Frau, die von der Sonne geschwängert wurde und einem Sohn das Leben schenkte, der die wundersame Gabe der Weissagung besaß.

Die Herrlichkeit Amaterasus und ihre besondere Verheißung für das japanische Volk wird den Japanern besonders verständlich und augenscheinlich im Bild der aufgehenden Sonne – ein Bild, das in der japanischen Kultur allgegenwärtig ist. Aus diesem Grunde kommt dem Osten eine ganz besondere Bedeutung zu. Antike Grabstätten wurden oft so ausgerichtet, daß die Toten gen Osten schauten, und auch in den ebenfalls gen Osten orientierten heiligen Schreinen blickten die Gläubigen in die aufgehende Sonne. Auch politisches Ansehen und politische Macht wurden mit dem Bild der aufgehenden Sonne und der geographischen Lage Japans östlich des asiatischen Kontinents verbunden. Eine alte Legende aus dem Jahre 607 n. Chr. erzählt zum Beispiel, daß ein chinesischer Sui-Kaiser zutiefst verletzt war, als er eine Anfrage des Yamato-Hofes in Japan erhielt, in dem sich der „Kaiser des Landes der aufgehenden Sonne" erkundigte, wie das Befinden des „Kaisers des Landes der untergehenden Sonne" war. Die meisten Schulkinder im modernen Japan kennen die Verbindung zwischen der aufgehenden Sonne und dem großen feudalen Kriegsherrn Tojotomi Hideyoshi (1536–1598): Nicht nur hatte seine Mutter bei seiner Geburt angeblich einen Traum, in dem die Sonne aufging, er stand auch in dem Ruf, den chinesischen Kaiser verärgert zu haben, als er ihn in ähnlicher Weise ansprach.

Wenn man das Bild der aufgehenden Sonne in der populären japanischen Kultur untersucht, zeigt sich, daß es während der fast 250 Jahre, in denen Japan vom Rest der Welt isoliert war (1635–1868), um zusätzliche bedeutungsvolle Aspekte bereichert wurde; gleichzeitig aber behielt Japan die Asso-

243

ziation mit den Tugenden der Sonnengöttin und mit der Stärke des Kaiserhauses bei. So erscheint das einfache runde Sonnensymbol häufig in einem militärischen Kontext. Eine rote Sonne vor weißem oder schwarzem Hintergrund auf Fächern und kegel- oder scheibenförmigen Hüten gehörte zur Symbolik militärischer Aufmärsche. Wenn ein solcher Fächer bei derlei Umzügen auftauchte, bedeutete dies ursprünglich den Sieg eines Samurais in der Schlacht. Im Gegensatz zum Mond, der zu- und abnimmt und der in der traditionellen japanischen Ikonographie oft zusammen mit Vögeln, Blumen, Schnee, Wolken oder Wasser dargestellt wird, widerstand die nüchterne einfache Sonne, die sich niemals ändert, der japanischen Begabung, alles verzieren zu wollen. Einer hier ungenannten

243. Riogu-Mandara, das den großen Schrein von Ise unter den Sonnen- und Mondgottheiten darstellt. Die Japaner verehrten die Sonne im Freien, und der heilige Wald *Himorogi* bedeutet „Schrein". (Ise Museum, Japan).

Quelle zufolge gibt es unter ein paar hundert Familienwappen siebzehn, die den Mond darstellen, einundfünzig mit Sternendarstellungen und nur sieben mit einem Sonnensymbol. Obwohl die Sonne auf militärischen Uniformen auftauchte, fühlten sich die Menschen mit ihr nicht so vertraut, als daß sie Sonnensymbole auch zu Mustern ihrer Alltagskleidung gemacht hätten.

Häufig tauchte auf der ersten Seite eines Buches oder einer Druckfolge von Reiseansichten die aufgehende Sonne auf. Die von Meistern des Farbholzschnitts wie Hiroshige (1797–1858) und Eisen (1790–1848) illustrierten Reiseberichte standen unter einem guten Vorzeichen, wie man am ersten Druck zweier solcher Folgen sehen kann: In beiden greift der rote Sonnenhalbkreis am Horizont die Form der Bögen im Hintergrund des *Nihonbashi* (日本橋) auf, jener Stelle, von wo aus die meisten Reisen, die von Tokio ausgingen, begannen. Der Beginn eines neuen Jahres und die damit verbundenen Hoffnungen jedoch waren der Anlaß für die meisten Variationen in der Darstellung der Sonne. Obwohl das runde rote Symbol selbst sich niemals verändert, wird es bei Neujahrfeiern zusammen mit anderen konventionellen japanischen Motiven, die Glück und Erfolg versprechen und langes Leben sowie materiellen und geistigen Wohlstand symbolisieren, abgebildet. In Verbindung mit einem Kranich, einer Schildkröte und einem älteren Paar drückt das Sonnensymbol die Hoffnung auf ein langes und glückliches Leben aus; zusammen mit einer Kiefer und dem Ozean vermittelt es die Hoffnung auf die beständige Erneuerung des Lebens und zusammen mit einem Schatzschiff drückt es die Hoffnung auf materiellen Wohlstand aus. Das Sonnensymbol erscheint an Neujahr auf Schriftrollen und Drucken, aber auch auf Kuchenschachteln, auf Spielzeug und Grußkarten. Vielleicht sind kleine Jungen besonders gesegnet, denn sie dürfen an Neujahr ihre eigenen Sonnen in Form von Drachen mit Sonnensymbolen steigen lassen.

Im Laufe der Zeit wurden die mit der aufgehenden Sonne verbundenen Tugenden Teil einer Arbeitsethik, wie sie auch in protestantischen Kulturen verwurzelt ist. Das Ritual der morgendlichen Sonnenandacht, für das man früh aufstehen mußte, wurde zur Grundlage eines Verhaltensmusters, das physisches Wohlergehen, strenges Arbeiten und materiellen Gewinn förderte. Mehr als ein Dutzend japanischer Sprichwörter wie „Das Glück blüht der Familie, die früh aufsteht“, „Wer früh aufsteht, verdient drei Pfennig“ und „Ein Langschläfer ist ein geborener Verlierer“ garantieren dem Frühaufsteher Gewinn. Seit Jahren gehört Gymnastik um sechs Uhr frühmorgens zum Alltag der Japaner, wobei heute die Anweisungen mit Lautsprechern auf den Plätzen von Provinzstädten, auf

244. Die *Shi Kinen-Sengu*-Prozession in Ise, bei der die Seele der Sonnengöttin Amaterasu vom alten zum neu erbauten Schrein getragen wird. Nach alter Tradition wird der alte Schrein alle zwanzig Jahre zerstört. (Ise Museum, Japan).

244

Schulhöfen und natürlich im Radio und im Fernsehen erfolgen. Allgemein gilt, daß die runden roten Wangen von Kindern vom gesunden Einfluß der runden roten Sonne zeugen.

Jüngste Studien zum Mythos der Sonnengöttin lassen erkennen, daß diesbezügliche Legenden vom Adel verbreitet wurden, um die Göttlichkeit des Kaisers zu rechtfertigen und um ihm die uneingeschränkte Unterstützung des Volkes zu sichern. Die einigende Kraft des Symbols wurde in der Mitte des 19. Jahrhunderts instrumentalisiert, als man das Sonnenemblem zur Nationalflagge eines Volkes wählte, das durch Kaiser Meiji und das Ende der Isolationspolitik zu einer neuen inneren Harmonie gelangt war. Durch die Fahne unterschieden sich japanische Schiffe von den ausländischen Schiffen, die zum ersten Mal wieder in japanischen Häfen anlegen durften, und sie verkündete die Souveränität des japanischen Volkes bei Fahrten zu Missionen im Ausland. Nachdem *hi-no-maru*, d.h. „Sonnenkreis", im Jahre 1870 zur offiziellen Nationalfahne des Landes gemacht worden war, wurde sie bei jeder politischen oder militärischen Gelegenheit gehißt. Allerdings erhielt die Marine eine besondere Flagge mit einer rotstrahligen Sonne.

Im frühen 20. Jahrhundert machte sich auch die neuentstandene japanische Frauenbewegung das Sonnensymbol zu eigen, vielleicht weil sie die weibliche Verbindung mit der Macht und dem Ruhm Amaterasus aktivieren wollte. Hiratsuka Raicho (1886– 1971), die Gründerin dieser Bewegung, schrieb in der Unabhängigkeitserklärung, die 1911 in der ersten Ausgabe von *Seito* (Zeitschrift der Frauenrechtlerinnen) erschien: „Ich bin eine neue Frau. Jeden Tag will ich eine neue Frau werden und jeden Tag versuche ich es. Was real und ewig neu ist, ist die Sonne. Ich bin die Sonne." Trotz der Kühnheit dieser Erklärung und der Klarheit der Symbolik war Hiratsuka jedoch der Ansicht, daß das „wahre Wesen" der japanischen Frau der „verborgenen Sonne" gleiche. Das Ziel der Zeitschrift und der mit ihr verbundenen Bewegung lag somit darin, diese (verborgene) Sonne aus ihrem Versteck zu locken.

Beim Ausbruch des Zweiten Weltkrieges wurde das Bild der aufgehenden Sonne zu einem Symbol, das überall sichtbar war, um die japanische Nation zu neuem Leben zu erwecken. Soldaten marschierten in den Krieg mit Fahnen, die sie von ihren Lieben erhalten hatten und die diagonal über ihre Brust gebunden wurden. Sie gingen mit Stirnbändern in die Schlacht, die mit der aufgehenden Sonne und tapferen Sprüchen aus alter Zeit bemalt waren. Die Flugzeuge der Piloten trugen das Zeichen der aufgehenden Sonne und eine jener unglückseligen Kamikaze- Selbstmord-Einheiten hieß

245

„Die Morgensonne". Kinder machten Päckchen, die an die Soldaten verschickt wurden und kleine *hi- no-maru*-Fahnen enthielten. Auch das Mittagessen, das sie zur Schule mitbrachten, ähnelte insofern *hi-no-maru*, als es sich in einem flachen Kästchen mit weißem Reis und einer eingelegten roten Pflaume in der Mitte befand. Das Emblem der aufgehenden Sonne symbolisierte für die Angehörigen eines Soldaten die Hoffnung, daß er in der Schlacht siegreich sein möge. Zudem versicherte ihm das Land mit diesem Emblem, daß er seine Taten im Namen von Gerechtigkeit und Aufrichtigkeit beging. Fiel ein Soldat, erhielt die Familie von der Regierung eine kleine Fahne mit einem Sonnenemblem, das ihr bestätigte, daß er nicht umsonst gestorben war, sondern daß sein Opfer ein Beitrag zur Stärkung der Nation war.

In seinem Protest gegen den Krieg bemühte sich Yashima Taro darum, das militaristische Image der Sonne zu beseitigen und es wieder in seinen natürlichen Zusammenhang zu bringen. Am Anfang von *The New Sun*, einem Werk, das 1943 in den Vereinigten Staaten erschien, beschreibt er mit sehr eigenen Worten und Bildern „das sonnige Haus", wo er, seine Familie und ihr kleiner Blumen- und Gemüsegarten von der Sonne ernährt werden. Auf seinen Zeichnungen scheint die als kleine runde Scheibe abgebildete Sonne auf die offene Veranda, wo er und sein Baby sich nach den Sonnenstrahlen strecken. Als die Macht des Militärs jedoch zunahm und Yashima wegen seines Widerstandes ins Gefängnis kam, verschwand die Sonne aus seinen Schriften und Zeichnungen. Erst gegen Schluß, als er aus der Haft entlassen wurde und zu seiner Familie und einem weiteren Baby zurückkehrte, konnte er sich „die neue Sonne" vorstellen, eine Sonne, die in Wirklichkeit „groß und hell über ihm" schien, ihm symbolhaft Hoffnung auf den Frieden in der Welt machte. *The New Sun* endet mit einer Zeichnung, auf der die Sonne – im Gegensatz zum traditionellen japanischen Bild – nur durch verstreute Strahlen kenntlich gemacht wird, und mit einem Gebet, das den Wunsch zum Ausdruck bringt, daß die traditionelle Tugend der „Klarheit" allen Menschen zuteil werden möge: „Diese neue Sonne wird sicherlich noch heller über mir und allen Menschen überall auf der Welt scheinen".

Die Japaner von heute sind sich immer noch der besonderen Bedeutung der Sonne in ihrer Kultur bewußt. Vielleicht erinnern sie sich an die beschwörende Kraft von Symbolen, wenn sie das häufig abgebildete Photo aus dem Jahre 1965 betrachten, das ursprünglich in der weit verbreiteten Illustrierten *Asahi* (Die Morgensonne), veröffentlicht wurde. Es zeigt, wie die Sonne hinter der zerbombten, ruinenhaften Kuppel der Industrieausstellungshalle von Hiroshima untergeht. Die Japaner können der Sonne und ihrem besonderen Segen für sie als Volk auch durch eine Reise zum Berg Shichimen Respekt erweisen: Von dort aus kann man nämlich beobachten, wie die Sonne in ihrer ganzen Herrlichkeit über dem Berg Fuji aufgeht. Vielleicht denken die Japaner auch an das, was Fukushima Roshi, der Abt des Tofuku-Tempels in Kyoto seinen Schülern erklärt hat, nämlich daß die Augenblicke vor dem Sonnenauf- und -untergang die beste Meditationszeit sind und daß ein Tag durch die Bewegung der Sonne strukturiert wird. Sicher ist, daß das Ideogramm für „Sonne" fester Bestandteil im Namen „Japan" ist und daß ihr Bild sowohl durch das Vorhandensein bei Feierlichkeiten als auch durch die Nationalfahne selbst omnipräsent ist. Wie für ihre Vorfahren ist dieses Bild auch für die heutigen Japaner unumstößlich rund und rot, vollkommen, streng und einfach.

245. Sonnenaufgang am Strand von Shimoda. Holzschnitt von Fuyo. (Elizabeth Schultz Collection).

247

Die Sonne in der buddhistischen Kultur Japans

Atsuhiko Yoshida

Die Einführung des Buddhismus in Japan aus dem koreanischen Paekche-Königreich wird in der Regel auf das Jahr 538 oder 552 n. Chr. datiert. Es ist jedoch sehr wohl möglich, daß buddhistische Ideen, die von China über Korea nach Japan kamen, schon sehr viel früher unter dem einfachen Volk verbreitet waren.

Jedoch erst während der idealisierten Regierung von Prinz Shotoku Taishi gegen Ende des 6. Jahrhunderts n. Chr. wurde Dainichi Nyorai („Die große Sonne") oder *Rushana*, wie die Japaner Dhyani Buddha Vairocana nennen, zusammen mit einer Reihe anderer Sonnengottheiten verehrt. Der neue Glaube wurde von Shotoku, der auch ein berühmter buddhistischer Gelehrter war, enthusiastisch verkündet. Der kenntnisreiche Kommentar zur *Lotus-Sûtra,* den Shotoku verfaßte und wovon vier Bände in der ursprünglichen, vom Prinzen selbst geschriebenen Fassung erhalten sind, zählt zu den ältesten Schriften Japans, deren Autor namentlich bekannt ist.

246. Eine riesige Sonnenlampe wurde vor dem Todaiji-Tempel in Nara aufgestellt, als der riesige kosmische Buddha Mahâ-Vairocana zur Zeit Tempyo-Shohos (752 n. Chr.) dort geweiht wurde.

247. Zu den „Nationalschätzen" Japans im berühmten Tôji-Schrein in Kyoto gehört das Mandala von Dainichi Nyorai (Maha-Vairocana) zusammen mit mehreren anderen Gottheiten (Trockenlackarbeiten). Es wird überliefert, daß sie vom Klostergründer Kukai (744–835), der der Shingon-Sekte angehörte, aufgestellt wurden.

Zu den bekanntesten buddhistischen Mönchen, die sich mit der kosmischen Philosophie der *Lotus-Sutra* beschäftigten, zählt Dengyo Daishi (767–822), auch Saicho genannt, der in China studiert hatte. Ein anderer herausragender Gelehrter, Saicho Kobo-daishi (774–835), bekannter unter dem Namen Kukai, folgte ihm 804 nach China und wurde Schüler des chinesischen Gurus Hui-kuo (746–805). Kukai systematisierte den esoterischen *Shingon*-Buddhismus („Das wahre Wort"), in dem der kosmische Buddha Maha-Vairocana, der „Große Erleuchter", als Ursprung des gesamten Universums betrachtet wird. Nach der Legende übermittelte Vairocana die Yoga-Lehre an Vajrasattva (Wadschrasattwa), ein übernatürliches Wesen. Die Lehre wurde danach von Vajrabodhi (Wadschrabodhi) im Jahre 719 n. Chr. von Indien nach China gebracht und später von Kukai weiter nach Japan. Den chinesischen und japanischen Übersetzungen des *Avatamskasutra,* eines verschollenen Sanskrit-Textes zufolge, wird im Shingon-Kosmotheismus das Universum als Körper Maha-Vairocanas betrachtet, der aus sechs Elementen besteht: Erde, Feuer, Wasser, Luft, Äther und Bewußtsein.

Der Mönch Kukai übernahm Teile des lokalen Schinto-Glaubens in seine Polytheismuslehre des Buddhismus auf, so daß *Dainichi Nyorai*, die „Große Sonne" in Form der Sonnengöttin Amaterasu, die als höchste *kami* gilt, erscheint. Ab dem 8. Jahrhundert wurden so die Schinto-*kami* zu den Beschützern des Buddhismus, und man errichtete auf dem Gelände buddhistischer Tempel Schreine für sie. Die buddhistischen *Sutras* (Schriften) wurden nun vor den *kami* gelesen, die im Laufe der Zeit in den Rang von *avatars* (Inkarnationen) der buddhistischen *devas* (Gottheiten) erhoben wurden und den Namen Bodhisattwa erhielten. In mehreren Schinto-Schreinen wurden buddhistische Statuen auf Altären im Innern aufgestellt und buddhistische Priester kümmerten sich sogar um ihre Pflege. Diese Verbindung von Schintoismus und Buddhismus erreichte im Jahr 1192 n. Chr. ihren Höhepunkt, als sich zur Zeit des Schogunats von Kamakura die religiösen Theorien Ryobus, die unter dem Namen „Zwei Aspekte"-Schintoismus bekannt sind und in denen die „Große Sonne" als Ursprung des gesamten Universums betrachtet wird, durchsetzten. In Gedenk-Pagoden und Stupas wie auch in den Mandalas (symbolischen Diagrammen) der Shingon-Sekte nahm Maha-Vairocana immer die zentrale Stellung ein und die anderen vier „selbst-geborenen" Dhyani Buddhas blickten in die vier Himmelsrichtungen.

Unter den Sonnengottheiten nimmt auch der Heilende Buddha Yakushi (*Bhaishajyaguru*) eine herausragende Stellung ein. Während der Nara-Periode (645–781) gelangte er zu großer Beliebtheit und wurde zusammen mit Nikko, dem „Sonnenlicht" (*Sûryaprabha*), und Gakko, dem „Mondlicht" (*Chandraprabha*) verehrt. Nikko steht für Edelmut, Licht und Reinheit, während Gakko Ewigkeit und ewige Existenz verkörpert.

Eine weitere wichtige Gottheit im buddhistischen Götterhimmel ist der Bodhisattwa Ekadasamukhavalokiteswara. Er ist eine direkte Inkarnation der Sonne, und man hält ihn wie in China für den Beschützer von Buddhisten in Not. Prachtvolle Darstellungen der Sonnengottheiten findet man in den sechs großen Tempeln von Nara, besonders im Yakushiji-Kloster, das von Kaiser Tenmu gegründet wurde, damit dort für seine kranke Frau gebetet werde. Die kranke Kaiserin genas und löste als Kaiserin Jito ihren Mann nach dessen Tod auf dem Thron ab. Die Nikko-Statue im Yakushiji-Tempel gehört zu den elegantesten Bronzearbeiten, die im 7. Jahrhundert in Japan geschaffen wurden. Mehrere Statuen der Yakushi-Triade wurden während der Hakuho-(645–710), der Tempyo-(710–794) und der Heian-(794–1185) – Perioden geschaffen.

Besonders nach der Ankunft des berühmten indischen Mönches Bodhisena in Japan und seiner Ernennung zum Hauptpriester des königlichen Klosters Todaiji in Nara kam es zu einer schwungvollen Renaissance von Bildhauerei und Malerei. Der von Kaiser Shomu gegründete Todaiji-Tempel beherbergt eine der größten Bronzedarstellungen Rushanas (Höhe etwa 17 Meter). Nach der Fertigstellung dieser prachtvollen Skulptur des „Großen Erleuchters" im Jahr des Tempyo Shoho (752 n. Chr.) wurde eine umfangreiche und spektakuläre Einweihungszeremonie veranstaltet.

248

249

248. Sûrjaprabha-Figur (*Nikkô* auf Japanisch) unter zwölf Gottheiten auf einem Seidenschirm. Sûrjaprabha steht auf einer Lotusblume und hält eine langstielige Lotusblüte mit einer brennenden Sonnenkugel in seiner rechten Hand. 1191. (Tôji-Klosterschatz, Kyoto).

249. Der riesige Sûrjaprabha, der in einem Schrein in der Goldenen Halle des Yakushiji-Tempels im japanischen Nara steht, zählt zu den erlesensten Bronzefiguren des 7. Jahrhunderts.

Im Sangatsu-do, der „Halle des Dritten Monats“ in diesem Kloster, gibt es eine schöne, vier Meter hohe, bemalte Sûrja-Statue aus Ton. Auch in Kyoto wurden im Laufe der Zeit mehrere schöne Sûrja-Skulpturen geschaffen, wie etwa die 1064 n. Chr. errichtete Nikko-Statue im Koryuji-Tempel. Die Gottheit hält in beiden Händen langstielige Lotusblumen mit Sonnenkugeln. Eine schöne hölzerne, mit Lack verzierte Sûrja-Skulptur (Nikko Bosatso) aus dem Kozanji-Tempel in Kyoto befindet sich heute im Nationalmuseum in Tokio.

Kukai soll mehrere „dreidimensionale“ Mandalas als göttliche Skulpturen geschaffen haben, wovon die wichtigsten die einundzwanzig Skulpturen sind, die in einer systematischen Anordnung im Vortragssaal des Toji-(*Kyoogokokuji*) Tempels in Kyoto stehen. Die ruhige und heitere Figur des Dainichi Buddha in der Mitte ist von mehreren Buddhas und Bodhisattwas, von den fünf strengblickenden „Großen Königen der Weisheit“ und den vier kriegerischen „Himmlischen Königen“, umgeben. Im selben Saal befinden sich auch Skulpturen der hinduistischen Götter in Gestalt des *Boton* (Brahma) und *Taishakuten* (Indra), die Beispiele für die vielfältigen Manifestationen der „Großen Sonne“ sind.

In ähnlicher Weise wird auch Sûrja in mehreren herausragenden japanischen Gemälden dargestellt. Im Jahre 741 n. Chr. gründete Kaiser Shomu in jeder Provinz Japans je zwei Klöster, ein Mönchs- und ein Nonnenkloster, die unter dem Namen *Kokubunji* bekannt waren. Einige von ihnen schufen bemerkenswerte buddhistische Kunstwerke. In einem Mandala, das im Kokubunji von Yamaguchi aufbewahrt wird, ist Sûrja mit zwölf anderen Göttern zu sehen. Man nimmt an, daß Kukai der Erste war, der von seinem chinesischen Guru Hui-kuo in das transzendente Mandala von Mahakaruna eingeführt wurde und dann dieses kosmische Symbolbild nach Japan brachte. Das Thema wird in einer Gruppe von Mandala-Holzschnitten aus dem 11. Jahrhundert abgebildet, in denen Sûrja mit seinem Gefährten und Schüler Vijaya zu sehen ist. Auch in der bebilderten Handschrift *Gomarodan-yo*, die im Toji-Kloster aufbewahrt wird, sind die *goma*-Zeremonien (*homa* in Sanskrit) eindrucksvoll wiedergegeben. Die Illustrationen zeigen den Feueraltar oder *homa-kunda*, auf dem jeder Planet und jede Konstellation eine andersartige *kunda* aufweist. Bei der *emaki* oder *emakimono* genannten Schriftrolle – eine besondere japanische Art der Illustration (die auch für weltliche Themen verwendet wird) – ist der Bildteil eine eigenständige Erzählung und nicht nur eine in den Text integrierte Illustration.

Die Sonne hatte einen großen Einfluß auf die japanische Kunst, der sich vor allem in der Haiku-Dichtung, der Kalligraphie, den mit Tusche gezeichneten Wandbildern, der Teezeremonie, den Blumenarrangements, der Gartengestaltung usw. bemerkbar macht. Der Glaube, daß alles unter der Sonne gleich ist und sich in ein übergeordnetes Ganzes fügt, bestimmt auch den gesellschaftlichen Umgang. Vielleicht erklärt sich daraus auch die Tatsache, daß man in jedem traditionellen japanischen Haushalt zwei Familienaltäre vorfindet: einen für die Schinto-Schutzgöttin und Sonnengöttin Amaterasu, der *kamidana* genannt wird, und ein zweiter mit Namen *butsudana* für buddhistische Gottheiten und die Familienahnen. Es wird nur selten im westlichen Sinne gebetet, und buddhistische, schintoistische und sogar christliche Bräuche und Rituale werden bei wichtigen Ereignissen, wie Hochzeiten und Begräbnissen, großzügig vermischt: Hochzeitszeremonien werden in der Regel im schintoistischen Stil, Begräbnisse dagegen nach buddhistischen Riten durchgeführt.

250

250. Die Statue Sûrjaprabhas (aus Trokkenlack) war ursprünglich ein Begleiter Bhaishajyagurus im Kozanji-Tempel in Kyoto. 8. Jahrhundert. (Nationalmuseum Tokio).

251

252

Die Sonne in der chinesischen Kultur

Hua Tao

Die Sonnenverehrung ist eine alte chinesische Tradition. Unter den historischen Relikten der jungsteinzeitlichen Yangshao-Kultur in Zentralchina (5000–3000 v. Chr.) wurden Tonscherben mit Bildern der Sonne entdeckt. Sonnenbilder wurden auch in Ausgrabungsstellen der jungsteinzeitlichen Da-wen-kou-Kultur (4300–2500 v. Chr.) in Ostchina in der Nähe der Küste des Gelben Meeres, einschließlich der Shandong-Halbinsel, gefunden. Ein Bild der Sonne mit acht Hörnern ist eines der typischen Beispiele dieser Kultur. Tonwaren mit diesen interessanten Sonnenbildern wurden vielerorts gefunden. Vielleicht noch interessanter ist ein Bild, das die Sonne, ein Stück Wolke und wahrscheinlich das Meer, Feuer und Gebirge darstellt. Die Tonwaren und Scherben wurden an zwei 60 Meilen voneinander entfernt liegenden Stellen ausgegraben. Es war nur natürlich, daß Menschen, die in einer Küstengegend lebten und die Sonne aus dem Meer aufgehen sahen, diese Bilder nacherschufen. Offensichtlich geben daher diese typischen Bilder das Gefühl der Menschen für die Sonnenverehrung wieder.

Bilder einer Sonne, eines Wolkenstücks und des Meeres sind von vielen Gelehrten als eine ursprüngliche Form chinesischer Schriftzeichen angesehen worden. Sie gleichen den Orakelknocheninschriften aus der Shang-Dynastie (ca. 1500–1000 v. Chr.). In diesen frühen systematisierten Schriftzeichen wird die Sonne so dargestellt. Eine andere Bedeutung dieses Piktogrammes ist der „Tag“, die Zeit, wenn die Sonne am Himmel steht. Die chinesische Aussprache dieses Schriftzeichens ist *ri*. Außerdem schließen viele „Wohlstand und Fülle“ bedeutenden Schriftzeichen das Sonnenbild mit ein. Zweifellos wollten die Erfinder der chinesischen Schriftzeichen nicht nur ihr Wissen von der Funktion der Sonne in der Natur ausdrücken, sondern auch ihre Verehrung für sie.

Zwischen 1972 und 1974 gruben chinesische Archäologen drei Gräber bei Ma-wang-dui in Changscha, Provinz Hunan, aus der Zeit der westlichen Han-Dynastie (206 v. Chr. bis 24 n. Chr.) aus. In dieser Zeit erweckte ein gut erhaltener Körper im Grab 1 – die Frau eines Fürsten, die vermutlich um 175 v. Chr. gestorben war – weltweite Aufmerksamkeit. In den Gräbern wurden viele historische Relikte gefunden, von denen die interessantesten zwei T-förmige Seidenmalereien aus den Gräbern 1 und 3 waren. Das Gemälde aus Grab 1 war in drei Teile unterteilt, die von oben nach unten gesehen den Himmel, die alltägliche Welt und die Unterwelt darstellen. Himmel wie Unterwelt wurden durch mythologische Bilder veranschaulicht. Der Himmel hat neun rote Sonnen, die zusammen mit einer Mondsichel, unter welcher eine Frau fliegt, am mythologischen Maulbeerbaum „Fusang“ hängen. Auf beiden Seiten steht jeweils noch ein Drache. In der größten roten Sonne ist eine goldene Krähe abgebildet, auf dem Mond eine Kröte und ein weißer Hase. In der Mitte des Bildes befindet sich eine

251. Ekadasamukhavalokiteswara, die Inkarnation des indischen Gottes Sûrja, ist an der nördlichen Wand des Höhlentempels 76 in Dunhuang abgebildet. Song-Dynastie (960–1279). China.

252. In der chinesischen Mythologie versinnbildlicht die Krähe den Geist der Sonne. Ausschnitt aus der T-förmigen Seidenmalerei, die im Grab 1 in der Provinz Ma-wang-dui, China, gefunden wurde. (2. Jahrhundert v. Chr.)

Männergestalt mit einem Schlangenschwanz und langem Haar. Es handelt sich um den Sonnengott Fuxi. Die anderen beiden Männer an der Himmelstür haben höchstwahrscheinlich die Aufgabe, die Seelen herbeizuzitieren. Die alte Frau, die in der Alltagswelt die zentrale Position einnimmt, ist die Bewohnerin von Grab 1. Das T-förmige Bild bedeckte ihren Leichnam und ähnelt jenem aus Grab 3, nur mit dem Unterschied, daß es sich dort bei der Darstellung im Zentrum des Bildes um einen Mann handelt. Die Gemälde weisen auf die Hoffnung der Verstorbenen hin, nach dem Tode im Himmel zu leben, der vom Sonnengott regiert wird.

Daß in China die Sonne verehrt wurde, ist auch durch Felsbilder bewiesen. Die Gebiete der Yinshan- und Helanshan-Gebirge waren wichtige Regionen Nordchinas. Hier wurden Petroglyphen in Felsen oder auf riesige kahle Gesteinsblöcke eingemeißelt, -gestochen oder -graviert, was selbst nach Tausenden von Jahren, in denen sie Wind und Regen ausgesetzt waren, immer noch deutlich zu sehen ist. Die Themen sind zahlreich und beziehen wilde Tiere, Haustiere, Jagdszenen, herumziehende Herden und tanzende Menschen mit ein. Es gibt auch viele Bilder von Himmelskörpern (Sonne, Mond und anderer Gestirne) sowie von deren Verehrung. Doch die Felsbilder der Sonne sind zahlreicher als die der anderen Himmelskörper. Dies beweist, welch hohe Stellung die Sonne und die Sonnengottheit im Denken der frühen Künstler und des einfachen Volkes einnahmen. Die Tradition der Felsbilder dauerte von der Jungsteinzeit bis über die Eisenzeit hinaus. Heute gibt es nur noch wenige schlecht erhaltene Bilder, deren Strukturen und Ordnung kaum erkennbar sind.

253

253. Opferkessel aus Bronze, westliche Zhou-Dynastie, (ca. 11. Jahrhundert – 771 v. Chr.).
Höhe insgesamt: 22,8 cm, innen: 14,4 cm x 11 cm. Dongli, Meixian, Shanxi Provinz, China. Die scheinende Sonne, von zwei mystischen Drachen umgeben, ist außen und innen dargestellt. Bronzegefäße aus dieser Zeit wurden häufig zu Opferzwecken verwendet. Die Herrscher benutzten sie zur Verehrung der Sonne, des Himmels, der Erde und ihrer Ahnen.

254

255

Anders stellten die primitiven Künstler Südwestchinas ihr Leben und ihren Glauben hauptsächlich in Form von Felsmalereien dar. In den Provinzen Yünnan und Guangxi waren diese sehr zahlreich. Im Gegensatz zu den Felsmalereien Nordchinas gibt es viele gut komponierte Szenen mit Menschen, die in Gruppen tanzen, um so ihre Verehrung für die Sonne auszudrücken, welche in Gestalt eines Mannes dargestellt und vermutlich als männlich verstanden wurde.

Die Verehrung von Sonne und Sonnengottheit wurde in chinesischen Mythen aufgezeichnet. Das *Shan-hai-jing* (Abhandlung über Gebirge und Ozeane), ein reich bebildertes Werk, ist die früheste chinesische Mythensammlung. Sie war nicht das alleinige Werk eines einzigen Verfassers und wurde größtenteils in der „Frühlings- und Herbstperiode" (770–476 v. Chr.) und während der „Periode der kriegführenden Staaten" (475–221 v. Chr.) beendet, während der allerletzte Teil aus der Zeit der westlichen Han-Dynastie stammt. Eine Sonnengöttin mit dem Namen Xike ist eine der Frauen des Kaisers Jun (Dijun), des wichtigsten Gottes in diesem Werk. Sie gebar zehn Sonnen; sie und ihre Kinder lebten im Tang-gu (Wurmtal), wo es einen mythischen Maulbeerbaum gab. Für gewöhnlich schliefen die zehn Sonnen im unteren Teil des Maulbeerbaumes. Jeden Morgen badete die Mutter ein Kind im Fluß Tang-gu und ließ es dann auf dem Rücken einer Krähe bis zur Baumspitze fliegen, von wo es durch das All reiste. So erfüllten die zehn Kinder der Reihe nach die Pflichten der Sonne. Neben dieser Sonnengöttin hatte Kaiser Jun eine zweite Frau mit Namen Chang-Yi, die ihm zwölf Monde gebar und ihre Kinder ebenfalls täglich badete. Da die Aufzeichnungen über Chan-yi im Kapitel über die Westlichen Gebiete stehen, kann man annehmen, daß diese Mondgöttin im Westen angesiedelt war.

Für gewöhnlich brachte die Sonne zu den Menschen Licht und Wärme, die sie dafür liebten und verehrten. Doch gelegentlich brachte sie auch Dürre und Durst. Man sagte, daß die zehn Sonnen einmal die Regel brachen und gemeinsam gen Himmel stiegen. Wegen der großen Hitze dörrte daraufhin die Erde aus, und viele Menschen verhungerten. Yi, ein erstklassiger Bogenschütze, ging, um die Sonnen zu bitten, nach Hause zurückzukehren, jedoch ohne Erfolg. Deshalb schoß Yi eine Sonne nach der anderen ab, und nur eine von ihnen konnte ihr Leben retten. Dieser Mythos berichtet somit von einem Sieg der Menschen über die Natur, der sich in alten Zeiten abgespielt haben soll.

Obwohl Kaiser Jun und seine Frauen mythologische Gestalten des *Shan-hai-jing* waren, hielten die Herrscher der Shang-Dynastie diesen Kaiser für ihren ältesten Ahnen und betrieben einen intensiven Sonnenkult. Es finden sich viele Hinweise darauf in den Orakelknocheninschriften, daß morgens eine Zeremonie in Erwartung der Sonne abgehalten wurde und bei einbrechender Nacht eine weitere, um die Sonne zu verabschieden. Hierbei wurden Ochsen geopfert. Die Könige und Adligen der Shang-Dynastie glaubten, daß sie dank solcher Zeremonien nach ihrem Tode mit den Göttern zusammenleben dürften.

Auch unter der Westlichen Zhou-Dynastie (etwa 110 bis 771 v. Chr.) verehrte das Volk die Sonne. Obwohl es den Himmel eher abstrakt für das größte Phänomen des Universums hielt, war die Sonne

254. Terrakotta-Schüssel, die mit sechs Bildern der achthörnigen Sonne bemalt ist. Die zwei weißen, parallel verlaufenden Linien sind typisch für die Jungsteinzeitkultur der Da-wen-kou. Gefunden in Dadun-zi, Pixian, Ostchina.

255. Die Sonne mit zwei Vögeln, wie sie hier auf einer jungsteinzeitlichen Elfenbeinschüssel der Hemudu-Kultur im Tal des Yangzi eingraviert ist (etwa 4800 v. Chr.), wurde später zu einem chinesischen „Glücksbild".

in seinem Denken weiterhin das wichtigste Symbol des Himmels. Deshalb war bei ihrer großen Zeremonie der Himmelsverehrung die Sonne das Hauptobjekt.

Während der Shang- und der Zhou-Dynastien (Östliche Zhou, etwa 770 bis 221 v. Chr.) blühte in China die Herstellung von Bronzewaren. Bronzegegenstände aus dieser Zeit sind uns erhalten geblieben. Die wichtigste Rolle spielten zeremonielle Opfergefäße, die das Symbol eines Kreises oder eines Wirbels tragen, in deren Zentren sich jeweils ein kleinerer Kreis befindet, der bei einigen einfacheren Ausführungen jedoch nicht vorhanden ist. Man kann dieses Symbol auf Inschriften von Orakelknochen und von Bronzewaren finden, wo es *ri* (Tag) bedeutet; das Symbol lag auch der Ausbildung von Schriftzeichen zugrunde. Es wäre jedoch falsch, anzunehmen, daß die Bronzegegenstände, die mit diesem Symbol versehen sind, nur für die Himmelsverehrung benutzt wurden.

Die Zeit der Östlichen Zhou-Dynastie wurde auch die „Frühjahrs- und Herbstperiode" und die „Periode der kriegführenden Staaten" genannt. Dies waren Zeiten der politischen Zersplitterung Chinas, als deren Folge sich dann die lokalen Kulturen der verschiedenen Staaten entwickelten. Unterschiedliche Sonnenlegenden und -mythen überlebten in den verschiedenen Regionen. So sagt zum Beispiel Qu-yuan, ein großer Dichter des Staates Chu (im mittleren Tal des Flusses Yangzi) in einem Gedicht, daß jeden Tag eine der zehn Sonnen in einem von sechs Drachen gezogenen Wagen, der von ihrer Mutter Xihe angeschirrt wurde, von Ost nach West reist. Qu-yuan erwähnt auch noch einen anderen Sonnengott des Staates Chu, den Monarchen des Ostens (Dong-jun). Dieser Herrscher begann jeden Morgen seine Himmelsreise in dem von Drachen gezogenen Wagen beim Fusang (dem mythischen Maulbeerbaum) im Osten, während das Volk auf sein glorreiches Antlitz blickte und dabei, von Glocken und Trommeln begleitet, sang und tanzte.

Die Kultur und Kunst der Qin-(221 bis 207 v. Chr.) und Han-Dynastien (Westliche Han 206 v. Chr. bis 24 n. Chr.; Östliche Han 25 bis 220 n. Chr.) wurden von älteren Legenden und Mythen beeinflußt. Zwei große Kaiser dieser Dynastien, Qin-shi-hunag (der erste Kaiser der Qin-Dynastie, 246–210 v. Chr.), der China 221 v. Chr. vereinte, und Han-wu-di (der Kaiser Wu-di von Han, 140 bis 87 v. Chr.), der während seiner Regierungszeit die Hunnen besiegte, besuchten die Cheng-Berge am Ostende der Halbinsel Shandong, wo sie, wenn die Sonnenkugel aus dem Meer aufstieg, Zeremonien zur Verehrung der Sonne abhielten. Shandong war das östliche Kulturgebiet Chinas, wo die Da-wen-kou-Kultur und die Sonnenmythen des Kaisers Jun blühten. Auch die westliche Han-Dynastie feierte eine Zeremonie, um den Herrscher des Ostens, den Sonnengott des bisherigen Staates Chu, zu verehren.

China ist ein riesiges Land mit vielen verschiedenen Kulturen. Deshalb stellen auch die Sonnenlegenden und -mythen kein geschlossenes System dar, und einige von ihnen fehlten mancherorts ganz. Gelehrten der Han-Periode fiel dies auf, und sie taten ihr Bestes, frühere Mythen zu restaurieren und zu erklären. In der Praxis bedeutete dies, daß sie dem bisherigen mythologischen Fundus Neues hinzufügten.

Aus der frühen – spätestens aus der mittleren – Periode der Westlichen Han-Dynastie stammen aus verschiedenen Gebieten Chinas viele Bilder und Skulpturen von Fuxi und Nu-wa. Nu-wa war eine große mythische Göttin und soll die Welt erschaffen haben. Auch Fuxi war eine Schöpfergottheit.

Die Legenden aus der Zeit vor der Qin-Dynastie bezogen sich noch nicht auf die Sonne oder den Mond. Erst während der Han-Zeit wurden diese allmählich zu Gottheiten und zugleich zu einem verheirateten Paar. Abgebildet sind sie mit menschlichen Köpfen und Körpern und mit gewundenen, oft ineinander verschlungenen Schwänzen (wahrscheinlich denen eines Drachens). Fuxi hält gewöhnlich eine Sonne in der Hand und Nu-wa einen Mond. Meist handelt es sich hierbei um Bilder und Schnitzwerke aus Gräbern der Han-Zeit, als die Menschen an Götter und Geister glaubten und hofften, nach dem Tode zusammen mit den Göttern – insbesondere mit den Sonnen- und Mondgöttern – weiterzuleben.

256 a

256 b

256 c

256 a,b,c. Das T-förmige Bild auf einem Leichentuch des 2. Jahrhunderts v. Chr., das im Grab 1 in Ma-wang-dui gefunden wurde, sollte der Seele (der in der Mitte stehenden Frau) den Himmel öffnen. Das „Sonnentor zum Himmel“ wird von zwei Leoparden und zwei Menschen bewacht. Rechts davon der mythische Maulbeerbaum *Fusang* und die neun roten Sonnen, wovon in der größten eine Krähe, „der Geist der Sonne“, zu erkennen ist. Der Sonnengott Fuxi, mit einem schlangenartig gewundenen Schwanz, befindet sich am Scheitelpunkt. Die Frau, die den Mond hält, ist wahrscheinlich Nu-wa.

257

258

Außer den Fuxi- und Nu-wa-Erzählungen gab es noch andere Legenden. In einer hieß es, daß Yandi (der Kaiser Yan) Sonnengott war und König des Südens, der über den Sommer herrschte und dessen Kennzeichen das Feuer war. Das Zeichen des Königs des Ostens, Fuxi, der im Frühling herrschte, war das Holz, das des Shaohao, König des Westens, das Metall, und das des Zhuanxu, König des Nordens, der den Winter regierte, das Wasser. Das Zeichen von Huangdi, eines Königs der Mitte, war die Erde. Die Legende ging einher mit den fünf Elementen Holz, Feuer, Wasser, Erde und Metall. Später wurden Yandi und Huangdi von den Chinesen als entfernte Ahnen betrachtet.

Das in der Kunst am weitesten verbreitete Sonnenbild der Han-Zeit war das Bild einer Sonne mit einer Krähe. Der Ursprung dieser Legende ist nicht ganz klar. Die „Abhandlung der fünf Elemente" in der *Geschichte von Han* (Östliche Han) erwähnt, daß 118 n. Chr. die Sonne eine rostbraune Farbe hatte und daß über ihr eine schwarze Wolke in Gestalt einer Elster lag, was mehrere Monate lang anhielt. Man kann annehmen, daß diese Schilderung wohl auf damaligen astronomischen Beobachtungen fußte.

Der Mond ist ein weiteres, von Menschen beobachtetes Gestirn. Doch der Mondgott wurde von den Chinesen nicht besonders hoch eingeschätzt. Erst nach der Verbreitung der Yin-Yan Konzeption (Theorie der positiven und negativen Kräfte) während der Westlichen Han-Dynastie wurde auch der Mond offiziell verehrt.

Das vorherrschende Mondbild in der Han-Zeit war ein Mond mit einer Kröte oder einem weißen Hasen, manchmal auch mit beiden. Das Mondbild mit der Kröte wurde auch von dem Dichter Qu-yuan (etwa 340–278 v. Chr.) benutzt. *Huai-nan-zi*, ein Werk aus der Han-Zeit, erwähnt ebenfalls eine Kröte im Mond und deutet diese als seine Seele. In Ländern entlang der Seidenstraßen galt die Kröte als ein Symbol für Fruchtbarkeit. Aber es gibt keine zufriedenstellende Erklärung für die Abbilder des Mondes mit der Kröte in China.

Was die Mythen des Mondes mit dem weißen Hasen betrifft, so kommen ähnliche in vielen Ländern, von Südasien bis nach Lateinamerika, vor. Zunächst nahmen einige Gelehrte an, daß der chinesische Mythos des Mondes mit dem weißen Hasen über den Buddhismus aus Indien gekommen sei.

257. Felsbilder, die mit rotem Hematit-Erz auf die senkrechten Felsen der Huashan-(„Blumen"-)Berge gemalt wurden, stellen die Jagd, den Fischfang, Tänze und die Sonnenverehrung dar. 2. Jahrhundert v. Chr. bis 13. Jahrhundert n. Chr. Ningming-Land, Provinz Guangxi, China.

258. Ausschnitt aus einer Huashan-Felszeichnung, die sich am Ufer des Zuojiang-Flusses befindet. Die Sonnendarstellungen gleichen denen, die auf chinesischen Bronzetrommeln gefunden wurden.

259

Doch nach historischen Zeugnissen aus der frühen Westlichen Han-Zeit zu schließen, war der in China heimische weiße Hase schon vor der Einführung des Buddhismus dem Mond zugeordnet worden. Obwohl der Mythos des weißen Hasen im Mond also chinesischen Ursprunges war, waren Kultur und Kunst, die sich mit der Sonne und anderen Gestirnen befaßten, von außerhalb beeinflußt worden.

Während der Spätzeit der Westlichen Han-Dynastie gewann der Buddhismus in China allmählich an Einfluß. Er trat zuerst in den westlichen Gebieten (Zentralasien) auf und breitete sich dann in die Gebiete des Gelben und des Yangzi-Flusses aus. Dunhuang lag an den wichtigen Seidenstraßen. Die „Höhlentempel der Tausend Buddhas" bei Dunghuang zeugen von der großartigen Vollendung der buddhistischen Kultur. Viele der Wandmalereien weisen auf den indischen Manierismus der Sonnenkunst hin.

Der Höhlentempel 249 wurde unter der Westlichen Wei-Dynastie gebaut, einer Dynastie des To-pa-Stammes (Jouan-jouan) aus der nördlichen Steppe. Westlich von seinem eingestürzten Mittelteil gibt es ein Bild von Asura, wie er eine Sonne und einen Mond in seinen Händen hält. Asura galt in Indien als Dämon, der oft gegen Sakra devanam Indra kämpfte (im Gegensatz zu Persien, wo die Asuras/Ahuras wohlwollende Götter waren). Als Asura gegen diesen Herrn von Trayastrmsa kämpfte, konnte er die Sonne und den Mond mit seinen Händen verdecken. Auf diesem Bild hat der starke und muskulöse Asura nach indischer Lesart vier Augen und vier Arme, von denen zwei der Sonne und dem Mond entgegengestreckt sind. Er selbst steht im Meer. Zu seiner Linken und zu seiner Rechten stehen ein Donnergott und ein Gott des Blitzes sowie andere mythologische Figuren.

Auch der Höhlentempel 285 wurde zur Zeit der Westlichen Wei-Dynastie erbaut. An der östlichen Seite des eingestürzten Mittelteils ist ein Bild Manis zu sehen, ein Glanzstück unter den Darstellungen der buddhistischen Legenden. Das Bild wird von zwei kräftigen Göttern hochgehalten und Fuxi, der chinesische Sonnengott, und Nu-wa, der chinesische Mondgott, eilen Mani entgegen. Eine Sonne mit einer goldenen Krähe hängt um Fuxis Hals, und um Nu-was Hals hängt ein Mond mit einer Kröte. Fuxi und Nu-wa halten jeweils ein Zimmermannsgeviert und einen Zirkel in ihren Händen. Diese Zimmermannswerkzeuge waren in der chinesischen Mythologie die Symbole der Sonnen- und

259. Steingravuren aus verschiedenen Perioden stellen den Sonnengott der Nomadenvölker dar, die in den Helan-Bergen in der Provinz Ningxia in Nordwest-China leben bzw. von solchen aus Lianyung Gang, Ostchina.

260 a

260 b

Mondgötter. An der westlichen Seite der eingestürzten Mauer sind zwei Donnergötter abgebildet. Wang Chong, ein Autor der Han-Dynastie, sagte, daß das Donnerbild aus einer ganzen Reihe von Trommeln bestünde und daß die Donnergötter starke Gottheiten seien. Diese chinesische Version ist hier wiedergegeben.

Man kann sich kaum vorstellen, daß alle mit der Sonne und dem Mond und anderen Gestirnen verbundenen Figuren von den Erbauern der Höhlentempel und ihren Zeitgenossen verehrt wurden. In den „Höhlentempeln der Tausend Buddhas“ gibt es allerdings Bilder, die diese Art von Sonnenverehrung zeigen.

Der Höhlentempel 76 wurde während der Tang-Dynastie (618–907 n. Chr.) gebaut. An der nördlichen Wand der Haupthalle befindet sich eine Malerei von Ekadasamukhavalokiteswara; es ist eines der sechs Bildnisse des Bodhisattwa Avalokiteswara. Einige buddhistische Legenden behaupten, daß Avalokiteswara die Inkarnation von Sûrja, dem indischen Sonnengott sei, und daß sich der Palast dieses Bodhisattwas in der Sonne befinde. Legenden zufolge konnten buddhistische Gläubige, die sich in Schwierigkeiten befanden, dadurch gerettet werden, daß sie den Namen Avalokiteswara intonierten. Die Höhlentempelbauer stellten das Bild des Ekadasamukhavalokiteswara im chinesischen Stil dar. Hier treffen chinesische und indische Sonnenkunst und Kultur aufeinander.

In China waren neben dem Buddhismus der Zoroastrismus und Manichäismus verbreitet. Der Zoroastrismus war hier nicht sehr einflußreich, im Gegensatz zu dem von den Chinesen „Religion des Lichtes“ genannte Manichäismus. Während der Tang-Dynastie wurden manichäische Tempel in der Hauptstadt und in anderen Städten Chinas erbaut. Sie wurden *Da-yung-guang-ming* oder „Tempel der Großen Wolke und des Lichtes“ genannt, und manche Chinesen, wenn sie auch nicht so zahlreich wie die Buddhisten waren, wurden Anhänger dieser Religion und verehrten das Licht und die Sonne. In Südostchina, in Quanzhou (Zaiton), steht eine Statue von Mani.

260 a,b. Ein Gefäß namens „Ding“ mit Darstellungen der Sonne und des Mondes. Die Drachen wurden während der Ming-Dynastie, in der diese Bronzen für den Tempel des Chenghuang, eines chinesischen Stadtgottes der Unterwelt, gegossen wurden (1592), immer häufiger.

261

262

Im chinesischen Turkestan, wo sich die manichäischen Steppen-Uiguren niedergelassen hatten, nachdem sie von den Kirgisen 840 n. Chr. besiegt worden waren, gibt es ebenfalls viele manichäische Bilder und Schriften. Später, während der Fünf Dynastien (907–960) und während der Song-Dynastie (960–1279), wurde der Manichäismus in Ostchina so populär, daß Anführer der Bauernaufstände ihn sogar für Propagandazwecke benutzten. Die Religion des „Weißen Lotus" und andere Volksreligionen der (mongolischen) Yuan-Dynastie (1271–1368), der Ming-Dynastie (1368–1644) und der (Nuzhen/Manzhou-)Qing-Dynastie (1644–1911) erbten die starken Traditionen der früheren Religion des Lichtes. Die Ming (Helligkeit) wurzelten entfernt in dieser „Religion des Lichtes".

Obwohl die abstrakte Konzeption vom Himmel inzwischen in China vorherrschend geworden war, wurde nach den Qin- und Han-Dynastien die Sonnenverehrung von den darauf folgenden Regierungen bis zur Qing-Dynastie, der letzten Dynastie Chinas, weiterhin regelmäßig zelebriert. Oft wurden Sonnen- und Mondbilder benutzt, um den Glanz, die Rechtschaffenheit und die Göttlichkeit der Herrscher zu symbolisieren. Man muß hier anmerken, daß einige der historischen chinesischen Dynastien, wie die Liao-, die Jin-, die Juan- und die Qing-Dynastien, ursprünglich von den Nomadenvölkern der mongolischen Steppe begründet worden waren, welche den Schamanismus praktizierten und die Sonne und andere Gestirne verehrten.

Die Xiongnu (Hunnen) wurden von dem großen chinesischen Historiker des 1. Jahrhunderts v. Chr., Sima-Qian, in seinen *Historischen Aufzeichnungen* beschrieben. Seiner Beschreibung nach verehrten die Xiongnu ihre Ahnen, den Himmel und die Erde sowie Götter und Geister. Ihr Herrscher, Chan-yu, nannte sich selbst „Der Große, vom Himmel unterstützte Chan-yu von Xiongnu" oder „Der Große Chan-yu von Xiongnu, vom Himmel und von der Erde geboren, von Sonne und Mond getragen". Doch die Sonne war die wichtigste Gottheit in ihrem Pantheon. Jeden Morgen trat ein Chan-yu vor sein Zelt, um die aufgehende Sonne, und jeden Abend, um den Mond zu ehren.

261. Jade-*Pi* aus der jungsteinzeitlichen Liangzhu-Kultur (3300–2200 v. Chr.), gefunden 1973 in Coaxie Shan in der Provinz Jiangsu. Die durchbohrte kreisförmige Scheibe symbolisiert den Himmel, die Jade symbolisiert die Unsterblichkeit.

262. *Ts'ung* aus Jade verkörpert die Erde. Auch dieser Fund stammt aus der Liangzhu-Kultur und wurde in Sidun, in der Provinz Jiangsu in China, zu Tage gefördert.

Auch die Turkvölker der Steppe verehrten die Sonne. Die Öffnung ihrer Chaqan-Zelte war gen Osten in Richtung Morgensonne ausgerichtet. Die Chaqane der Uiguren, eines innerasiatischen Turkvolks, wurden gewöhnlich „Kun ai tangrida... Chaqan" genannt, wobei *kun* Sonne bedeutete und *ai* Mond.

Die Liao-Dynastie wurde nach dem Sturz der Tang im Jahre 907 von den Chitaj gegründet, die allmählich über ganz Nordchina, einschließlich der mongolischen Steppe, herrschten. Sie respektierten Himmel und Erde und verehrten die Sonne bei vielen Ereignissen, wie zum Beispiel beim Geburtstag der Kaiserin. Es gibt wenig Hinweise dafür, daß sie auch den Mond verehrten. In der „Abhandlung über eine militärische Einrichtung" aus der *Geschichte der Liao* heißt es sogar, daß der Kaiser beim Aufstellen der Armee für die Schlacht die Beamten und Generäle in einer Zeremonie zusammenführte, bei welcher Himmel, Erde und Sonne geehrt wurden; dem Mond wurden allerdings schwarze Ochsen und weiße Pferde geopfert.

Die Mongolen, die riesige Gebiete des eurasischen Kontinents eroberten und die Yuan-Dynastie in China begründeten, glaubten an einen primitiven Schamanismus und verehrten die Sonne und den Mond sowie Himmel und Erde, Feuer und Wasser. Giovanni del Piano Carpini, ein Franziskanermönch, wurde von Papst Innocenz IV. (1243–54) in das mongolische Kaiserreich entsandt. Als Carpini die eurasische Steppe durchquerte, sah er Mongolen, wie sie des Morgens erst der Sonne und anderen Gestirnen Nahrung und Getränke opferten, noch ehe sie selbst gegessen oder auch nur getrunken hatten.

Die Sonnenanbetung oder Verehrung anderer Gestirne ist bei einigen Minderheiten Nordchinas heute noch lebendig. Das Volk der E-lun-chun lebt in der gebirgigen Gegend des Großen Xing-an-ling im Nordosten Chinas. Sie halten am ersten Tag des Mondjahres Sonnenzeremonien ab und verehren den Mond am fünfzehnten und am fünfundzwanzigsten Tag jeden Monats. Im Streitgespräch schwören sie bei der Sonne und beten zu ihr, wenn sie in Schwierigkeiten sind. Das Volk der Altai-Uryangqai aus dem nördlichen Gebiet der Provinz Xinjiang ehrt die Sonne und den Mond und betet die Sonne jeden Morgen an. Sie vergießen mit Milch versetzten Tee in Richtung Sonne, beten drei Mal zu ihr und nehmen erst dann ihr Frühstück ein. An dieser täglichen Zeremonie nimmt entweder die ganze Familie oder ein Vertreter derselben teil. Die Zeremonien der Mondverehrung sind jedoch für Männer und Frauen (welche die Tuva-Sprache sprechen) verschieden. Die Männer verehren den Halbmond, die Frauen den Vollmond.

Auch die Minderheiten Südchinas verehren die Sonne und andere Gestirne. Das Volk der Yi aus den Provinzen Sichuan, Yünnan und Guizhou zum Beispiel betet bei vielen Gelegenheiten zur Sonne und zum Mond, weil diese Gestirne zu allen Menschen auf der Welt gleich gerecht sind. Bei den Yao aus der Provinz Guangxi gibt es ein Sprichwort mit dem Namen *Mi-luo-tuo*; es ist nach einer Schöpfungsgöttin benannt, die mit ihrer silbernen Halskette die Sonne, mit ihren silbernen Ohrringen den Mond schuf. Die Menschen erschuf sie aus Bienenwachs (Haut), einem Bären (Kopf), einer Banane (Körper), einer Schulterstange (Beine) und einer Holzkeule (Arme und Hände).

Pang-gu war ein mythologischer Schöpfer des Himmels und der Erde. Seine Legende kam erst in der „Zeit der Drei Staaten" (220–265 n. Chr.) auf. Sie erzählt, daß seine Augen bei seinem Tode zu Sonne und Mond wurden. Obwohl diese mythologische Figur (das *Shan-hai-jing* erwähnte sie) zuerst im Tal des Gelben Flusses aufkam, wurde sie bei den Han-Völkern nicht so populär wie in dem Gebiet der südwestchinesischen Minderheiten. Manche der Minderheiten dort halten Pang-gu sogar für ihren Vorfahren.

Die Sonnenverehrung der Minoritäten in Südwestchina ist besonders an ihren Bronzetrommeln abzulesen. Über fünfzehntausend derartige Bronzeobjekte sind in Südwestchina gefunden worden, in einigen Distrikten Südostchinas beläuft sich die Anzahl auf allein dreihundert Trommeln. Die Trommeln wurden kürzlich von chinesischen Archäologen in acht Typen unterteilt. Der früheste

263

Typus wurde in Gräbern aus dem 7. Jahrhundert v. Chr. in Chuxiong (in der Nähe von Kunming) in der Provinz Yünnan gefunden. Auf den Außenflächen und Trommelkörpern befinden sich einfache Muster. Dieser Trommeltypus hielt sich bis zum 5. Jahrhundert n. Chr. Danach wurden die Muster immer raffinierter.

Eine typische Verzierung ist das Bild einer strahlenden Sonne. Obwohl viel über die Funktion der Trommel und die Bedeutung ihrer verschiedenen Symbole diskutiert wird, dürfte dieses doch eigentlich eindeutig sein. Hinzu kommen noch die Kröten, die am Rand der Trommelbespannung hocken. Dieses Motiv kam erst im 1. Jahrhundert v. Chr. auf, erst in der späteren Zeit des zweiten Trommeltyps, der aus der Provinz Guangxi stammt, einem autonomen Gebiet der Zhuang. Einige Forscher berichten, daß das Volk der Zhuang in vielen Bezirken von Guangxi weiterhin den Brauch der Krötenverehrung praktiziert, am ersten Tag des Mondjahres ein Krötenfest feiert und für eine gute Ernte betet. Es ist möglich, daß die strahlende Sonne und die auf der Trommel hockenden Kröten auch bei den alten Völkern Südostchinas verehrt wurden, wie dies bei vielen anderen asiatischen Völkern der Fall ist.

263. Der Prophet Mani ist im Höhlentempel 285 zusammen mit Fuxi und Nuwa, den Sonnen- und Mondgottheiten, abgebildet. In der chinesischen Mythologie hält Fuxi ein Zimmermansgeviert in der Hand, während Nu-wa einen Zirkel hält. Die Malerei datiert aus der Zeit von 538–539 n. Chr.

264

265

264. Bei dieser Wandmalerei aus dem 6. Jahrhundert in einem der „Höhlentempel der Tausend Buddhas“ in Dunhuang (Nr. 249) sind chinesische und indische Mythologien und Malstile miteinander vermischt. Ein indischer Asura hält die Sonne und den Mond in seinen Händen, wobei er im Meer steht und von chinesischen Göttern umringt ist, darunter auch dem Donnergott und dem Gott des Blitzes.

265. Zeremonientänzer tragen Schilde mit Darstellungen der aufgehenden Sonne und zelebrieren so das Frühlingsneujahrfest vor dem Schrein der „Himmlischen Kaiserin“. Quanzhou, China.

266

267

Der Sonnengott in Südasien

Ahmad Hasan Dani

Es gibt keinen Nachweis für das Konzept eines Sonnengottes in der Kultur des Industals, denn in den religiösen Praktiken der Zeit wurden eher Pflanzen, Tiere und die damit verbundenen Gottheiten verehrt. Vorstellungen von Planeten waren jedoch zu dieser Zeit nicht unbekannt. Die Sonne wurde vielleicht mit dem Symbol des Kreises dargestellt, den man auf Indus-Siegeln findet. Es gibt wenig Zweifel daran, daß die aus der Post-Induskultur stammenden, mit Strahlen versehenen Kreise, die auf Tonscherben auf dem H-Friedhof in Harappa gefunden wurden, die Sonne darstellen. Ähnliche Halbkreise und Kreise mit Strahlen sind auch an anderen Stellen, die zunächst für prähistorisch gehalten wurden, die aber aus einer späteren Periode stammen, gefunden worden. Die erste Zeichnung wurde in einem Felsüberhang in der Region Raigarh beim Dorf Singhanpur in Tschhhattisgarh gefunden. Auf einer von zwei Steintafeln, die ohne jeden Zusammenhang in einer spät-neolithischen Schicht in Burzahom (Kaschmir) entdeckt wurden, sind zwei Strahlenkreise eingraviert. Die Tafeln zeigen Jagdszenen, die im gleichen Stil wie die Darstellungen in der oberen Indusregion, in Ladakh, Baltistan, Gilgit und Tschhhilas gestaltet sind. Diese Sonnendarstellungen sind rein symbolisch und könnten in einem anderen Zusammenhang eine unterschiedliche Bedeutung haben. Jedoch sind

266. Sûrja-Skulptur, eine der drei *pârshva-devatâs*, die im Sonnentempel von Konarak aus dem 13. Jahrhundert gefunden wurden (Indisches Nationalmuseum, New Delhi).

267. Der Sonnentempel von Konarak („Sonnenecke") wurde in der Form von Sûrjas Sonnenwagen erbaut: zwölf massive Steinräder auf jeder Seite stellen die zwölf Monate dar, und sieben Monolith-Pferde symbolisieren die Planeten.

Sonnensymbole, sogar ein von menschlichen Händen gehaltenes oder als Teil eines menschlichen Gliedes dargestelltes Sonnenmotiv, bei Felsbildern in der Tschhhilas- und Hunzagegend sehr gebräuchlich, während sie im oberen Industal alle aus dem 1. Jahrtausend n. Chr. stammen. Kulturell und sogar ethnisch sind sie mit ähnlichen Sonnenmotiven in Tamgaly in Kasachstan, Tschile-sai und Saimaly Tasch in Kirgistan und anderen Orten im Hochland von Pamir verwandt. Dort spielt die Sonne eine wichtige Rolle in der vom Schamanentum bestimmten Existenzform der Nomadenvölker, die in der weitläufigen Region zwischen der Mongolei und dem westlichen Himalaya lebten.

In indo-arischen Glaubensvorstellungen und -praktiken war die Sonne von großer Bedeutung, denn die Arier opferten den Naturkräften, von denen die Sonne die wichtigste war. In den wedischen Mantras werden verschiedene Aspekte der Sonne gepriesen, und aus einigen Eigenschaften der Sonne leiten sich wiederum andere Gottheiten, wie etwa Wischnu, ab. Eine wichtige Grundidee besteht darin, daß die Sonne immer in Bewegung ist und in einem von sieben Pferden gezogenen Wagen fährt, wobei untergeordnete Gottheiten die Dunkelheit vertreiben. Dies basiert auf der antiken Vorstellung, daß die Sonne die Erde umkreist. Die arische Religion war jedoch nicht bildhaft; daher gibt es aus dieser frühen Zeit keine figürliche Darstellung der Sonne. Dies ist der wesentliche Unterschied zwischen der nicht-bildhaften Vorstellung der Sonnenbewegung in der arischen Religion und der symbolischen Sonnenvorstellung bei den Felsbildern, in denen die Menschen, wie wir gesehen haben, ihre ganze Kraft aus der Sonne, die alle irdischen Phänomene bestimmt, beziehen. Die Sonne spielt hier eine wichtige Rolle in der Gemeinschaft der Menschen und wird so als Symbol begriffen. In der Zivilisation des Industales jedoch war der Sonnenkreis Teil des Systems der Gestirne – eher ein Objekt wissenschaftlicher Erfahrung als religiöser Verehrung.

Die figurative Darstellung des Sonnengottes in Südasien wurde von außerhalb importiert, und ihre Integration in die theistische Religion vollzog sich in der historischen Periode, die etwa nach dem 3. Jahrhundert v. Chr. begann. Das erste Beispiel eines Sonnengottes wurde in Taxila entdeckt. Da die Hände dieser Figur abgebrochen sind, sind die spezifischen, diesem Gott zugeschriebenen Merkmale nicht bekannt. Dieser Typus bewahrte seine Identität auch danach noch .

268

269

268. Eine spät-neolithische Felszeichnung in Burzahom in Kaschmir: zwei mit Strahlen versehene Kreise stellen die Sonne dar.

269. Eine Reihe von Sonnenmotiven auf Siegeln aus dem Industal, hier aus Harappa. 1. Jahrtausend v. Chr.

Ein wichtiger Vorläufer des Sonnengottes kann bis zu dem griechischen Gott Helios zurückverfolgt werden, der auf Münzen der indo-baktrischen Herrscher Plato, Philoxenos und Telephos abgebildet ist. Auf den Münzen Platos ist eine Darstellung zu sehen, in der Helios mit strahlenförmigem Haupt in einem vierspännigen Wagen fährt. Dieser Typus ist auch auf den Münzen des skythischen Herrschers Mowes zu sehen.

Ein zweiter Typus findet sich auf den Münzen von Philoxenos und Telephos. Der erste wird von Gardner folgendermaßen beschrieben: „Sonnengott, frontal, mit Strahlenkranz, mit Chiton, Himation und Stiefeln bekleidet; hält in der linken Hand langes Zepter, die Rechte ist ausgestreckt.“ Es ist dieser zweite Typus des stehenden Sonnengottes, der in Sirkap, Taxila, gefunden wurde, aber die abgebrochenen Hände legen andere Eigenschaften derselben nahe. Der erste, auf einem vierspännigen Wagen fahrende Sonnengott-Typ ist auf einer Brüstung in Bodhgaja zu sehen. Dort sind der Sonnengott wie auch die untergeordneten Gottheiten, die ihm zur Seite gestellt sind, von indischerem Typ. Ähnlich ist auch in Bhadscha im Dekkan der Sonnengott auf seinem von vier Pferden gezogenen Wagen zusammen mit den Morgengöttinnen abgebildet, die ihre Pfeile auf die Dämonen der Dunkelheit abschießen.

Eine Verwandtschaft mit dem hellenischen Helios ist offensichtlich, obwohl die Figur um neue, indische Elemente bereichert wurde. Dieser Typus ist mit zwei oder vier Pferden auch in der Gandhara-Kunst zu finden. Ein Beispiel finden wir auf einem korinthischen Kapitell in Swat und einem anderen in Dschamalgarhri. Ein letztes Beispiel für diesen Typ befindet sich in Chair Chaneh in Afghanistan – eine Marmorarbeit aus dem 5. Jahrhundert n. Chr., bei der der Sonnengott in einem zweispännigen Wagen sitzt, Danda und Pingola rechts und links neben ihm und ein Wagenlenker unten. Die Gottheit trägt ein mit reichen Ornamenten versehenes zentralasiatisches Gewand und hohe Stiefel.

Erst auf den Münzen der Kuschan-Kaiser Kanischka und Hunischka werden griechische und iranische Tradition miteinander verbunden; der Sonnengott steht dabei aufrecht mit einem Zepter in der Linken, die Rechte ist ausgestreckt und hält einen Gegenstand, der für eine Schlinge, eine Flamme oder eine (Lotus-)Blüte gehalten wird. Auf einigen Kanischka-Münzen ist der Name „Helios“, auf an-

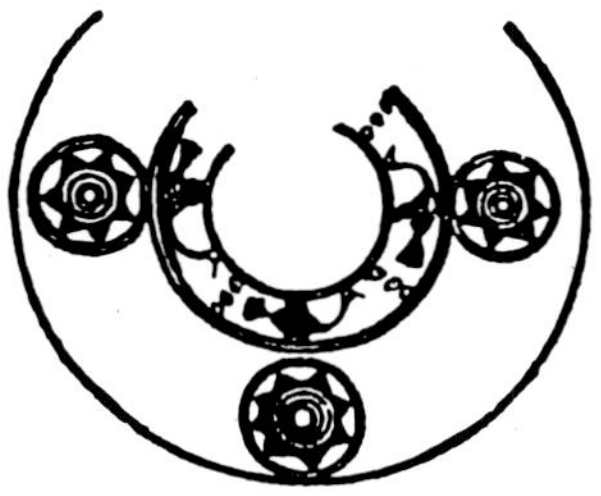
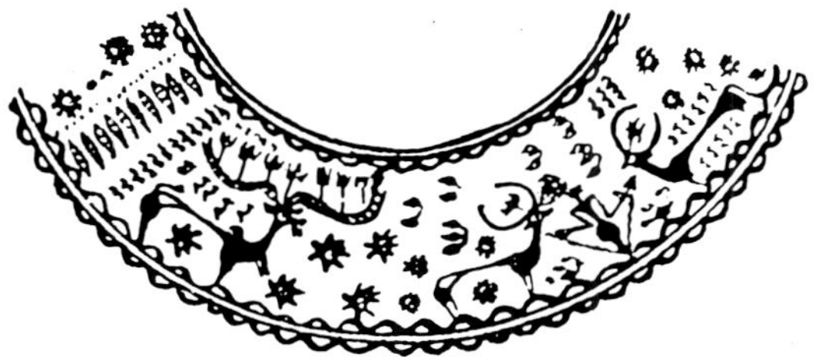

270

271

deren der Name „Miiro" eingeprägt; manchmal wird der Name „Mioro" oder „Miyro" geschrieben. Auf Hunischkas Münzen heißt er „Miiro", „Mioro" oder „Miro". Dieser stehende Sonnengott-Typ scheint dem Namen nach iranischen Ursprungs zu sein, aber sehr wahrscheinlich wurde er von den Kuschan verbreitet und ist vielleicht, wie im Falle des Taxila-Beispiels, aus Zentralasien eingeführt worden.

Am beeindruckendsten ist jedoch der Bodhisattwa-ähnliche sitzende Sonnengott-Typ, der zuerst in Dschamalgarhri und Swat entdeckt wurde und bei dem der Gott in einem von Pferden gezogenen Wagen fährt. Bei diesen Beispielen ist die rechte Hand erhoben und hält etwas, das wie eine Lotusblüte aussieht. Ein ähnliches Beispiel, jedoch ohne Wagen, befindet sich auf einem Mauerzahn-Ornament aus Surch Kotal in Afghanistan. Dieser aus der Kuschan-Periode stammende Sonnengott im Gandhara-Stil hielt sich dort lange Zeit und findet sich auch im Martand-Tempel in Anantnag in Kaschmir.

Man findet diesen Typus des Sonnengottes in Mathura selten: auf einem Frauen-Kopfschmuck ist er auf einem zweispännigen Wagen sitzend dargestellt. Auch aus Mathura stammt ein weiteres Beispiel, ein von Pferden gezogener Wagen mit dem darin stehenden Sonnengott.

Gleichfalls aus Mathura stammt aber auch ein ganz anderer Sonnengott-Typus, der mit hochgezogenen Knien auf einem niedrigen Schemel hockt und die Füße auf einen Sitz gestellt hat – genau wie in den Münz-Abbildungen von Wima Kadphises und Hurwischka. Bei all diesen Darstellungen trägt die Gottheit ein enganliegendes indo-skythisches Gewand und hohe Stiefel. Dieselbe Bekleidung

270. Erste Darstellung eines Sonnengottes in hohen Stiefeln und mit Perücke. Das von lokalen Handwerkern nachempfundene Vorbild scheint ein Geschenk der Skythen gewesen zu sein. Etwa 1. Jahrhundert v. Chr. Taxila, Pakistan.

271. Sûrja sitzt unter einem Kleeblattbogen und hält zwei Sonnensymbole in der Hand: eine Lotusblüte und einen Herrschaftsstab. 8. Jahrhundert. Martand-Tempel, Kaschmir.

272

sieht man auch bei den stehenden Sonnengott-Figuren. Als Typus fand er in der Gupta-Periode weite Verbreitung.

Er bildete die Grundlage für den kanonischen Text *Brihat Samhita* von Waraha Mihira, der besagt: „Der Sonnengott sollte im nördlichen Stil bekleidet und der Körper sollte von der Brust bis zu den Füßen bedeckt sein. Er trägt eine Krone und hält die Stengel einer Lotusblume entlang seinen Armen. Sein Gesicht ist mit Ohrringen geschmückt; er trägt ein langes Perlenhalsband, um die Taille einen Gürtel, und sein Körper steckt in einer Rüstung."

Einige stehende oder sitzende Sûrja-Figuren aus dem 5. und 6. Jahrhundert n. Chr., die diesen Vorgaben folgen, wurden in Waranabi gefunden. In der Zeit nach dem Gupta-Reich waren Sonnentempel und Bilder des Sonnengottes sehr verbreitet. Die Skulpturen könnte man grob in zwei Kategorien einteilen: den südindischen Typ, für welchen der Sonnengott von Alampur in Andhra Pradesch z.B. repräsentativ ist. Bei diesem handelt es sich um eine stehende Figur, die nicht die hohen Stiefel oder das typische enge indo-skythische Gewand trägt, aber einen Strahlenkranz um sein Haupt aufweist. Der Körper ist bis auf eine enge *dhoti* unbekleidet, aber mit Ornamenten verziert. Der zweite Typ ist der nordindische, wie z.B. das Holzbild von Gasan im Distrikt Kulu aus dem 9. und 10. Jahrhundert n. Chr., auf dem das enge Gewand und die hohen Stiefel deutlich erkennbar sind. Im Laufe der Zeit trugen die nordindischen Figuren dann nicht länger das indo-skythische Gewand, allerdings weiterhin Stiefel wie im Fall des Sûrja von Khadschuraho oder von Baidschnath im Almorah-Distrikt.

272. Die Ruinen des Martand-Sonnentempels. 8. Jahrhundert, Kaschmir.

273

274

275

Der Sonnentempel in Martand in Kaschmir, der im allgemeinen König Lalitaditja zugeschrieben wird und aus der Mitte des 8. Jahrhunderts n. Chr. stammt, ist von ganz besonderem Interesse. Der Haupttempel steht inmitten eines riesigen Innenhofes. Auf jeder Seite befinden sich zellenartige Hallen, und der aus einer Doppelhalle bestehende Eingang liegt im Westen. Der Haupttempel besteht aus drei abgetrennten Räumen: der äußerste, der *ardha-mandapa*, gleicht der Vorhalle klassischer Tempel; der mittlere, der *antarala*, ist wie der Pronaos der Griechen; und der innerste, der *garbhagriha*, ähnelt dem Naos der Griechen. Dieser Gebäudeteil ist am stärksten dekoriert. Auf jeder der vier Fassaden befindet sich ein Ziergiebel, der von sich verjüngenden, pseudo-dorischen Säulen gestützt wird und einen Kleeblattbogen mit einer Gottheit darin einschließt. Viele Elemente sind von der Gandhara-Schule abgeleitet. Die sitzende Figur eines Sonnengottes in einem Kleeblattbogen zeigt diesen mit einem indisch-skythischen Gewand bekleidet und in hohen Stiefeln, ein Zepter in der einen und eine Lotusblüte in der anderen Hand – ein Typ, der in Gandhara gut bekannt ist. Nach Pran Gopal Paul „können bei anderen kaschmirischen Sûrja-Darstellungen ... die Gegenstände in den beiden Händen der Hauptfigur leicht als Lotusblumen, die üblichen Attribute der Gottheit, identifiziert werden."

Darstellungen des Sonnengottes waren in Bengalen während der Pala- und Sena-Periode sehr verbreitet. Die meisten finden sich in Bangladesch, wo sie nur noch von Wischnu-Darstellungen übertroffen werden. Wie Dr. Bhattasali festgestellt hat, ist die Verehrung des Sonnengottes jedoch nahezu

273. Sûrja hält voll erblühte Lotusblumen in beiden Händen und fährt in einem von sieben Pferden gezogenen Wagen, der von Aruna gelenkt wird. Sûrja zur Seite stehen Danda und Pingola sowie die Gemahlinnen Tschhaya und Suwartschhasa. Er wird von den zwei Bogenschützinnen Uscha und Pratjuscha beschützt. 11. Jahrhundert. Khadschuraho.

274. Sûrja mit der Sonnen-Familie. 12. Jahrhundert. Bengalen. (Asutosh Museum for Indian Art, Calcutta).

275. Der bewaffnete Sûrja mit Gemahlinnen und Gefolge. 10. Jahrhundert. Almorah.

276

277

278

verschwunden. Nur noch Hindufrauen in den Dörfern befolgen ein *Vrata* zu Ehren Sûrjas. Dr. Bhattasali beschreibt ein typisches Beispiel hierfür folgendermaßen:

„Der Gott steht aufrecht auf einem Lotus-Sockel und hält in beiden Händen voll aufgeblühte Lotusblumen, die bis über seine Schultern reichen. In der Regel wird er lächelnd dargestellt, und sein Kopf ist von einem Strahlenkranz umgeben. Sein Körper ist mit einer Rüstung bedeckt. Um die Taille trägt er einen verzierten Gürtel, und ein gerollter Schal hängt über sein Lendentuch. Seine Füße und ein Teil der Beine sind von hohen Stiefeln bedeckt, ein Charakteristikum, das sonst bei keiner Darstellung einer anderen indischen Gottheit auftaucht. Unmittelbar vor dem Gott steht eine kleine weibliche Figur; vor ihr ist der beinlose Aruna, der Wagenlenker der Sonne, mit einer Peitsche in der rechten Hand und die Zügel der Pferde unter ihm in seiner linken dargestellt. Der Wagen wird von sieben Pferden gezogen und bewegt sich auf einem einzigen Rad. Zur Rechten des Sonnengottes steht eine Frau mit einem Fliegenwedel (manchmal mit einer Lotusblume) in der rechten Hand, und zu ihrer Rechten ist ein dickbäuchiger bärtiger Mann abgebildet, der in seinen Händen einen Federkiel und ein Tintenfaß trägt. Weiter rechts ist eine weibliche Figur dargestellt, die Pfeile abschießt. Zur Linken des Gottes sind drei ähnliche Figuren zu erkennen; allerdings hat die männliche Figur keinen Bart und hält entweder einen Stab, ein Schwert oder eine Concha-Muschel in einer ihrer Hände. All diese Figuren – mit Ausnahme der beiden weiblichen Figuren an den Rändern, die Pfeile schießen – tragen wie der Sonnengott Stiefel. Manchmal sind elf Miniatur-Figuren, die genau wie der Sonnengott ausse-

276. Sonnengott auf einem Wagen. 7. Jahrhundert. (Asutosh Museum of Indian Art, Calcutta).

277. Sûrja im südindischen Stil mit bloßen Füßen. 11. Jahrhundert. Alampur, Andra Pradesch.

278. Hölzerne Darstellung von Sûrja. Gasan, Kullu.

279

280

281

279. Sûrja. Provinzieller Pala-Stil. 12. Jahrhundert. Bengalen.

280. Sûrja. 10. Jahrhundert. Bangladesch. (Dhaka Museum, Bangladesh).

281. Sûrja. 11. Jahrhundert. Rangpur, Bangladesch. (Dhaka Museum, Bangladesh).

hen, an den Rändern der Tafel wiedergegeben; in der Regel sind es fünf auf jeder Seite des Gottes und eine über seinem Kopf."

Die sieben Pferde der Sonne können auf das fünfte Buch des Rigweda zurückgeführt werden. Uschas (d.h. „Morgendämmerung") ist die Frau Sûrjas. Die wedischen Weisen bringen hier all ihre Poesie und Herzensfreude ein. Auch andere Frauen des Sonnengottes wie Saranju oder Surenu und Tschhaya werden im Rigweda erwähnt, so auch Sûrjas Kinder. Er ist der Vater der Aswins Yama und Manu. Rewanta war solch ein Kind, das Surenu von ihm in Gestalt eines Pferdes empfangen hatte. Das „einrädrige" Konzept der Sonne findet man in den Puranas. Die Angirasen-Brahmanen waren seit frühester Zeit mit der Verehrung der Sonne verbunden. In den Puranas werden sie mit den Maga- oder den Sakadwipi-Brahmanen gleichgesetzt, und sie waren für die Verbreitung der Verehrung des Sonnengottes in Indien von großer Bedeutung. Saka-dwipa ist Skythien, der frühere Name von Sind. Man hielt die Maga-Brahmanen für Perser; sie scheinen jedoch mit den skythischen Herrschern aus Zentralasien gekommen zu sein. Dies ist der Hauptgrund, warum der zentralasiatische Figurentypus in Nordindien so verbreitet war. Das Bild des Sonnengottes wurde auch in Mrohaung in Arakan, Burma, entdeckt.

Die Verehrung der Sonne ist so alt wie die Weden. Aber trotz der Anspielungen auf den Sonnenwagen, die Pferde und Gemahlinnen ist es nicht so sehr die anthropomorphe Form, sondern die göttliche Energie der verwirrend-blendenden Sonnenmacht, die zum Gegenstand der Verehrung wurde. Zur Zeit Kumara Guptas war die Sonnen-Verehrung sehr beliebt und verbreitet, und eine Mandasor-Inschrift aus dieser Zeit (437 n. Chr.) verweist auf die Errichtung eines Sonnengott-Tempels. Die Wardhana-Kaiser von Kanaudsch waren ebenfalls Sonnenverehrer. Sogar ihre Namen – Aditja-Wardhana, Prabhaka-Wardhana – verweisen auf ihren Glauben. Kaiser Harsch-Wardhana trug den Beinamen *Parama-adityabhakta,* und man weiß, daß auch er die Sonne verehrte. In Bengalen nannten sich die Warman- und Sena-Herrscher, die auf die Pala folgten, *Saura*, d.h. Verehrer der Sonne. Das berühmteste Bild des Sonnengottes befand sich im Tempel von Moltan, welcher von Alberuni beschrieben wurde. Die Araber zerstörten diesen Tempel in der frühen Phase ihres Eroberungszuges nicht, und er blieb bis zum 17. Jahrhundert erhalten. Der frühere Name Moltans war Sambapura; dort fand alljährlich ein Wagenfest statt.

Die herausragendste Leistung der Baumeister von Orissan war jedoch der Sonnentempel von Konarak, der in der Regierungszeit Narasimhadewas (1238–1264) errichtet wurde. Der Plan des Tempels ist so konzipiert, daß er dem Wagen des Sonnengottes ähnelt. Rings um den Sockel des Tempels sind zwölf große Steinräder angebracht, und vor dem Haupteingang wurden riesige freistehende Pferdestatuen errichtet. Im Kanaraka-Tempel waren ursprünglich auch einige Reliefs des Sonnengottes. Auf dem Wagen Sûrjas befinden sich die Zwillingsfiguren seiner Wagenlenker und der knienden Jungfrauen der Morgenröte. Der Sonnengott selbst ist von einem Kleeblattbogen eingerahmt. Unten befinden sich die Pferde der Quadriga. Die ganze Gruppe erinnert an die antike Darstellung in Bodhgaja. Ebenso interessant sind die vielen erotischen Figuren im Sonnentempel von Konarak.

Die Verehrung der Sonne hielt sich in Südasien bis in die Moghul-Periode, vor allem die Regierungszeit Akbars. Sie nahm jedoch mit schwindendem Einfluß der fremden zentralasiatischen Eroberer ab. Danach ging die ältere Form der wedischen Religion in der neuen Form des theistischen Hinduismus auf; die Sonnenverehrung wurde in die Dreieinigkeit der hinduistischen Götter – Brahma, Wischnu und Schiwa – integriert und verlor so ihre Eigenständigkeit und ihre frühere Bedeutung.

282

283

Die Universalität der Sonne in den Kulturen Südasiens

MADANJEET SINGH

In Südindien wird die Sonnengottheit Aijanâr von den Tamilen in Form eines Steines, der unter einem Baum am Ufer eines Flusses oder eines Teiches aufgestellt wird, verehrt. „Er strahlt wie tausend Sonnen" und ist der Sohn der zwei großen hinduistischen Götter Wischnu und Schiwa. Der Zwilling Karuppan ist seine nächtliche Manifestation, und so besitzt Aijanâr die Macht über Licht und Dunkel, Leben und Tod. Er ist der „Gott der Jäger" und der Fruchtbarkeit. Aijanârs Anbeter opfern ihm gewöhnlich in einem Ritual zwei Pferde aus Ton – eines Aijanâr (der Tagessonne) und das andere Karuppan (der Nachtsonne); es erinnert an das Ritual, bei welchem dem wedischen Waruna ein Pferd dargebracht wurde. Diejenigen Gläubigen, die es sich nicht leisten können, Ton-Pferde zu opfern, zeichnen nur das Bild eines Pferdes oder einen Kreis, der die Sonne darstellt (*dhûli-chitra*) auf die Erde und tanzen dann wild um den heiligen Stein, trommeln mit aller Macht und machen dabei mit einer großen Tonkanne ein dröhnendes Geräusch.

282. *Sûryanamaskar* in dem aus dem 10. Jahrhundert stammenden Mukteschwar-Tempel, Bhuvaneschwar, Indien.

283. In der Nähe des aus dem 13. Jahrhundert stammenden Sonnentempels von Konarak verehren ein Vater und sein Sohn die Sonne in einem Teich, der für den antiken „Tschhandrabhaga-Fluß" gehalten wird.

284

285

Die Verehrung Aijanârs ist ein bemerkenswertes Beispiel für die südasiatische Sonnenkultur, in der die Traditionen so vieler früher Zivilisationen zusammentreffen. Persische Awesta-Texte bezeichnen die Sonne als „mit schnellen Pferden ausgestattet“ (*aurvat-aspa*), ein Begriff, der auch in der wedischen und griechischen Mythologie auftaucht. Der griechische Schriftsteller Xenophon verwechselte scheinbar den zoroastrischen „Ahura Masda“ mit „Zeus Helios“, denn er schrieb über weiße Pferde, die bei persischen Zeremonien in der Achaemenidenzeit geopfert wurden. Auch die Sieben Jungfrauen, die mit Aijanâr in Verbindung gebracht werden, erinnern an den griechischen Mythos von Helios, der der Bruder und Gefährte der Erinnyen oder Furien, der furchterregenden Dämoninnen, war. Der Sonnengott Aijanar wird zusammen mit den Wasser-Schutzgottheiten, die „Die Sieben Jungfrauen“ genannt werden und Vorboten eines plötzlichen Todes sind, verehrt. Auch Apollos Zwillingsschwester Artemis tanzte zusammen mit den Nymphen (Dryaden) wild und verführerisch in den Bergen, Wäldern und Sümpfen und brachte mit „sanften Pfeilen“ einen plötzlichen Tod. Die Griechen setzten später Apollo mit dem ägyptischen „Horus der zwei Horizonte“ gleich, eine Überlieferung, die mit Aijanârs Zwillingsmanifestation Karuppan – zusammen bilden sie die Tages- und die Nachtsonne – synonym ist.

Schon bevor die nomadischen arischen „Sonnenverehrer“ um etwa 1500 v. Chr. aus Zentralasien einwanderten und ihren eigenen Beitrag zur südasiatischen Sonnenmythologie und Kultur leisteten, war die Verehrung der Sonne in Südasien nicht unbekannt. Fußboden-Zeichnungen (*dhûli-chitra*) waren laut der aus dem 6. Jahrhundert stammenden Sanskrit-Abhandlung über die Malerei *Vishnudharmottara* bereits eine vorwedische Praktik: „Die Lotusblume (als Sonnensymbol) erscheint viel später, und die Weden hießen es nicht gut, daß man die Blume auf den Boden zeichnet.“ *Shamba Purana* stellt fest, daß „die Sonne als Lotusblume mit acht Blütenblättern dargestellt wird; früher

284. *Bankura*-Tonpferde aus Bengalen gehören einer Tradition ähnlich dem Aijanâr-Ritual an, bei welchem Tonpferde geopfert werden.

285. *Sûrya-Alpana*-Zeichnung einer Bengalin. Schikha Sikdar.

286

aber wurde die Sonne in Form eines Kreises, der *sunya-mûrti* (ziffer-förmig) genannt wurde, verehrt, und dies war eine der Bezeichnungen für die Sonne in der vorwedischen Zeit."

Kreisförmige Sonnensymbole aus prähistorischer Zeit und in Fels gehauene Stammeskunst wurden an mehreren Orten in Südasien gefunden. Die frühesten Zeugnisse sind die auf jungsteinzeitlichen Steintafeln eingravierten, mit Strahlen versehenen Kreise, die in Burzahom in Kaschmir und an weiteren Orten in Ladakh, Gilgit, Baltistan, Hunza und Tschhilas gefunden wurden. Ähnliche Sonnenmotive wurden in einem Felsüberhang in Singhanpur in Tschhatisgarh zwischen Tonscherben aus der Post-Induszeit in Harappa gefunden, ja sogar weit im Süden, in der prähistorischen Felskunst des Wedda-Stammes in Sri Lanka.

Zu den vorarischen Sonnensymbolen gehört auch das weitverbreitete Hakenkreuz, von welchem Abbildungen im Industal (etwa 2500–1700 v. Chr.) gefunden wurden. In Mohendscho Daro kommt sowohl das rechtshändige Hakenkreuz (*Swastika*), als auch der linkshändige Typ, der *Sauvastika* genannt wird, vor. Aber es gibt keinen Beweis dafür, daß die Bewohner des Industals ihnen dieselbe Bedeutung zuschrieben, die sie später erhielten. Das rechtshändige Hakenkreuz ist das Symbol für

287

288 a

288 b

289

290

286. Die Sonne (als Hakenkreuz-Symbol) wurde in den Zehenabdrücken Buddhas verewigt. Zur ersten anthropomorphen Darstellung Buddhas kam es nicht vor dem 1. Jahrhundert. (Prince of Wales Museum of Western India, Bombay).

287. Gottheit mit Hörnern. Mohendscho Daro Siegel. 3. Jahrtausend v. Chr. (Nationalmuseum, New Delhi).

288 a,b. *Swastika*- und *Sauvastika*-Symbole. Mohendscho Daro. (Nationalmuseum, New Delhi).

289, 290. Mohendscho Daro-Siegel mit der Darstellung eines aus einem Stier und einem anderen Tier mit Geweih gebildeten zweiköpfigen Mischwesens und ein anderes Siegel, das eine Sonnenscheibe über einer Löwenfigur zeigt. (Nationalmuseum, New Delhi).

291

292

293

Licht und Tag (denn es dreht sich in derselben Richtung wie die Sonne), wohingegen die linkshändige *Sauvastika* (wie das Nazi-Emblem) für Dunkelheit und Nacht steht. *Swastika* bedeutet Sonne, Fortpflanzung und Fruchtbarkeit und war als Symbol auf der ganzen Welt verbreitet, wie man dies auf mesopotamischen Münzen, antiken chinesischen und japanischen Keramiken, Kleidungsstükken, Stickereien, goldenen und silbernen Gefäßen und anderen Gegenständen sehen kann. In der christlichen Tradition der Gnostiker und in der byzantinischen Kunst wird es als „Kreuz des Lichtes" oder als „Gamma-Kreuz" (weil seine Arme dem griechischen Buchstaben *gamma* ähneln) dargestellt. In der Kunst der amerikanischen Indianer ist das Auftauchen des Hakenkreuz-Motivs besonders interessant: es erscheint in der Kunst der Maya, den farbenfreudigen Handarbeiten der Navajo-Indianer Nordamerikas und den Stickereien der Guatemalteken.

Grabungsfunde der Industal-Zivilisation zeigen deutlich, daß die Verbindung der Sonne mit Tieren schon ein vorwedischer Gedanke in Südasien war. Dies veranschaulicht ein Mohendscho Daro-Siegel, auf dem sechs Tierköpfe zu sehen sind: das Einhorn, der Stier, ein Hirsch mit Geweih, eine Löwenfigur und zwei Tiere (mit abgebrochenen Köpfen), die wie Sonnenstrahlen um eine runde sonnenartige Scheibe als Mittelpunkt gruppiert sind. Ein weiteres Mohendscho Daro-Siegel zeigt eine sitzende „Gottheit" mit Hörnern und einer baumartigen Krone auf dem Haupt, die von einem Tiger, einem Nashorn, einem Elefanten und einem Stier umgeben ist. Die Figur ähnelt den mit einem Geweih versehenen anthropomorphen und theriomorphen sonnenbezogenen Darstellungen auf Petroglyphen in Zentralasien, Europa und in den prähistorischen afrikanischen Felszeichnungen in Tassil-

291–296. Acht *dikpâlas*, d.h. Sonnengottheiten, die vier Haupt- und Zwischen-Himmelsrichtungen darstellend, wurden in dem aus dem 12. Jahrhundert stammenden Radscha-Rani-Tempel in Bhuvaneschwar, Indien, entdeckt. Sie bestehen aus Kuwera (Norden) (291), Waruna (Westen) (292), Agni (Südosten) (293), Wayu (Nordwesten) (294), Indra (Osten) (295) und Yama (Süden) (296) (Staatsmuseum für Kunst und Archäologie, Bhuvaneshwar, Indien).

297. Schiwa-Nataradscha mit erigiertem Phallus und mehreren Händen tanzt in einer brennenden Sonnenkugel. Dieses ungewöhnliche Steinrelief der Sonnengottheit wurde an einer Fassade des aus dem 9. Jahrhundert stammenden Waital Duel-Tempels in Bhuvaneschwar, Indien, über einer Sûrja-Skulptur angebracht.

294

295

296

297

li N'Ajjer in der Sahara. Die meisten späteren Gottheiten in südasiatischen Religionen bauten auf diesen menschlich-tierischen Mischfiguren auf, so z.B. der hinduistische Sonnengott Wischnu in seinen zahlreichen Formen: als Narasimha mit dem Löwenkopf, als pferdeköpfiger Hajagriwa und bärenköpfiger Waraha.

Südasiatische Sonnenkulturen erlebten nach der Ankunft der Arier einen Aufschwung. Daß diese Kontakte mit westlichen Regionen hatten, machen die indogermanischen Namen für wedische Götter wie Surias, Indas und Maruttas (Sûrja, Indra und Marutah in Sanskrit) deutlich, die in Mesopotamien bis etwa zum Jahre 1760 v. Chr. zurückverfolgt werden können, wo die Kassiten solche Namen verwendeten.

Indara, Uruwna, Mitira und Nasatija – die vier Sonnengottheiten, die im Rigweda Indra, Waruna, Mitra und Nakschatras genannt werden – wurden um 1400 v. Chr. in einem Vertrag zwischen den Mitanni und den Hethitern in Anatolien erwähnt. Die Hethiter, deren Reich sich über einen Großteil der Türkei und Teile von Nordsyrien erstreckte, waren selbst in Anatolien eingewandert und sprachen einen Dialekt, der zur indogermanischen Sprachgruppe gehörte wie auch Sanskrit, Griechisch und Lateinisch.

Die wichtigsten hethitischen Kultgötter waren der Himmelsgott des Sturmes und die Sonnengöttin Arinna, die im Großen Tempel von Hattuša, der Hauptstadt des Reiches, verehrt wurden. Auf einer Tafel in einem der Tempel steht geschrieben: „Die Gottheit ist jetzt als vergoldete Silberstatue in Form eines Stieres auf seinen vier Beinen geschaffen worden." Da die unschätzbar wertvolle Statue niemals gefunden wurde (offensichtlich ist sie geraubt worden), ist nicht eindeutig festzustellen, ob der Stier ein menschliches Gesicht hatte wie später mesopotamische Statuen. An einem der Tore des

298

299

298. Die mit einer Sonnenscheibe und großen Federn zwischen den Hörnern gekrönte heilige Kuh Hathor in einem Tempel (etwa 1440 v. Chr.) des Thutmosis III. in Dier el-Bahari. (Ägyptisches Museum, Kairo).

299. Verehrung von Kühen im Suradsch Kund-Tempel bei Neu Delhi.

300

301

Palastes von Chorsabad, der für den assyrischen König Sargon II. (721–705 v. Chr.) erbaut wurde, stand ein Paar geflügelter Stiere mit Menschenköpfen als magische Wächter gegen Unheil (jetzt Britisches Museum). Dies waren die Sonnen-Äquivalente des Löwensphinx mit menschlichem Haupt in Ägypten – jenem anderen mächtigen Reich, mit dem die Hethiter eine enge, zwischen Liebe und Haß schwankende Beziehung hatten.

Ähnliche Stier-Sphinx-Figuren mit Menschenköpfen flankieren den Eingang zum parsischen Bojatsche-Tempel in Bombay; Vorbilder mögen von den Magiern, (zoroastrischen) Priestern, die in den ersten Jahrhunderten der christlichen Ära nach Indien kamen, mitgebracht worden sein. Sie waren entweder Perser oder kamen möglicherweise mit den skythischen Herrschern aus Zentralasien. In jedem Falle waren sie gebeten worden, als Priester des Sonnengottes zu wirken; bald wurden sie in den Status von Brahmanen erhoben. Man nimmt an, daß es auch die Maga-Brahmanen waren, die das Abbild Sûrjas in einem typischen zentralasiatischen Gewand populär machten, denn frühe indische Darstellungen des Gottes zeigen ihn in skythischer Bekleidung mit einem engen Mantel und hohen Stiefeln. Sûrja ist der einzige Gott, der in der südasiatischen Ikonographie nicht barfüßig ist, obwohl der Sonnengott in südlichen Teilen des Kontinents wie jeder andere Gott ohne Schuhe dargestellt wird. Die Verbreitung der Sonnen-Astrologie in Südasien wird ebenfalls den Maga-Brahmanen, in der indischen Tradition als Bhodschakas bekannt, zugeschrieben, während man von der Sonnen-Astronomie bereits aufgrund von Kontakten zur hellenistischen Kultur gute Kenntnisse hatte. Man nimmt an, daß der Sonnenkalender mit 365 Tagen, den die Ägypter bereits im 5. Jahrtausend v. Chr. aufgestellt hatten, von den Griechen eingeführt wurde. Darauf verweisen Fragmente von Sonnenuhren, die in Ai Chanum in Afghanistan ausgegraben wurden und deren Markierungen die Winter- und Sommersonnwende anzeigen. Das Modell wurde auch in Südasien übernommen und im Laufe der Jahrhunderte verfeinert, wie man an den aus dem 18. Jahrhundert stammenden Observatorien (Dschantar Mantar) von Dschaipur (Jaipur) sehen kann.

Die Sonnenkulturen in Südasien wurden nacheinander während der achämenidischen Ära durch persischen Einfluß, durch griechisch-römische Kontakte und durch Einfall der baktrischen Griechen, Saken und Parther geprägt, insbesondere aber durch die kurze, aber künstlerisch sehr frucht-

300. Der kreisförmige Suradsch Kund („Sonnensee“)-Tempel bei Neu Delhi ist wie ein griechisch-römisches Amphitheater konzipiert. 10. Jahrhundert.

301. Das Vorbild für „Dschantar Mantar“ in Dschaipur war ein ähnliches Observatorium in Ai Chanum (Afghanistan), dessen Gründung mit Alexander dem Großen in Verbindung gebracht wird.

302

302. Kühe werden im Rigweda mit Sonnenstrahlen assoziiert, und der Sonnengott Krischna ist ihr Beschützer. Radschasthani- Seidenstickerei mit Gold- und Silberfäden. 17. Jahrhundert. (Sawai Man Singh Museum, Jaipur).

bare Herrschaft der Kuschan im nordwestlichen Indien, in Afghanistan und Teilen Zentralasiens. Sie förderten eine Mischkultur, bei der griechisch-römische, iranische und indische Kunststile miteinander verschmolzen. Die Kontakte zwischen Griechenland und Südasien hatten tatsächlich schon vor Alexanders Feldzug nach Indien (326 v. Chr.) bestanden, denn bereits die Achämeniden hatten viele Ideen weitergegeben, die sie selbst von den Griechen übernommen hatten, bevor Darius (ein Nachfolger von Kyros dem Großen von Persien) sein Reich vergrößerte und den östlichen Pandschab (Punjab) und Sind im Jahre 520 v. Chr. annektierte. Diese Kontakte verstärkten sich noch während der Regierungszeit der Maurja-Dynastie und der Vorherrschaft der baktrischen Könige, die in Indien als Indo-Griechen bekannt sind. Ein Beweis für die damalige Verbreitung der Sonnenverehrung ist eine steinerne Gedenksäule, die im Jahre 100 v. Chr. in Besnagar (Widischa) in Madja Pradesch errichtet wurde. Sie befindet sich in der Nähe des Wasudewa (Wischnu)-Tempels und trägt eine Inschrift, derzufolge sie von Heliodoros, einem Einwohner von Taxila, für die Sonnengottheit Garuda (*garudadhvaja*) errichtet wurde; Heliodoros war ein Bhagawata und der indo-griechische Botschafter beim indischen König Kaschiputra Bhagabhadra.

Zwischen Krischna (Wischnus Inkarnation), der die Hirtenfrauen mit seiner Flöte verführt, und der griechischen Sage, derzufolge eine Prozession mit Dionysos (oder Bacchus) bis nach Indien zog, und bei der berauschte Mänaden zu dessen Flöte tanzten, sind Parallelen gezogen worden. Nach einer Pali-Version der Krischna-Legende übernahmen Wasudewa und seine Brüder die Herrschaft

303

303. Es war üblich, den Armen nach dem Sonnengebet eine Kuh zu schenken, wie das diese aus dem 17. Jahrhundert stammende Miniatur aus Radschasthan zeigt. (Sawai Man Singh Museum, Jaipur).

304

über Asitandschana (die Hauptstadt von Baktrien). Man vermutet auch, daß Krischnas *hallisaka*-Tanz vielleicht von dem Begriff „Hellas“ (Griechenland) abgeleitet wurde, besonders weil er den Rundtänzen um den Dionysos-Altar ähnelt. Diese Auffassung wird durch die Entdeckung eines Steinfrieses in Mathura gestützt, die eine bacchantische Gruppe tanzender Figuren zeigt, die Krischnas Hirtinnen ähneln, wobei der Faltenwurf der *yakshis* im griechischen Stil skulptiert wurde.

Kühe werden im Rigweda mit Sonnenstrahlen assoziiert.Im Gegensatz zur allgemeinen Auffassung war die Verehrung der Kuh kein spezifischer Aspekt der südasiatischen Kultur. Diese Meinung hält sich nur deshalb, weil die Kuh in Indien immer noch verehrt wird, während diese Sitte in anderen Zivilisationen längst verschwunden ist. Felszeichnungen von Rindern mit Scheiben zwischen den Hörnern sind im Tassili N'Ajjer-Nationalpark in der Sahara (7000–4000 v. Chr.) zu sehen. Sie sind wahrscheinlich die Vorläufer der ägyptischen Kuh-Göttin Hathor, die ebenfalls eine Sonnenscheibe zwischen den Hörnern trägt. In Ägypten begann die Verehrung der himmlischen Kuh als Göttin der Fruchtbarkeit an einer heiligen Stätte auf dem felsenübersäten kahlen Berg der Totenstadt von Theben und wurde schließlich mit dem Sonnengott Rê von Heliopolis assoziiert. Sechs Könige der 5. Dynastie (etwa 2494–2345 v. Chr.) errichteten in der Folge bei Memphis Tempel, die der Göttin der Fruchtbarkeit geweiht waren.

Nach einer mesopotamischen Legende war eine Kuh namens Rimat-Ninsun die Mutter von Gilgamesch, dem sumerischen Helden, von dem das älteste schriftlich fixierte Epos gleichen Namens handelt, das um 2100 v. Chr. am Hof des ersten Königs der 3. Dynastie in Ur verfaßt wurde:

> Als Nachfahr von Lugalbanda besitzt Gilgamesch vollkommene Stärke,
> Er ist der Sohn der erhabenen Kuh Rimat-Ninsun ...
> Er war es, der die Bergpässe zugänglich machte,
> Er war es, der Brunnen in die Berghänge grub.
> Er war es, der den Ozean und die weiten Meere in Richtung der aufgehenden Sonne überquerte, und
> er erforschte die Weltregionen auf seiner Suche nach dem Leben.

304. Sûrja-Verehrung in dem aus dem 10. Jahrhundert stammenden Liugaradsch-Tempel in Bhuvaneschwar, Indien.

305

305. Sûrja als *pârshva-devatâ* im Liuġaradsch-Tempel. 10. Jahrhundert. Bhuvaneschwar, Indien.

Nach der norwegischen (germanisch-skandinavischen) Mythologie entstand Audumla, die erste Fruchtbarkeitskuh, aus Rauhreif-Tropfen, die durch die Kraft der Sonne schmolzen, und sie ernährte sich dadurch, daß sie salzige reifbedeckte Steine ableckte. Aus ihrem Euter flossen vier Milchflüsse, und so ernährte sie den Riesen Ymir. Der Schöpfungsmythos der Mali Fulani-Hirten in Afrika bringt eine ähnliche Tradition zum Ausdruck. In dem Sammelband *African Poetry* heißt es: „Am Anfang gab es einen riesigen Tropfen Milch. Dann kam Doondari [der Schöpfergott] und schuf den Stein. Dann schuf der Stein das Eisen, das Eisen schuf das Feuer, das Feuer schuf das Wasser, und das Wasser schuf die Luft. Dann stieg Doondari ein zweites Mal hernieder, nahm die fünf Elemente und formte sie zu einem Menschen."

Diese alte Tradition ist in Indien immer noch lebendig, wie es das Photo von der *Verehrung der Kuh*, das im Suradsch Kund-Tempel am Rande von Delhi aufgenommen wurde, zeigt. Der aus dem 10. Jahrhundert stammende „Sonnen-See" wurde von Radscha Suradsch Pal, einem Tomar-König, angelegt, der ihn im Stil eines typischen griechisch-römischen Amphitheaters konzipierte. Die Form des nach Osten gerichteten Sees ist kreisrund wie die Sonne, und dieser Effekt wird durch die treppenartige Einfassung noch verstärkt. Ein ähnliches „Amphitheater" wurde in Nagardschunakonda in Andhra Pradesch ausgegraben, was die große Bandbreite des Einflusses der griechisch-römischen Sonnenkultur in Südasien beweist.

Man glaubt, daß der Maurja-König Aschoka buddhistische Missionen zu Ptolemaios II. Philadelphos von Ägypten, Antigonos Gonatos von Mazedonien, Alexander von Epirus und Magas von Cyrene entsandt hat. Direkte Kontakte zwischen Ägypten und Südasien waren jedoch bis etwa zur Mitte des 1. Jahrhunderts v. Chr., als Hippalos die Monsun-Winde über dem Arabischen Meer entdeckte, nicht üblich. Ein bemerkenswertes Ergebnis dieser Verbindungen scheint die Tatsache zu sein, daß die mit erhobenen Händen ausgeführte Sonnenverehrung der alten Ägypter auch in Indien übernommen wurde, während alle anderen Gottheiten mit zusammengelegten Händen angebetet werden. Diese Besonderheit scheint sogar bis nach Nordrußland gedrungen zu sein, wo das Christentum sie später bei den sog. *dinki*-Dachbalken in Holzkirchen übernahm, die an ihren Ende Skulpturen menschlicher Figuren mit erhobenen Händen aufweisen. Die Tradition kann bis zu den Handsymbolen der Sonne in prähistorischen Felsmalereien zurückverfolgt werden.

Daß Kulturen nationale Grenzen überschreiten, zeigt sich auch darin, daß (ähnlich den Namen einzelner Individuen) manchmal sogar die Bezeichnungen geographischer Orte und Flüsse mitsamt den dazugehörenden Mythen von einem Teil der Welt in einen anderen verlegt werden. Der große Sonnentempel von Sambapura (das moderne Moltan in Pakistan) wurde in den ersten Jahrhunderten der christlichen Ära errichtet. Nach der Legende war es Samba, der Sohn Krischnas, der das Heiligtum aus Dankbarkeit erbaute, weil er von der Lepra geheilt worden war, nachdem er den Sonnengott Sûrja zwölf Jahre lang in Mitrabana (dem Wald Mitra) am Ufer des Tschhandrabhaga-Flusses milde gestimmt hatte. Der Moltan-Schrein wurde zerstört, aber der Sûrja-Deula-Sonnentempel von Konarak (Orissa) in Indien, der anschließend im 13. Jahrhundert erbaut wurde, wird ebenfalls Samba zugeschrieben. Es wird behauptet, daß ein flacher Teich in der Nähe des Tempels und der See der antike Tschhandrabhaga-Fluß seien. Pilger aus ganz Südasien gehen immer noch dorthin, um sich mit einem Bad zu reinigen und um von Krankheiten geheilt zu werden. Eigenartigerweise endet der Mythos nicht in Konarak, sondern wanderte in einer seltsamen Vermischung von Mythologie, Geschichte und Geographie den ganzen Weg bis nach Indonesien, wo der Fluß Tschhandrabhaga in einer aus dem 5. Jahrhundert stammenden westjavanischen Inschrift erwähnt wird und die Errettung des indonesischen Königs den zwei hinduistischen Sonnengottheiten Pûrnawarnam Wischnu und Pûschan zugeschrieben wird. Der König des Königreiches Târumâ war ein Verehrer des Sonnengottes Sûrja.

306

306. Wie im alten Ägypten wird das *Sûrya-namaskar* am Ufer des Ganges-Flusses in Indien gewöhnlich mit erhobenen Händen dargebracht, wobei die Handflächen zur aufgehenden Sonne zeigen.

190

308

Die Sonne in der indonesischen Kultur

Edi Sedyawati

Bei bestimmten Stammeskulturen Indonesiens existiert die Verehrung der Sonne seit prähistorischen Zeiten; frühe Zeugnisse belegen dies. Volksmythen beweisen, daß die Verehrung der Sonne sich dort auch heute noch bei einigen ethnischen Gruppen erhalten hat. Die Art und Weise, wie Völker einer ganz bestimmten regionalen Kultur ihr Universum deuten, kann ihren Mythen entnommen werden. In einigen Regionen gibt es den Glauben, daß das erste menschliche Wesen, der Ur-Vorfahr, in ferner Zeit als Blitz auf einen dort befindlichen besonders hohen Berg vom Himmel fuhr. Solche Geschichten findet man in Süd-Sumatra, wo geglaubt wird, daß der erste Mensch vom Himmel auf den Berg Bukit Seguntang herabstieg. Auch im südlichen Sulawesi gibt es einen Mythos über *to manurung*, den Vorfahr aller menschlichen Wesen auf Erden.

Letzterer ist in Manuskripten, die den *I La Galig*o-Geschichtenzyklus enthalten, aufgezeichnet. Schriftlich festgehaltene Versionen gibt es nur bei den Buginesen, während bei ethnischen Gruppen in Süd-, Nord- und Zentral-Sulawesi (Celebes) die mündlichen Versionen weit verbreitet sind. Nach diesem Mythos war die Welt der Menschen, die mittlere Welt, früher einmal leer. Es gab nur übernatürliche Wesen, die in der Ober- und Unterwelt lebten. Dann beschloß der Große Himmlische Schöpfer, daß einer seiner Söhne hinabgeschickt werden sollte, um der erste Herrscher der Menschenwelt zu werden. Eine Tochter des Herrschers der Unterwelt sollte seine Königin werden. Die Geschichte erzählt, daß der Große Schöpfer, der Herrscher der Oberwelt, in der siebten, der höchsten Schicht des Himmels lebt. Wenn die göttlichen Wesen der sechsten Schicht damit beschäftigt sind, die Sterne zu lenken und deshalb in den Gefilden der Sterne leben, so kann man daraus schließen, daß die siebte Schicht, in der der Große Schöpfer lebt, die Region der Sonne ist. Wir können daraus also schlußfolgern, daß wir hier von einer zumindest indirekten Verehrung der Sonne sprechen können, obwohl gleichzeitig in der Geschichte betont wird, daß die Mächte des Himmels von denen der Unterwelt ergänzt werden.

307. Wischnu. In Goldplatte getrieben, aus Gemuruh. 8. Jahrhundert. Zentral-Java. (Nationalmuseum, Djakarta).

308. Der Sonnengott Sûrja auf dem Rücken eines Pferdes. Detail eines in Gold getriebenen Anhängers. 14. Jahrhundert. Ost-Java. (Nationalmuseum, Djakarta).

In diesem Mythos wird weiterhin berichtet, daß es in der mittleren Welt himmlische Berge aus Gold und Eisen gab, bevor die ersten Wesen zur Erde geschickt wurden. Es ist interessant, daß in einer kulturellen Enklave auf der Insel Java, der Region um Bojonegoro, immer noch ein kürzlich von Anthropologen entdeckter Glaube existiert, bei dem Berge verehrt werden; die Gläubigen erläutern, daß dies geschehe, weil die Sonne „von ihm kommt"; d.h. hinter ihm aufgeht.

Ein weiteres Beispiel ist ein Ursprungsmythos aus Ost-Kalimantan. Man findet ihn bei den *lepo' tau*, d.h. dem Tau-Teilstamm der Kenyah Dayaks. Sie glaubten, daß das erste menschliche Wesen aus den Wurzeln der *lurek*-Pflanze (deren Blattunterseite rot ist) stammt. Im Wind rieben sich die hervorstehenden Wurzeln aneinander, bis sie eine Flüssigkeit ausschieden, aus der dann ein Mensch wurde. Die Leute, die die Geschichte erzählten, waren sich nicht sicher, ob das erste menschliche Wesen ein Mann oder eine Frau gewesen war. Sie dachten aber, daß es letzteres war, denn das Wesen hieß Lurek Menek, und Lurek ist gewöhnlich ein Frauenname. Lurek gebar viele weitere menschliche Wesen, die sich vermehrten und sich dann auf dem Plateau von Kayu Tau niederließen, wo es viele *tau*-Bäume gibt. Dieser *tau* ist das Totem dieses Tau-Teilstammes der Kenyahs. Selbst heute errichten sie in ihrer neuen Siedlung im Dorf Long Merah, das auf halber Strecke den Mahakam-Fluß hinunter liegt, vor dem Haus des Clan-Oberhauptes ein *tau*-Symbol in Form eines gespaltenen Baumstammes mit kleinen Anhängseln, die Blätter darstellen. Die Erklärung lautet, daß *tau* „Sonne" bedeutet. Das gespaltene Holz, das den *tau* symbolisiert, soll die Hitze der Sonne absorbieren. Da die Tau-Kenyahs ein Landwirtschaft betreibendes Volk sind, brauchen sie zu bestimmten Zeiten heißes Wetter, damit sie den Wald abbrennen können, um kultivierbares Land zu gewinnen. Zu diesem Zweck schicken sie einen „Gesandten" (eine übernatürliche Macht) zur Sonne, um Hitze zu erbitten. Wenn sie Regen für die neugepflanzte Saat brauchen, bitten sie ebenfalls die Sonne darum, dicke

309

310

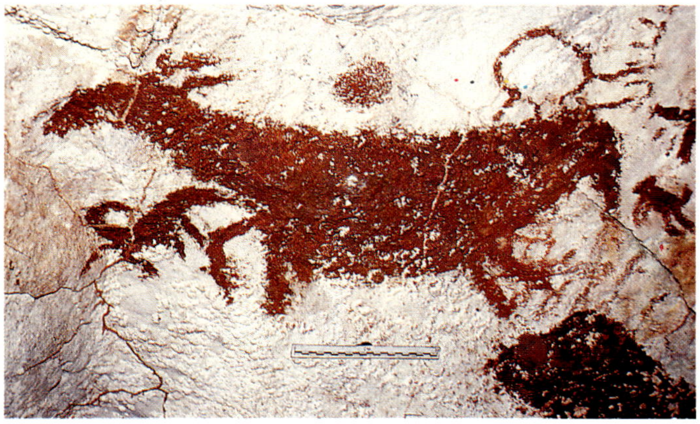

311

312

309. Prähistorische Felszeichnung mit Sonnendarstellung in der Metanduno-Höhle auf der Insel Muna. (Nationales archäologisches Forschungszentrum von Indonesien).

310. Eine andere Sonnendarstellung über einem Boot auf einer Höhlenmalerei (Metanduno). (Nationales archäologisches Forschungszentrum von Indonesien).

311. Das Bild der Sonne über einem mythischen Tier auf einer Höhlenmalerei (Metanduno) hat eine ähnliche Tradition wie das Mohendscho Daro Siegel (290). (Nationales archäologisches Forschungszentrum von Indonesien).

Wolken zu produzieren. Es handelt sich hier um eine andere Art der Sonnenverehrung, die es vielleicht auch bei anderen Stämmen Indonesiens gibt, die eine Brandrodungskultur betreiben, und sie existierte wohl auch bei den prähistorischen Vorläufern der Bauern anderer ethnischer Gruppen, die Bewässerungsanbau betreiben.

Eine Art prähistorischer Beweis für die Existenz der Sonnenverehrung ist die Felszeichnung. Am Ufer von Inseln im Banda-Meer gibt es Klippenhöhlen oder Felsüberhänge, an deren Wänden Bilder zu sehen sind, die belebte und unbelebte Objekte darstellen, darunter auch Kreise mit konzentrischen „Strahlen".

Eine Höhle in Dudumahan auf den Kei-Inseln im östlichen Indonesien zeigt eine Vielzahl solcher sonnenähnlicher Bilder. Man kann vier Typen unterscheiden: (1) ein Kreis mit Strahlen; (2) ein Kreuz, das von einem Kreis umgeben ist; (3) ein konzentrischer Kreis und (4) ein mit Speichen versehener Kreis mit einem kleineren Kreis in der Mitte. Neben diesen vier Grundformen gibt es auch Kombinationen davon, insbesondere mit Strahlen versehene Variationen von (2), (3) und (4). Darüber hinaus variiert die Darstellung der Strahlen von einfachen senkrechten Linien, die vom Rande des Kreises abgehen, bis zu anderen Formen, wie schrägen Linien, die eine Bewegung des Kreises suggerieren, Linien mit Haken, kegelförmigen Linien usw. Die vorherrschende Farbe der Felszeichnungen ist Rot in einem breiten Spektrum, das von dunklem Rotbraun bis zu einem hellen Orange reicht.

Eine andere archäologische Fundstelle am Rande des Banda-Meeres befindet sich auf der Insel Muna und besteht aus einer Anzahl Höhlen und Felsüberhängen. Die Wandbilder stellen Tätigkeiten wie Jagd, Tanz, Kampf und Bootsfahrten dar. Die abgebildeten Objekte sind menschliche Wesen und Tiere sowie sonnenähnliche Gebilde, die mit brauner Farbe gemalt sind. Es ist immer noch unge-

313

314

312. Die Sonne und fünf um einen Mast oder Baum tanzende Figuren stellen vielleicht ein weitverbreitetes Sonnenwend-Ritual dar. Felszeichnung aus der Toko-Höhle auf der Insel Muna. (Nationales archäologisches Forschungszentrum von Indonesien).

313. Zahlreiche prähistorische Sonnenbilder wurden an die Felswände der Dudumahan-Höhlen auf den Kei-Inseln in Ostindonesien gemalt. (Neu gruppiert nach Ballard, 1989).

314. Felsmalerei aus Risatot auf der Insel Arguni, Irian Jaya. (Zeichnung von C.E. Permana nach Holt, 1967).

194

klärt, ob all diese Kreisvarianten als Sonnen-Darstellungen zu interpretieren sind. Ein Hinweis für die Richtigkeit dieser Annahme ist jedoch die Position der Himmelskörper im oberen Teil der dargestellten Szene. Eine Szene mit der „Sonne" im oberen Teil ist auch auf einer Felsmalerei aus Risatot (Arguni-Insel, Irian Jaya) zu sehen.

Selbstverständlich können wir aufgrund dieser wenigen verfügbaren prähistorischen Daten bis heute nicht sicher sein, ob das, was wir Sonnen-Verehrung nennen, wirklich existiert hat. Wir können uns bestenfalls auf die Behauptung beschränken, daß die Sonne in bestimmten Regionen als wichtiger Teil des Universums, so wie es in diesen Kulturen konzipiert wurde, betrachtet wurde. Neben den spärlichen und noch unzureichend erforschten Beweisen aus nicht-schriftlichen Quellen, die sich auf prähistorische Zeugnisse oder die Stammeskulturen beziehen, gibt es weitere Indizien, die sich auf die entwickelten Kulturvölker der sogenannten „klassischen" Periode Indonesiens und spätere Epochen stützen: die Konzepte der Sonnenverehrung stehen hier meist im Zusammenhang mit Indien.

Wenn indische Religionen auf bestimmte Gebiete Indonesiens Einfluß ausübten, wurden hinduistische und buddhistische Mythen übernommen und angepaßt. Es ist bemerkenswert, daß es, abgestuft nach Zeit und Region, auch einige Aspekte der Sonnenverehrung gab: sie konnte die Form eines geschlossenen religiösen Systems annehmen oder tauchte nur peripher als Teil eines größeren Glaubenssystems auf. Die ältesten Sanskrit-Inschriften (wahrscheinlich aus der ersten Hälfte des 5. Jahrhunderts n. Chr.), die auf Java, der Insel, die später stark hinduisiert wurde, gefunden wurden, wurden als Beweis dafür betrachtet, daß der damalige König Pûrnawarman von Târumâ ein Verehrer des Sonnengottes Sûrja gewesen ist. Die wesentlichen Argumente hierfür lauten folgendermaßen:

Eine der Inschriften, diejenige von Ciaruteun, besteht aus dem Abdruck von zwei Füßen und Gravuren, die ein Spinnennetz darstellen; der Text erwähnt, daß die Fußabdrücke (*padadvayam*) des tapferen (*vikranta*) Königs Pûrnawarman denjenigen Wischnus gleichen. Das Eigenschaftswort für König, *vikranta* (was entweder „tapfer" oder „Schritt" bedeuten kann), ist eine Anspielung auf den Sonnengott Wischnu im Rigweda, der seine drei kosmischen Schritte macht. Es gibt Interpretationen, nach denen die drei Schritte Wischnus entweder die aufgehende, am Mittag stehende und untergehende Sonne oder den Lauf der Sonnengottheit durch die drei (vertikalen) Teile des Universums repräsentieren. Einige Wissenschaftler interpretierten die drei Schritte aufgrund ihrer Beschreibung im Rigweda jedoch anders. Die heilige hinduistische Schrift erwähnt, daß Wischnu mit dem dritten Schritt *Sûryaloka*, das Reich der Götter und den Ort, wo gläubige Menschen nach ihrem Tode hingehen, erreicht. Dies bedeutet, daß der erste Schritt Wischnus vom Osten bis hinauf zum Zenit reicht, der zweite vom Zenit hinab in den Westen und der dritte, der während der irdischen Nacht gemacht wird, der längste Schritt ist und vom Westen über den Zenit, durch *Sûryaloka* und zurück zum Osten führt.

Es wurde angenommen, daß die Fußabdrücke von Ciaruteun als unmittelbares Zeichen für den Ausgangspunkt von Pûrnawarmans Schritt zum *Sûryaloka* zu lesen sind, der nach der Inschrift wie Wischnus dritter Schritt verläuft, aber Pûrnawarmans Seele wäre natürlich in der *loka* für die gläubigen Seelen geblieben. Am Fundort der Ciaruteun-Inschrift fand möglicherweise das Ritual der Totenverbrennung für den Târumâ-König statt. Die „Befreiung" des Königs folgte dem Weg des Befreiers Wischnu und dem Weg Pûschans, eines weiteren wedischen Sonnengottes, der als derjenige Gott gilt, der von Sünden erlöst, den sicheren Weg bereitet und die Seele des Toten zum himmlischen Wohnsitz der Vorfahren führt. Das um die Fußabdrücke herum eingravierte Spinnennetz wurde als Symbol für das feingesponnene Nachtgewand des Sonnengottes interpretiert. Man konstatierte eine enge Verbindung zwischen der Weberin des Gewandes, der Göttin der Dämmerung Usas, die Sûrja den Weg zeigt, und den himmlischen Spinnen, die Pûrnawarmans Seele führten.

315. Eine offene Hand mit Zeichen, wie bei dieser Sûrja-Figur aus Candi Gurah, gilt als ein universelles Sonnensymbol. 11. Jahrhundert. Ost-Java (Nationalmuseum, Djakarta).

316

316. Spiegelhandgriff, der die Geschichte Garudas schildert, wie sie im indischen Epos Mahabharata und seiner altjavanischen Version Adiparwa erzählt wird. 10. Jahrhundert. Ost-Java. (Nationalmuseum, Djakarta).

Eine weitere Inschrift Pûrnavarmans, die in Jambu im Westen Javas gefunden wurde, zeigt ebenfalls menschliche Fußabdrücke, die in Stein gehauen wurden. In dieser Inschrift werden die Fußabdrücke als *padavimbadvayam* (und nicht wie in der Inschrift von Ciaruteun nur als *padadvayam*) bezeichnet. Dies ist wahrscheinlich auf einen funktionalen Unterschied bei den Zeremonien, die bei der Anbringung von Inschriften vorgeschrieben waren, zurückzuführen. Man nimmt an, daß die Inschrift von Ciaruteun die ältere ist und daß mit ihr der Aufstieg des immateriellen Selbstes Pûrnawarmans in den Himmel gefeiert werden sollte, wohingegen die Jambu-Inschrift, die für jünger gehalten wird und auf der nur die *vimba* (die Nachbildung) der Fußabdrücke des Königs zu sehen ist, wahrscheinlich zum Gedenken an den verstorbenen König eingemeißelt wurde. Das Problem bei dieser Interpretation ist, daß eine spätere Pûrnawarman-Inschrift, die in Cidanghiang in West-Java gefunden wurde, auch mit Fußabdrücken versehen ist und folgendermaßen lautet: „Dies ist der gewaltige, authentische und mächtige Schritt Pûrnawarmans, des Herrn der Erde, des Bedeutenden, des Erfolgreichen mit den Königsflaggen."

Offenbar betrachtet man die Jambu-Inschrift ebenfalls als Hinweis für den *saura*- (d.h. mit der Sûrja-Verehrung verbundenen) Charakter des Glaubenssystems der Pûrnawarman-Dynastie. Der König wird hier beschrieben als einer, der „eine Rüstung besitzt, an der die Pfeile vieler Feinde abprallen" und als jemand, der „ein Dorn für seine Feinde" ist – Qualitäten, die auch Indra-Sûrja zugeschrieben werden. Andere Qualitäten des wedischen Sonnengottes, die in den Pûrnawarman-Inschriften erwähnt werden, wurden ebenfalls als Beweise für seinen *saura*-Charakter betrachtet: so wurde der König beispielsweise als Zerstörer feindlicher Städte gerühmt, genau wie Indra-Wischnu immer als Zerstörer der hundert befestigten Städte der Sambaras gepriesen wird.

317

317. Die Sonne wird hier von einer bronzenen Hängelampe mit einem fliegenden Garuda symbolisiert, der (wie Sûrja) Lotusstiele in beiden Händen hält. 9. Jahrhundert. Zentral-Java. (Nationalmuseum, Djakarta).

Der Tschhandrabhaga, ein in der Inschrift aus West-Java erwähnter Fluß, trug seinen Namen vielleicht zum Gedenken an den gleichnamigen Fluß im Nordwesten Indiens, an dem sich der Mitra-Wald befand, wo der erste Sûrja-Tempel errichtet wurde. Es wurde überlegt, ob vielleicht die Pûrnawarman-Dynastie irgendwie mit der Salankâjana-Dynastie in Südindien, die ebenfalls Sûrja verehrte, verwandt war. Ein noch stichhaltigerer Beleg für die Auffassung, daß der erste bekannte König, der Java regierte, ein *saura* war, ist ein ca. 30 cm hohes Bronzebild, das im Westen Javas (ohne präzise Herkunftsdaten) gefunden wurde und das als Darstellung eines *saura-rsi* aus dem 5. Jahrhundert identifiziert wurde (es kann jedoch auch sein, daß das Bild Schiwa darstellt und aus dem 11. Jahrhundert stammt).

Bis zu diesem Zeitpunkt stammen die frühesten Hinweise auf eine Verehrung der Sonne in der historischen Periode Indonesiens aus wedischen Quellen. Später wurde der indonesische Hinduismus jedoch vom Schiwaismus beherrscht, wobei Schiwa als der größte Gott gepriesen wurde – Belege hierfür finden sich sowohl in schriftlichen Quellen als auch in Kunstwerken –, obwohl der indonesische Schiwaismus nicht sektiererisch gewesen zu sein scheint. Neben Schiwa war auch Wischnu als der größte Retter der Menschheit immer präsent. Manchmal gab man Wischnu sogar Schiwas Beiname, *Sadâsiva*, und beschrieb ihn wie Schiwa als dreiäugig. Die Verschmelzung von Schiwa und Wischnu zu einem Gott, Harihara, findet sich häufig in der frühen südostasiatischen Ikonographie. Es war wohl diese Vorstellung eines vereinigten Gottes, die die Basis für die weitere indonesisch-hinduistische Mythenbildung war. Es gab sogar eine Vereinigung von Hinduismus und Buddhismus auf Java und Bali.

Wischnu behielt seine Assoziation mit der Sonne in seinen vielen Transformationen in der klassischen Literatur und Folklore Indonesiens bei. Seine am meisten bewunderten Inkarnationen, Rama und Krischna, werden oft mit der strahlenden Sonne verglichen. Sein Bote ist der himmlische Vogel Garuda, und die Heldengeschichte, wie er *amrita* (das heilige Wasser der Unsterblichkeit) beschützt und seine Mutter verteidigt, wurde in Literatur und Kunst überliefert. Wischnus Waffe *cakra* (Scheibe), die seit wedischen Zeiten die Sonne symbolisierte, erscheint häufig bei den traditionellen Schattentheaterfiguren (*wayang*) in Indonesien (besonders in Java, Bali und Sunda), aber insbesondere als Waffe seiner *avatar* (Inkarnation) Krischna. Der Letztere ist auch aus *wayang*-Darstellungen dafür bekannt, daß er seine schreckliche *trivikrama*-Form zeigt, wenn er wütend ist. *Trivikrama* bedeutet ursprünglich die „drei Schritte“, die sich auf die kosmischen Schritte Wischnus beziehen (wie sie vermutlich von dem oben erwähnten Târumâ-Schreiber geschildert wurden). Später weitete sich die Bedeutung des Begriffes in Indonesien jedoch aus. Seit seiner ersten Erwähnung in der frühen Literatur Javas vom 12. und 13. Jahrhundert bis heute bedeutet der Begriff in der Regel die schreckliche und mächtige Form, die Wischnu oder Krischna annehmen, wobei der Körper so groß ist wie ein Berg und drei Köpfe mit je drei Augen hat, die wie die Sonne funkeln.

Unter archäologischen Funden aus Indonesien ist der Sonnengott Sûrja oft zusammen mit Tschhandra, dem Mondgott, abgebildet. Dieses Paar ist im größten javanischen hinduistischen Tempel-Komplex Lara Jonggrang aus dem 9. Jahrhundert zu sehen. Sûrja und Tschhandra sitzen beide auf Lotus-Kissen in von Pferden gezogenen Wagen, wobei jedoch die Anzahl der Pferde unterschiedlich ist. Sûrja hat sieben und Tschhandra zehn Pferde. Das Sûrja-Tschhandra-Duo, als kleineres Gegenstück einer Hauptgottheit, wird oft als ein aus einem vollen Kreis (Sonne) und einer Sichel (Mond) bestehendes symbolisches Paar dargestellt.

An dem Lara Jonggran-Tempelkomplex wird deutlich, daß beide, Sûrja und Tschhandra, als unabhängige Figuren nur einen peripheren Platz innerhalb dieses Pantheons einnehmen. Bei genauerer Prüfung könnte man die Bedeutung der Sonne jedoch als sehr wichtig für diesen Komplex erachten, dessen Hauptgottheiten Schiwa, Wischnu und Brahmâ sind; jede von ihnen hatte ihr separates Hei-

318. Eine bronzene Hängelampe zeigt Sûrja auf einem feurigen Pferd. Er hält den traditionellen Stab in einer Hand; in der anderen leeren Hand hielt er vielleicht eine Lotusblume (wie der Martand-Sûrja in Kaschmir, Abb. 271). Etwa 14. Jahrhundert. Tenggang, Ost-Java. (Nationalmuseum, Djakarta).

319

321

320

319. Die aus Rädern und Klingen bestehende Kreuzblume wurde von der populären Legende inspiriert, in welcher der Vogel Garuda nach dem Elixir des Sonnengottes sucht, das von einer strahlenden Sonnenfeuer-Kreuzblume beschützt wurde. 14. Jahrhundert. Jembrana, Bali. (Nationalmuseum, Djakarta).

320. Radförmige Kreuzblume. Die Speichen des flachen Rades weisen in die vier Himmelsrichtungen; flammenartige Gebilde unterteilen die Zwischenräume. Zuunterst ein Lotussockel, oben eine einäugige Kala, ein Nachtmotiv der Sonne. (Nationalmuseum, Djakarta).

321. Die Wolken-und-Donner-Kreuzblume wird von einer Kombination stilisierter Wolken und *Vajras*, d.h. Blitzen, symbolisiert. 14. Jahrhundert. Jembrana, Bali. (Nationalmuseum, Djakarta).

ligtum. Der Tempel Schiwas liegt im Zentrum und ist sehr viel größer als der der anderen Götter. Dort befindet sich eine Reihe von Reliefs, die Râmas Legende darstellen.

Im Jahre 1928 wurden die Râma-Reliefs hinsichtlich der dargestellten dramatischen Handlung und der Anzahl der Tafeln (24) und Szenen (60) genauer untersucht. Man ging von der Vermutung aus, daß die Zahl vierundzwanzig die Zahl der *paksa* (Halbmonde, entweder die helle oder dunkle Hälfte) innerhalb eines Sonnenjahres repräsentiert. Die Zahl sechzig stellte die sechzig *nâdî* der täglichen Sonnenzeit-Berechnung dar. Die dramatische Handlung verteilte sich auf die vier Quadranten des Tempels. Sie begann am östlichen Ende, setzte sich im Uhrzeigersinn kreisförmig fort und bestand aus folgenden Abschnitten: Râmas Geburt (die aufgehende Sonne) bis zu seinem Sieg, bei dem er Sîtâ als Braut gewinnt; die Investitur Bharatas bis zur Begegnung von Râma und Sûrpanakhâ; der Raub Sîtâs (Râmas' – und der Sonne – Licht) durch Râwana bis zur Besiegung Wâlins durch Râma;

322

322. Der aus dem 15. Jahrhundert stammende Tempel von Candi Sukuh an den Hängen des Mount Lawu in Zentral-Java ist mit zahlreichen Sonnensymbolen verziert.

sowie die Suche nach Sîtâ bis zum Einmarsch in Râwanas Königreich. Die Abfolge der Handlung wurde als Schilderung der Reise der Sonne auf ihrem alljährlichen Weg, insbesondere ihrer Position im Frühling, Sommer, Herbst und Winter gesehen. Râma ist ein Symbol der Sonne: Im Osten und im Süden ist er in der Oberwelt, im Westen und Norden ist er in der Unterwelt. Die Tatsache, daß frühe zentral-javanische Tempel der hinduistisch-buddhistischen Periode nach Osten ausgerichtet sind, hängt vielleicht mit der Richtung des Sonnenaufgangs zusammen.

Dieser „Sûrjaismus" wird dann auf die Verehrung Schiwas übertragen, der in seiner *linga-* (phallischen) Form, die im Grunde ein Symbol des kosmischen Feuers oder seiner wandelbaren feurigen Energie ist, sehr verehrt wurde. Aufgrund dieser Assoziationen wird der Hauptgott auf der Insel Bali bis heute in einem wichtigen Ritual, bei dem heiliges Wasser bereitet wird, Schiwa-Aditja genannt. Hierbei wird die Seele Schiwas beschworen, in den Körper des Priesters herabzusteigen. Die Zubereitung des heiligen Wassers ist gleichbedeutend mit dem Sonnenkult, und daher heißt das Ritual *Sûrya-sevana*, auch „Anbetung der Sonne".

Zwischen der Lara Jonggrang-Periode im 9. Jahrhundert und ihren Glaubensvorstellungen und denen des balinesischen Hinduismus, so wie er bis heute bekannt ist, gab es die ost-javanische Periode mit ihrem besonderen Beitrag zur Sonnenverehrung. Ost-javanische Tempel sind normalerweise nach Westen ausgerichtet. Außerdem liegt vielen typischen ost-javanischen Tempeln ein linearer Plan zugrunde: der heiligste Ort des geweihten Raumes ist der hintere, am weitesten vom Eingang entfernte Teil. Der Tempel oder Tempelkomplex ist in langsam ansteigenden Stufen entlang der West-Ost Linie konzipiert. So soll der Pilger innerhalb des Tempels von Westen immer höher nach Osten hinaufschreiten, d.h. auf das Symbol des Berggipfels zu und gleichzeitig in Richtung des Sonnenaufgangs. Vermutlich wurde die hauptsächliche Verehrung von Schiwa oder Buddha im alten Ost-Java gleichzeitig von der jahrhundertealten indonesischen Verehrung des Berges und der Sonne begleitet.

Ikonographisch wird der Gott Sûrja in der ost-javanischen Periode neben seiner universellen, auch anderswo üblichen Darstellung in einem von Pferden gezogenen Wagen (ein ost-javanisches Beispiel befindet sich in Sammlung 113 im *Archeological Field Museum* in Trowulan), oft auf dem Rücken eines Pferdes oder eines Einhorns wiedergegeben. Manchmal wird das Auge des Sonnengottes als „einäugiger" Monsterkopf abgebildet.

Der Gott Sûrja spielt in dieser Periode nur eine untergeordnete Rolle und taucht allenfalls in Form einer kleinen Statue oder in einem Relief auf. Die Sonnensymbolik drang jedoch tief in das religiöse System ein. Viele „Schlußsteine", d.h. rechteckige Steinblöcke, die am höchsten zentralen Punkt der kegelförmigen Tempeldächer angebracht wurden, sind auf den nach unten weisenden, offenen Seiten mit Relieffiguren verziert. Diese Darstellungen variieren zwar, meistens stehen sie aber inmitten eines Kreises, der aus acht Sektoren und einem Mittelstück besteht, ein deutlicher Hinweis auf die neun Aspekte Schiwas. (Ein Beispiel ist ein Schlußstein aus Candi Rimbi, Ost-Java.) Bei einigen Schlußsteinen ist der Kreis von Strahlen umgeben, die mit Sicherheit Sonnenbezug haben. Am Beispiel von Candi Rimbi sind die acht äußeren Figuren auf Lotusblütenblätter plaziert, die zusammen mit acht Zwischenblättern sechzehn Blütenblätter ergeben; desgleichen ist auch die zentrale Figur von sechzehn Blütenblättern umgeben. Dieses ständig wiederkehrende Muster führt zu der Annahme, daß die sechzehn Blütenblätter und die Strahlen der Sonne ein einziges Konzept darstellen, das *sûryamandala*. Es wurde 1966 als eines der geheimen *Cakra* (mystischer Ort) im Körper eines *Yogi*, der als sechzehn-blättrige Lotusblume symbolisiert wird, identifiziert. Es repräsentiert den ersten der drei letzten Schritte der Seele des Selbst auf dem Weg zur Vereinigung mit Paramaschiwa im höchsten *Cakra*, dem *Sahasrâra*. Paramaschiwa wird oft als die Form Schiwas in seinen neun Aspekten definiert. Wenn diese Interpretation richtig ist, dann sehen wir, daß die Struktur des Tempels in Anlehnung an die des Yoga-Weges konzipiert wurde, der die Vereinigung der Seele mit der Höchsten Seele anstrebt.

---

323. In Gold getriebener Anhänger, der Sûrja auf seinem Pferd zeigt. Unter der Muschel mit den zwei *nagas* befindet sich eine symbolische Darstellung des auf der Schlange Ananta schlafenden Wischnus. (Nationalmuseum, Djakarta).

324

324. Dieses geflügelte Sonnentor der Sendang-Duwar-Moschee mit seinen hinduistischen Sonnenmotiven ist ein schönes Beispiel indonesischer synkretistischer Kultur. Mitte des 16. Jahrhunderts. Lamongan, Bojonegor, Ost-Java

Dort wo der Hinduismus die Hauptreligion ist, wie z.B. in Bali, hat der Sonnengott Sûrja seine Majestät beibehalten und ist in die Vorstellung einer höheren Gottheit integriert worden. In anderen Gegenden, in denen der Islam vorherrscht, blieb der Sonnen-Symbolismus bestehen, obwohl er nicht mehr mit übernatürlichen Kräften in Verbindung gebracht wird. Er scheint jedoch seine erhabene Bedeutung zu bewahren, zu erkennen an den ausgebreiteten Flügeln (des himmlischen Sonnenvogels Garuda) – einer Darstellung aus einem frühen Moscheen-Komplex. Der Sonnen-Symbolismus dient auch zur Beschreibung des physikalischen Kosmos, an dessen Spitze immer noch der Höchste Gott steht. Die Zeiten für Gebete und Fasten werden im Islam nach Sonnenpositionen, die zur Orientierung benutzt werden, festgelegt. Die Sonne ist dabei ein von Gott gesandtes Mittel zur Bewältigung des täglichen Lebens.

326

Sonnenfelsbilder und Sonnenkulturen Zentralasiens

Jeannine Davis-Kimball und Anatoly Ivanovich Martynov

Die frühesten symbolischen Darstellungen der Sonne in Form von Felsbildern in Zentralasien finden sich im heutigen Kasachstan, in Kirgistan und in der chinesischen Provinz Xinjiang. Hier haben die frühen Künstler tiersymbolische und anthropomorphe Bilder in Felsoberflächen geritzt. Außerdem ist der Sonnenkult auch bei allen größeren Steinmonumenten stark vertreten.

Während des 2. Jahrtausends v. Chr. verbreiteten sich die indoeuropäischen Völker, die aus den Grassteppen Südrußlands stammten, über ganz Europa und Asien. Einige von ihnen besetzten unberührtes Land, andere dagegen mußten sich gegen bereits ansässige Völker durchsetzen. Wohin sie auch kamen, führten sie ihren mit der Natur in Beziehung stehenden Glauben und Kult ein. Eines ihrer Symbole war das Ideogramm für die Sonne, das auch Feuer, Licht und Hitze bedeutete. Damals wurden sowohl symbolische als auch realistische Darstellungen der Sonne, des Wassers und von Tieren, die in der Gegend lebten, auf Felsen, Klippen oder Felsblöcke eingeritzt. In vielen Fällen wurden diese Orte zu kultischen Heiligtümern, die Jahrtausende Bestand hatten.

Die bronzezeitliche Andronowo-Kultur (2. Jahrtausend v. Chr.) bestand aus seßhaften Ackerbauern, während die nomadischen Saken sowie die Skythen und sibirischen Skythen der Frühen Eisenzeit (8. bis 3. Jahrhundert v. Chr.) bereits das Reiten auf Pferden beherrschten. Die Religion und der Kultglauben dieser frühen Bauern und Viehzüchter waren äußerst komplex, wie man dies aus den reichen symbolischen Sonnengottdarstellungen entnehmen kann. Zu den wichtigsten unter ihnen zählen die Felsritzzeichnungen von Tamgaly in den Steppen westlich von Alma Ata, diejenigen von Taldy Kurgan in den Eschkiol'mes-Bergen im Norden von Alma Ata in der Nähe des Issyk Kul-Sees und diejenigen von Saimaly Tasch, hoch in den kirgisischen Tien-Bergen.

325. Felsritzzeichnungen aus der Bronzezeit mit Sonnensymbolen. Saimaly Tasch, Kirgistan.

326. Der Nimbus entstand aus dem „Antlitz" der Sonne, wie es auf diesen prähistorischen Felsritzzeichnungen dargestellt ist. Hier eine Abbildung von Saimaly Tasch, Kirgistan.

In diesen alten Kultstätten findet man den vermenschlichten Sonnengott vielfach in stilisierter Form. So kann zum Beispiel ein Nimbus sein Haupt umgeben, Strahlen können von einem soliden Kreis ausgehen, oder sein Kopf kann sich aus konzentrischen Kreisen und vielen Punkten zusammensetzen. Manchmal steht der Gott auf dem Rücken eines langgehörnten Stiers, wodurch der Stier und seine Hörner zu Sonnensymbolen werden. In Tamgaly, und zwar an der höchsten Stelle über den Göttern, scheint ein Sonnenwendsymbol in den Schiefer gehauen worden zu sein.

Die früheste Form der Schrift ist die Bilderschrift; der Abbildung der Sonne wurden neue Zeichen hinzugefügt. Daraus resultierte, daß sich die Nebenbedeutungen des Sonnensymbols vermehrten und es zum Ideogramm wurde, das auch Feuer, Licht und Hitze bedeuten konnte. Da die Sonne das neue Wachstum von Pflanzen ermöglicht und Tiere im gleichen Rhythmus jedes Frühjahr gebären, beinhaltete das Sonnenideogramm auch die Idee der Fortpflanzung. Mit dem vermenschlichten Sonnengott verbunden oder allein dargestellt finden sich sogar Symbole mit noch älteren indoeuropäischen Wurzeln. Das Hakenkreuz zum Beispiel symbolisierte neben kosmischen Inhalten auch das menschliche Zeugungsprinzip und wurde auch als Symbol weiblicher Fruchtbarkeit interpretiert. Wenn sich das Hakenkreuz in verwandte Formen wie Spiralen, konzentrische Kreise und Rosetten, verwandelte, konnte sein Ideogramm, wenn es einem unbelebten Objekt zugeordnet wurde, die Bedeutung der Seele dieses Objektes bekommen oder vergöttlichtes Feuer darstellen.

So war der Weg für religiöse Glaubensformen geebnet, die später zu etablierten Institutionen in Städten, Staaten und Reichen wurden. Die wichtigsten Sonnengottheiten des Zoroastrismus, der dualistischen Religion der Perser zur Zeit der großen Achämeniden, waren Anahita und Mithras. Das Bollwerk des Anahita-Kultes lag in Seistan (Ostpersien). Das Feuer wurde von den Persern als göttlich verehrt. Dem Sonnengott wurden Tieropfer dargebracht, außerdem das *haoma*, ein berauschendes Getränk, das durch das Pressen eines ganz bestimmten Pflanzensaftes hergestellt wurde.

327 a

327 b

327 c

327. Diverse Motive auf Felsritzzeichnungen: (a) Sonnenanbeter und Sonnensymbole. Bronzezeit; (b) Schamane mit einer wilden Ziege. Bronzezeit bis Frühe Eisenzeit; (c) Sonnenwagen und Sonnenstiere. Bronzezeit. Saimaly Tasch, Kirgistan.

Zoroastrismus, Nestorianismus und Buddhismus verbreiteten sich durch Kasachstan, Kirgistan und Xinjiang entlang der Seidenstraßen, die China mit der westlichen Welt verbanden. Hier können wir feststellen, daß die Symbole alter Felsbilder zum Ausgangspunkt zurückkehrten. Ausgrabungen aus diesen Gebieten enthalten die Semantik des Sonnengottes, von vergöttlichtem Feuer und von Anahita, der Herrscherin über diese Attribute.

Mehrere alte Heiligtümer in den Tien-Bergen und deren Umgebung im heutigen Kasachstan und Kirgistan weisen eine große Anzahl von Steinskulpturen auf, die sich auf die Sonne beziehen, und lassen vermuten, daß dort spätestens seit der Bronzezeit ein Sonnenkult allesbeherrschend war. Die Kunst der Felsbilder verwendet symbolische, anthropomorphe und zoomorphe Bilder der Sonnengottheit. Aus der Ikonographie läßt sich weiterhin feststellen, daß der Sonnenkult mit der Konzeption von Fruchtbarkeit und Fortpflanzung Hand in Hand ging.

Auf einer Felsritzzeichnung in den Eschkiol'mes-Bergen im Nordosten von Alma Ata zum Beispiel ist ein Kopf dargestellt, aus dem Strahlen hervortreten, sowie die Ausstattung eines Schamanen, die an einem Gürtel hängt. Ein Hinweis auf die Vorherrschaft des Sonnenkultes bei diesen Kulturen findet sich in einer Szene, die auf einen der Felsen in der Tamgaly-Schlucht eingeritzt ist. Menschliche Gestalten tanzen im Kreis um die Götterfiguren mit sonnenscheibenartigen Köpfen; gleichzeitig ähneln diese Figuren aber auch Bäumen, denn sie überragen alle Menschen und Tiere. Es wird offenkundig, daß der Sonnenkult eng mit der Idee von Fruchtbarkeit und auch dem Lebensbaum verknüpft war.

In Tamgaly ist ein Sonnenwagen so dargestellt, als ob man ihn von oben sähe. Die Räder des Wagens, der die Sonne darstellt, sind, verglichen mit den oft einzelnen Tieren, die die Sonne über den Himmel ziehen, riesig. Bedeutende anthropomorphe Götter sind stilisiert und weisen Attribute auf, die auf den Sonnenkult hindeuten. Die Häupter einiger Götter bestehen aus konzentrischen Kreisen,

328

328. Bronzezeitliche Felsritzzeichnungen in Saimaly Tasch, Kirgistan.

329

die den Glorienschein, den man später bei religiösen Kunstwerken findet, ankündigen. Andere Köpfe bestehen aus großen Flecken, bei denen Strahlen aus einem zentralen Kreis hervorgehen. Die Form dieser Sonnengötter ist strichartig stilisiert; mitunter ist auch eine plastischere Gestaltung zu beobachten. Die gesamte Sonnenikonographie dieser frühen Epoche bereitet das Terrain für die tiersymbolischen Sonnendarstellungen nachfolgender Perioden vor.

Tamgaly war in der Tat Zeuge der Entwicklung der alten Glaubenssysteme. Nachdem der Sonnengott zunächst nur durch einfache Striche wiedergegeben wurde, verlieh man ihm zunehmend die Attribute von Fruchtbarkeit und Fortpflanzung. Er wurde direkt mit dem Stier assoziiert, dessen lange geschwungene Hörner ebenfalls Fortpflanzung symbolisieren. Die Sonnengottheit, wieder mit Attributen, die eigentlich mit dem Schamanen assoziiert sind, verwickelt die Stiergottheit in einen

330

331

329. Felsbilder mit Sonnensymbolen von der Bronzezeit bis zum 1. Jahrtausend v. Chr. Tamgaly, Kasachstan.

330. Eine Ansicht der mit Zeichnungen bedeckten Felslandschaft. Issyk Kul-See, Kirgistan.

331. Die Sonne ist als Spiralmotiv auf den Schenkeln wilder Ziegen abgebildet. Frühe Eisenzeit. Issyk Kul-See, Kirgistan.

Fortpflanzungsakt, der die Reproduktion der Tiere garantiert. Dies wiederum sichert das Überleben der menschlichen Spezies. Diese kleinen Zeugnisse der späten Bronzezeit stellen Grundideen über Fortpflanzung, Fruchtbarkeit und die lebensspendenden Kräfte der Sonne und frühen Tiere dar.

Das bessere Lebensniveau jener Völker hing zu einem großen Teil von domestizierten Tieren ab, einer Entwicklung neueren Datums. Neben magischen Ritualen mit einheimischen Tieren, die auf Felsen und Felsvorsprüngen dargestellt wurden, wurde die Sonne verewigt, wie sie zusammen mit Tieren kultische Handlungen vollzieht.

In Saimaly Tasch in Kirgistan wurden in einem sakralen Bezirk, der sich in mehr als 3000 m Höhe unter freiem Himmel erstreckt, Tausende von Bilder in Felsen eingeritzt. Das Gebiet um das „Heiligtum" herum war und ist noch immer unbewohnt. Die Menschen und das Vieh besuchten nur zwei

332

332. Felsritzzeichnungen aus der Bronze- und Frühen Eisenzeit in Tschankir Kehl, Sakatschi-Alian, Aldan sowie anderen Stätten des Altai-Hochlandes in Sibirien.

Monate im Jahr diese Hochlandweiden. Das Gebiet liegt am schwierigsten Abschnitt der Großen Seidenstraße, hinter dem Fergana-Paß und ist der höchstgelegene aller bisher bekannten Kultorte und außerordentlich schwierig zu erreichen. Diese Tatsache erklärt auch seine transkontinentale Bedeutung. Hier hielten einst die Wanderer auf den alten Straßen, die den Osten mit dem Westen verbanden, inne, um der Sonne und dem Himmel ihre Gebete darzubringen und um ihre Routen auf den steinernen Landkarten zu markieren. Hier schmilzt der Schnee nur im Hochsommer, wenn die Sonne ihre maximale Kraft erreicht. Daher stammen auch die eindeutige Sonnensymbolik und kosmische Natur vieler Darstellungen. Die Bauern aus den Tälern und die Viehzüchter aus den Tien-Bergen stiegen im Sommer in dieses Hochland hinauf, um zu dem sakralen Bereich vorzudringen und nahe dem heiligen See ein Gelübde abzulegen. Sie ritzten in die vielen verstreut um den See herum liegenden Steinblöcke reale oder imaginäre Szenen aus ihrem Leben. Heute können wir dank dieser Felsbilder die Welt durch die Augen unserer Vorfahren sehen. Erstaunlicherweise sind viele dieser Felsritzzeichnungen genuine Kunstwerke.

Die Sonnensymbole reichen hier vom Hakenkreuz und der Sonnenscheibe bis zum Sonnenmann, Sonnenstier, Sonnenwagen und Bildern von Sonnen-Bergziegen. Die zahlreichen Gravuren lassen es zu, daß man die Entwicklung des Sonnensymbols von einfachen Kreisen bis hin zu komplexeren Motiven und vermenschlichten Darstellungen verfolgen kann, wie zum Beispiel einem strahlenförmigen Kreis, dem ein Gesicht und ein strichartiger Körper gegeben wurde. Einige der Saimaly Tasch-Felszeichnungen spiegeln einen einmaligen Ornamentstil wider, der bis in die Steinzeit zurückreicht. Sie zeichnen sich durch die Vielfalt verwickelter geometrischer und abstrakter Muster aus, insbesondere durch die Zickzackformen, die an Schlangenkulte einiger alter Völker erinnern, und an die sogenannten „Schlangen-Bögen", die Zeitzyklen darstellen. Zu den Mustern gehören auch Drei-

334

335

333. Eine Ansicht von Saimaly Tasch, Kirgistan.

334. Prähistorische Felsritzzeichnung eines geweihtragenden Tieres, das die Sonne symbolisiert. Buruna, Kasachstan.

335. Dieses Szepter mit einem Hirsch wurde von einem Nomadenstamm der Saken als Tribut an den Achämenidenhof nach Persien gebracht. Silber. 5. Jahrhundert v. Chr. (Britisches Museum, London).

336

ecke, Rhomben, Spiralen, Kreise mit Punkten, Rosetten und Hakenkreuzen und halbmondartig geschwungene Sonnen- und Hieroglyphenzeichen. Oft sind diese Symbole zu elaborierten Mustern arrangiert, manchmal in Kombination mit Figuren, die nur so interpretiert werden können, daß sie eine Tradition der Sonnenverehrung oder der Verehrung des Himmels, der lebensspendenden Erde, der Berge, des Wassers und anderer Naturelemente widerspiegeln. Man kann aber auch die Hypothese aufstellen, daß diese Symbole eine Art Jahreszeitenkalender bedeuten oder daß sie grandiose archaische Ideen von den Lebenszyklen, der Größe des Universums und der Omnipotenz der Sonne veranschaulichten.

Es stellt sich die Frage, ob Fragmente alter Mythologien nicht nur in den wedischen oder frühen antiken Texten, sondern auch in den Felszeichnungen von Saimaly Tasch erhalten blieben. Manchmal sind Sonnensymbole und anthropomorphe Kreaturen freier komponiert, so bei einer Szene mit sieben maskierten Männern, die tanzen. Die einzelnen Tänzer und Figurenpaare sind in ihren Bewegungen und in ihrem Rhythmus höchst ausdrucksvoll. Einige der Männer zeigen deutlich ihr Geschlecht. Zu der Szene gehören zwei Sonnensymbole, eines oben, das andere unten. Gelegentlich begleiten auch ein Sonnenochse oder eine Sonnenziege mit gewundenen Hörnern solche Szenen. Besonders bemerkenswert ist eine Sonnendarstellung mit sieben Ochsen, die in einen Kreis eingezeichnet sind.

Auch heute noch wird der Saimaly Tasch-Bezirk von den Einheimischen als „das heilige Land" verehrt. Es ist noch nicht lange her, daß Pilger jedes Jahr im August hierherkamen und ein Zicklein oder ein Schaf und sieben Fladen mitbrachten. Die Tiere wurden am Ufer des Sees bei Sonnenuntergang geschlachtet, dann wurde das Fleisch gekocht und gegessen, Suren aus dem Koran wurden verlesen und Gebete gesprochen, welche gute Gesundheit und Wohlstand garantieren sollten. Man schrieb den Felsbildern auf den Steinen, die rund um den See liegen, magische Kräfte zu. Nach einer Legende soll ein Mann zwei gravierte Steine mit hinunter ins Tal genommen haben. Er hatte sie in einem Beutel, aber als er nach Hause zurückgekehrt war und in den Beutel sah, stellte er fest, daß er nur leere Steine hatte: Die Gravierungen waren verschwunden.

336. Bronzepaneel, auf dem Imdugud, der löwenköpfige Adler, mit zwei Hirschen abgebildet ist. Al-Obeid, etwa 2900–2400 v. Chr. (Britisches Museum, London).

Die Felsritzzeichnungen, die man in der Nähe des Issyk Kul-Sees in Kirgistan findet, sind Kombinationen ungleicher Tierpaare, so zum Beispiel von Stier und Pferd, Stier und Affe oder Stier und Kamel mit einem menschlichen Treiber, der eine gehörnte Maske trägt und einen langen Schwanz hat. Die Hörner und Schwänze der Stiere und anderer Tiere sind mit Punkten und Scheiben versehen und betonen so den kosmischen Ursprung dieser Tiere. Manchmal hält der Treiber eine Peitsche. Die Sonnen- und Mondsymbole sind gerne mit verschiedenen anderen Elementen vermischt: so erkennt man einen Sonnenmann, Mondkreise, die Sonne, die auf Füßen geht, und anderes mehr. Manchmal sind die Hörner der Tiere kreis- oder spiralförmig gewunden.

Einige Zeit nach dem Beginn des 1. Jahrtausends v. Chr. konnten bisher schon seßhafte Völker dank der Domestizierung des Pferdes ihre Herden zu Weiden in höheren Berggebieten sowie hinaus in die bislang unbewohnbaren Steppen führen. Diese dramatische Veränderung der Lebensweise fand in einem Gebiet statt, das sich von den Steppen Südrußlands, westlich der Mongolei, bis hoch in den Norden gen Südsibirien und gen Süden nach Westchina erstreckte. Diese Völker, die sich von ihren Nachbarn aufgrund ihrer Siedlungsweise und ihrer Wirtschaftsform unterschieden und ihren Nachbarn als Skythen, Sarmaten, Saken und skythisch-sibirische Stämme bekannt waren, hatten nicht nur ganz bestimmte Lebensformen gemeinsam, sondern auch dieselben Kulte und Weltanschauungen.

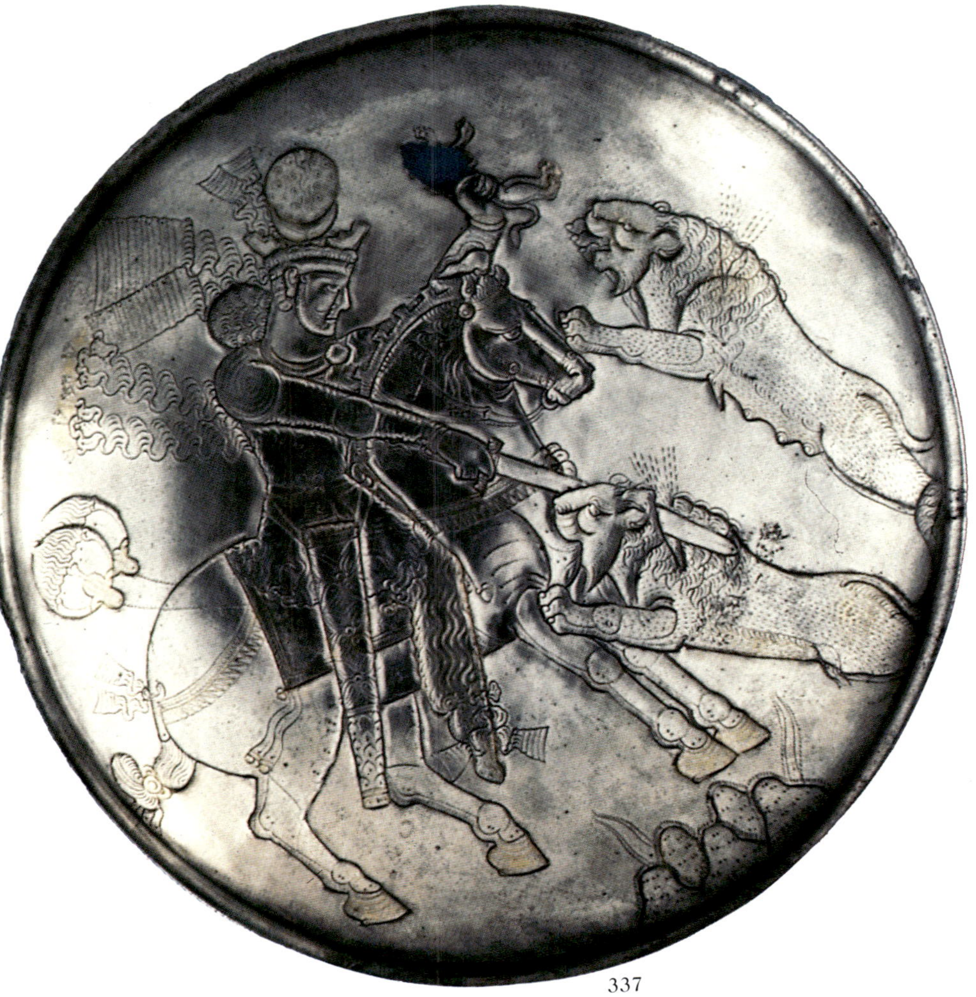

337

337. Der Sassaniden-Herrscher Bahram V., der eine Krone mit Darstellungen von Sonne und Mond trägt, hält beim Löwenkampf ein Löwenjunges empor. Ursprünglich vergoldete Silberschale. (Britisches Museum, London).

Monumente aus der Späten Bronzezeit und der Frühen Eisenzeit weisen nun nicht länger Darstellungen anthropomorpher Figuren auf. Die Mythologie war zu dieser Zeit weitaus komplexer geworden, wie dies aus den Felsgravuren in den Gebirgsregionen Zentralasiens und Kasachstans zu ersehen ist. In der Bronzezeit scheinen mehrere Kulte vorherrschend gewesen zu sein, welche die Verbindung zwischen Sonne, Fruchtbarkeit und Wiedergeburt in der Natur sowie die Verbindung zwischen den lebensspendenden Kräften der Sonne und der Welt der Tiere und der Pflanzen zum Thema hatten.

Domestizierte Tiere waren für die damaligen Menschen lebensnotwendig und wurden folglich in allen kulturellen Bereichen zum Hauptthema gemacht. Die Bande zwischen Mensch, Natur und Kosmos wurde allerdings in jener Kunstepoche, in welcher die symbolische Komponente merkbar an Bedeutung gewann, ganz unterschiedlich wiedergegeben. Die anthropomorphen Darstellungen der Späten Bronzezeit schafften Sonnensymbolen – Kreisen mit Kreuzen und Sonnenwagen – Raum, die ganz neue Vorstellungen von der Sonne zum Ausdruck brachten. Goldene Pferde und Sonnenwagen sind jetzt Symbole für die Bewegung der Sonne, von der Reise des Sonnengottes in jeden Winkel des Universums. Das Pferd ist eine integrale Komponente dieses Weltmodells, zu dem die Sonne, das Feuer, Sonnengötter und der Weltenbaum gehören. Diese Vorstellungen hatten sowohl in der vor- wie nachzoroastrischen Periode Gültigkeit.

Die kultischen Traditionen der Bronzezeit waren auch den Kriegern der neuen Eisenzeit vertraut. Jetzt, da sie mehr denn je vom Gedeihen ihrer Herden abhängig waren, realisierten die Nomaden eine Kunst im „Tier-Stil". Je nach Region nahm nun der zoomorphisierte Sonnengott die Gestalt eines Widders, eines Schafbockes, einer Bergziege, eines Hirsches oder Rentiers an. Viele Funde aus jener Zeit stammen aus Gräbern, und wir können uns die Vielfalt fragiler Gegenstände kaum vorstellen, die für immer verloren sind. Nur Fundstücke aus Metall, sei es aus Bronze, Silber oder Gold, haben überlebt.

Die Zeit der Skythen und Saken war von weiteren Widersprüchlichkeiten hinsichtlich der Natur der Sonnengottheit geprägt. Die Sonne wurde in jener Epoche in zunehmendem Maße durch Tiere, hauptsächlich Rentiere, Hirsche, Ziegen und Widder dargestellt. Einige dieser Darstellungen tragen keine speziellen Hinweise auf eine kosmische Bedeutung. Diese wird erst im Kontext der Mythologie der Skythen klar, denn diese umfaßt auch „Hoheitszeichen", Wagen und Farbsymbole; als Beispiel seien hier die skythischen Goldplatten aus den Grabhügeln von Tschillik und Issyk in Kasachstan genannt. Das goldene Rentier und die goldenen Widder wie auch die goldenen Gewänder des Königs spiegeln die kosmologische Bedeutung der Farbe im indo-iranischen Kulturkreis wider.

Merkwürdigerweise werden Abbildungen von Sonnentieren ausschließlich in Grabhügeln und Grabgewölben gefunden, wo sie sich immer in der Nähe von Scheiben, Altären oder Schlangen- und Vogelsymbolen befinden, so in den frühen Grabhügeln Zentralasiens, in Kasachstan und in der eurasischen Steppenzone. Abbilder von Rentieren, die durch den Himmel ziehen, entsprechen den weitverbreiteten eschatologischen Vorstellungen der indo-iranischen zoroastrischen Religion des 1. Jahrtausends v. Chr., gemäß welcher Ahura Masda, der Gott des Lichtes, den Gott der Finsternis bekämpfen mußte. Nachdem die Mächte der Finsternis besiegt sein würden, werden alle Menschen zusammengerufen, um geprüft und beurteilt zu werden und um ihre Seelen zu reinigen. Hierher gehören auch die zoomorphen Sonnensymbole in den Grabgewölben. Eines der traditionellen Bilder aus dieser Periode ist der goldene Hirsch, der durch den Himmel fliegt; sein langes Geweih liegt dabei flach auf seinem Rücken.

Zu den Sonnengottsymbolen aus der frühesten Eisenzeit gehört die gerollte Katze, die in beinahe allen einst von Nomaden bewohnten Gebieten – von der Wolga bis nach Innerasien – gefunden wurde. Eine dieser Darstellungen stammt aus der Nähe des Aralsees und ist von Sonnenstrahlen umgeben; sie kann folglich mit der Sonnengottheit identifiziert werden. Auf vielen anderen ähnlichen

338. Junge Kasachinnen in Burana mit einer modernen Hinweistafel in Form eines Felsbild-Sonnensymbols.

338

Darstellungen liegt die Spirale auf der Schulter des zusammengerollten Tieres und auf seinen Schenkeln.

Noch eine weitere Komposition aus Wagen und Rentier ist solarer Natur. Das Rentier hat einen länglichen Rumpf, einen schlanken Hals, graziöse Beine und ein übertrieben großes Geweih. Der runde Fleck auf dem kreuzförmigen Zeichen auf der Kruppe des Tieres und die Sonnenscheibe mit eingeritzten Figuren auf der Spitze seines Geweihes weisen auf die sonnenähnliche Natur des Rentiers hin. Bei diesen symbolbeladenen Objekten handelte es sich zweifellos um äußerst mächtige Amulette, die ihren Träger schützten und ihm besondere Kräfte verliehen.

In Zentral-Kasachstan besaß beinahe jeder Friedhof der Saken, die hier als Tasmola-Kultur bekannt sind, wenigstens einen einzigen Kurgan-Komplex oder Grabhügel. Dabei waren zwei kleine Kurgane durch halbkreisförmige Steinsetzungen mit einem großen Kurgan verbunden, in dem der Körper des Stammesführers, dessen Pferd und die Grabbeigaben bestattet waren, die dieser für die Unterwelt benötigte. Die kleinen Kurgane enthielten nur die Asche eines kleinen Feuers. Weil sie gen Sonnenaufgang ausgerichtet waren und in ihnen Feuer gebrannt hatte, wird dieser Komplex als Bereich des Sonnenkultes angesehen. Feuerrituale, verbunden mit einem Sonnenkult, wurden bei Nomadenbegräbnissen der Eisenzeit von Südsibirien bis in den Süden des Aralsees zelebriert.

Sonnensymbole, die in den von Ackerbau geprägten Regionen Zentralasiens während der persischen und hellenistischen Periode weitverbreitet waren, standen hauptsächlich mit den alten irani-

339

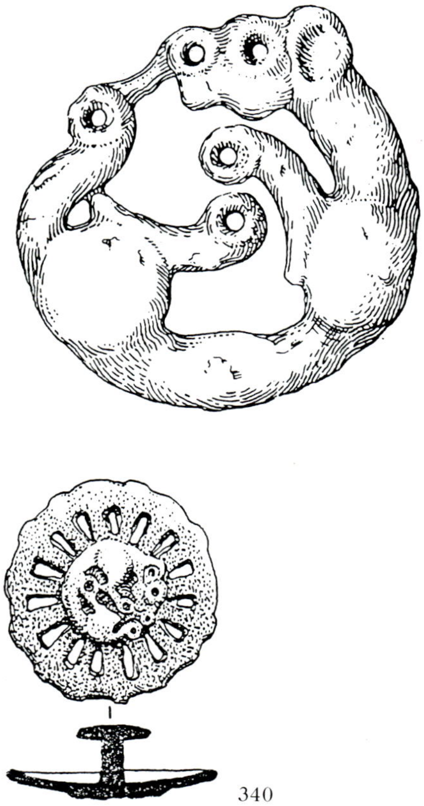

340

339. Phallisches Symbol auf einer Sonnenscheibe. Jungsteinzeit. Karakorum, Mongolei.

340. Von Sonnenstrahlen umgebene zusammengerollte Katze. Bronzeknopf der sakischen Kultur südlich des Aral-Sees, Kasachstan. 7. bis 6. Jahrhundert v. Chr.

schen und später mit den hellenistischen und Kuschan-Kulturen in Verbindung. Sie verraten auch Verbindungen zur buddhistischen Religion sowie zum hellenistischen Pantheon des vorislamischen Zentralasiens. Die verschiedenen Völker dieser Region führten die Tradition fort, indem sie Sonnensymbole für den Schmuck ihrer Häuser, auf Urnen, Tongeschirr, Stempeln und Metallschnallen und anderen Schmuckgegenständen und Verzierungen aus Metall, Bein oder Stein verwendeten. Eine Bronzeschnalle aus dem Grabhügel von Beschket zum Beispiel (1. bis 2. Jahrhundert n. Chr.) ist mit einer Sonnenrosette verziert. Große Sonnenrosetten, Kreise und Spiralen schmückten auch die Wände des Palastes von Toprakala.

Das Eindringen turksprachiger Völker in den Steppenraum um die Mitte des 1. Jahrtausends begründet auch die Herausbildung des heutigen Bevölkerungstyps. Die Mythen der Turkvölker entwickelten sich in einem hohen Maße auf der Basis der alten Mythologien. Der Sonnenkult lebte auf Bronzeplaketten und den schweren Schnallen, die die berittenen Reiter trugen, fort, desgleichen auf diversen handgefertigten Schmuckgegenständen. Ganz allgemein wurde jedoch das Sonnen-Rentier oder der Sonnen-Hirsch der Indo-Iraner von dem himmlischen Roß der Turkvölker ersetzt. Dies war die Ära des großen epischen Helden, der jetzt das goldene Pferd über die Himmel reitet. Dieses Thema ist auch auf einer metallenen Schüssel aus Sibirien dargestellt: Tief unter dem großen Jäger, der hoch über der Erde reitet, um Vögel zu jagen, liegen Berge und Bäume.

341

341. Die asiatische Tradition, Paare beim Liebesspiel auch im sakralen Bereich freizügig darzustellen, ist bereits auf frühen Felsbildern nachzuweisen. Felszeichnung in Tamgaly, Kasachstan.

342

342. Silberschale mit biblischen Szenen.
9. bis 10. Jahrhundert. Zentralasien.
(Eremitage, St. Petersburg).

Das Himmelsroß findet sich auch in der epischen Dichtung jener Zeit, für die das altaische Gedicht *Temire-Sanaa* ein Beispiel ist:

Das dunkle graue Roß
fliegt über den Grund des Himmels,
es durchkreuzt die weiße Wolke
und nähert sich den Sternen.

Trotz des Vordringens der Turkvölker hat in Sibirien die alte indo-iranische mythische Sonne bis in dieses Jahrhundert hinein überlebt, wie dies aus folgendem Dolgon-Märchen hervorgeht: Ein kleiner Junge nähert sich dem Ende der Welt, dort, wo „der Ozean auf den Himmel trifft“: Er sucht die Stelle, wo die Sonne während der Nacht hingeht. Der Junge, der mit magischen Kräften ausgestattet ist und Knochen von einem Elch benützt, macht das Tier wieder lebendig, und beide zusammen segeln über das Weltenmeer, um zuzuschauen, wie die Sonne im Meer versinkt. Als der Junge morgens aufwacht, sieht er zwei Sonnen aufgehen. Eine steigt gen Himmel und die andere gleitet über das Wasser. Als der Junge nun die zweite Sonne beobachtet, wird ihm bewußt, daß es sich hier um einen Elch handelt, dessen Geweih wie die Sonne blinkt.

Selbst heute noch lassen russische Feste in Sibirien ihre heidnischen Wurzeln erkennen. Die Faschingsfeste im Frühjahr haben Bezug zum Sonnenkult und zum Herrscher der Himmel. Während der Feier werden ausgestopfte Figuren des Feuergottes verbrannt und flache runde Pfannkuchen, die die Sonne symbolisieren, gegessen.

344

Der Chwar (Chor)-Sonnenkult Zentralasiens

Boris I. Marshak

Obwohl es sich bei den choresmischen, sogdischen oder baktrischen Sprachen, die ostiranischen Ursprungs waren, um auch geschriebene Sprachen Zentralasiens handelte, die es bereits im 1. Jahrtausend v. Chr. gab, haben wenige Texte aus dieser Zeit überlebt. Deshalb ist unser Wissen über die damaligen Religionen und insbesondere über die Verehrung der Sonne sehr fragmentarisch.

Ethnographische und archäologische Untersuchungen sind die Hauptinformationsquellen für die alten Glaubensformen dieses Gebietes. Paradoxerweise sind in dem ethnographischen Material des 20. Jahrhunderts aus dem Pamir und den anliegenden Gebieten von Tadschikistan Hinweise auf Ideen enthalten, die archaischer sind als die in den alten Texten enthaltenen. Es stellte sich heraus, daß die Muslime des Pamir und die Einwohner von Nuristan, die erst im 19. Jahrhundert zum Islam konvertierten, vergleichbare Sonnenkalender hatten.

Die Einwohner Nuristans waren Abkömmlinge der alten Arier. Sie lebten isoliert von den benachbarten Völkern und bewahrten und kultivierten somit ihr arisches Heidentum, während sich die Iranier Zentralasiens, die sich uspründlich zum Zoroastrismus bekannt hatten, im frühen Mittelalter im Zuge der arabischen Invasion zum Islam bekehrten. Der Kalender der Hochlandbewohner geht bis auf die alte indo-iranische Kultur zurück. Der zoroastrische Kalender hatte in Choresmien (um den unteren Amu Darja) und in Sogdien (dem Serafschan-Tal) bereits im 1. Jahrtausend v. Chr. weite Verbreitung gefunden. Deshalb können die Namen der Wochentage in der choresmischen und sogdischen Sprache bis auf archaische iranische Formen zurückgeführt werden.

Der Hauptunterschied zwischen dem zoroastrischen Kalender und dem der heidnischen Bergvölker war, daß für die Zoroastrier ein Jahr genau 365 Tage hatte (zuvor 360 Tage), während die Bewohner der Gebirgsregionen den Beginn eines neuen Jahres dadurch festsetzten, daß sie die Sonne beobachteten. Jeder Monat des zoroastrischen Kalenders bestand aus 30 Tagen, und jeder Tag wurde nach einem ganz besonderen Gott benannt, der an ihm verehrt werden mußte. So war der elfte Tag jedes Monates Chwar, dem Sonnengott, gewidmet. Am zwölften Tag beteten die Gebirgsbewohner zu Mah, den Mondgott. All jene, die diese täglichen Rituale einhielten, waren auch in der Lage, über die Zeit Buch zu führen.

343. Die Göttin Nanaja hält die Sonne und den Mond in zweien ihrer vier Hände. Silberschüssel, die mit einer choresmischen Inschrift umrandet ist. 7. Jahrhundert. Choresmien. (Eremitage, St. Petersburg).

344. Helios mit seiner Strahlenkrone fährt im Himmelswagen. 3. Jahrhundert v. Chr. Griechisch. (Eremitage, St. Petersburg).

345 a

345 c

345 b

346 a

345 a, b, c. Nanaja-Wandgemälde in einem Privathaus, Pendschikent. 8. Jahrhundert. Sogdien. (Eremitage, St. Petersburg).

346a. Eine Rekonstruktion des zweiten Tempels von Pendschikent. Ostfassade. 7. bis 8. Jahrhundert. (Eremitage, St. Petersburg).

Ein Jahr, das aus 365 Tagen besteht, ist um etwa sechs Stunden kürzer als das astronomische Jahr. Aus diesem Grunde verschob sich das zoroastrische Jahr alle 120 Jahre um einen ganzen Monat, was Verwirrung hervorrief dadurch, daß sich zum Beispiel ein Frühlingsfest erst auf den Winter, dann auf den Sommer und schlußendlich auf den Herbst verschob. Normalerweise wurden diese Schwierigkeiten dadurch gelöst, daß in das rituelle Jahr zusätzliche Monate eingeschoben wurden. In Choresmien gab es diese Schaltmonate jedoch schon viele Jahrhunderte vor der Islamisierung nicht mehr; was Sogdien betrifft, so gibt es keine Hinweise dafür, daß es dort solche Praktiken gegeben hätte.

In den Kalendern der Bergvölker gab es keine Zeitverschiebung, weil sie die Zeit auf der Basis astronomischer Beobachtungen kalkulierten. Im Tal des Huf-Flusses z.B. waren Frühjahrstages- und nachtgleiche und Neues Jahr dann, wenn der vom Berg Tscherog (d.h. „der Leuchtende") geworfene Schatten einen ganz bestimmten Punkt erreicht hatte. Im Frühling, wenn die Strahlen der Sonne am Haus eines bestimmten Bauern angelangt waren, wurde dort ein rituelles Fest veranstaltet; die Gäste wurden mit einem Spezialgericht namens *boğ* bewirtet, das aus Weizen und Erbsen bestand. In Häusern von Wohlhabenden wurde auch Kopf, Schlegel und Magen eines Tieres serviert, das zu diesem Anlaß geschlachtet wurde. Im Herbst, wenn die Sonne „fortging", wurden Abschiedsfeste veranstaltet, und dabei wurde ein spezielles Milchgericht namens *šīr rouġan* aufgetischt.

In den Gebirgsregionen wurden die Tage nach der Bewegung des Schattens entlang dem Körper eines auf dem Boden liegenden Mannes berechnet. Man glaubte, daß die Sonne vierzig Tage nach der Wintersonnwende die Zehen des Mannes „betrat" und dort drei Tage lang blieb. Weitere drei Tage lang verweilte die Sonne im Rist, dann im Fußgelenk und so weiter, bis sie die Augen, die Augenbrauen und die Stirn erreicht hatte. Eine ganz bestimmte Wetterlage entsprach der jeweiligen Dreitagesperiode: „verweilte" die Sonne in den Augen, erwartete man Regen, und während der neun Tage, die sie durch die Eingeweide des Mannes „reiste", sollte das Wetter mild und warm sein. Die Reise der Sonne durch den Körper umfaßte einen Zeitraum von hundert Tagen; danach begann die rückläufige Bewegung von der Stirn bis zu den Zehen.

346 b

346b. Rekonstruktion einer bemalten Wand im Heiligtum des zweiten Tempels von Pendschikent. Die Göttin Nanaja ist so abgebildet, daß sie einen bewaffneten Gott, möglicherweise den zoroastrischen Gott Srosch, überragt. Frühes 8. Jahrhundert. (Eremitage, St. Petersburg).

347

Es gab mehrere mit der Sonne in Verbindung stehende Phänomene, die die Tageszeit anzeigten. So glaubte man im Huf-Tal, daß genau zur Mittagszeit kleine Lichtflecken auf den Berghängen in Erscheinung treten.

Die Gebirgsbewohner beobachteten nicht nur Schattenbildung und Lichtflecken, sie bauten auch kleine „Observatorien", die wie Miniaturnachbildungen von Englands berühmtem Stonehenge aussahen. Viele Bewohner der Bergregionen verwandelten ihre Häuser in Observatorien, indem sie die Stellen markierten, wo die durch eine spezielle Öffnung einfallenden Strahlen der Sonne während

347. Detail eines vom Feuer verkohlten, hölzernen Frieses aus Pendschikent. Die Sonne ist dargestellt als ein Bogenschütze, der in einem Wagen fährt. 8. Jahrhundert. Sogdien. (Eremitage, St. Petersburg).

der Winter- und Sommersonnenwende oder während der Frühjahrs- und Herbst-Äquinoxien Mauern und Säulen berühren mußten.

Al-Biruni, ein choresmischer Gelehrter, schrieb im 11. Jahrhundert, daß die Zeit der Sommersonnenwende dann registriert wurde, wenn die Schatten am kürzesten waren.

Das Kalendersystem der zentralasiatischen Bergvölker stützte sich jedoch nicht nur auf eine primitive, wenn auch relativ wirkungsvolle Astronomie, sondern auch auf die Mythologie. Man hielt die Perioden zwischen Frühjahr und Herbst für die Zeit, in der der Sonnengott in die Wüste ging, um seine beiden Frauen zu besuchen: er besuchte die alte und häßliche Frau im Winter und die junge und hübsche im Sommer.

Im Fergana-Tal fand man Spuren des zoroastrischen (persischen) Kalenders, nicht aber im Pamir, mit Ausnahme von Monatsnamen persischen Ursprungs. Die im Tal lebenden Völker glaubten, daß es am Horizont 360 Brunnen gäbe und daß die Sonne nacheinander in jeden von ihnen hineinstiege. Nur während der Sommersonnwende und dann sechs Tage lang blieb die Sonne in ein- und demselben Brunnen. Diese Glaubensform spiegelt eindeutig den zoroastrischen Kalender mit seinem aus 360 Tagen bestehenden Jahr wider, ergänzt um 5 weitere Tage im Sommer.

Der einzige bekannte Sonnentempel Zentralasiens befand sich im Fergana-Tal. Er hieß Kawusan und war nach einem König Kawus benannt, der wahrscheinlich den Tempel erbaut hatte. „Es gab einen einmaligen, in der Hauptstadt von Fergana der Sonne gewidmeten Bau. Er wurde später vom Kalifen Mu'tasim (833 und 842) zerstört" (Al-Schahristani). Aller Wahrscheinlichkeit nach war Kawus der Herrscher über Ustraschana, eine Provinz im Westen von Fergana. Während der Regierung von Mu'tasim reichte die Macht des Kalifen nicht mehr bis zu den östlichen Randgebieten seines riesigen Reiches. Er mischte sich in die Angelegenheiten seiner Unterregenten, aus denen schließlich Erbvasallen wurden, nicht ein. Mu'tasims einziger Akt „harter Politik" war 841 die Hinrichtung des Herrschers von Ustraschana, Heidar. Dieser war der Sohn von Kawus und ein hervorragender Militärbe-

348

348. Keramikfenster aus einem Wohnhaus in Pendschikent. 8. Jahrhundert. Sogdien. (Eremitage, St. Petersburg).

fehlshaber. Er wurde wegen Konspiration gegen den Kalifen und Abtrünnigkeit vom Islam verurteilt. Es gibt Gründe anzunehmen, daß der Sonnengott der Schutzpatron der Ustraschana-Dynastie gewesen ist.

Vor dem Aufkommen des Islam im 8. und 9. Jahrhundert hatte jede Familie in den von sogdischer Kultur geprägten Landstrichen einen Gott als Patron und Schutzherrn. Mauern, die gegenüber von Hauseingängen, Palästen und Zeremonienräumen lagen und die von Archäologen ausgegraben wurden, tragen die Darstellungen verschiedener Gottheiten. Gewöhnlich wird ein Gott mit gespreizten Beinen auf einem Tier sitzend oder auf dem Rücken geflügelter Tiere thronend dargestellt. In dem Zeremonienraum des Palastes der Herrscher von Ustraschana aus dem 7. bis 9. Jahrhundert in der Ortschaft Schahristan z.B. befindet sich die Abbildung eines Gottes unter einem bemalten Bogen; und sein Thron steht auf dem Rücken zweier Pferde.

Auf beiden Seiten dieses Bogens befanden sich je drei Streifen mit Malereien, die den Kampf zwischen Gut und Böse symbolisierten. Ein Gott in voller Rüstung fährt in einem von zwei geflügelten Pferden gezogenen Wagen auf einen Löwen zu, auf dem die vierarmige Göttin Nanaja sitzt; in ihren Händen hält sie die Sonne und den Mond. Das Antlitz der Göttin ist dem Wagen zugewandt. Sie trägt keine Rüstung und keine Waffen, aber ihre Gelassenheit inmitten des Kampfes ist Beweis dafür, daß sie das Geschehen voll unter ihrer Kontrolle hat. Eine ähnliche Szene wurde an der Wand eines Privathauses aus dem 8. Jahrhundert in Pendschikent entdeckt. Ein von geflügelten Pferden gezogener Wagen ist immer Attribut des Sonnengottes. In Persien war es Mithras, der auf solchen Sonnenwagen abgebildet wurde. In Sogdien, einschließlich Ustraschanas, konnte es sich nicht um Mithras handeln, denn dieser war ein bedeutender Gott, während die wagenfahrende Person auf den Bildern in Schahristan und Pendschikent offensichtlich der Göttin Nanaja untergeordnet ist; in Schahristan wird sie sogar kniend vor ihr abgebildet.

349 a

b

c

349 a,b,c. Silbernes Gefäß mit Sonnenmotiven. Es trägt eine arabische (Kufi-) Inschrift mit dem Namen seines Besitzers, des Ministers „Abu Ali Ahmad“, der in Balch lebte. 1050 n. Chr.

350

Möglicherweise stellen die Bilder Chwar, die Naturgottheit der Sonne dar. Der elfte Tag jeden Monates war ihm geweiht. Im Awesta, in dem die höchsten Götter immer mit der Sonne assoziiert wurden, wurde ihm zu Ehren eine spezielle Hymne gesungen. Nach den Awesta-Texten waren die höchsten Götter Ahura Masda und Mithras, der Gott, der über die Einhaltung von Verträgen wachte. In Sogdien, Choresmien und wahrscheinlich auch in Parthien war es die Göttin Nanaja, deren Kult ursprünglich in Mesopotamien aufgekommen war. In Sogdien trug Nanaja den Titel Herrin. Die Zoroastrier, deren Existenz wesentlich vom Ackerbau abhing, konnten es sich nicht erlauben, die Sonne nur von einem zweitrangigen Gott, also Chwar, dargestellt zu sehen. Im Awesta glaubte man, daß die Sonne das Auge Ahura Masdas sei, und unter einigen ostiranischen Völkern wurde der Name dieses Gottes zu einem Synonym der Sonne.

In den Awesta-Texten erscheint Mithras bei Sonnenaufgang am Himmel. Sein Wagen folgt der Sonne, während er Horden von Dämonen besiegt. Viele iranische Völker identifizierten Mithras mit der Sonne, aber sein Rang war immer höher als der des Chwar.

Der Zoroastrismus der Choresmier und Sogdier war nicht sehr orthodox; deshalb ist es nicht klar, bis zu welchem Grad zoroastrische Texte für die zentralasiatische Religion charakteristisch sind. Die Wissenschaftler müssen sich auf Darstellungen der Sogdier und Choresmier verlassen und diese mit der persischen Ikonographie vergleichen.

Am weitesten verbreitet ist die Sonnendarstellung der Nanaja, die auf ihrem Thron sitzt oder auf einem Löwen reitet. Motive aus dem Mittleren Osten oder Indien (zum Beispiel die vier Arme) fließen in ihr Bild ein, welches auch viel Ähnlichkeit mit der Darstellung Durgâs, der Gemahlin Schiwas, und anderen indischen Göttinnen besitzt. Die Sonne und der Mond in ihren Händen sind jedoch Hinweise auf eine nicht-indische Konzeption.

350. Der Löwe, der einen Stier schlägt, ist ein altes Achämeniden-Symbol, das mit der Frühlingstag- und -nachtgleiche des Sonnenjahres in Verbindung steht, weil die Krönung des Königs auf diesen Neujahrstag fiel. Silberschüssel. 7. Jahrhundert. Persien. (Eremitage, St. Petersburg).

Offensichtlich soll mit der Bedeutung dieser beiden Symbole, Sonne und Mond, unterstrichen werden, daß die Herrin ihre Macht sowohl tagsüber als auch nachts ausübt. Dieser Wunsch, den ganzen Zeitenzyklus anzudeuten, ist für die persische Kultur des 5. bis 8. Jahrhunderts charakteristisch. So enthielt die Krone des Königs im Persien der Sassaniden (3. bis 8. Jahrhundert) ursprünglich nur im Korymbos eine Anspielung auf die Sonnenkugel; aber mit Beginn des 5. Jahrhunderts gehörte auch der Halbmond zu seiner Krone. Gegen Ende der Sassaniden-Periode wurden Sonne und Mond unabdingbare Komponenten der Ikonographie der sehr populären Jagdszenen. Auf einer berühmten persischen Schale aus dem 8. Jahrhundert sind Jagdszenen dargestellt, bei denen der Mondgott Mah in einem von Stieren gezogenen Wagen fährt. Aber der Maler stellte auch die Sonne dar, und zwar in Gestalt eines Bogenschützen, der in einem Palast mit Säulen steht und darauf wartet, daß der Morgen anbricht. Auf dem verkohlten Holzbalken eines Hauses aus dem 8. Jahrhundert in Pendschikent ist ein von Pferden gezogener Sonnenwagen abgebildet. Diese Komposition gehörte einst zu einem Fries unterhalb der aus Bögen bestehenden Decke; jeder Bogen beherbergte eine Gottheit. Der Sonnengott war mit einem Bogen in der Hand abgebildet. Da nicht mehr alle Teile des Frieses existieren, ist es unklar, ob in einem Bogen nicht auch der Mondgott abgebildet war. Das Keramik-„Fenster“ im Mittelpunkt der Decke, durch welches das Sonnenlicht hereinschien, war mit Halbmonden und Sternen dekoriert.

Die Tag- und Nachtgleiche als Hauptereignis im Sonnenjahr zog auch die alten Künstler an. Das alte Symbol für diesen Vorgang, ein einen Stier angreifender Löwe, ist auf einer persischen Silberschale aus dem 7. Jahrhundert abgebildet. Ganz offensichtlich beabsichtigte der Künstler, die universelle Bedeutung dieses Naturphänomens dadurch zu vermitteln, daß er in die Szene das mythische Weltenmeer und den bis zum Himmel reichenden Baum aufnahm. Eine sogdische Schale aus dem späten 8. Jahrhundert zeigt einen Löwen, der ein geweihloses Rentier schlägt und verweist somit auf das Motiv des Frühlings, die Jahreszeit, in der die Rentiere ihre Geweihe abwerfen.

Die Architektur zweier sogdischer Tempel, die aus dem 5. bis 8. Jahrhundert stammen dürften, reflektiert sehr lebhaft das Ritual der Sonnenverehrung. Der Eingang zu der rechteckigen Anlage der Tempel lag im Osten, während – so wird berichtet – die Gebete im Westen gesprochen wurden. Die Gläubigen betraten einen ersten Hof durch eine Säulenhalle mit zwei Säulenreihen und schritten dann durch eine andere Säulenhalle zum nächsten Hof weiter. Dort standen sie vor der Fassade des Hauptgebäudes, zu dem man durch eine weitere Säulenvorhalle Zugang hatte; danach betraten sie einen viereckigen Raum, wobei sich auf jeder Seite des Zugangstores eine Nische mit einer Statue befand. Die Ostwand des Raumes war offen, so daß die Strahlen der aufgehenden Sonne die Nischen und Statuen beleuchten konnten. Die Gläubigen mußten sich lange vor Sonnenaufgang in der ersten Säulenhalle versammelt haben. In Pendschikent wie auch in allen Gebirgsregionen gibt es eine lange Pause zwischen dem Beginn der Morgendämmerung und dem Moment, wenn die Sonne hinter den Bergen hervorkommt. Die Tempel in Pendschikent wurden für die Morgenandacht benützt. Die Minuten, ehe die Sonne erschien, könnten auch eine rituelle Bedeutung gehabt haben: Die ersten Sonnenstrahlen wurden im Bild des Verethragna, des Siegesgottes, eingefangen, der als grausamer wilder Eber, der vor Mithras einherläuft, abgebildet wird. Manche Wissenschaftler sind der Ansicht, daß das armenische Wort *mehean*, das „Tempel“ bedeutet, auf den parthischen Begriff für „Mithras' Ort“ zurückgeht; damit könnte der Ort gemeint sein, an dem immer die Gottesdienste zwischen Sonnenaufgang und Mittag abgehalten wurden, der Zeit, in der Mithras besonders wohlwollend gestimmt war.

Mit dem Aufkommen des Islam verloren die alten Symbole ihre ursprünglichen Bedeutungen, verschwanden aber nicht ganz. Ein einmaliges Silbergefäß aus dem späten 11. Jahrhundert ist außer mit arabischen Inschriften, die den Namen und den Titel des Besitzers angeben (der Würdenträger Abu Ali Ahmad ben Muhammed ben Schasan aus Balch), mit zwei großen Medaillons verziert; jedes Medaillon weist einen kleinen Kreis auf, der in einen größeren eingefügt ist. Diese Zeichen haben

351

351. Mesopotamisches Relief, das einen babylonischen König vor dem Sonnengott Schamasch stehend darstellt. 12. bis 19. Jahrhundert v. Chr. Susa. (Musée du Louvre, Paris).

352

glücksbringende Bedeutung. Der kleine Kreis ist hell, während der große dunkler wirkt und mit Ornamenten gefüllt ist, darunter die Gestalten zweier Löwen und zweier Drachen, mit denen der Künstler die Sonne und ihre Bahn darstellte. Nach Al-Biruni sollen die Sassaniden-Könige Kronen mit Abbildungen der Sonne und der Bahn, die sie nahm, getragen haben. Künstler aus dem 13. Jahrhundert stellten die Ekliptik in Gestalt eines Drachens dar. Das Bild eines Löwen war schon zur Zeit der Verehrung der Göttin Nanaja mit der Sonne in Verbindung gebracht worden. Drei kleine Medaillons, mit denen das Gefäß verziert ist, zeigen zwei Sonnen(?)-Löwen und einen Mond(?)-Hasen.

Im 13. Jahrhundert setzte sich in der Ikonographie als kanonische Form des Motivs die Sonne durch, die hinter dem Rücken eines Löwen aufgeht. Diese Kombination ist auf Münzen aus Kleinasien und auf Kacheln aus Nordpersien weit verbreitet. Die Fassade der Madrasa Schir-Dor aus dem 17. Jahrhundert in Samarkand trägt die etwas komplexere Darstellung eines Löwen, der eine Gazelle verfolgt, was an das Löwen- und Stier-Motiv erinnert. Jedoch gibt es keinen Hinweis darauf, daß der Zusammenhang zwischen diesem Motiv und der Frühlingstages- und -nachtgleiche bis zum 17. Jahrhundert überlebte, insbesondere da im 11. Jahrhundert diese zum ersten Tag des Sonnen-Neujahrs wurde.

Die Darstellung der Sonne in Form eines schönen Gesichtes, die ganz eindeutig unter dem Einfluß persischer Liebesdichtung stand, war in Iran ab Beginn des 11. Jahrhunderts weit verbreitet.

In den nordwestlichen Gebieten Zentralasiens begann die Islamisierung im späten 9. Jahrhundert. Vom 8. bis zum 10. Jahrhundert wurden diese Länder von den nomadischen Karluken beherrscht, die im späten 8. Jahrhundert zum Christentum bekehrt worden waren. Szenen auf Karluk-Schüsseln dieser Zeit reflektieren biblische Motive, manchmal verquickt mit Sonnen-Darstellungen. Eine solche Schale mit Szenen aus dem Buche Joshua befindet sich in der Eremitage in St. Peters-

352. Reiter in Kasachstan führen ihre Schilde während eines Lugovoye-Festes mit sich. Der Schild ist eine Waffe, die ganz besonders eng mit der Sonne identifiziert wird.

353

burg. Es sind verschiedene Episoden dargestellt: Truppen vor Jericho; Rahab, die Hure, die aus dem Fenster einer Festung schaut; das Heraustragen der Bundeslade, wobei sieben Priester auf Hörnern blasen; die Einnahme der Kanaaniterstadt; und Joshua, wie er mit erhobener Hand der Sonne und dem Mond befiehlt, stehen zu bleiben. Eine andere Schale mit ähnlichen Darstellungen befindet sich in Nowosibirsk, Rußland. Beide Gefäße bezeugen, daß es Verbindungen zwischen Zentralasien und den weit entfernten christlichen Kulturen im Mittelmeerraum gab.

Die religiösen, wissenschaftlichen und poetischen Konzeptionen von der Sonne, die überall bei den in Zentralasien siedelnden Völkern verbreitet waren, waren sehr ausgeprägt. Sie spiegeln die Verbindungen zwischen diesem riesigen Gebiet und seinen Nachbarkulturen wider, worunter Persien die erste und wichtigste war.

353. Die Sonnengottheiten im vorislamischen Persien waren männlichen Geschlechts. Das weibliche Sonnenantlitz war eine islamische Neuerung. Das Gesicht eines geliebten Menschen wurde in der persischen mystischen Dichtung mit der Sonne verglichen. Frühes 9. Jahrhundert. Persien. (Eremitage, St. Petersburg).

354

355

Die Sonne in der zoroastrischen Kultur

James R. Russell

Der Zoroastrismus war eine der großen Glaubensformen der antiken Welt des Mittelmeerraumes. Die drei vorislamischen persischen Reiche der Achämeniden, Parther und Sassaniden waren fast dreizehn Jahrhunderte lang die einzigen Mächte, die frei von hellenistischer oder römischer Herrschaft waren; und sie waren zoroastrisch. Zu einer Zeit, als die meisten Völker in der Wiege der westlichen Zivilisation noch Idole verehrten und unfähig waren, einen gemeinsamen menschlichen Nenner und eine gemeinsame Religion zu schaffen, verkündete der Zoroastrismus, daß es nur einen Schöpfergott, nämlich Ahura Masda, gebe, der über alle seine weltlichen und geistigen Kinder regiert. Dieser Gottheit stand als Widersacher ein böser und lasterhafter Dämon, ein „Arger Geist", nämlich Angra Mainju (Ahriman), gegenüber, der von Ahura Masda unabhängig und ihm feindlich gesinnt war. Der Zoroastrismus war insofern einmalig, als er die einzige große Religion war, die streng dualistisch war.

Die Zoroastrier glaubten an die wahre, unveräußerliche und unabdingbare Würde des Menschen; an die Gleichheit vor dem Gesetz (*dāta*, das Wort wurde im Hebräischen zu *daṯ*, also „Religion"); an das Recht jeden Individuums, auf dieser Welt ein gerechtes und glückliches Leben zu führen, und an die Pflicht der Menschen, ein verantwortungsbewußtes Regiment über andere heilige Geschöpfe dieser Welt auszuüben. Die Zoroastrier verkündeten als erste die Doktrinen von Himmel und Hölle, vom Letzten Gericht, von einem linearen Verlauf der Geschichte und von messianischer Erlösung. Der hebräische Prophet Jesaja begrüßte den zoroastrischen König Kyros den Großen als den Messias – den von Gott Gesalbten; und in Griechenland hielt man Zoroaster für den ersten Philosophen von Weltgeltung vor Plato. Weder die Griechen noch die Juden akzeptierten den kosmischen Dualismus

354. Ein zoroastrischer Priester während der *nawčote*-Zeremonie (Initiation eines Kindes) in Bombay mit seinem Feuer.

355. Das Sonnensymbol *farohar* in Form einer geflügelten Scheibe im Bojatsche-Feuertempel von Bombay.

356 357

der Vision Zoroasters im vollen Umfang. Aber die zoroastrische Erklärung des Bösen als einer unabhängigen Macht beeinflußte die christlichen Vorstellungen vom Satan (Dantes *Göttliche Komödie* hatte letztlich ihre ureigentliche Quelle in dem zoroastrischen *Buch des Gerechten Virāz).* Die häretische Version des Zoroastrismus, der Manichäismus, war viele Jahrhunderte lang eine bedeutende intellektuelle Quelle für die christlichen Länder; einer ihrer Anhänger im 4. Jahrhundert war ein Mann, der später als der Kirchenvater Augustinus bekannt wurde. Der Einfluß, den der Zoroastrismus auf die jüdischen und griechischen Religionen – und dadurch auf das Christentum, den Islam und auf die ganze zivilisierte Menschheit der nachfolgenden Generationen – ausübte, ist unmeßbar. Aber nach der arabischen Eroberung Irans im 7. Jahrhundert n. Chr. verschwand der Zoroastrismus, der nie eine Proselytenreligion war, zum größten Teil von der Bühne der Geschichte. Im 10. Jahrhundert flohen viele Zoroastrier, die Religionsfreiheit begehrten, aus ihrer Heimat und siedelten sich in Westindien an, wo ihre Nachkommen, die Parsen, noch heute leben. Es gibt nur noch etwa 100.000 Zoroastrier, und ihre Zahl geht ständig zurück.

Der historische Hintergrund Zarathustras (Zoroasters) ist unbekannt. Über die Zeit und den Ort, ja selbst den Inhalt seiner prophetischen Mission sind sich die Gelehrten noch heute nicht einig. Aber auf der Basis der den heiligen zoroastrischen Texten – der *Avesta* – inhärenten Beweise kann man immerhin vernünftige Hypothesen aufstellen; das gleiche gilt für vergleichende und archäologische Daten. Die ältesten Teile der ersterwähnten Quellen wurden in einer sehr alten ostiranischen Sprache verfaßt, die mit der Sprache der Weden verwandt ist, der ältesten bekannten Form des Sanskrit aus dem 2. Jahrtausend v. Chr. Irgendwelche wiedererkennbaren Ortsnamen sind nicht erwähnt, aber spätere Texte nennen iranische Niederlassungen, die in etwa auf einer Linie lagen, die sich vom Nordosten zum Südwesten erstreckte. Daher stammt die Hypothese, daß der frühe iranische Stamm,

356. Fassade des Andschoman Ataschbahram-Feuertempels in Bombay.

357. Das geflügelte Sonnensymbol *farohar* im Andschoman-Feuertempel von Bombay.

358

359

zu dem Zarathustra gehörte, irgendwo im Nordosten Zentralasiens in der Mitte des 2. Jahrtausends v. Chr. lebte, d.h. Jahrhunderte bevor Persisch sprechende Auswanderer sich im heutigen Iran niederließen. Das halblegendäre iranische Heimatland Aryana Vaedschah (der Iranische Raum) war ein frostiger Ort, wo die längste Nacht der Dauer der zwei kürzesten Tage des Jahres entsprach. Der Name Zarathustra bedeutet so etwas wie „verehrenswertes Kamel"; die Namen seines Vaters und seiner Mutter, Pouruschaspa und Dughdhova, bedeuten ihrerseits „Besitzer vieler Pferde" und „Hirtin". Zarathustra gehörte zu einem Halbnomaden- und Hirtenvolk, das die Mächte der Natur verehrte. Es ist verständlich, daß diese Menschen, die unter den harten Bedingungen jenes Landes lebten, Feuer und das Licht der Sonne vergöttlichten und in der Dunkelheit die Verkörperung des Bösen sahen. Auch heute noch ist Weiß die Farbe der Zoroastrier; es ist ihnen verboten, Schwarz zu tragen, jene Farbe, die das Böse und das Fehlen von Licht versinnbildlicht. Vielleicht ist es die antike zentralasiatische Andronowo-Kultur, die materielle Überreste der Gesellschaftsform, wie Zarathustra sie kannte, liefern kann. Angeblich sollen auch zur Zeit, in der er lebte, Banden junger berittener Mordbrenner, ähnlich den Skythen der späteren Jahrhunderte, sein Volk terrorisiert und dessen alte Lebensweisen zerstört haben. Seine Tradition enthielt dann die dualistischen Elemente in dem symbolischen Gegensatz von Licht und Dunkelheit, und es waren in der Zeit Zarathustras die theologischen Fragen der göttlichen Gerechtigkeit und der Art des Kampfes zwischen den beiden moralischen Kräften ganz besonders aktuell.

Es scheint, daß Zarathustra in seiner Kindheit zum Priester herangebildet wurde; zu seinen Aufgaben gehörte das Komponieren heiliger Verse. Weiterhin scheint es, daß er sich von der Verehrung gewisser gewalttätiger Gottheiten, den *daēva* abgestoßen fühlte. Im Alter von zwanzig Jahren war er von seiner inneren geistigen Suche so verunsichert und von dem Elend und Unglück, das schlechte

358. Feuertempel der Parsi-Gemeinde von Surat, Indien.

359. Turm des Feuertempels Karani Agiari in Bombay in Gestalt einer Flamme.

Menschen bewirkten, so bestürzt, daß er seinen Clan verließ und zehn Jahre lang in der Wildnis umherwanderte. Im Alter von dreißig Jahren hatte er eine Vision, bei der ihn ein leuchtendes Wesen, Vohu Manah (das Gute Denken), vor Ahura Masda, den Herrn der Weisheit, brachte. In seinen Hymnen, den *gāṯā* (das Wort ist mit dem *gita* des Sanskrit verwandt) verkündete Zarathustra dann seine Botschaft des kosmischen Dualismus: Es gibt nur einen Gott – Ahura Masda (später, in Pahlawi: Ohrmasd). Aber dieser Gott hat einen unabhängigen, ewigen und gänzlich bösen Gegner, Angra Mainju (in Pahlawi: Ahriman). Dieser ist der Zerstörerische oder Furchtbare Geist, der verantwortlich ist für alle Gottlosigkeit und Schlechtigkeit, für alles Leiden und den Tod in der Welt. Die *daēva* sind die Schöpfung Angra Mainjus: eine von ihnen, Aeschma (der Zorn), wurde als Asmodeus (Aschmedai auf Hebräisch, d.h. Aeschma *daēva*) in den jüdisch-christlichen Bereich übernommen. Sieben heilige Wesen, die sowohl die moralischen Qualitäten verkörpern als auch reine Geschöpfe sind, nämlich die *Amĕša Spĕnta* (die unsterblich Gütigen), gingen von Ahura Masda aus wie „Fackeln, die sich an einer Fackel entzündeten". Zu diesen Wesen gehört zum Beispiel Ascha Vahischta (die beste Gerechtigkeit oder Wahrheit), die dem Feuer innewohnt. Jedes menschliche Wesen besitzt ein *daēnā* (Einsicht oder Gewissen), das ihn oder sie befähigt, frei eine moralische Wahl zu treffen, das heißt selbst zu bestimmen, ob die Welt mit dem Guten oder mit dem Bösen gemeinsame Sache macht. Das *daēnā* einer gerechten Person erscheint dieser nach dem Tode als ein strahlend schönes junges Mädchen. Der Terminus wurde unter den Zoroastriern zum allgemeinen Begriff für Religion; vom Arabischen wurde er später als *dīn* übernommen, welches im Islam das Wort für Religion ist.

360

361

360. Ein Parsi-Feueraltar in einem im 18. Jahrhundert erstellten Manuskript des awestischen *Vidēvdāt*. Gudscherat. (James R. Russell Collection).

361. Die *ǧašen*-Zeremonie der Parsen wird gefeiert, um das Feuer als eine der sieben Schöpfungen (neben Wasser, Pflanzen, Tieren, Menschen, der Erde, dem Himmel) günstig zu stimmen.

362. Ein Sphinx bewacht den Bojatsche-Feuertempel der Parsen von Bombay, Indien.

362

Nach der ausgebildeten zoroastrischen Kosmologie des *Bundahišn* („Schöpfung", ein spätantikes Pahlawi-Werk, das sich großteils auf eine verlorene Awestan-Quelle stützt) wurden Himmel, Wasser, Erde, Pflanzen, Tiere und Menschen geschaffen. Danach machte Ahura Masda das Feuer, das in sichtbarer und unsichtbarer Form alle und alles belebte. Zu Beginn der Welt stand die Sonne in einem ewigen Frühling noch am Himmel in ihrer Mittagsposition. Ahrimans Angriff erschütterte das Universum, und die himmlischen und irdischen Äquatore standen nun im Winkel zueinander, woher der Wechsel der Jahreszeiten stammt. Die zoroastrische eschatologische Doktrin sagt aber auch, daß am Ende der Zeiten erneut ein ewiger Frühling anbrechen wird. In Vorwegnahme dieser Erfüllung richteten die Zorastrier das Neujahrsfest im Frühling, also das persische *Nou Rūz* ein (die Bezeichnung stammt von dem alten iranischen Wort *nava raočah* und bedeutet „neues Licht"), das die Safawidendynastie wieder als den offiziellen Neujahrstag des schiitischen Iran einsetzte.

Das Licht des Feuers macht alles sichtbar; daher rührt seine Assoziation mit der „Wahrheit". Alle Dinge leben und bewegen sich dank der Energie des Feuers; dies kommt in dem Begriff *aša* zum Ausdruck, welcher wortwörtlich „die Art, wie die Dinge sich bewegen" bedeutet (ihm entspricht *rta* im Sanskrit); kosmische Ordnung bedeutet von daher ebenfalls Feuer. Dreiunddreißig untergeordnete Gottheiten im zoroastrischen Pantheon sind die *hamkāran* (Gesellschafter) der Amescha Spenta: deshalb sind Atar (Feuer) und Chwar (Sonne) Ascha Vahischta zugeordnet. (Chwar, die Sonne, im modernen Persisch *ḫoršīd*, stammt von dem älteren iranischen Terminus mit seinem Beiwort *ḫšaēta*, das heißt „Scheinen", ab). Da das Feuer die Kraft zum Wärmen und Erleuchten der Welt hat und die Mächte des Bösen und des Todes siegreich zurückweisen kann (*veretrāgan-* in Awestisch), wurde es bis heute zum lebenden Abbild des zoroastrischen Glaubens. Obwohl der persisch-muslimische Dichter Ferdousi versuchte, die Zoroastrier von der Anklage, *ātašparastan* (das heißt Feueranbeter) zu sein, lossprechen wollte, bejaht die orthodoxe zoroastrische Praxis den Kult und die Verehrung des Feuers, insbesondere von geweihten Feuern, die im Verlaufe der vorangegangenen Jahrhunderte in den Tempeln eingerichtet wurden. Einige der heiligsten „siegreichen Feuer" (*ātaš-i bahrām* auf Persisch) werden für beseelt gehalten und offenbaren für die Gläubigen die anthropomorphen Merkmale von Vohu Manah oder Atar.

Awestische Texte beziehen sich üblicherweise auf die Sonne als *aurvat-aspa* (auf schnellen Pferden reitend); dies ist ein Bild, das sie mit den Weden und der griechischen Konzeption von Helios teilen. Im persischen Reich der Achämeniden-Dynastie (6. bis 4. Jahrhundert v. Chr.), das zoroastrisch war, wurden – so der griechische Autor Xenophon – Zeus Helios (also aller Wahrscheinlichkeit nach Ahura Masda als der Sonne) weiße Pferde geopfert. In Persepolis zelebrierten die Achämeniden Mithrakana (Mihragan in Pahlawi; Mehekan auf Armenisch), das jährliche Fest des Sonnengottes Mithras, mit großem Pomp. Der zoroastrische Tag ist in fünf Wachen eingeteilt: während jener drei bei Tageslicht ist es Pflicht, *ḫoršīd nījāješn (*eine Litanei zu Ehren der Sonne) zu rezitieren, und zwar sowohl an Mithras wie an die Sonne gerichtet.

Solange die Welt noch unter dem Angriff der Mächte Ahrimans ist, der sie auf verschiedene Art und Weise verdirbt, sind die Zoroastrier aufgerufen, ihre Umgebung verschiedentlich zu reinigen; dazu gehört auch, daß sie die Sonne und das Feuer nicht der Beschmutzung aussetzen. Es ist deshalb Sitte, daß man sich zu Mittag, wenn die Sonne im Zenit steht, nicht die Haare oder Nägel schneidet (wenn Haare und Nägel einmal vom Körper getrennt sind, gelten sie als tot). Da Zarathustra eine gerechte Regierung als den besten Weg zur Förderung von *aša* (Ordnung) in der Welt ansah, ist wahrscheinlich die Tyrannei der schlimmste Angriff Angra Mainjus auf die menschliche Gesellschaft. Die zoroastrische Mythologie und nachfolgende iranische Epen bewahrten die Erzählung von Yima, dem strahlenden (in Awestisch: *ḫšaēta;* auf Persisch: *ǧamšīd*) König, der durch Anmaßung fiel. Er hatte nämlich von seinen Untertanen verlangt, ihn als Gott zu verehren. Er wurde mit Verbannung in die Unterwelt, wo er immer noch herrscht, bestraft; wie aber der Pahlawi-Text *Dēnkart* vermerkt, kann er dort das Licht der Sonne nicht sehen. Dieselbe Figur gibt es in der Hindu-Mythologie als Yama, den König der Toten. Yimas Schicksal in iranischen Volksüberlieferungen spiegelt vielleicht nur einen anderen Aspekt der Legende Yimas wider: den Entzug des sonnenähnlichen *ḫvarenah*. Auf einer Münze der Kuschan-Dynastie verläßt *ḫvarenah* Yima in Gestalt eines Vogels.

ḫvarenah ist ein awestisches Wort, das wahrscheinlich *ḫvar* (Chwar, die Sonne) beinhaltet. Es bedeutet strahlender Ruhm, der von Ahura Masda verliehen wird – in diesem Falle den rechtschaffenen Königen. Auf Persisch heißt es *farr* (von der Form *farnah* in Altpersisch) oder *ḫoreh* (von der Pahlawi-Ableitung aus dem Awestischen); es wird häufig in Ferdousis *Schāhnāmeh* (Buch der Könige) als der *farr* der legendären Keyan-Dynastie erwähnt. In dem Pahlawi-Text *Kārnāmak-i Artaḫšēr Pāpākan*, der in epischer und legendenhafter Form die Machtergreifung Ardaschirs I. im 3. Jahrhundert n. Chr. beschreibt, rennt der *ḫwarrah* neben dem galoppierenden Roß des zukünftigen Königs einher und springt schließlich auf seinen Rücken, womit er bestätigt, daß dieser von Gott auserwählt ist. Auf einem Relief in Naqsch-i Rostam in Südiran ist Ohrmasd als Krieger dargestellt, der auf seinem Pferd sitzt und dieses Symbol der Königswürde in Form eines sonnenähnlichen Ringes an den berittenen Ardaschir weiterreicht. Dieses Symbol scheint von einem älteren Prototyp des Vorderen Orientes zu stammen; und dieser Prototyp wurde auch von der Achämeniden-Dynastie beinahe ein halbes Jahrtausend früher verwendet. Eine Reihe von Achämeniden-Kunstwerken, von den großen Reliefs in Persepolis bis zu den winzigen Zylindersiegeln, stellen eine geflügelte Sonnenscheibe dar, die entweder allein steht oder aber von der oberen Körperhälfte eines Menschen überragt wird. Der Prototyp dieser Figur ist das Symbol des ägyptischen Sonnengottes Rê. Die hinzugefügte menschliche Gestalt kann bis nach Assyrien zurückverfolgt werden, wo sie höchst wahrscheinlich ein Abbild

363

363. Wandrelief mit der Darstellung des assyrischen Königs Assurnasirpal II. (883–859 v. Chr.) in seinem Palast in Nimrud, Irak. (Britisches Museum, London).

des Gottes Assur war. Das iranische Symbol ist mehrfach als Ahura Masda interpretiert worden, als *fravaši* (nämlich als der unsterbliche Schutzgeist eines Individuums) oder als *ḫvarenah*; die neuesten Forschungen halten letztere Interpretation für die richtige. Das Symbol wurde von späteren iranischen Dynastien nicht benützt, wurde aber von Archäologen wiederentdeckt und dann von den modernen Nachfahren der alten Zoroastrier übernommen, d.h. von den Parsen Indiens. Heutzutage schmückt dieses antike Sonnensymbol die Feuertempel von Bombay und wird auch von den Gläubigen getragen, so wie Christen das Kreuz umgehängt tragen. „Für euch aber, die ihr meinen Namen fürchtet, wird die Sonne der Gerechtigkeit aufgehen, und ihre Flügel bringen Heilung", schrieb der hebräische Prophet Maleachi (3,20). Vielleicht hatte er dabei das iranische Symbol im Sinn.

In der Kunst der Achämeniden wurde auch häufig die Rosette verwendet – eine schmückt den Tordurchgang zum Grab von Kyros dem Großen in Pasargadai. Es liegt nahe, die entfalteten roten Blütenblätter der Rose dem brennenden Feuer der Sonne gleichzusetzen. In Armenien, einem christlichen Land, das von älteren zoroastrischen Traditionen geprägt ist, wurde das Wort- und Symbolspiel von Rose *(vard)* und brennender Sonne *(varr)* von mittelalterlichen Dichtern gerne verwendet. In Indien kann man in den zoroastrischen Dörfern von Gudscherat (Gujarat) noch ein anderes Emblem sehen, das wahrscheinlich lange vor der wiedererstandenen geflügelten Sonne benützt wurde: die über den Wogen des Meeres aufgehende Sonne, welche zweifelsohne Wärme und Feuchtigkeit (*garm-ḫwed* in Pahlawi) symbolisiert, unabdingbare Voraussetzungen für das Leben und die Überwindung von Kälte und Trockenheit, die aus den Angriffen Ahrimans auf die Welt resultieren. Dieses Symbol scheint auch für den Hindu-Sonnengott Sûrja benützt worden zu sein, dessen Verehrung im 1. Jahrtausend v. Chr. in Nordwestindien sehr bedeutend war. Dies ist sicher kein Zufall, denn zoroastrische Priester aus Baktrien im Ostiran, die im Sanskrit *magavan* genannt wurden, siedelten im Pandschab (Punjab), Sind und in Radschasthan. Die beiden ersteren Regionen werden mit größter Anschaulichkeit im späteren Awesta beschrieben; außerdem war der Pandschab jahrhundertelang eine iranische Provinz. Die Zoroastrier, die als Mitglieder der Brahmanenkaste respektiert wurden, verehrten selbstverständlich die Sonne, und ihre Hindu-Nachbarn waren offenbar damit einverstanden und übernahmen diesen Kult.

Die duale Typologie von Sonne und Meer findet auch in der armenischen Kultur Bestätigung: In einer Hymne zur Geburt Christi beschreibt der Dichter Grigor Narekatsi aus dem 10. Jahrhundert die Augen der Heiligen Jungfrau Maria wie folgt: „Sie waren wie die See in der lachenden See und öffneten sich weit in die Dämmerung hinein wie zwei strahlende Sonnen" (*tsov i tsov tsitsaghakhit tsavalanayr harravotun yerku paylakadzev aregakan nman).* Zur Zeit Narekatsis und auch noch einige Jahrhunderte danach gab es eine ganze Anzahl Armenier, die offensichtlich dem zoroastrischen Glauben anhingen. Man nannte sie *Arevortik* (Kinder der Sonne); sie glichen wahrscheinlich den kurdischen *šamsīja* (Sonnenanbetern), mit denen sie im Verlaufe der Zeit im Süden des Landes verschmolzen. Der Hl. Nerses Schnorhali, ein Patriarch der armenischen Kirche im 12. Jahrhundert, war besorgt über die Massenbekehrung einer ganzen Gruppe von Arevordis. Einmal hörte er in seiner Bergfestung in Kilikien seine eigenen Wachen eine – wahrscheinlich heidnische – Hymne auf die aufgehende Sonne singen. Daraufhin dichtete er eine christliche Hymne für den Gottesdienst zum Sonnenaufgang:

Licht! Schöpfer des Lichtes,
ursprüngliches Licht, der Du in unnahbarem Lichte wohnst:
Himmlischer Vater, der Du gesegnet bist von den Reihen
jener, die mit Licht geschmückt sind.
Laß beim Heraufdämmern dieses Morgenlichtes
die Strahlen Deiner Weisheit Licht
in unseren Seelen hervorbrechen.

364

364. Für die Zoroastrier birgt der Mond den Samen des Urstiers, der losgelassen wurde, als das Böse erstmals das Universum mit dem Tod bedrohte. Silberschale mit der Darstellung des Mondgottes. 7. Jahrhundert. Iran. (Eremitage, St. Petersburg).

365

366

Wie die übrigen Christen, so betrachten auch die Armenier Christus als die Sonne der Gerechtigkeit, die von Maleachi verkündet worden war; aber ihr Bewußtsein wird noch durch die Tradition der Sonnenverehrung ihrer Vorfahnen bereichert. Auf vielen armenischen Kreuzen ist der Körper Christi durch eine kompliziert gearbeitete Scheibe dargestellt, in der die Formen der Sonne und der Rose, von Licht und einer sanft strahlenden Lichtblume, verschmelzen.

Visionen des schlafenden bzw. meditierenden Sonnengottes sind im Altertum häufig. So hatte Parmenides schon im 5. Jahrhundert v. Chr. eine Vision, in welcher ihm eine Lichtgöttin erschien, die ihm den Unterschied zwischen Sein und Nichtsein erklärte. Im 7. Jahrhundert fiel der armenische Wissenschaftler Anania Schirakatsie in der Kapelle des Hl. Eugenius in Trapezunt in Halbschlaf; sie galt als heiliger Ort und wurde von Pilgern auf der Suche nach göttlichen Wundern aufgesucht. Da stieg die Sonne in Gestalt eines strahlenden jungen Mannes vom Himmel herab und erklärte ihm, daß es keine menschlichen Wesen (!) in den Antipoden gebe. Offenbarungen dieser Art haben in Iran Parallelen, und zwar über alle Zeiten hinweg: Ein griechischer Zauberpapyrus aus der hellenistischen Periode unterweist den Initiierten, wie er in Trance eine Vision des Sonnengottes Mithras und seines Stiers bewerkstelligen kann. Im Kerman des 17. Jahrhunderts berichtete der iranische zoroastrische *dāstur* oder Hohepriester Anuschirwan Marsban in persischen Versen von einem Traum, in welchem Mihrised (nämlich der Gott Mithras) zu ihm in Gestalt eines strahlenden jungen Mannes kam und ihm verborgene Geheimnisse mitteilte. Im *Rewājat* von Darab Hormasjar ist das Licht der Sonne das der Weisheit, mit Mithras als dem Erleuchter.

Im Römischen Reich war der iranische Sonnengott Mithras der Mittelpunkt einer Geheimgesellschaft, die ihren männlichen Mitgliedern Kenntnisse über das Geheimnis von Leben, Tod und Auferstehung vermittelte. Sollte es je Schriften über die Mithras-Religion gegeben haben, so ist keine von

365. Diese Terrakotta-Lampe mit Sonnen- und Mondsymbolen wurde möglicherweise für zoroastrische Rituale, wie z. B. das *Māh Nijāješa*-Gebet, bei dem der Mond angerufen wird, verwendet. Etwa 8. Jahrhundert. Aus der Barkan-Zitadelle. (Dschambul Museum für Regionale Historische Studien, Kasachstan).

366. Zoroastrisches Terrakotta-Ossuarium, auf dem der Lebensbaum und Sonnensymbole (Spiralen) abgebildet sind. Etwa 7. Jahrhundert. Es wurde im Tschu-Flußtal in Kirgistan entdeckt. (Historisches Museum, Taschkent, Usbekistan).

ihnen auf uns überkommen. Was wir wissen, stammt von zahlreichen Kultbildern, aus literarischen Hinweisen heidnischer und christlicher Autoren und einigen Inschriften. Das zentrale Kultbild zeigt Mithras, einen gut aussehenden jungen Mann mit persischen Hosen und Filzmütze, wie er einen Stier tötet. (Aus Mithras' Filzmütze wurde später die „Freiheitsmütze" der amerikanischen und französischen Revolution.) Der Tierkreisbogen befindet sich über dem Opfer, und kleine seitliche Darstellungen zeigen des öfteren, wie sich Mithras und Helios die Hände reichen und wie Mithras mit Helios im Sonnenwagen über den Himmel fährt. Manchmal ist seine Mütze von einem strahlenförmigen Nimbus umgeben. Dieses spezifische Attribut des Gottes scheint ihn im Zoroastrismus so entscheidend gekennzeichnet zu haben, daß kein anderes hiermit konkurrieren konnte. Mithras ist sowohl auf Kuschan-Münzen im Osten, auf dem Felsenrelief von Taq-i Bostan in Persien wie auch in Kommagene in Anatolien – westlich der iranischen Grenze am Euphrat – auf diese spezifische Art abgebildet. Anläßlich des Festes von Mihragan setzten sich die Könige der iranischen Sassanidendynastie (3. bis 7. Jahrhundert n. Chr.) einen ähnlich gestalteten Kopfschmuck aufs Haupt, als könnten

367

367. Eine ungewöhnliche Terrakotta-Figur, auf deren Kopf Sonne und Mond zu erkennen sind. Vielleicht handelt es sich um einen Hund, ein von den Zoroastriern verehrtes Tier. 5. Jahrhundert. (Historisches Museum, Taschkent, Usbekistan).

sie dadurch selbst für einen Tag lang Gott werden. Im Lateinischen wird Mithras oft Sol Invictus (die unbesiegbare Sonne) genannt. Die Eingeweihten seines Kultes sind „dem Licht (Wieder)Geborene".

Nach einem zoroastrischen Pahlawi-Text vertraut Mithras einem Mann, der am Meeresufer gen Zeitenende am Fuße der Padaschchwargar-Berge (es scheint das Ufer des Kaspischen Meeres und die Demawand-Gruppe gemeint zu sein) steht, gewisse Geheimnisse an, die wahrscheinlich mit dem apokalyptischen Krieg gegen die Mächte des Bösen zu tun haben. Die eine Möglichkeit, Ahriman zu besiegen, besteht darin, die Menschheit durch das Opfer des Stier Hudajos und den rituellen Verzehr seines Fleisches unsterblich zu machen. Einige der Geheimnisse des Mithras dürften dieses Opfer betroffen haben. Wenn die westlichen Mithras-Anhänger die Tötung des Stiers darstellen, mag darauf angespielt werden wie auf den Tod des Urstiers (durch Ahrimans Hände) zu Beginn der Zeiten, von dem alle guten Geschöpfe ausgingen.

Viele Mithras-Verehrer scheinen römische Soldaten gewesen zu sein: das lateinische *miles* (Soldat) ist die Bezeichnung einer der sieben Initiationsgrade. Es mag sein, daß der militante Aspekt des Mithras als Keulen tragender Feind des Bösen im iranischen Zoroastrismus auch noch seinen Charakter als westlicher „römischer" Gott mitbestimmte. Eine andere Figur des Mithras-Kultes ist ein mißgünstig blickender löwenköpfiger Gott. Eine dieser Statuen hat ein offenes Maul, an dessen Rän-

368 a

368 b

368 a,b. Ein steinerner Mörser für *die haoma*-Opferung. Er ist mit Sonnensymbolen, die verschiedenen Kulturen entliehen sind, verziert. Ein stilisiertes Hakenkreuz stellt die Sonne und das Feuer dar; das Vogel-Kreuz-Symbol wurde vielleicht aus der ostchristlichen Kunst übernommen. Etwa 8. Jahrhundert. (Museum für Regionale Studien, Tschimkent, Kasachstan).

369

369. Die Tugenden eines frommen Zoroastriers werden symbolhaft von einem schönen Mädchen dargestellt, das von einem adlerähnlichen Vogel festgehalten und zum Paradies gebracht wird, während die zwei Knaben, die einen Bogen und eine Streitaxt halten, Sonne und Mond repräsentieren. Silberschale. 6. bis 7. Jahrhundert. Iran. (Eremitage, St. Petersburg).

370. Mithras, der den Stier tötet. Ein zoroastrischer Pahlawi-Text besagt, daß das Opfer des Stieres Hudajos und der rituelle Verzehr seines Fleisches eine Möglichkeit ist, Ahriman zu besiegen. Das Blut des Stiers symbolisiert das Feuer. Marmor. 2. Jahrhundert. (Eremitage, St. Petersburg).

dern Brandspuren zu sehen sind; mehrere ikonographische und literarische Quellen verweisen darauf, daß man bei der Initiation durch den feurigen Atem des Löwen hindurchmußte. Widmungen preisen dieses Wesen als den *deus areimanius*; dieses Wort könnte auch die Bedeutung von „feindlich" haben; doch gibt es auch noch andere persische Worte, die bei Mithras-Inschriften gerne gebraucht wurden, die vermuten lassen, daß der iranische Ahriman hier nicht völlig ignoriert wurde; als der „ahrimanische Gott" läßt sich der Name also interpretieren, obwohl ein solcher Gedanke für jeden orthodoxen Zoroastrier geradezu gotteslästerlich gewesen sein muß. Es scheint, daß der Löwe und sein feuriger Atmen den destruktiven Aspekt der Sonnenstrahlen versinnbildlichten, durch die man bei der Initation gereinigt und geläutert wurde, um wiedergeboren zu werden. Eine ähnliche löwenköpfige Figur wird in modernen Erzählungen Kurdistans erwähnt und ist auch auf einer frühen mittelalterlichen persischen Medaille abgebildet.

371

371. Die Kreuzigung. 11. Jahrhundert.
Byzanz. (Eremitage, St. Petersburg).

372

Die Sonne in der byzantinischen und russischen Kunst

Vera N. Zalesskaya und Yuri A. Piatnizsky

Im Byzantinischen Reich wie im übrigen Ostchristentum waren die Vergötterung und die Verehrung der Sonne mit dem fundamentalen christlichen Dogma unvereinbar. Es gab kein Wesen, das dem Allmächtigen gleich kam, und alles war seine Schöpfung. Trotzdem gab es auch in der Kunst der orthodoxen Länder bildhafte Darstellungen der Sonne. Die Sonne und ihr beständiger Begleiter, der Mond, kamen bei zwei feierlichen Darbietungen vor: bei Triumphzyklen, welche die byzantinischen Kaiser verherrlichten, und bei den (die Evangelien zitierenden) Passionsszenen, vor allem bei der Kreuzigungsszene und bei der Beweinung Christi. Außerdem waren in der Frühbyzantinischen Zeit (vom 4. bis zum 7. Jahrhundert) spezifische Symbole, wie die zur Sonne erhobenen Hände, weit verbreitet, ähnlich wie auf den dem Sol Invictus geweihten römischen Monumenten; daneben gab es Sternzeichen, so zum Beispiel den achtzackigen Stern. Die mittelalterlichen Vorstellungen reflektierten auch einen gewissen Grad von Verwandtschaft zwischen dem Sonnenkult und der Himmelfahrt des Propheten Elias im Feuerwagen oder dem Bild des Hl. Mamantes, der auf einem Löwen reitet und das Füllhorn hält (auf einem Fresko der Manglisi Kirche in Georgien).

372. Die Krönung Kaiser Konstantins (324–337 n. Chr.) während des ersten ökumenischen Konzils in Nicäa (325 n. Chr.). Das Goldmedaillon zeigt die Sonne einerseits in Gestalt einer Frau, während andererseits Konstantin selbst die Sonne verkörpert. 6. Jahrhundert. (Eremitage, St. Petersburg).

373. Die Präsenz von Sonne und Mond auf dieser Darstellung der *Jungfrau Maria mit ihrem Kind* bedeutete eine Neuinterpretation alter Glaubensformen. 18. Jahrhundert. Russische Ikone. (Eremitage, St. Petersburg).

374. *Kaiser Konstantin und seine Mutter finden das Kreuz.* Sonnenscheibe und menschliches Antlitz können als ökumenische Symbolik verstanden werden. Etwa 12. Jahrhundert. Byzanz. (Eremitage, St. Petersburg).

374

375

Darstellungen der Himmelslichter sowie ihr unweigerliches Zitat in Triumph- und Passionsszenen waren bis zu einem gewissen Grad Illustrationen der Heiligen Schrift. In der Bibel wird die Sonne und ihr blendendes lebensspendendes Licht in drei verschiedenen Zusammenhängen verwendet: wortgetreu, symbolisch (um das kosmische Element zu bezeichnen) und metaphorisch (zum Beispiel in Form von Epitheta für die göttlichen Personen). Die Sonne und der Mond als konventionelle

375. Der byzantinische Philosoph Proklus Diodorus aus dem 5. Jahrhundert schrieb, daß „Gold zur Sonne gehört und Silber zum Mond", wie dies auch aus diesem seidenen Grabtuch Christi (etwa 16. Jahrhundert) ersichtlich ist. Palästina. (Eremitage, St. Petersburg).

376

376. Die *Verklärung* interpretiert die Vision des Evangeliums neu, derzufolge „sein Gesicht wie die Sonne leuchtete und seine Kleider so blendend weiß wurden wie das Licht“ (Matt. 17.2). Etwa 12. Jahrhundert. Byzanz. (Eremitage, St. Petersburg).

Bezeichnungen von Teilen des Universums werden in der Genesis erwähnt, an der Stelle, an der Gott den Tag von der Nacht trennt: „Gott machte die beiden großen Lichter, das größere, das über den Tag herrscht, das kleinere, das über die Nacht herrscht." (Genesis 1.16). Beide Lichter bleiben dem Schöpfer vollkommen untertan. Wenn der Tag des Jüngsten Gerichtes kommt, wird Gottes Wille „die Sonne in Finsternis verwandeln und den Mond in Blut" (Joel, 3.4). Und nach der Offenbarung des Johannes zur zweiten Ankunft Christi ist die Sonne eine Metapher, die die Größe und Herrlichkeit von Gott beschreibt, der die erneuerte Welt erleuchtet: „Und Sein Gesicht leuchtete wie die machtvoll strahlende Sonne". (Offenbarung 1.16). Im Matthäus-Evangelium heißt es weiter: „Dann werden die Gerechten im Reich ihres Vaters wie die Sonne leuchten" (Matt. 13.43).

Abgesehen vom Einfluß des Christentums spiegelt der Bildstil der byzantinischen Kunst den mächtigen Einfluß der Antike wider. Die Sonne und der Mond als Zeichen des Universums, die auf einigen Abbildungen die zentrale Darstellung flankieren, zeigen das Verschmelzen biblischer Tradition mit den römischen Interpretationen der Embleme der Palmyra-Gottheiten und des iranischen Gottes Mithras, der in Rom als Sol Invictus bekannt war.

Die antike Personifizierung der Sonne als einer weiblichen Figur, die umgeben ist von einem Nimbus strahlenden Lichtes und eine brennende Fakel in der Hand hält, erscheint auf frühen byzantinischen Phylakterien und Amuletten. Eines der charakteristischsten Beispiele dieser Kunst ist ein goldenes Medaillon des 6. Jahrhunderts (Eremitage, St. Petersburg) aus Mersin (dem antiken Zephyrion, Türkei). Es zeigt Kaiser Konstantin den Großen flankiert von Figuren, die Sonne und Mond personifizieren. Über dem strahlenden Kopfschmuck der Sonne, die dem Kaiser eine Krone darreicht, ist ein weiteres Sonnenzeichen zu erkennen, ein achtzackiger Stern. Dies betont die kosmische Bedeutung des Triumphes des Siegers über das Heidentum, dessen Macht vom Osten (Sonne) bis zum Westen (Mond) reicht. Eigenartigerweise scheinen die Flammen der Fackeln in den Händen von Sonne und Mond schwächer zu werden, als ob sie gegenüber dem von dem göttlichen Kaiser ausstrahlenden Licht verblaßten. Der Hofdichter Flavius Cresconius verglich die Thronbesteigung von Justinus II. (565–578) mit dem Aufgehen zweier himmlischer Lichter. Dem *Zeremonienbuch des Konstantin* (913–959) zufolge war es Brauch, den Kaiser mit der Sonne zu vergleichen, was alle erdenklichen Lobredner auch eifrig taten. Auf dem Medaillon aus Mersin ist die Figur des Kaisers größer als die der Sonne abgebildet, die in der Tat dem Kaiser huldigt.

Bei einigen Versionen stehen Sonne und Mond, die den Kaiser flankieren, in einem Wagen, was der kanonischen Darstellung von allmächtigen Gottheiten entspricht. Mit dem Aufkommen des Christentums wurden diese Gestirne als Symbole kosmischer Macht zu Attributen nicht länger des Kaisers, sondern einzig und allein von Christus oder dem Kreuz. Auf der Säule des Arcadius (395–408) in Konstantinopel zum Beispiel flankieren die Wagen, die Sonne und Mond befördern, das Kreuz als Zeichen des Sieges. Diese symbolhafte Wiedergabe der kosmischen Bedeutung eines Ereignisses setzte sich während der ganzen mittleren Periode des byzantinischen Reiches fort (vom 9. bis zum 12. Jahrhundert). Bezeichnender werden in dieser Zeit Mond und Sonne nicht länger auf Kultobjekten dargestellt; sie verlieren ihre antropomorphe Dimension und werden im Grunde zu rein dekorativen Zeichen, so auf einer Elfenbeinikone mit der Kreuzigungsszene. Die Miniaturmalerei und Zeichnungen in byzantinischen Manuskripten spiegelten jedoch weiterhin antike Traditionen wider. Illustrationen nicht-liturgischer Manuskripte zeigen oft die Sonne als thronende Figur, von sieben Planeten umgeben. Außerdem eröffneten die Texte einiger liturgischer Bücher, wie z.B. die *Homilie* des Gregorius Nazianzus oder der *Kirchenkalender*, ein weites Feld für die Wahl von Stilen und Techniken, da sie den Wechsel der Jahreszeiten und Szenen aus dem Leben und Leiden der Schutzheiligen der Bauern darstellten.

Die ausdrucksvolle Spiritualität der klassischen byzantinischen Kunst, bereichert durch die mystischen Ideen Simeons des Neuen Theologen (949–1022), kam besonders eloquent in den festlichen

377. Die Ausgießung des Heiligen Geistes wird mit den feurig- roten Strahlen der Sonne assoziiert, die Licht und Wärme spenden und die ganze Kreatur zum Leben erwecken. 12. Jahrhundert. Byzantinische Ikone. (Eremitage, St. Petersburg).

377

Szenen zum Ausdruck, die das Göttliche Licht, die Verklärung Christi, die Ausgießung des Heiligen Geistes, die Kreuzabnahme und Jesu Christi Grablegung darstellten.

Letztere Szene wurde traditionsgemäß mit farbigen Seide-, Gold- oder Silberfäden auf kirchliche Grabtücher gestickt. Normalerweise wurde die Stickerei von Frauen ausgeführt; die Vorlage des „Zeichens" stammte allerdings von männlichen Ikonenmalern. Die Stickerei mit dem Thema der Komposition der Grablegung ist noch symbolkräftiger als der Evangelientext als solcher, da sie den Triumph Christi beschreibt, der selbst dem Tod trotzte. Bei den bildhaften Umsetzungen dieser Szene werden nun unweigerlich entweder das Profil, die Büste oder eine vollgesichtige Darstellung der Sonne und des Mondes hinzugefügt. Der symbolischen Natur seiner Darstellung voll bewußt, bediente sich der Künstler auch der Symbolik des Jüngsten Gerichtes, wo „die Sonne in Finsternis und der Mond in Blut verwandelt werden". Dementsprechend wurde das Antlitz des Mondes in roter Farbe gestickt. Entsprechend der traditionellen byzantinischen Farbensymbolik verwendete man für die Sonne goldene und für den Mond silberne Fäden. Auch der Philosoph Procleus Diodorus schrieb im 5. Jahrhundert, daß „gold zur Sonne und silber zum Mond" gehöre. Diese Kennzeichnung der Himmelsgestirne wurde im byzantinischen Reich und in der frühen russischen Kunst kanonisiert.

In Christi Verklärung erscheint Jesus vor seinen Jüngern in all seiner göttlichen Herrlichkeit. Wenn die Evangelien von dieser phänomenalen Vision des göttlichen Lichtes berichten, verwenden sie die Sonne als Metapher: „.. Sein Gesicht leuchtete wie die Sonne, und seine Kleider wurden blendend weiß wie das Licht" (Matth. 17.2). Nach christlicher Interpretation ist das Licht auf dem Antlitz Christi das Licht der Herrlichkeit Gottes selbst. Die Person Christi wird oft als die wahre Sonne, die vom Himmel scheint, porträtiert. Er ist die Quelle alles Lichtes, und die Strahlen seines Lichtes berühren die Gesichter der Apostel und der Propheten. In Byzanz vermittelte die Farbe immer wichtige religiöse Bedeutungen. So ist zum Beispiel Rot die Farbe des reinigenden Feuers, die Quelle lebensspendender Hitze, das Symbol für Leben und der Beweis und das Zeichen für die zukünftige Errettung der Menschheit. Es kontrastiert mit Weiß, dem Symbol für göttliches Licht, Reinheit und Erhöhung des Geistes. Dunkel- und Hellblau sind die Symbole der transzendierten Welt. Eigenartigerweise vermieden es byzantinische Schriftsteller und Philosophen der Schilderung von Christi Verklärung, allzu nüchterne Parallelen zwischen dem göttlichen Licht und der Sonne zu ziehen und zogen es vor, die göttliche Essenz des Lichtes zu betonen. So schrieb auch der byzantinische Autor Nicholas Mesarites im späten 12. oder frühen 13. Jahrhundert folgendes: „Es ist da eine Wolke von Licht, die im Raum schwebt, und sie trägt Jesus, der strahlender als die Sonne selbst leuchtet; und die Quelle dieses Strahlens ist das Licht des Vaters, der sowohl die Wolken wie das Menschengeschlecht erhellt".

Assoziationen mit den wiederbelebenden Strahlen der Sonne werden bei der Darstellung der Ausgießung des Heiligen Geistes sehr wirkungsvoll ausgedrückt. Nach den Evangelien versammelten sich die Apostel zu Pfingsten, und „da kam plötzlich vom Himmel her ein Brausen, wie wenn ein heftiger Sturm daherfährt, und erfüllte das ganze Haus, in dem sie waren... Und es erschienen ihnen Zungen wie von Feuer, die sich verteilten; auf jeden von ihnen ließ sich eine nieder" (Apostelgeschichte 2.2–3). Wenn der mittelalterliche Künstler die Ausgießung des Heiligen Geistes so darstellt, daß ein Teil des Himmels mit rot-weißen und rot-goldenen Lichtern, die vom Hl. Geist ausgehen, erleuchtet ist, muß er von Psalm 84.11 inspiriert gewesen sein: „Denn der Herr ist eine Sonne und ein Schild: Der Herr wird Gnade und Ruhm verleihen."

Obwohl die christliche Kirche die Verehrung von Himmelskörpern verbot, versuchte sie, religiöse Feste mit den Daten des Sonnenkalenders in Übereinstimmung zu bringen. So trifft Weihnachten (der 25. Dezember) mit der Wintersonnwende sowie dem entsprechenden Bauernritual der „Sonnengeburt" zusammen. Eng bezogen auf den Sonnenkult ist auch das Fest des Hl. Johannes des Täufers (24. Juni). Es ist nicht zufällig, daß dieser Heilige oft mit Attributen wie „strahlend" oder „licht-

378

378. Die feurige Himmelfahrt des Propheten Elias. Die leuchtend roten Räder sind universelle Symbole der Sonne. Etwa 16. Jahrhundert. Griechische Ikone. (Eremitage, St. Petersburg).

spendend“ versehen wird, ja sogar als „Hl. Johannes der Sonnenwende“ bezeichnet wird. In ländlichen Gebieten, insbesondere in Rußland, glaubten die Bauern, daß die Sonne an Ostern am Himmel tanze; die Sitte, die Eier am Ostertag rot zu bemalen, weist ebenfalls auf die Sonnensymbolik hin.

Die Verwandtschaft mit dem Sonnenkult zeigt sich auch in der Verehrung des Propheten Elias. Am Namensfest dieses Heiligen (20. Juli) stiegen die Byzantiner auf die hohen Hügel und zündeten auf ihren Gipfeln Feuer an. Zu Ehren des Hl. Elias wurde ein roter Hahn (als Symbol der Sonne) geopfert. Das Bild des Hl. Elias wurde mit dem antiken griechischen Gott Helios wegen dem Gleichklang ihrer Namen assoziiert. Diese Verbindung mit der Antike kommt in dem Bild *Der Feurige Aufstieg des Propheten Elias* klar zum Ausdruck. Der Bibel zufolge wollte Gott Elias lebend in den Himmel aufnehmen, und so sandte er ihm einen großen, von feurigen Pferden gezogenen Wagen. Für diese Szene übernahm der Ikonenmaler das antike Motiv des Sonnengottes, der mit einer feurigen Quadriga fährt, wobei Elias den Helios ersetzt. Auch Illustrationen aus dem *Buch der Psalmen* aus dem 9. Jahrhundert (Historisches Staatsmuseum Moskau) zeigen ausdrucksvoll, daß der „Feurige Aufstieg“ und die Personifizierung der aufgehenden Sonne (Illustration zu Psalm 49) bis ins kleinste Detail übereinstimmen. In der nachbyzantinischen Kunst vom 15. bis zum 19. Jahrhundert trifft man ebenfalls oft auf Kompositionen mit der antiken Quadriga; Beispiele hierfür sind eine Ikone aus dem Jahre 1655 im Musée d’Art et d’Histoire in Genf und eine Silberschale aus dem Jahre 1593 aus dem Dorf Boboschowo, die sich jetzt in der Eremitage befindet. Die Vergoldung des Wagens und der Pferde zeigt Verbindungen zum Helioskult: in der Antike glaubten die Menschen, daß Goldklumpen die gefrorenen Strahlen der Sonne seien.

379

380

379. *Die Anbetung des Kreuzes*: Diese Darstellung auf einer seltenen Ikone mit antiken, syrischen Bezügen interpretiert den biblischen Tag des Jüngsten Gerichtes, „an dem die Sonne in Finsternis und der Mond in Blut verwandelt werden“. Etwa 12. Jahrhundert. Altrussisches Nowgorod. (Tretjakow Staatsgalerie, Moskau).

380. Die Sonne im Mittelpunkt des Universums. Zeichnung einer Keramikschale, wie sie aus persischen und syrischen Manufakturen bekannt ist. Byzanz. Etwa 14. Jahrhundert. (Hersoneski Museum, Sewastopol).

381

381. Der Thron, auf welchem Jesus Christus am Tage des Jüngsten Gerichtes sitzt, ist auch ein antikes Sonnensymbol. Etwa 16. Jahrhundert. (Eremitage, St. Petersburg).

Spätere Kompositionen sind in einem mehr naturalistischen Stil gehalten. In der Eremitage befindet sich eine griechische Ikone aus dem späten 16. Jahrhundert, bei welcher der Wagen von braunen Pferden gezogen wird; nur die roten Räder (Sonnensymbole) erinnern noch an das Bild der feurigen himmlischen Quadriga. Die eigentümlichen Darstellungen der Sonne in der alten russischen Kunst hingegen reflektieren den vorchristlichen Glauben der Ostslawen.

In der zweiten Hälfte des 9. Jahrhunderts vereinigten sich die slawischen Stämme, die die riesigen Gebiete Osteuropas bewohnten, im Kiewer Reich. Die Himmelskulte und die Verehrung von Gestirnen sowie von Naturelementen standen im Mittelpunkt der religiösen Erfahrungen der alten Russen. In der slawischen Religion trat der Sonnengott unter den Namen Chors, Dažbog und Yarola in Erscheinung. Der oberste Gott war Perun, der Donnerer. Die Kulte waren durch verschiedene Symbole und schmückende Motive gekennzeichnet, von denen einige bis heute überlebt haben. Das Kreuz war zugleich Emblem der Sonnengottheit wie das reinigende Symbol für Wiederauferstehung und Unsterblichkeit. Zu den Sonnenemblemen gehörten auch das Hakenkreuz, das in einen Kreis eingeschriebene Kreuz, das Rad usw. Die Verehrung des Mondes zeigte sich in den weit verbreiteten slawischen „Mond-Anhängern“.

988 wurde das Christentum in Rußland Staatsreligion; es verdrängte die örtlichen heidnischen Kulte. So gelangte Rußland in den Bereich der byzantinischen Kultur mit der ihr inhärenten Symbolik, wozu auch ihre Sonnen- und Mondsymbole gehörten. Mit der Zeit veränderten sich die ursprünglichen heidnischen Bedeutungen der antiken Symbole, so daß diese entweder mit dem Kreuz assoziiert oder auf rein dekorative Funktionen reduziert wurden.

Trotzdem lebten einige antike Vorstellungen von den Naturkräften im Bewußtsein der Menschen und in der Kultur weiter. Oft verwoben sich heidnische Elemente mit dem Kult christlicher Heiliger. Perun, der Donnerer, wurde vom Propheten Elias ersetzt, von dem man glaubte, daß er in einem feurigen Wagen über den Himmel fahre. In einigen russischen Kunstwerken ist die Figur des Elias umgeben von einer runden Wolke, die an die Feuerscheibe der Sonne erinnert, dargestellt. Die Räder seines Wagens sind mit Sonnenzeichen, wie zum Beispiel einem Kreuz, das in einen Kreis eingeschrieben ist, bzw. mit einer Rosette, verziert. Elias war in Rußland einer der populärsten Heiligen, und die bäurische Komponente seines Kultes war in den nördlichen Regionen besonders stark ausgeprägt. Die russischen Ikonenmaler schufen zahlreiche Darstellungen des Hl. Elias für Landkirchen und Landkapellen und ließen sich dabei vor allem von den Realitäten ihrer Umgebung und durch traditionelle Vorstellungen von den Naturmächten inspirieren. Deshalb hatten in Rußland Darstellungen des „Feurigen Aufstiegs“ immer eine starke erzählerische Komponente; außerdem verarbeiteten sie in großem Umfang die Sonnensymbolik.

Die russischen Maler folgten aber nicht immer dem primitiven Stil. Eine außergewöhnliche Ikone aus Nowgorod aus dem 12. Jahrhundert, die die *Anbetung des Kreuzes* darstellt (Tretjakow-Galerie, Moskau), verrät deutlich eine Verwandtschaft mit antiken syrischen Quellen. Eine gravierte Silberschale aus Syrien aus dem 6. Jahrhundert (in der Eremitage) enthält die Darstellung des Kreuzes, das auf einem sternenübersäten Globus errichtet ist; zu beiden Seiten des Kreuzes stehen zwei Engel, und über ihm befinden sich Darstellungen der Sonne und des Mondes. Auf der Ikone von Nowgorod überragt ein Kreuz die Höhle Adams und ist mit der Dornenkrone geschmückt. Engel halten einen Stab und einen Speer, die Symbole des Märtyrertums Christi. Menschliche Profile sind in runde, von einem Strahlenkranz umgebene Schilde graviert. Ein Kopf mit flaumigen Haar stellt den Mond dar und greift deutlich auf ein antikes Vorbild zurück. Die Komposition wird von einem dunkelgrünen Rahmen umgeben, der mit roten und gelben Sternen verziert ist. *Die Anbetung des Kreuzes* enthält eine komplizierte christliche Symbolik, die tief in biblischen Texten verwurzelt ist. So greift diese Szene das Motiv vom Tag des Jüngsten Gerichtes auf, das auf dem Berg Golgotha stattfinden wird, wo auch das Kreuz errichtet wird.

382

382. Die feurige Himmelfahrt des Propheten Elias. In Teilen Zentralasiens wird noch immer ein altes byzantinisches Ritual befolgt, wenn die Menschen am Tag des Propheten Elias (20. Juli) auf den Gipfeln der Berge Feuer anzünden und einen Hahn (ein Sonnensymbol) opfern. 16. Jahrhundert. Russische Ikone. (Eremitage, St. Petersburg).

Alle himmlischen Symbole auf der Ikone aus Nowgorod stammen folglich aus biblischen Quellen. Die Evangelien beschreiben die Zweite Ankunft Christi so: „Sofort nach den Tagen der großen Not wird sich die Sonne verfinstern, und der Mond wird nicht mehr scheinen; die Sterne werden vom Himmel fallen, und die Kräfte des Himmels werden erschüttert werden“ (Matth. 24.29; Mark. 13.24–25). Die Apokalypse enthält eine ähnliche Ikonographie himmlischer Zeichen: „Die Sonne wurde schwarz wie ein Trauergewand, und der ganze Mond wurde wie Blut. Die Sterne des Himmels fielen herab auf die Erde, wie wenn ein Feigenbaum seine Früchte abwirft, wenn ein heftiger Sturm ihn schüttelt. Der Himmel verschwand wie eine Buchrolle, die man zusammenrollt“. (Offenbarung. 6.12–14).

Die Texte der Evangelien und der Apokalypse sind eindeutig auf einer Ikone zitiert, die den Tag des Jüngsten Gerichtes darstellt. Der Maler gibt alle Ereignisse klar und eindeutig wieder, angefangen mit den bösen Zeichen, die am Himmel erscheinen, bis zu den Qualen der Sünder in der Hölle. In Übereinstimmung mit dem oben zitierten Text zeigt die Ikone die Engel, wie sie den Himmel zusammenweben, und die Sterne, die Sonne und den geröteten Mond. Sehr anschaulich ist ein *Jüngstes Gericht* aus dem 16. Jahrhundert aus einer Kirche in der Nähe von Archangelsk (Eremitage). Wie die meisten alten russischen Ikonen hebt sich diese durch ihre ausgesprochen erzählerische Komponente hervor sowie durch ihre Treue zu den Bibeltexten. Trotzdem sind Mond und Sonne in einem rein antiken Stil dargestellt, so z.B. durch die in Kreise gefaßten Profile von Gesichtern.

In Byzanz wurden Sonne und Mond sogar in Kreuzigungsszenen aufgenommen. Obwohl das alte Rußland ein peripheres Einflußgebiet der byzantinischen Kultur gewesen ist, kamen Darstellungen der Sonne und des Mondes bis zum 17. Jahrhundert nur sehr selten in russischen Kreuzigungsdarstellungen vor. Dies kann bis zu einem gewissen Grad der Tatsache zugeschrieben werden, daß die Verehrung der Sonne in Rußland noch immer weit verbreitet war, insbesondere unter der ländlichen Bevölkerung. Im späten 17. Jahrhundert bezeugte der Diakon Feodor Iwanow, daß Bauern und sogar Priester in einigen Dörfern noch die Sonne verehrten. Und um 1860 weigerte sich Wassili Zheltowski, ein alter gläubiger Mann, in die Kirche zu gehen mit dem Argument, daß „Gott im Himmel ist, und daß es auf der Erde keinen Gott gebe“.

Sonnen- und Mond-Darstellungen wurden in Rußland im 16. Jahrhundert immer häufiger. Weitreichende symbolische und allegorische Kompositionen wurden in die traditionellen Szenen der Kreuzigung, der Kreuzabnahme, der Grablegung und des Tages des Jüngsten Gerichtes mit eingeflochten. Sie spiegelten die Thematik der Psalmen wieder. Ikonen wie *Die Seele verherrlicht Gott den Herrn, Die Liturgie, Das Vaterland, Die Reinheit der Seele, Der Gottessohn* und *Die Kathedrale unserer Lieben Frau* enthalten Darstellungen des Firmamentes, zu welchen auch Sonne und Mond gehören. In der Regel handelte es sich dabei um strahlenumgebene Profile, Büsten oder Frontalansichten.

Bei derartig komplizierten symbolischen Kompositionen illustrierten Sonne und Mond entweder direkt die biblischen Texte oder wurden als Diener Jahwes dargestellt, der über Tag und Nacht herrscht. Sie werden jetzt nicht länger vergottet. Der Glanz der Sonne, die Schönheit des Mondes und das Glitzern der Sterne rühmen nur Gottes Herrlichkeit und symbolisieren eine irdische Realität, die die Vorsehung und Sophia, Gottes Weisheit, reflektiert. Letztere verrät eine Verbindung mit vorchristlichen dualistischen Konzepten von der weiblichen Gottheit der Fruchtbarkeit, der Emanation himmlischer Energien; sie wird in den gnostisch-christlichen Evangelien nicht nur als die Mutter aller Dinge, sondern unter dem Namen Maria und Sophia auch als die Wahrheit und das uranfängliche Denken beschrieben. Einerseits wird hiermit das Bild der Gottesmutter, andererseits das Bild der Mutter Kirche beschworen. In den gnostisch-christlichen Abhandlungen galt der Mond als Symbol der Sophia.

In der Zeit vom 13. bis zum 15. Jahrhundert, also der Erneuerung des byzantinischen Reiches unter den Palaeologen, bildeten sich zwei Traditionen der Sonnendarstellung heraus: die eine stand in der Tradition der Erneuerung antiker Werte, die andere in der orientalischen Tradition, die aus Iran in den Mittelmeerraum kam und ihren lebhaftesten Ausdruck in Keramiken des 13. bis 14. Jahrhunderts fand, denn dieser Bereich der angewandten Kunst spiegelt am deutlichsten den Einfluß des Islam wider. Keramikgefäße und große Schalen jener Zeit sind mit Darstellungen eines menschlichen, von sieben Strahlen und Lilienblütenblättern umgebenen Gesichtes verziert. Sie haben eine starke Ähnlichkeit mit dem Stil der persischen Lüsterkeramik des 12. und 13. Jahrhunderts und reflektieren das dominierende mittelalterliche astrologische Konzept der Sonne als dem Zentrum des Universums.

383

383. Die feurige Himmelfahrt des Elias, welcher auch Prophet Boboschow genannt wurde, da es ein Silber-Ziseleur der gleichnamigen Stadt war, der als erster den antiken Sonnengott Gelyos durch Elias ersetzte. Goldschale aus dem Jahre 1593. Bulgarisches Mazedonien. (Eremitage, St. Petersburg).

384

384. Eine Hutsul-Ofenkachel des Keramikkünstlers Oleksa Bahmatuk (1820–1882) mit der Hl. Katherina und der Hl. Barbara. Ukraine.

385

Die Sonne in den slawischen Kulturen

Jan L. Perkowski

Jedes Jahr im August, wenn die Tage am hellsten und die Sonne am wärmsten sind, findet in Bulgarien eine Völkerwanderung zur Schwarzmeerküste statt. Die Jungen kommen, um in der Brandung zu toben und um mit ihren Altersgenossen „die Sonne anzubeten", während die meisten Besucher im mittleren und höheren Alter eine ernstere und geordnetere Form der „Re-kreation" suchen. Sie gehen in einem der vielen Badeorte, die entlang der Küste, von Rumänien im Norden bis zur Türkei im Süden, verstreut sind, zur Kur. Man hält diese Kuren vom medizinisch-therapeutischen Standpunkt her für sinnvoll, und dies hat wohl auch eine gesicherte wissenschaftliche Grundlage. Was diese Kurgäste jedoch nicht wissen, ist die Tatsache, daß sie eigentlich ein altes Ritual durchführen, bei welchem der letzte auf dem Balkan noch erhaltene vorchristliche Weltentstehungs-Mythos, das kosmogonische Untertauchen, zelebriert wird.

Einer Legendenversion dieses Mythos zufolge gab es in der Urzeit nur ein endloses Meer, auf dem Gott und Satan wandelten. Eines Tages machte sich Gott daran, die Erde zu erschaffen. Er bat Satan, auf den Grund des Meeres zu tauchen und im Namen Gottes Erdensamen zu holen, der dort zu finden war. Satan tauchte zweimal hinab, holte den Samen aber in seinem eigenen Namen. Beim Auftauchen glitt er ihm durch die Finger. Beim dritten Untertauchen nahm er Samen in seinem Namen und im Namen Gottes. Als er auftauchte, blieb der im Namen Gottes geholte Samen unter seinen Fingernägeln. Wie zuvor ging der Rest verloren. Gott nahm, was in seinem Namen geholt worden war, machte einen kleinen Hügel und legte sich darauf, um auszuruhen. Satan glaubte, daß Gott eingeschlafen sei, und versuchte, ihn ins Wasser zu stoßen und ihn so zu ertränken, um allein Herrscher der Erde zu werden. Je weiter Satan Gott jedoch rollte, desto mehr verbreitete sich die Erde, bis es keinen Platz mehr für das Meer gab.

---

385. Silberne Gedenkmedaille, die von Peter dem Großen von Rußland anläßlich der Eroberung der von den Türken besetzten Stadt Asow geprägt wurde (1696).

386

387

Wie der Autor dieses Aufsatzes beobachten konnte, wird das entsprechende Kurritual jeden Tag wiederholt, und das zwei Wochen lang. Es beginnt morgens mit einem halbstündigen Sonnenbad am Ufer des Schwarzen Meeres. Gegen Mittag geht der Patient dann über einen ca. 300m breiten Sandstreifen zu einem Salzsee, wo er sich auszieht und sich mit einer Schicht Schlamm vom Grunde des Sees einreibt. Der ganze Körper muß von Kopf bis Fuß damit bedeckt sein. Dann stellt er sich schweigend und nackt mit ausgestreckten Armen in Richtung der Sonne hin, bis der Schlamm getrocknet ist und sich kleine Risse zeigen. Er gesellt sich dann zu anderen in dem warmen See. Dort kehren seine Lebensgeister wieder zurück, sobald das Wasser den Schlamm weggespült hat und die Mittagssonne über seinem Kopf steht. Er taucht aus dem See auf und läßt sich von Sonne und Wind trocknen. Zum Schluß werden Mund und Füße mit frischem Wasser gespült.

Dieses Ritual beinhaltet deutlich eine magische Manipulation der vier Elemente Feuer (= Sonne), Erde (= Schlamm), Wasser (= See) und Luft (= Wind) mit dem Ziel einer metaphorischen Wiedergeburt und Erneuerung, bei welcher die Person mit der Erde (dem Schlamm) vom Boden des Sees eins wird, sie in dem See (dem Urmeer) wieder abstreift und daraus neugeboren auftaucht, in den Strahlen der lebenspendenden Sonne badet und so die Entstehung der Welt entsprechend dem Mythos des kosmogonischen Untertauchens nachvollzieht.

Dieser Mythos und das ihn evozierende Kurritual enthält zwei voneinander abhängige zwingende Themen: Sonnenanbetung und Dualismus. Wir wollen zunächst die Sonnenverehrung erörtern und uns dann dem Dualismus zuwenden.

Es gibt nämlich ein weiteres Ritual der Sonnenverehrung, das im heutigen Bulgarien und bis vor kurzem auch in Rußland und Serbien praktiziert wurde, das Ritual am Namenstag Johannes des Täufers, bei dem sich eindeutig christliche und vorchristliche Elemente vermischen. Dieser Feiertag fällt auf den 24. Juni. Ursprünglich war er im Kalenderzyklus als Feiertag der Sommersonnwende verankert gewesen; man glaubte, daß die Sonne zögere und am Himmel hin- und herschwanke, bevor sie „zu sterben" beginne, weil nun jeder darauffolgende Tag kürzer wird und die Dunkelheit und Kälte des Winters langsam zunehmen. Traditionellerweise singen junge Mädchen an diesem Tag die folgende Sonnen-Beschwörung:

---

386. Vorchristliche bemalte Eier aus dem 10. Jahrhundert von einem Fundort in Kiew.

387. Farbenprächtige Eier *(pysanki)*, die mit alten Sonnensymbolen bemalt sind, spielen in ukrainischen Osterbräuchen immer noch eine wichtige Rolle.

Heil Dir, Marina, Heilige Marina!
Die Königin Domna sagt zu der Sonne:
„Oh Sonne, helle und hochstehende Sonne,
Du scheinst hell und hoch,
Hell, hoch und überall.
Kennst Du kein Kraut zum Kinderkriegen,
Ein Kraut zum Kinderkriegen für ein trauriges Herz?"
„Ich kenne eines, Königin Domna, ich kenne es,
Aber man sagt, daß es weit weg ist,
Weit weg und sehr teuer..."

Das Lied setzt sich so fort, daß Königin Domna, um die Sonne dazu zu bewegen, ihr das Schwangerschaftskraut zu beschaffen, dieser versprach, ihr das Kind zu geben, falls es eine Tochter sei. Aber als sie die schöne Marina zur Welt gebracht hatte, versteckte sie sie so lange, bis sie herangewachsen war. An einem Sonntag ging das Mädchen hinaus, um Wasser zu holen; die Sonne sah sie und senkte eine Schaukel (d.h. einen Sonnenstrahl) auf die Erde herab und trug sie davon.

Im bulgarischen Volksglauben ist die Sonne anthropomorph, ein Mann, und hat eine Mutter. Die Sterne sind seine Schwestern, und der Mond ist sein Bruder (oder seine Schwester). Er kann sich in ein schönes Mädchen verlieben und sie als Frau begehren. Bei der obigen Sonnenbeschwörung muß

388

388. Ein mit Juwelen besetztes Fabergé-Ei, ein Geschenk Nikolaus II. von Rußland an Alexandra Feodorowna aus dem Jahre 1897. (Messrs. Wartski Collection).

man wissen, daß die Heilige Marina (deren Festtag der 17. Juli ist) gemeinhin als „feurige“ Märtyrerin gilt.

Das ganze Ritual, von dem diese Beschwörung nur ein kleiner Teil ist, dient einerseits dazu, der Sonne am schwächsten Punkt ihres Zyklus' beizustehen – aus diesem Grunde wurden früher Feuer entzündet, über die gesprungen wurde –, und andererseits, die Sonne um Fruchtbarkeit für Menschen und Pflanzenwelt zu bitten. Der Kreis als Sonnensymbol taucht überall während der Festlichkeiten auf: in großen und kleinen Kränzen, einem engen Kreistanz und dem rituellen Brot.

Sonnensymbole wie die Rosette, das Hakenkreuz und das Rad findet man überall im slawischen Raum, von den dekorativen polnischen Scherenschnitten *(wycinanki)* bis zu slowakischen Stickereien und geschnitzten Holzornamenten in russischen Kirchen. Zwei andere Sonnensymbole aus vorchristlicher Zeit, die jetzt fest im christlichen slawischen Ritual verankert sind, sind das Osterei und der Heiligenschein auf Ikonen. Das Ei symbolisiert das ganze Universum mit der Sonne (dem Dotter) in seiner Mitte. Der Heiligenschein kam über Byzanz zu den Slawen, hatte seinen Ursprung aber bei den sassanidischen Persern, die Sonnenverehrer waren und das Haupt ihrer Könige im Strahlenkranz der Sonne darstellten. Ganz allgemein gesagt wurden die Slawen wiederholt von antiken iranischen Religionsströmungen und besonders von deren sonnenmythischen und dualistischen Momenten beeinflußt.

Im Rahmen dieses Kapitels liegt es nahe, die slawische Geschichte in drei Epochen zu unterteilen: die prähistorische, die mittelalterlich-christliche Periode und das säkulare moderne Zeitalter. Die erste Epoche setzt ca. 2000 v. Chr. ein, als sich die Proto-Slawen in den Pripet-Sümpfen zwischen der Weichsel und dem Dnjepr nördlich der Karpaten niederließen. Ihre unmittelbaren indogermanischen Nachbarn waren die Balten im Nordwesten, die germanischen Völker im Westen, die Iranier im Osten, die Illyrier im Südwesten und die Thraker (und Daker) im Südosten, wobei die zwei letztgenannten Stämme nicht mehr existieren. In der Zeit zwischen dem 5. und 9. Jahrhundert n. Chr. wanderten die Proto-Slawen in die Gebiete, die sie bis heute bewohnen – Rußland, Weißrußland, Ukraine, Polen, Tschechei, Slowakei, Bulgarien und das frühere Jugoslawien –, und ab der Mitte des 9. Jahrhunderts übernahmen sie das Christentum. Damit begann die mittelalterliche christliche Periode, die in ländlichen Gegenden bis ins 19. Jahrhundert andauerte. Das 19. und besonders das 20. Jahrhundert bilden die säkulare moderne Periode.

Obwohl nur sehr wenige Fakten aus der prähistorischen Periode überliefert sind, wissen wir von Al-Masudi, einem arabischen Reisenden aus dem 10. Jahrhundert, daß die Proto-Slawen die Sonne verehrten. Er liefert uns sogar eine Beschreibung einer ihrer Tempel, der eine Öffnung im Dach hatte, durch das die Sonnenstrahlen auf den Boden fielen. Aus anderen Quellen wissen wir, daß zum vorchristlichen slawischen Götterhimmel der Gott Svarog (aus dem indischen *svargas*, strahlender Himmel) gehörte, der als Schmied der Sonne galt. Nach alten russischen Quellen sollen sowohl das himmlische, als auch das irdische Feuer mit Svarogs Sohn Chorsu Dažbogu identisch sein, wobei der erste Teil seines Namens ein iranisches Wort (*ḫoršīd* auf Persisch) ist und für die personifizierte strahlende Sonne steht. Eine weitere direkte Entlehnung ist das slawische Wort *ray* (Paradies) aus dem iranischen *rejj*, das Glückseligkeit und himmlischen Glanz bedeutet. Dies sind einige der ältesten Belege für den iranischen Einfluß auf die vorchristliche Glaubensstruktur der Slawen.

Es ist unmöglich, die allerfrühesten religiösen Einflüsse Irans exakt nachzuzeichnen. Die Slawen und Iranier teilten als eng verwandte Zweige der indogermanischen Familie zweifellos einen gemeinsamen Kern antiker religiöser Vorstellungen und eines gemeinsamen Wortschatzes. Seit den Skythen (750–200 v. Chr.) und den Sarmaten (200 v. Chr. bis 400 n. Chr.) tauchen erste Entlehnungen des *ḫoršīd-* und *rejj*-Typus auf. Die Aufnahmebereitschaft für iranische Religionseinflüsse dauerte bis zum 15. Jahrhundert n. Chr. an.

389

389. Mädchen mit Sonnenblume. Gemälde der Naiven Kroatischen Schule von Iwan Rabusin. 1962. (Galerije Grada, Zagreb, Kroatien).

390

391

390. Polnische volkstümliche Scherenschnitt-Sonnensymbole (*wycinanki*) in verschiedenen Farben, die während der letzten 20 Jahre von Bäuerinnen aus Kurpie, Puszcza und Zielona angefertigt wurden. (Muzeum Etnograficzne Torún, Polen).

391. Decken-Holzschnitzerei in einem 1807 erbauten Daskalow-Haus in Tryawna, Bulgarien.

392

392. Hölzerner russischer Bottich mit Sonnenzeichen (Strohapplikationen) von Alexander Sliwetsow. 1980.

Während der skythischen und sarmatischen Periode bevölkerten die antiken Slawen noch ihre ursprüngliche europäische Heimat im Gebiet der heutigen Ukraine. Im 9. Jahrhundert hatten sie ihre darauffolgende Wanderungsbewegung abgeschlossen und wurden bald darauf von den östlichen und westlichen christlichen Gemeinden absorbiert. Obwohl mehrere slawische Staaten das Christentum als Staatsreligion übernahmen (das Großmährische Reich 863; das bulgarische Reich 865; Polen 966 und das Kiewer Reich 988), gab es über einen ziemlich langen Zeitraum, besonders bei den Ost- und Balkanslawen, einen „dualen Glauben“: das Christentum neben der älteren slawischen Religion, deren Götter nun als Teufel galten oder zu Heiligen gemacht wurden.

Die Periode der slawischen Besiedelung der Balkanhalbinsel dauerte vom Beginn des 6. bis zur Mitte des 7. Jahrhunderts. Unmittelbar vor ihrer Ankunft hatten sich zwei Weltreligionen im römischen Imperium verbreitet: das Christentum und der Mithraskult, eine Sekte iranischen Ursprungs. Unsere Kenntnis alter iranischer Glaubenslehren ist etwas umfassender als die der slawischen. Zoroastrische Religionsschriften stammen aus dem 6. Jahrhundert v. Chr. Für unseren Zusammenhang sind zwei Aspekte dieser Religion von Interesse: ihr Dualismus und der Einsatz von Sonnensymbolik in ihrem Weltentstehungskonzept, denn diese beiden Elemente tauchen mehr oder weniger stark bei jeder der nachfolgenden iranischen Sekten auf, welche bis nach Europa vordrangen und die Slawen beeinflußten.

Trotz der Tatsache, daß die Mithrasreligion so stark wurde, daß sie das Christentum – wenn auch nur kurz – als offizielle Religion des römischen Reiches verdrängen konnte, ist wenig über ihre Glaubenslehren und Kultpraktiken bekannt. Angeblich brachte der Heilige Paulus den Balkanvölkern das Christentum in der Zeit der Apostel. Die neue Religion verbreitete sich schnell in den Städten, erlitt aber schließlich während der Verfolgungen unter Diokletian (303–313) Rückschläge. Obwohl das Christentum im Jahre 312 zur Staatsreligion des römischen Reiches erklärt wurde, behielten die mithraischen Mysterien auch danach, während der Herrschaft Julian Apostatas (361–363), ihre Vormacht. Julian, der den leuchtenden Gott Mithras verehrte, schrieb sogar eine Abhandlung über den himmlischen Sonnenkönig. Bevor er das Christentum übernahm, hatte Konstantin selbst Sol Invictus (die unbesiegbare Sonne) bzw. Mithras verehrt.

Ab 67 v. Chr. kamen zunächst römische Soldaten, die im Mittleren Osten stationiert waren, in Kontakt mit der Mithrasreligion; später wurde sie in den Jahren 71–72 n. Chr. von der 15. Legion an die Donaugrenze weitergetragen. Im Jahre 107 n. Chr. bevölkerte Trajan wieder Dakien (das heutige Rumänien) *ex toto orbe Romano* (aus der ganzen römischen Welt), und die Mithrasverehrung verbreitete sich rasch. Ein Blick auf europäische archäologische Landkarten, auf denen erhaltene Mithrasheiligtümer eingezeichnet sind, zeigt, daß sich der Kultus nördlich bis zu den Karpaten, östlich bis zum Schwarzen Meer und westlich bis zum Rhein ausbreitete. Obwohl es keinen definitiven Beweis dafür gibt, daß der Mithraskult dualistisch war, besteht kein Zweifel daran, daß er iranischen Ursprungs war und auf der Sonnenverehrung basierte. Obwohl er eine Weltreligion wurde, gibt es keine Anzeichen dafür, daß er hinsichtlich der Kosmologie, der Theologie und der Riten einheitlich war.

Der nächste iranische Kult, der in den Balkan vordrang, war der des persischen Propheten Mani, der im Jahre 274 n. Chr. starb. Während des 4. Jahrhunderts verbreitete sich sein dualistischer Kult im ganzen römischen Reich, ersetzte die Mithrasmysterien und stellte eine Herausforderung für die Staatsreligion des Christentums dar. Diese erste Welle des Manichäismus, die sich im gesamten Mittelmeerraum einschließlich Roms und Konstantinopels ausbreitete, hielt bis zum 7. Jahrhundert an. Dann folgte eine zweite Welle vom 9. bis zum 14. Jahrhundert, die sich überall in Süd- und Mitteleuropa vom Schwarzen Meer bis an den Atlantik ausbreitete. In Bulgarien, Griechenland, Serbien und Bosnien hielt sich der Manichäismus besonders lang und verschwand erst mit der Ankunft der Türken im 14. und 15. Jahrhundert. Zu dieser Zeit und in diesem Zusammenhang entstand bei den Slawen der Vampirkult.

Als die Slawen in der Mitte des 9. Jahrhunderts ihre Kolonisation der Balkanländer abgeschlossen hatten, waren sie bereits mit mindestens zwei Wellen iranischen Einflusses konfrontiert worden: der der Skythen und der der Sarmaten. Auf dem Balkan wurden sie mit weiteren religiösen iranischen Glaubenslehren konfrontiert: den Mythrasmysterien und dem Manichäismus, die unter den ansässigen Römern, Griechen, Dakern Thrakern und Illyriern verbreitet waren.

Die zweite Welle des Manichäismus verbreitete sich über den Balkan zu einer Zeit, als die Slawen bereits dort siedelten. Er trat nicht als rein iranische Sekte auf, sondern in Form einer christlichen Ketzerlehre, die auf der dauerhaften iranischen Konzeption des Dualismus gründete, derzufolge das Böse die gleiche positive und elementare Qualität wie das Gute hat. Es gibt daher zwei getrennte Kräfte auf der Welt: Gott / Satan, das Gute / das Böse, Geist / Materie, Licht / Dunkelheit. In diesem System ist der Mensch zweigeteilt: seine Seele ist göttlich und sein Körper böse. Der Körper dient als Grab der Seele. Der Satan versucht, das Licht in der Dunkelheit der Materie gefangenzuhalten und die Seele daran zu hindern, in den Himmel zurückzukehren. Erlösung ist die Befreiung der Seele im Tode. Nach der Lehre Manis sind die Menschen eine mikrokosmische Mischung von Licht (dem Guten) und Dunkelheit (dem Bösen). Ebenso wie sich Licht und Dunkelheit im Tod trennen, so wird es beim Weltenende auch eine totale und endgültige makrokosmische Trennung von Licht und Dunkelheit geben. Der Manichäismus war eine nicht-christliche dualistische Religion, die sich aber dem Christentum anpaßte. Im 7. Jahrhundert entstand in Armenien eine ketzerische Sekte, die Paulizianer, die versuchten, das Christentum dem Dualismus anzupassen. Sie hielten unerbittlich an ihrem Glauben fest, und viele von ihnen wurden von byzantinischen Herrschern zum Pfahl verurteilt. Aufzeichnungen zeigen, daß die Paulizianer im Jahre 869 planten, Missionare von Armenien nach Bulgarien zu schicken. Auf diese Weise erreichte die zweite Welle des Manichäismus den Balkan und weitere Länder. In Bulgarien wurde dieser Glaube nach seinem Anführer Bogomil, der zur Zeit Zar Peters (927–969) in Bulgarien lebte, „Bogomilismus" genannt.

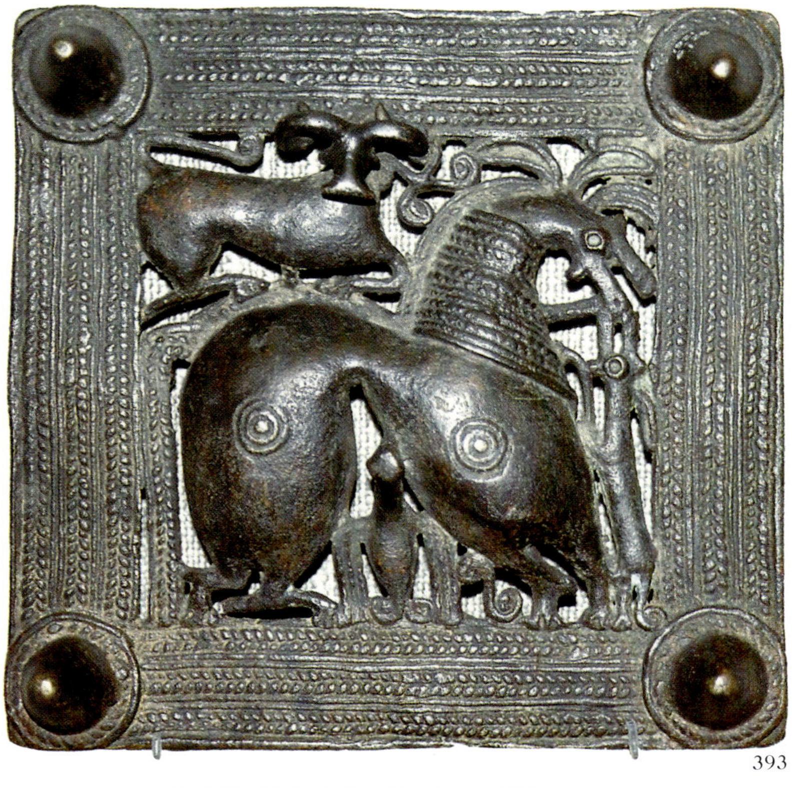
393

394

393, 394. Bronzene durchbrochene Gürtelschnallen mit Tiermotiven aus dem Kaukasus (Georgien). 200 v. Chr. – 200 n. Chr. (Britisches Museum, London).

Es ist uns kein vollständiges Bild der Doktrin und der Rituale der Bogomilen überliefert, aber ihre 400jährige Existenz während des Ersten und Zweiten Bulgarischen Reiches ist gut dokumentiert. Man weiß, daß sie unter den Serben in Bosnien unter der Bezeichnung „Patarene“ ein weiteres Jahrhundert lang überlebten.

Die Wiege des Bogomilismus war jenes Gebiet des Bulgarischen Reiches, das heute die Republik Mazedonien ist. Dies ist auch die Gegend, in der der slawische Ausdruck *vampir* entstand. Keines der slawischen etymologischen Standardlexika gibt eine befriedigende Auskunft über den Ursprung dieses Wortes. Eine plausible Erklärung liegt im Namen des manichäischen Gottes Båm (Bān im Syrischen), der in einem tausend Jahre alten sogdischen (iranischen) Manuskript erwähnt wird, das um die Jahrhundertwende in der Turfan-Oase im chinesischen Turkistan gefunden wurde. Dieses Manuskript ist besonders wichtig, ist es doch eines der wenigen erhaltenen heiligen manichäischen Traktate. Båm wird als der große Baumeister beschrieben, der am Ende der Welt ein steinernes Grab bauen wird, das der Dunkelheit als Grab dienen soll. Der Beweis für die Verbreitung dieses Namens im Balkan findet sich in einem Brief des Bischofs Theophylaktos, des Patriarchen von Konstantinopel (933–956), in dem ein bestimmter Ketzer als Βααvης [*Vānēs*] aufgeführt wird. Der Name mag im Slawischen **van-* geschrieben worden sein. Dies und die Form (altes Kirchenslawisch) *piru*, das „Rummel, Zechgelage“ bedeutet (vgl. den slawischen Verbstamm *pij*, „trinken“) kann zur Bildung von **vani piru* (Vans-Fest) > **vanpir* < *vampir* geführt haben. Ursprünglich bezog sich der Begriff auf ein rituelles Trankopfer zu Ehren des Gottes Van. Solche Opferrituale mit Namen *kurban* überlebten in Bulgarien bis ins 19. Jahrhundert als letzte Reminiszenzen an die dualistischen Bogomilen und Paulizianer.

Der iranische Dualismus hat nicht nur seine Spuren im Namen des slawischen Vampirismus hinterlassen. Dieser Kult ist sicherlich auch ein Resultat des Konfliktes zwischen dem orthodoxen Christentum und der dualistischen Ketzerei. In seiner *Chronik der Slawen* (1164–68) beschreibt Helmold die folgende vorchristliche Praxis der Westslawen:

„Nachdem das Opfer niedergeschlagen ist, trinkt der Priester sein Blut, um sich für dem Empfang der Orakel zu stärken. Viele meinen, daß die Dämonen mit Blut sehr leicht beschworen werden können ... Auch die Slawen haben eine merkwürdige Vorstellung. Bei ihren Festen und Trinkgelagen lassen sie ein Gefäß herumgehen, über dem sie bestimmte Worte aussprechen ... im Namen der Götter... des guten und des bösen – in der Auffassung, daß das günstige Schicksal von dem guten Gott und negative Schicksalschläge von einem schlechten Gott stammen.“

Aufgrund dieses Berichtes wissen wir, daß der Dualismus, welchen Ursprungs auch immer, von Slawen praktiziert wurde, die weit vom Balkan entfernt, etwa an der Ostsee, lebten.

Der slawische Vampir der Volkslegende ist ein Geschöpf der Dunkelheit, oft ein Ketzer, der entweder im Licht der Sonne erstarrt oder von ihm zerstört wird. (Die Bogomilen glaubten, daß alle Dinge auf der Welt außer der Sonne und der menschlichen Seele vom Satan geschaffen wurden.) Dies sind eindeutige Ausdrucksformen des Dualismus. In Rußland bestand die wichtigste Methode, der tödlichen Kraft von Vampiren Herr zu werden, darin, einen spitzen Espenpfahl in die Brust oder zwischen die Schulterblätter der Leiche oder manchmal auch in den Grabhügel zu stoßen; belästigte ein Verstorbener jedoch weiterhin die Bevölkerung, mußte man ihn verbrennen. War es nicht der Brauch byzantinischer Herrscher gewesen, Ketzer auf Pfähle zu spießen? Für orthodoxe Christen lag über der Feuerbestattung ein Fluch, und so wurden sogar Ketzer begraben. Für die Dualisten jedoch bedeutete die Feuerbestattung die Befreiung der Seele vom Körper, die es der Seele erlaubte, zur Quelle allen Lichtes, zum Sol Invictus, emporzusteigen.

Dies war jedoch nicht die letzte Station dieser alten iranischen Glaubensvorstellungen. Gegen Ende des 17. Jahrhunderts, als die Habsburger schrittweise die Osmanen zwangen, ihre Vorherrschaft auf dem Balkan aufzugeben, entdeckte man bei den jüngst befreiten Serben Bräuche, die in

395

396

Westeuropa unbekannt waren, vor allem den berüchtigten Vampirglauben. Zunächst wurde von höchster Stelle eine richterliche Untersuchung angeordnet, um die Sache zu erforschen. In der Mitte des 18. Jahrhunderts fand der Vampir der slawischen Volkslegenden dann Einzug in die westliche Literatur. Wohl jeder in der englischsprachigen Welt kennt die letzte Szene in Bram Stokers Roman *Dracula*, wo ein Wettlauf mit der Sonne stattfindet. Im entscheidenden Moment scheinen Draculas Verfolger verloren zu haben: „Als ich in Draculas Augen sah, sah ich die untergehende Sonne und der Haß in seinem Blick verwandelte sich in Triumph." Seine Hoffnung auf Triumph ist jedoch verfrüht; er wird mit einem Pfahl durchbohrt – auf die Erde gespießt, zu der er gehört –, und das Geschöpf der Dunkelheit ist gebannt.

395. Christus mit einem Lichtkreis, der die Sonnensymbole der sassanidischen Perser aufgreift. Fresko in der Boyana-Kirche in Sofia, Bulgarien, aus dem Jahre 1259.

396. Der Prophet Elias in seinem feurigen Wagen mit Sonnenrädern. Bulgarische Ikone aus dem 19. Jahrhundert aus der Kirche in Malko, Turnowo.

397

397. *Der Vampir* von Edvard Munch. 1893. (Göteborgs Konstmuseum, Göteborg, Schweden).

398

398. Das traditionelle bulgarische Osterbrot wird mit Sonnensymbolen dekoriert und nach altem Brauch zu Hause gegessen, den Nachbarn und Verwandten geschenkt und auf die Gräber der Vorfahren gelegt.

400

Die Sonne in der griechischen Kunst und Kultur

Gregory Nagy und Panos D. Valavanis

Erste Belege für die griechische Auffassung von der Sonne stammen aus der griechischen Sprache selbst, besonders aus den ältesten erhaltenen griechischen Dichtungen, wie Homers *Ilias* und *Odyssee*. In diesen Epen findet sich die Konzeption einer Sonne, die aus einem kosmischen Süßwasserfluß mit Namen „Okeanos", der eine flache und kreisförmige Welt umgab und so die Erde und ihre Meere einschloß, aufgeht und in ihm untergeht. Erst durch weiterreichende wissenschaftliche Forschungen im 5. Jahrhundert v. Chr. und mit dem zunehmenden Wissen über die „äußeren Grenzen" der Erde und der Meere wurde die antike Vorstellung des Okeanos allmählich mit der modernen Vorstellung des „Ozeans" (ein aus dem Altgriechischen abgeleitetes Wort) gleichgesetzt.

In der mythischen Weltsicht des frühen Griechenlands geht die Sonne jeden Abend im äußersten Westen im Okeanos unter, um an jedem neuen Morgen im äußersten Osten wieder aus demselben weltumkreisenden Fluß aufzusteigen. Wie wir von dem griechischen Dichter Hesiod wissen, befindet sich das Reich der antiken griechischen Helden, die nach dem Tode Unsterblichkeit erlangten, genau in diesem Bereich im äußersten Osten, am Ufer des Okeanos, wo die Sonne aufgeht. In verschiedenen griechischen Mythen finden sich unterschiedliche Namen für diesen Ort, wobei der berühmteste Elysion ist. Eine verwandte Vorstellung ist mit der mythischen Gegend von Äthiopien ver-

399. Ein auf Rhodos gefundener Helios-Kopf aus Marmor, möglicherweise Teil einer Statue oder einer Quadriga. Hellenistische Zeit. (Museum von Rhodos, Griechenland).

400. Relief mit Helios auf seinem Wagen, das 1872 in Troja ausgegraben wurde. ca. 300 v. Chr. (Staatliche Museen zu Berlin).

401

402

401, 402. Die zwei Ringe aus Tiryns (401) und Mykene (402), die Fruchtbarkeitsrituale der mykenischen Religion darstellen, symbolisieren die Sonne in Form eines Rades oder eines Strahlenkreises bzw. einer Rosette. 1500 v. Chr. (Britisches Museum, London).

bunden, die sich nach der *Odyssee* an beiden Enden der Welt, sowohl im äußersten Westen als auch im äußersten Osten, befindet. Der König der Äthiopier ist Memnon, der Sohn von Eos, der Göttin der Morgenröte. Dieser Held wird in der Regel in frühen griechischen Überlieferungen als von schwarzer Hautfarbe geschildert, ebenso wie sein Volk, die Äthiopier.

Der vertikale Kreisverlauf der Sonne und der horizontale Kreisfluß des Okeanos werden zum Symbol für den Kreislauf des Lebens und des Todes durch Licht und Dunkelheit, für Wachen und Schlafen, ja sogar für Bewußtsein und Unbewußtes. Im Griechischen wird die kreisförmige Bewegung von der Dunkelheit zum Licht und vom Tod zum Leben als *nostos* (Heimkehr) bezeichnet. Dieses altgriechische Wort ist mit *noos* verwandt, was in der Sprache Homers „Bewußtsein" oder „Geist" bedeutet (im klassischen Griechisch, das von Plato benutzt wurde, taucht das Wort als *nous* auf). Wenn Odysseus endlich nach so vielen Abenteuern und Prüfungen in sein langersehntes Ithaka zurückkehrt, schildert die *Odyssee* den eigentlichen Moment seiner Heimkehr mit einer poetischen Beschreibung, die sowohl die Wörter *noos* als auch *nostos* enthält. Der Held wird beim Segeln mitten in der Nacht (für jeden griechischen Seemann ein außergewöhnlicher Vorgang) beschrieben; er liegt in tiefem Schlaf, der in den Worten des Dichters wie der Tod ist. Genau in dem Moment, in dem das Schiff, auf dem sich Odysseus befindet, das Ufer Ithakas erreicht, geht die Sonne auf und der Held erwacht.

In der Dichtung fallen die Heimkehr des Helden und das Wiedererlangen des Bewußtseins zeitlich mit der Ankunft des Sonnenlichts, die das treibende Symbol des Epos ist, zusammen. In der griechischen Mythologie ist die Heimkehr des Helden die Rückkehr zu Licht und Leben.

Wenn Helios, der anthropomorphe Sonnengott, Tag für Tag seinen Sonnenwagen auf kreisförmiger Bahn lenkt, so ist das ein kosmischer Vorgang; wenn jedoch ein Sterblicher dies versucht, ist dies ein Ereignis, das nur einmal stattfinden kann. Dies berichtet der Mythos des Helden Phäton, wie er von Euripides und später in römischer Zeit von Ovid erzählt wurde. Phätons Vater war niemand anders als die göttliche Sonne selbst, und der Name des Helden bedeutet „strahlend wie die Sonne". Das Problem bestand darin, daß Phätons Mutter eine Sterbliche war. In der griechischen Mythologie sind sterbliche „Gene" dominant, und Phätons Schicksal war es, die letzte Enttäuschung des Todes zu erfahren. Er kann beweisen, daß er von der Sonne erwählt wurde, weil der Gott ihm erlaubt, den

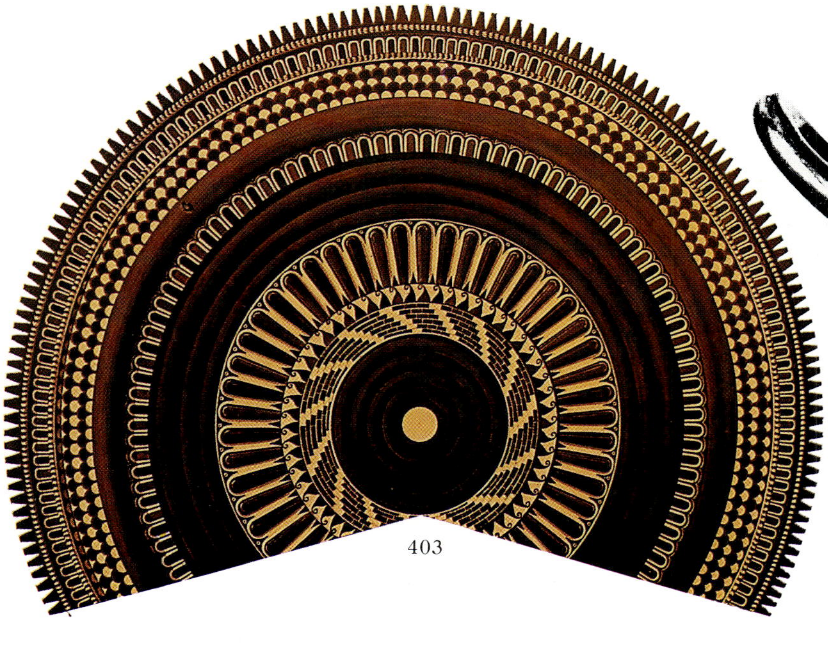

403

404

403. Rekonstruktion eines „Akroterion"-Sonnensymbols, das das Tympanon des archaischen Hera-Tempels in Olympia im 7. Jahrhundert v. Chr. krönte.

404. Schwarzfiguriger attischer Skyphos, auf dem die erste anthropomorphe Darstellung des Helios mit einer Sonnenscheibe über seinem Kopf zu sehen ist. 8. Jahrhundert v. Chr. Tarent (das antike Taras). (Museo Nazionale, Tarent).

405

406

himmlischen Sonnenwagen zu lenken; aber diese Bestätigung der tiefempfundenen Nähe zum Göttlichen ist für den Helden gleichzeitig eine Bestätigung seiner menschlichen Natur. Sobald Phäton triumphierend den am weitesten von der Erde entfernten Punkt der Umlaufbahn des Sonnenwagens erreicht, wird er aus den Himmeln verstoßen und, Ausdruck größten Versagens, tot auf die Erde zurückgeworfen.

Trotzdem ist das immerwährende Verlangen nach der Sonne in der griechischen Mythologie sowohl ein Gegenstand der Hoffnung als auch der Enttäuschung. Die griechischen Gedichte für die Toten enthalten Bilder, nach denen der Geist oder die Psyche (um das griechische Wort zu gebrauchen) des Verstorbenen weit gen Westen reist und am Ende in die erdumspannenden Gewässer des Okeanos eintaucht. Die implizite Hoffnung ist, daß auch der menschliche Geist ebenso wie Helios, der abends in den Okeanos eintaucht, um am nächsten Morgen aus demselben Gewässer wieder gestärkt aufzusteigen, einen Weg finden wird, um seine eigene intuitive Nähe zum Licht der Sonne unter Beweis zu stellen.

405. Weißgrundige griechische Vase mit dem aus dem Meer aufsteigenden Helios. Nyx und Eos entfernen sich auf beiden Seiten. Wird dem Sappho-Maler zugeschrieben. 500–490 v. Chr. (Metropolitan Museum of Art, New York. Rogers Fund).

406. Eine griechische Vase, „die Königin der Vasen" genannt, stellt die Sonnentheologie der pythagoräischen und orphischen Lehre dar. 4. Jahrhundert v. Chr. Hydra. (Eremitage, St. Petersburg).

407

Die Darstellung der Sonne in der griechischen Kunst kann mit einiger Gewißheit bis zur minoischen und mykenischen Periode (3. und 2. Jahrtausend v. Chr.) zurückverfolgt werden. Aus dieser Zeit sind mehrere Darstellungen von Sonnensymbolen in rituellen Szenen erhalten. Die typischsten Beispiele sind auf zwei goldenen Ringen zu sehen, einer aus dem Gräberrund A in Mykene und einer aus Tiryns (beide aus der Zeit um 1500 v. Chr.). Es besteht weitgehend Einigkeit darüber, daß es sich hierbei um eine sitzende Fruchtbarkeitsgöttin handelt, die im ersten Fall von zwei Frauen und einem Mädchen, im zweiten Beispiel von verkleideten Gottheiten Opfergaben annimmt. Im oberen Teil dieser beiden Darstellungen ist die Sonne am Himmel in Form eines Strahlenkreises zu sehen, und neben ihr steht der Mond. Man nimmt an, daß diese Darstellungen Rituale wiedergeben, die mit dem Ackerbau in Verbindung stehen und die an bestimmten Tagen im Jahr, wenn die beiden Himmelskörper gleichzeitig am Himmel sichtbar waren, durchgeführt wurden.

Diese „naturalistische" Art der Sonnendarstellung als runde Form, als Kreis, Rad oder Rosette findet man in älteren Kunstwerken wie zum Beispiel auf Siegelringen oder Abdrucken aus der mittleren

407. Die „Königin der Vasen" zeigt in Schwarz und Gold (als Symbol von Dunkelheit und Licht) die Götter der eleusinischen Mysterien, wobei die Göttinnen der Erde und der Unterwelt das heilige Feuer, dessen Flammen aus dem Wasser emporschlagen, beschwören. (Eremitage, St. Petersburg).

minoischen Periode (frühes 3. Jahrtausend); und sie erhielt sich während der Bronzezeit und der frühgeschichtlichen Zeit (10. bis 8. Jahrhundert v. Chr.) in vielen Kunstformen, besonders auf Siegelringen und Vasenmalereien. Gewiß ist es nicht immer einfach, diejenigen Fälle, in denen diese Darstellungen eine rein dekorative Funktion haben, von denjenigen zu unterscheiden, in denen sie als Symbole verwendet wurden. Dieselbe Sonnendarstellung findet sich oft auch noch in späteren Zeiten, wobei die monumentale Wiedergabe des Sonnensymbols in Form eines riesigen scheibenförmigen Ton-Akroterions, das die Spitze des Tympanons einiger Tempel der frühen archaischen Periode (7. Jahrhundert v. Chr.) schmückt, zu den eindrucksvollsten Beispielen zählt. Das schönste Akroterion stammt aus dem Heraion von Olympia. Es ist über zwei Meter breit, besteht aus konzentrischen Feldern mit strahlen- oder flammenförmigen Ornamenten und ist am Rand mit winzigen Strahlen umgeben.

In den Dichtungen Homers und Hesiods sowie in den etwas späteren Hymnen Homers hat die Sonne bereits einen anthropomorphen Charakter angenommen, denn es wird in wunderbaren Versen beschrieben, wie sie jeden Morgen im Land der Äthiopier – für die antiken Griechen der alleräußerste Teil der Welt – in ihrem von einem, zwei oder vier Pferden gezogenen Wagen aufbricht, um ihr Licht über die ganze Erde zu verbreiten. In der lyrischen Dichtung des archaischen Zeitalters wird das Bild durch die Darstellung der nächtlichen Rückkehr der Sonne aus dem Land der Hesperiden, dem westlichen Ende der Welt, vervollständigt, wobei die Sonne entweder in ihrem Wagen schläft oder in einem Gefäß im Wasser des Okeanos schwimmt. Diese poetischen Bilder der Tages- und Nachtausflüge der Sonne Helios waren so erfolgreich, daß sie der gesamten griechischen Literatur und Kunst von der frühesten Periode bis zum Ende der Antike ihren Stempel aufdrückten. Die Vorstellung der Sonne in menschlicher Gestalt ist in Griechenland nicht ungewöhnlich, sondern entspricht der urtypischen griechischen Neigung, allem anthropomorphe Züge zu verleihen, von Naturphänomenen bis zu gesellschaftlichen Institutionen, ja sogar komplizierten abstrakten Konzepten.

In der archaischen Periode (vom 7. bis 6. Jahrhundert v. Chr.) erlangte der griechische Geist seine Reife, was sich in einer wahren Explosion des geistigen und künstlerischen Schaffens und dem beginnenden Interesse an kosmischen Problemen, die die ersten Philosophen (Thales, Anaximander, Anaximenes) erforschten, niederschlug. Diese Entwicklung wurde von anthropomorphen Repräsentationen der Sonne und anderer Himmelskörper in der griechischen Kunst begleitet. Die ersten derartigen Darstellungen finden sich ausschließlich auf Vasenmalereien, die die reichste Informationsquelle für die Kunst dieser Periode sind.

408

409

408. Ein Pferdekopf vom Viergespann des Helios, der seinen Wagen im Morgengrauen aus dem Meer lenkt. Die Skulptur befand sich ursprünglich in einer Ecke des Ostgiebels des Parthenon. Akropolis, Athen. 447–432 v. Chr. (Britisches Museum, London).

409. Der Triumph des Lichtes über die Dunkelheit, den Helios und Selene verkörpern, ist das Thema einer Hochzeitsszene, die auf einem Marmorsarkophag dargestellt ist. Römische Kopie eines griechischen Originals. 3. Jahrhundert. (Eremitage, St. Petersburg).

410

Einige Forscher halten eine Malerei auf einer thebanischen Amphore von der Insel Kythera aus der Zeit um 670–660 v. Chr. (heute im Britischen Museum) für die älteste Darstellung von Helios in menschlicher Gestalt. Sie zeigt die Büste eines Mannes mit kurzem Haar und einem Bart, der die Zügel eines nach rechts laufenden Pferdes hält. Die Identifikation dieser Figur mit Helios basiert eindeutig auf Beschreibungen in etwas älteren poetischen Texten. Diese Deutung ist jedoch nicht einstimmig von der Wissenschaft übernommen worden, denn die Darstellung enthält, wie wir noch sehen werden, nicht die typischen Charakteristika von Helios.

Ab dem 6. Jahrhundert sind Darstellungen der Sonne leicht identifizierbar, besonders auf schwarz- oder rotfigurigen attischen Vasen. Helios erscheint immer im Chiton eines Wagenlenkers und steht in einem herannahenden Wagen, der von zwei oder vier geflügelten Pferden gezogen wird. Auf frühen Vorbildern trägt er einen Bart, und in den Händen hält er Zügel, manchmal ein Zepter und einen langen spitzen Stab, um die Pferde anzutreiben. Die Merkmale, die eine sichere Identifikation als Helios zulassen, sind die Wiedergabe einer Sonnenscheibe über seinem Haupt und mitunter eine Inschrift mit seinem Namen.

Die meisten Darstellungen befinden sich auf schwarzfigurigen Lekythoi und auf weißgrundigen Vasen aus der Zeit zwischen 510 und 480 v. Chr. Wenn nur der obere Teil der Figur zu sehen ist, wird der Sonnenaufgang dargestellt, wohingegen die Abbildung des Meeres am unteren Rande des Bildes die weite Reise über den Ozean darstellt. Eine der charakteristischen Malereien befindet sich im Museo Nazionale von Tarent auf einem schwarzfigurigen Skyphos, oder Trinkgefäß, wohingegen auf einem weißgrundigen Lekythos mit schwarzen Figuren (Metropolitan Museum of Art in New York), der bekanntesten Vase dieser Art, Helios zwischen Eos (Morgenröte) und Nyx (Nacht) erscheint, wobei sich beide in unterschiedlichen Richtungen davonmachen, um ihm die Herrschaft über den Tag zu überlassen. Hier sind alle Figuren mit Namensinschriften versehen.

Seit Beginn des 5. Jahrhunderts v. Chr., besonders ab 480, als sich die Gleichsetzung von Apollo und Helios, die im Ansatz bereits in archaischen Zeiten existierte, durchsetzte, erscheint der Gott ohne Bart, d.h. in Gestalt eines jungen und schönen Mannes. Das charakteristischste Beispiel ist ein Bild auf einer weißgrundigen Tonkugel, die auf der Agora in Athen gefunden wurde. Gleichzeitig verschwindet die leuchtende Scheibe über dem Haupt des Gottes; stattdessen umgibt sie nun seinen Kopf wie ein Strahlenkranz oder ein Diadem. So erscheint er auf vielen rotfigurigen attischen und süditalienischen Vasen aus dem 5. und 4. Jahrhundert v. Chr.

410. Der Übergang von einer alten zu einer neuen Sonnenreligion wurde durch die Ermordung von Niobes Kindern durch Apollo und Artemis symbolisiert. 5. Jahrhundert. Römische Kopie des griechischen Originals. (Eremitage, St. Petersburg).

Ein weiterer wichtiger ikonographischer Wandel besteht darin, daß ab der Mitte des 5. Jahrhunderts v. Chr. Helios und sein Wagen allmählich im Profil abgebildet wurden. So konnten die Künstler den Gegenstand sowohl in der Tiefe als auch in der Breite ausführlich weiterentwickeln, was sie durch diagonale Achsen und durch die Staffelung der Pferdekörper hintereinander erreichten. In diesen Darstellungen wird Helios nach rechts oder links blickend dargestellt. Obwohl es nicht einfach ist, diese Kopfhaltungen eindeutig zu interpretieren, scheint es, daß der Blick nach links den Sonnenaufgang, der Blick nach rechts den Sonnenuntergang darstellt. Eines der schönsten Beispiele für diese neue ikonographische Konvention ist ein Gemälde am Hals eines rotfigurigen apulischen Kraters (Mischkruges) in den Staatlichen Antikensammlungen München aus der Zeit um 330 v. Chr. Hier ist das Haupt des Gottes von einem dreifachen Strahlenkranz oder Nimbus umgeben. Dem Wagen der Sonne fährt der von Eos voran: eines der Pferde von Eos' Wagen wird von einem Stern in Form eines geflügelten Kindes zurückgehalten. Schematisierte Sternbilder sind über den Köpfen der Pferde zu sehen. Diese Vase zeigt einen Aspekt der Sonnensymbolik, der nur in der süditalienischen Kunst vertreten ist. Auf Vasen dieses Typs ist Helios nur auf dem Hals der Vase abgebildet, während der Bauch der Vase eine Begräbnisszene zeigt. Dies legt nahe, daß Helios hier metaphysische Bedeutung besitzt. Seine Stellung über der Begräbnisszene könnte die Hoffnung auf eine andere, mit Licht erfüllte Welt nahelegen. Man sollte nicht vergessen, daß die Griechen glaubten, ihre edleren Toten, zum Beispiel die Helden, lebten in den elysischen Gefilden in ewigem Licht.

411

411. Die Legende des Sturzes von Phäton, die auf diesem Marmorsarkophag abgebildet ist, symbolisiert das Leben als eine Kreisbewegung der Sonne. Römische Kopie des griechischen Originals. 3. Jahrhundert. (Eremitage, St. Petersburg).

412 a

412 b

Die älteste bekannte Heliosskulptur befindet sich auf dem östlichen Tympanon des Parthenon (ca. 432 v. Chr.). In der Mitte ist die Geburt der Athena aus dem Kopf von Zeus dargestellt, wobei die sie umgebenden olympischen Götter begeistert zuschauen. Der mit seinem Wagen aufsteigende Helios ist auf der linken Seite des Tympanon wiedergegeben, Selene (der Mond) geht auf der rechten Seite unter, und so begrenzen beide das Wunder der Geburt der Göttin auf einen Tag. Der Schöpferkraft des Künstlers Phidias gelang es, nicht nur die beiden Götter harmonisch in die Komposition zu integrieren, sondern auch das Problem der äußersten Tympanon-Figuren zu lösen, die in die schwierigen spitzen Winkel des Dreiecks hineingezwängt werden mußten. Von den noch erhaltenen Teilen dieser Skulptur befinden sich der kopflose Körper des Helios und zwei der Pferdeköpfe im Britischen Museum, während die Köpfe der beiden anderen Pferde in ihrer ursprünglichen Stellung vor Ort blieben. Helios wurde auch auf einigen der östlichen und nördlichen Metopen des Parthenon ausgemacht, die jedoch nicht sehr gut erhalten sind.

Helios und Selene spielen hier fast dieselbe Rolle, die sie in den Darstellungen vieler anderer Mythen, wie etwa der Geburt der Aphrodite, dem Urteil des Paris und der Gigantomachie (Kampf der Giganten), einnehmen. Diese Szenen werden häufig auf Vasen, Sarkophagreliefs und anderen antiken griechischen Kunstwerken dargestellt. Helios und Selene sind an den äußeren Rändern angebracht, um die Ereignisse zeitlich zu begrenzen. Eben diese Rolle spielen sie auch in zwei bedeutenden Werken, die an unauffälligen Stellen berühmter Gold-Elfenbein-Statuen des Phidias plaziert waren und uns nur aus Beschreibungen antiker Autoren bekannt sind. Das erste war ein Relief mit der Geburt der Aphrodite am Sockel des Thrones der Zeusstatue in Olympia. Es wurde von Pausanias, einem Reisenden des 2. Jahrhunderts n. Chr., besichtigt und beschrieben (5.11.8). Das zweite war ein Gemälde der Gigantomachie auf der Innenseite des Schildes der Athena Parthenos im Parthenon, das von Pausanias (1.24.5) und Plinius, einem lateinischen Autor des 1. Jahrhundert n. Chr., beschrieben wurde. Aufgrund rotfiguriger attischer Vasen aus dem späten 5. Jahrhundert n. Chr., die ähnliche Themen aufweisen – z.B. der rotfigurige Krater im Museum von Neapel, der eine Darstellung der Gigantomachie zeigt – , kann man sich eine Vorstellung davon machen, wie Helios dort dargestellt wurde. Kaum sichtbar in seiner Quadriga am Himmel, der durch eine schmückende Wellenlinie angedeutet ist, erhebt sich auf dieser Vase der mit einem kurzen Chiton sowie mit Thorax und Chlamys bekleidete junge Helios, während über seinem Kopf die Sonnenscheibe ihre Strahlen aussendet.

Eine der schönsten erhaltenen Reliefarbeiten, auf der Helios direkt in einem mythischen Kampf zwischen den Göttern und den Giganten und in einer sehr viel aktiveren Rolle zu sehen ist, befindet sich auf dem großen Zeusaltar (Pergamon-Altar) aus der Zeit von 180 bis 160 v. Chr. (Staatliche Museen zu Berlin). Der Gott führt den Kampf von seinem Wagen aus, während die sich aufbäumenden Pferde die Giganten angreifen. Seine Leuchtkraft wird auf einer Metope aus dem Athena-Tempel in Ilion (Troja) aus der Zeit um 300 v. Chr. noch deutlicher (ebenfalls in Berlin). Im Vordergrund erkennt man die hintereinander gestaffelten Pferde, hinter ihnen erhebt sich das leuchtende Haupt des Gottes, das von einem vielstrahligen Diadem bekrönt wird.

---

412 a,b. Goldmünzen aus Rhodos zeigen auf der Vorderseite den Kopf des Helios (dem Koloß von Rhodos nachgebildet); die Rose auf der Rückseite symbolisiert Rhodos (auch das griechische Wort für Rose). Etwa 85 v. Chr. (Britisches Museum, London).

413

413. Bemalter Grabstein mit Sonnensymbolen, die aus prähistorischer Zeit herrühren. 4. Jahrhundert v. Chr. Aus Hersoness, einer griechischen Kolonie an der Schwarzmeerküste. (Eremitage, St. Petersburg).

Rhodos war die Insel des Helios und wohl das wichtigste Zentrum seiner Verehrung in der Antike. In einer Ode Pindars wird ein schöner Mythos erzählt: Als die Götter die Erde unter sich verteilten, befand sich Helios auf seiner täglichen Reise, und so vergaßen sie, etwas für ihn beiseite zu legen. Als er zurückkam, wollte Zeus, um nicht ungerecht zu sein, nochmals von vorne anfangen. Helios hielt ihn jedoch davon ab; er hatte sein Wahl bereits getroffen: er hatte das aus den Wellen aufsteigende Rhodos gesehen. Zeus überließ dem Gott des Lichtes die schöne Insel, die vom Meereswasser enthüllt worden war. Es ist daher verständlich, daß viele mit Helios verbundene Kunstwerke aus Rhodos stammen. Unter ihnen befinden sich zwei hochbedeutende Skulpturen. Die ältere ist eine Bronzearbeit des großen Bildhauers des 4. Jahrhunderts v. Chr., Lysippos, die Helios stehend auf seinem vierspännigen Wagen zeigt. Die Arbeit war entweder für Rhodos bestimmt, oder sie wurde von den Bewohnern von Rhodos dem Apollo in Delphi gewidmet und stand dort vor dem Tempel. Ihr Schicksal glich jedenfalls dem der meisten Bronze- und Marmorstatuen, die griechische Städte und Heiligtümer schmückten und von Feldherrn und Kaisern, die Griechenland eroberten oder besuchten, nach Rom und später nach Konstantinopel gebracht wurden. Diese spezifische Skulptur, die in der Antike überall berühmt war, ist uns nur aus schriftlichen Beschreibungen (Plinius *HN* 34, 63) und aufgrund ihres Einflusses auf andere Darstellungen, besonders in Reliefs und auf Münzen, sowie aufgrund von Marmorkopien des Helioskopfes aus römischer Zeit bekannt. Die Deutung einer großen Anzahl solcher Köpfe als Helios-Darstellungen basiert auf einer Reihe von Löchern entlang des Haaransatzes, in die Strahlen aus Metall eingesetzt waren. Die Verbindung zum Original wurde mit Hilfe des Vergleichs mit bekannten Werken von Lysippos hergestellt. Einige Wissenschaftler sind der Ansicht, daß die vier Pferde, die heute die Fassade der Basilica San Marco in Venedig schmücken, vielleicht einmal Teil der ursprünglichen Bronzegruppe des Lysippos waren.

Ein weiteres berühmtes Kunstwerk aus Rhodos war der sog. Koloß von Rhodos, der uns sowohl aus schriftlichen Quellen (Plinius *HN* 34.41; Strabo 14.2.5; Polybius 5.88 usw.) als auch durch Wiedergaben seines Kopfes in anderen Kunstwerken bekannt ist. Es handelte sich um eine gigantische Bronzestatue des Bildhauers Chares aus Lindos, an der zwölf Jahre, von 304 bis 292 v. Chr., gearbeitet wurde und die eine Höhe von fast 35 Metern erreichte. Sie stand in der Stadt Rhodos, wahrscheinlich im Heiligtum des Helios. Erstmals haben wir hier eine Statue des Gottes allein, ohne seinen Wagen, vor uns. Das enorme Werk stand nur wenige Jahre aufrecht und wurde 227–226 v. Chr. von einem gewaltigen Erdbeben, das auch einen großen Teil der Stadt zerstörte, zu Fall gebracht. Die Bewohner von Rhodos folgten dem Orakel von Delphi und richteten die Statue nicht wieder auf; so blieb sie bis zum Jahr 653 n. Chr. liegen, als die Araber die Insel eroberten und die Statue als unbrauchbaren Schrott an einen jüdischen Kaufmann verkauften. Byzantinischen Schriften zufolge benötigte letzerer 900 Kamele für den Abtransport. Der Koloß wurde von Renaissance-Künstlern und ihren Nachfolgern breitbeinig im Hafen stehend dargestellt; dies entspricht nicht der Realität, aber gibt uns eine Vorstellung vom Ausmaß und von der Erhabenheit dieser Statue, die die antiken Griechen so beeindruckte, daß sie sie zu den Sieben Weltwundern zählten. Wir kennen den Kopf der Statue von Münzen aus Rhodos, und es gibt auch mehrere Skulpturen aus der hellenistischen und römischen Zeit, die den Kopf des Kolosses oder anderer Helios-Statuen zeigen, die so zahlreich auf der Insel gefunden werden.

Rhodos prägte den Helios-Kopf immer wie ein nationales Symbol auf die Vorderseite seiner Münzen; daneben finden sich in der späthellenistischen und römischen Zeit (2. Jahrhundert v. Chr. bis 3. Jahrhundert n. Chr.) Darstellungen des Götterhauptes auf den Münzen vieler anderer Städte, besonders in Kleinasien und Sizilien.

Interessant ist die ausgeprägte Ähnlichkeit bestimmter Portraits von Alexander dem Großen und Helios-Statuen aus der hellenistischen Ära (3. bis 5. Jahrhundert v. Chr.). Dies ist auf die Absicht des mazedonischen Königs, sich mit der Sonne zu identifizieren, zurückzuführen, ganz analog den ägyptischen Pharaonen, die sich mit Amun-Rê identifizierten. Nach Alexander übernahmen mehrere Könige der hellenistischen und römischen Zeit wie auch viele römische Kaiser die mit Helios verbundene Ikonographie. Sie sind abgebildet, wie sie bei der *Apotheose* in ihrem Wagen, der dem von Helios ähnelt, in den Himmel emporsteigen.

Die ikonographische Darstellung von Helios als schöner Jüngling mit leuchtendem Strahlenkranz überlebte in der römischen Kunst, die etliche Darstellungen von Sol (der Sonne) in Wandgemälden, Reliefs, Mosaiken, auf Münzen und Vasen hinterlassen hat. Eine der ausdrucksvollsten Darstellungen ist ein Fresko aus Pompeji, auf dem der Gott allein, jung und von erlesener Schönheit, mit einer Pferdepeitsche als Erinnerung an den (nicht abgebildeten) Wagen und einer Weltkugel mit den Tierkreiszeichen, als Symbol seiner ewigen kosmischen Herrschaft, zu sehen ist.

414

414. Schwarze Basaltscheibe mit einer Büste des Gottes Helios-Serapis. Spätes 2. Jahrhundert. (Britisches Museum, London).

416

Die Sonnengötter des alten Europas

Miranda Green

Daß es im alten Europa schon vor sehr langer Zeit einen Sonnenkult gab, kann bereits für das 4. Jahrtausend v. Chr. nachgewiesen werden, als jungsteinzeitliche Bauern die göttliche Macht der Sonne verehrten. Hauptthema dieser Abhandlung ist die vorherrschende Stellung der Sonne als einer übernatürlichen Kraft in den Wahrnehmungen von Menschen, die in Europa in einem gemäßigten (also nicht-mediterranen) Klima während der Zeit von 3000 v. Chr. bis 400 n. Chr. lebten. Von der Jungsteinzeit an bis zum offiziellen Ende des Heidentums, ja sogar noch danach, zeichneten Menschen aus verschiedenen Kulturen Europas Sonnensymbole, bauten Heiligtümer und stellten Bilder her, die den täglichen und jahreszeitlichen Ablauf der Sonne, die ihr inhärenten Wärme- und lichtspendenden Eigenschaften, ihre Funktionen und mit diesen einhergehende Assoziationen zum Ausdruck brachten.

Während der gesamten hier behandelten Zeitspanne galt die Sonne als eine Macht, die viele unterschiedliche Rollen spielte, Ängste auslöste und durch Religion und Magie kontrolliert werden mußte. Die Sonnenreligion manifestierte sich nicht allein durch eine Anerkennung der offensichtlichen Funktionen der Sonne – als Spenderin von Wärme und Licht –, sondern auch von Einflüssen, die tiefgreifender waren. Die Sonne wurde als eine Macht mit dualistischem Charakter wahrgenommen, sie wurde mit Licht und Dunkelheit, Tag und Nacht, Leben und Tod assoziiert; dies läßt sich wie ein roter Faden durch die verschiedenen Phasen des prähistorischen und römisch-keltischen Europas verfolgen.

Für frühe Völkerschaften war die Sonne, die nachts vom Himmel verschwand und die ihre Wärme während einer Hälfte des Jahres entzog, ein Rätsel. Der Wert der Sonne als Lebenskraft wurde verehrt; ihre Launenhaftigkeit und ihre Macht, durch extreme Hitze oder Mangel an Wärme zu zerstören, wurden gefürchtet. Kontrolle über die Sonne konnte auf verschiedene Art und Weise erreicht werden: durch Abbildungen der Sonnenscheibe oder des Sonnengottes; durch das Bauen ihr gewidmeter Tempel; durch Gebete, Zeremonien und Festlichkeiten; und durch Opfer. In der europäischen Prähistorie finden sich Nachweise für alle diese Vorgänge.

Das Verhalten der Sonne war besonders für Ackerbau treibende Gemeinschaften wichtig. Die Menschen mußten imstande sein, die Zeit zu messen: deshalb wurden die Bewegung der Sonne über

415. Leuchtfeuer, über die während der Sommersonnwende gesprungen wurde, sollten der Sonne, wenn sie „müde und schwach" wurde, zum Jahreszeitenwechsel die dafür nötige Energie verschaffen. Mit diesem alten Ritual, wie es auf diesem Photo aus Finnland erscheint, ist heute eine christliche Botschaft verbunden.

416. „Sonnenscheibe" aus Blattgold aus Irland, wie sie als Knopfverkleidung getragen wurden. Becherkultur. Etwa 2000 v. Chr. (Irisches Nationalmuseum, Dublin).

417

den Himmel, die Zeiten des Sonnenauf- und untergangs und ihre verschiedenen Positionen aufgezeichnet und ausgewertet und in Form eines Kalenders verwendet. Dieser verhalf den Bauern dazu, die beste Zeit für das Pflügen, Säen und Reifen ihrer Feldfrüchte zu bestimmen, das Vieh rechtzeitig auf die Weiden und zur Paarung hinauszutreiben und alle anderen bäuerlichen Aktivitäten, die von den Jahreszeiten abhingen, zu beurteilen. Darüber hinaus erkannte man die Sonne als befruchtende Kraft, die das Keimen, Wachsen und Reifen der Feldfrüchte stimulierte. Die visuelle Metaphorik der Sonne spiegelte diese Fruchtbarkeitsrolle wider: Das Eindringen der Sonnenstrahlen in die Erde konnte mit dem Eindringen eines Phallus in eine Frau verglichen werden, und das Auf- und Niedergehen der Sonne konnte als Parallele zu einem erigierten und ruhenden Phallus interpretiert werden.

Schon im 4. Jahrtausend v. Chr. waren Kreise aus aufgerichteten Steinen oder hölzernen Pfosten zur auf- oder niedergehenden Sonne hin orientiert. Das spätneolithische Woodhenge in Wiltshire veränderte seine frühere Ausrichtung und wurde zu einer Ellipse, die sich am Sonnenaufgang der Sommersonnwende orientierte. Das erste neolithische Monument in Stonehenge war genau auf dem Breitengrad positioniert, wo die Richtungen der aufgehenden Sonne und des aufgehenden Mondes während der Sommersonnwende an ihrem äußerten südlichen Punkt im rechten Winkel zueinander stehen.

Es wird häufig behauptet, daß Stonehenge ein Sonnentempel gewesen sei. Es ist ein einmaliges Monument, das in der Zeit vom ausgehenden 4. Jahrtausend bis zum Ende des 2. Jahrtausends v. Chr. aktiv benutzt wurde. Etwa siebenhundert Jahre, nachdem das ursprüngliche neolithische *Henge* mit

417. Der „Sonnentempel“ in Stonehenge ist ein einzigartiges Monument, das vom Ende des 4. bis zum späten 2. Jahrtausend v. Chr. genutzt wurde.

418

Wall- und Grabenring gebaut worden war, wurde Stonehenge während der ersten metallverarbeitenden „Becherkultur"-Phase radikal umkonstruiert. Achtzig Bluestone-Kalksteine aus den Preseli-Hügeln in Westwales (etwa 240 Kilometer von Stonehenge entfernt) wurden in zwei konzentrischen Kreisen aufgestellt, deren Eingang gen Sonnenaufgang, wenn die Sonne während der Sommersonnwende in ihrer nördlichen Position steht, ausgerichtet ist. Zum gleichen Zeitpunkt wurde der ursprüngliche Eingang zum Erdwerk, zur neuen Achse passend, erweitert. Während der Bronzezeit wurde Stonehenge dann nochmals verändert: Die erste Anlage aus Bluestone-Kalksteinen wurde von einer größeren Sandsteinstruktur ersetzt, die aus einem Trilithon-Kreis und einem inneren Hufeisen bestand, die ebenfalls wieder auf den Mittsommersonnenaufgang ausgerichtet waren. Es gab noch weitere Hinzufügungen und Veränderungen. Zu dem letzten und wichtigsten Umbau des Monumentes gehörte die Errichtung eines konzentrischen Kreises und eines Hufeisens aus Bluestone-Kalkstein innerhalb der bereits vorhandenen Sandsteinstrukturen. (Dadurch kam es zu dem folgenden Muster: Kreis aus Sandstein, Kreis aus Bluestone, Sandsteinhufeisen, Bluestonehufeisen.) Bei der letzten Veränderung, die etwa 1100 v. Chr. stattfand, wurde die gen Sonnenaufgang ausgerichtete „Avenue" (die ursprünglich während der ersten Steinphase des Monumentes gebaut worden war) bis hin zum Fluß Avon verlängert.

War Stonehenge ein Sonnentempel? Es besteht kein Zweifel, daß die Achse der Bluestone- und Sandstein-Anlagen der Frühen Bronzezeit absichtlich zu einer Position hin verlief, von wo ein Beobachter, der im Zentrum des Komplexes stand, den Sonnenaufgang am längsten Tag des Jahres, dem

418. Eine moderne Druiden-Zeremonie in Stonehenge. Altertumsforscher des 17. Jahrhunderts assoziierten die Druiden mit Stonehenge. Eine Gesellschaft, die sich „Ancient Order of Druids" nannte, wurde 1781 gegründet. Sie beging bis in die 60er Jahre dieses Jahrhunderts in Stonehenge Mitsommerfeiern.

419

420

der Sommersonnwende, verfolgen konnte. Die Erbauer kreisförmig angelegter Monumente wie Stonehenge dürften sehr genau über den Richtungsverlauf von Sonnen- und Mondauf- und untergang und dessen Veränderungen Bescheid gewußt haben. Aber es wäre unnötig und spekulativ, würde man von exakten wissenschaftlichen astronomischen Beobachtungen ausgehen. Das, was die alten Sonnenbeobachter interessiert haben dürfte, war die Möglichkeit, die Positionen der auf- und untergehenden Sonne am Horizont zu verfolgen, insbesondere während der Sommer- und Wintersonnwende. Ein „Sonnenbeobachter", der im Mittelpunkt von Stonehenge stand, konnte also die richtige Zeit für Sonnenfeste kalkulieren und die Bauern über den jahreszeitlichen Rhythmus ihrer Arbeit informieren. Wurde die Sonne in Stonehenge tatsächlich verehrt, oder war es lediglich eine nützliche kalenderartige Einrichtung? In gewisser Weise ist die Frage sinnlos, denn für die meisten heidnischen Gesellschaften wäre es falsch, sakrale von säkularen Aktivitäten zu unterscheiden. Aber angesichts des beeindruckenden Erscheinungsbildes von Stonehenge fiele es schwer, hier nicht auch irgendeine Form der Beschwichtigung oder Verehrung der Kräfte des Übernatürlichen anzunehmen.

In vielen Teilen Europas errichteten jungsteinzeitliche Gemeinschaften Megalithgräber, um ihre Toten zu ehren. Manchmal waren die Steine dieser Gräber mit Symbolen verziert, insbesondere mit – wie es scheint – Sonnenmotiven in Form von Strahlen- oder konzentrischen Kreisen oder Zeichnungen, die Speichenrädern gleichen (wobei dies lange vor der Zeit war, in der Speichenräder in diesen Gebieten verwendet wurden). Es ist ziemlich sicher, daß die megalithische Grabkunst eine religiöse Funktion hatte. Vom künstlerischen Standpunkt sind diese Motive nicht sonderlich bedeutend und, was noch wichtiger ist: sie wurden, bevor die Monolithe aufgestellt wurden, an Stellen angebracht, wo sie danach nicht zu sehen waren.

Ganggräber in Irland, in der Bretagne, in Iberien und Dänemark sind besonders reich an „Sonnen"-Kunst. Die Interpretation dieser Motive als Sonnensymbole muß naturgemäß spekulativ sein, aber sie ähneln sehr stark der Sonne, und auf einigen spanischen Grabsteinen in Antelas und Granja de Toninuelo z.B. sind Sonnen- und Mondsymbole miteinander verbunden. Auf bretonischen Gräbern, insbesondere in Morbihan, finden sich große radähnliche oder strahlenförmige Darstellungen. Die große irische Gruppe von Ganggräbern in der Grafschaft Meath, in Knowth, Dowth und Loughcrew, weist eine überwältigende Vielfalt von Sonnensymbolen auf, zu denen auch Gänseblümchen-

419. Felsbilder in Ekenberg, Schweden, mit Schiffen, Pferden, Schwertern und konzentrischen Kreisen. Frühe Bronzezeit. 1500–1000 v. Chr. (Riksantikvarieambetet, Stockholm).

420. Felsbilder aus Engelstrup, Scaland, mit Schiffen, Menschen und Sonnenmotiven. Die beiden Personen unterhalb des Schiffes beten wohl die Sonne an. Bronzezeit. (Nationalmuseum, Kopenhagen).

motive und strahlenförmige Kreise gehören. Viele Wissenschaftler glauben, daß diese Boyne-Gräber mit Symbolen versehen sind, die die Götter darstellen, die man verehrte, sowie die natürliche, von ihnen geschaffene Welt. Meiner Ansicht nach könnten die Gräber auch mit Sonnenmotiven versehen worden sein, um den Toten zu trösten und zu erleuchten, und außerdem als ein Pfand für seine Wiedergeburt in der nächsten Welt gedacht gewesen sein.

Die Bedeutung von Sonne und Licht bei jungsteinzeitlichen Totenkulten manifestiert sich nicht nur in der Grabkunst, sondern auch in der Verwendung des Lichtes selbst. Manchmal war die Konzeption von Grabkammern so, daß spezifische und kontrastierende Zonen von Licht und Dunkelheit entstanden: die Seitenkammern mit dem ruhenden Toten lagen im Schatten, während der Eingang und der Durchgang von der Sonne beleuchtet wurden. Das eindrucksvollste Beispiel der Verwendung von Licht in einem Megalithgrab findet sich in Newgrange, in der Grafschaft Meath in Irland. Es ist so angelegt, daß während der Zeit der Wintersonnwende (21. Dezember) die Strahlen der aufgehenden Sonne in die letzte Kammer des Grabes vordringen konnten. Die Mittelachse des Ganges wurde absichtlich so angelegt, daß am kürzesten Tag die über dem Horizont aufgehende Sonne ihre Strahlen direkt durch den Torweg schicken konnte. Das ansteigende Gefälle des Gangs, das hierbei problematisch war, wurde brillant durch die Konstruktion einer „Dachöffnung" direkt über dem Eingang umgangen. Die winzige Öffnung kanalisierte die Strahlen der aufgehenden Sonne zur Wintersonnenwende so, daß sie den letzten Winkel mit einem intensiven Lichtstrahl traf und das Grab mit Licht überflutete. Eine ähnliche Konstruktion gibt es bei dem großen Grab von Maes Howe im ferngelegenen Orkney, wo am Eingang eine Öffnung belassen wurde, um die Strahlen der untergehenden Sonne während der Wintersonnwende einzulassen und so den Toten mit Licht zu überfluten.

421

422

421. Radförmige Wirbel sind die frühesten Sonnenmotive auf Bildsteinen. Stein aus dem eisenzeitlichen Friedhof in Havoz, Gotland, Schweden. 400–600 n. Chr. (Riksantikvarieambetet, Stockholm).

422. Felsritzzeichnung von Ekenberg, die einen ithyphallischen Mann mit Schwert darstellt, der eine riesige Sonnenscheibe über seinem Kopf hält. Bronzezeit. (Riksantikvarieambetet, Stockholm).

War nun dieses megalithische Sonnenritual für die Lebenden oder die Toten gedacht? Die Versorgung der Toten mit Licht und Wärme dürfte wichtig gewesen sein, besonders im Winter. Vielleicht waren diese Rituale Teil von Zeremonien, mit denen die Sonne magisch beschworen werden sollte, sie möge wieder stärker werden und im Frühjahr, nach dem „Tod" der Erde während des Winters, ihre Lebenskraft wiedergewinnen und als Parallele hierzu die Toten wiedererwecken und in einer anderen Welt erneuern.

Der Beginn der Bronzezeit und der erste Gebrauch von Metallen (Gold, Kupfer und Bronze) etwa anfangs des 2. Jahrtausends v. Chr. koinzidierte mit der Blütezeit der Sonnendarstellungen. Gold und neue Bronze sind glänzend und sonnenähnlich, und ihr Aufkommen mag Anlaß für ihre Verwendung als Medium der Sonnensymbolik gewesen sein. Während der Mittleren und Späteren Bronzezeit wurde das gemäßigte Klima Europas kälter und feuchter, und Teile der Ackerlandgebiete wurden unbewohnbar. Eine der Ursachen dieser Verschlechterung könnte der Vulkanausbruch des Berges Hekla in Island im Jahre 1150 v. Chr. gewesen sein, der einen verheerenden Einfluß auf das Klima eines riesigen Gebietes hatte, da er die Sonne durch Staub und Wolken verdunkelte. Es könnte also zum Teil diese Katastrophe die Ursache dafür gewesen sein, daß die Sonnenverehrung während des 2. Jahrtausends v. Chr. enorm zunahm.

Gold ist das Metall der Sonne: seine Seltenheit, die Leichtigkeit seiner Bearbeitung, seine untrübbaren, unvergänglichen und unbestechlichen Eigenschaften, vor allem aber seine Farbe machten aus ihm ein geeignetes Medium für die Sonnendarstellung. Ganz zu Beginn des Bronzezeitalters,

423

424

423. Bronzestatuette des keltischen Radgottes mit seinem Sonnenrad, Donner und Blitzen. Le Châtelet, Frankreich. Römische Zeit. (Musée des Antiquités Nationales, Saint-Germain-en-Laye, Frankreich).

424. Keltische Silbermünze mit dem Kopf des Gottes Cernunnus mit einem Sonnenradzeichen als Kopfschmuck zwischen den Hörnern. Etwa 20 n. Chr. Petersfield, Hampshire. (Nationalmuseum von Wales, Cardiff, England).

425

426

etwa 2000 v. Chr., wurde irisches Gold dazu verwendet, um kleine „Sonnenscheiben" aus Blattgott herzustellen, die mit kreuzförmigen oder strahlenförmigen Strukturen der Sonne sehr ähnlich wurden. In Mere in Wiltshire enthielt ein kleines rundes „Becherkultur"-Hügelgrab, das über einem in den Kreidefelsen hineingetriebenen Grab errichtet worden war, die sterblichen Überreste eines Mannes und einer Frau, die sich umschlungen hielten. Bei ihnen lagen verschiedene Grabbeigaben, u.a. ein Paar goldene Sonnenscheiben.

Andere Goldarbeiten aus der Bronzezeit dürften bei Sonnenzeremonien verwendet worden sein. Goldgefäße, wie diejenigen von Boslunde und Mariesminde in Dänemark, ein mit Sonnenmotiven verzierter Becher und eine Schüssel, weisen lange Henkel auf, die in Pferdeköpfen enden. Eigenartige Goldgegenstände, die wohl zu Zeremonien dienten, bestehen aus hohen Kegeln, die Hüten gleichen und mit Sonnensymbolen verziert sind. Derjenige aus Etzelsdorf in Bayern ist 96 cm hoch. Diese Kegel, die bei Prozessionen mitgeführt oder von Priestern getragen wurden, entfalteten im Sonnenlicht einen blendenden Widerschein. Vielleicht wurden sie auch bei Festlichkeiten zu bestimmten Zeiten des Jahres verwendet, um die Sonne etwa während der Wintersonnwende oder zu Beginn des Frühjahres anzubeten, die Saaten zu befruchten, oder während der Sommersonnwende, um eine gute Ernte zu sichern.

Speichenräder wurden im klimatisch gemäßigten Europa um die Mitte des 2. Jahrtausends v. Chr. für Wagen verwendet. Auch diese neue Technik sorgte dafür, daß das Bild des Rades vermehrt der Sonnendarstellung diente. Das Rad wurde als der strahlenden Sonne ähnlich wahrgenommen; und beiden ist ja auch das Element der Bewegung zu eigen.

425. Gefäßständer aus Bronzeblech in repoussé-Technik bearbeitet, mit Sonnenrädern und Wasservögeln verziert. 7. Jahrhundert v. Chr. Hallstatt-Gräberfeld, Österreich. (Naturhistorisches Museum, Wien).

426. Gefäß aus Bronzeblech mit Sonnenmotiven sowie goldene Schüsseln mit Sonnenmotiven und pferdeköpfigen Griffen. Sie wurden in dem Gefäß gefunden, auf welchem ebenfalls ein Vogelschiff mit einer großen Sonne abgebildet ist. Frühe Bronzezeit. Mariesminde, Fünen. (Nationalmuseum, Kopenhagen).

427

428

429

430

431

427. Römisch-keltische Swastikabrosche aus Bronze, mit einem einziselierten diagonalen Kreuz im Mittelpunkt. Köln. Römische Zeit. (Römisch-Germanisches Museum, Köln).

428. Sonnenscheibe aus Bernstein in einem bronzenen Rahmen mit Handgriff. Vielleicht handelt es sich hier um ein Amulett. Das Objekt ähnelt den Sonnenscheiben, die man auf schwedischen Felsbildern sehen kann. Frühe Bronzezeit. (Nationalmuseum, Kopenhagen).

429. Mit Gold belegtes Koppelschloß in Form einer menschlichen Maske, die von stilisierten Sonnenstrahlen umgeben ist. Etwa 3. Jahrhundert. Es wurde in einem Grab im Südosten von Seeland in der Nähe der mittelalterlichen Stadt Uggelose, Dänemark, gefunden. (Nationalmuseum, Kopenhagen).

432

Ab etwa 1500 v. Chr. wurden Miniaturräder als Grabbeigaben verwendet, und diese Tradition setzte sich bis zur keltischen Eisenzeit fort. Radförmige Anhänger wurden getragen und mit den Toten begraben, vielleicht um ihren Weg in die nächste Welt zu beleuchten. Sonnenamulette wurden an Waffen befestigt, vielleicht um Unglück abzuwenden und den Kämpfer zu schützen. Gleichzeitig wurden in Nord- und Zentraleuropa Bronzeblechgefäße hergestellt, die mit einer eigenartigen Variante des von Wasservögeln flankierten Sonnenrades dekoriert sind; manchmal bilden diese Vögel ein Boot, das die Sonnenscheibe transportiert. Das Gefäß aus der Späteren Bronzezeit in Mariesminde (eigentlich der Behälter einer Anzahl goldener Schüsseln mit pferdeköpfigen Griffen, von denen oben die Rede war) ist hierfür ein gutes Beispiel. Daß die Tradition dieser Sonnen- bzw. Vogel-Boot-Symbolik über lange Zeit beibehalten wurde, wird z.B. durch einen Gefäßständer aus Bronzeblech (frühe Eisenzeit) des Hallstatt-Gräberfeldes in Österreich demonstriert; außerdem durch die Rad- und-Vogel-Anhänger aus Charroux (Allier, Frankreich) und durch den im Gebiet der Marne in Ostfrankreich gefundenen Bronzeschmuck, der mit Rädern, flankiert von Enten, verziert ist. In der bronzezeitlichen Urnenfelderkultur und später war dieses Kompositmotiv auf beiden Seiten der Alpen weit verbreitet. Es kam sowohl bei der norditalienischen Villanovakultur als auch in Zentral- und Nordeuropa vor.

Die Symbolik der Sonne und des Vogelbootes ist interessant, aber auch rätselhaft: Der Transport der Sonnenscheibe auf einem Boot könnte die Reise des Gestirns bei Nacht in die Unterwelt wiedergeben, ein Thema, das sich auch bei der ägyptischen Sonnendarstellung findet. Und der Wasservogel könnte als Motiv gewählt worden sein wegen seiner Fähigkeit, sowohl zu fliegen als auch zu schwimmen, und deshalb als eine Verbindung zwischen der Ober- und Unterwelt interpretiert werden.

Reiste die Sonne nachts in einem Boot, so wurde sie tagsüber von einem von Pferden gezogenen Wagen oder Karren über den Himmel befördert. Dieses Bild ist keine Besonderheit des prähistorischen Europas, sondern wird von vielen indoeuropäischen Kulturen, z.B. Griechenland und Persien, geteilt. In Sparta und auf Rhodos wurden dem Sonnengott heilige Pferde und ihre Wagen geopfert. Das Pferd galt als ein angemessen schnelles Tier, edel genug, den Sonnenwagen zu ziehen. Dadurch wurde es zu einem immer wiederkehrenden Attribut der Sonnengötter. Eines der spektakulärsten Kultobjekte, das mit der Verehrung der Sonne im prähistorischen Europa in Verbindung gebracht wird, ist der bronzene „Sonnenwagen" von Trundholm (ca. 1300 v. Chr.); er war mit Bedacht zerbrochen und in einem Torfmoor vergraben worden. Das Objekt besteht aus einem sechsrädrigen, etwa 70 cm langen Wagen, der von einem Pferd gezogen wird und eine große, vertikal stehende bronzene Sonnenscheibe transportiert, die auf einer Seite vergoldet ist. Er war vielleicht eine verkleinerte

430. Ein mittelalterlicher Bronzegürtelanhänger in Form eines Ringes, der ein Hakenkreuz-Sonnensymbol mit Vogelkopfenden umschließt. Friedhof von Tabariane in Teillet, Ariège, Frankreich. (Musée Saint-Raymond, Toulouse, Frankreich).

431. Tönerner Stirnziegel in Giebelform. Er zeigt ein menschliches Haupt, Sterne und ein keltisches Sonnenrad und stammt von der römischen Legionärsfestung in Caerleon, Süd-Wales. Römische Zeit. (Nationalmuseum Wales, Cardiff).

432. Detail eines Bronzeschmuckes, der mit Sonnen und Wasservögeln verziert ist. Somme-Taube, Departement Marne, Frankreich. Eisenzeit. (Musée des Antiquités Nationales, Saint-Germain-en-Laye, Frankreich).

433

434

435

Nachbildung eines größeren Wagens, der bei Prozessionen und Zeremonien mitgeführt wurde. Die glänzende goldene Seite stellt die Tagessonne dar und die schlichte Seite den nächtlichen Aspekt der Sonne, die bei ihrer Reise durch die Unterwelt vor den Erdenbewohnern verborgen ist. Er könnte bei einem religiösen Ritus verwendet worden sein, wobei der Wagen mit der Sonnenscheibe die Bewegung der Sonne über den Himmel imitierte, ein magisches Mittel, um sie nach einem kalten und nassen Winter davon zu überzeugen, zurückzukehren. Während der Tageszeremonien dürften die Zelebranten gen Süden in Richtung des Meridians geblickt haben, so daß sie das goldene Bild der Sonne auf ihrer Bahn von Ost nach West beobachten konnten. Wenn dann der Wagen bei Sonnenuntergang umgekehrt wurde, verkörperte die bronzene Seite der Sonnenscheibe die unsichtbare nächtliche Rückpassage der Sonne.

Die Felsbilder Skandinaviens und des Val Camonica in Norditalien sind in diesem Zusammenhang wegen der auffallend vielen Sonnensymbole von Bedeutung. Die Petroglyphen Nordeuropas konzentrieren sich hauptsächlich auf Dänemark und auf die schwedische und norwegische Seite des Oslo-Fjordes. Ein interessantes Stück moderner Volksüberlieferung betrifft den dänischen Stein in Venslev, in welchen drei Sonnensymbolpaare eingeritzt sind: Bauern versuchten, den Felsen, der ihnen im Wege war, zu sprengen; dieser aber flog in die Luft und fiel, scheinbar von der Macht der Sonne beschützt, mit der Vorderseite nach unten unbeschädigt wieder herunter.

Die Sonne ist nur eines von vielen Symbolen, die zwischen 1300 und 800 v. Chr. in den Fels geritzt wurden. Ständig wird die Sonnenscheibe, wie z.B. bei Metallarbeiten, mit Booten und Pferden in Verbindung gebracht. Eine seltsame Gruppe von Bildern besteht aus „Sonnenmännern“, ithyphalli-

433. Bronzestatuette des norwegischen Donnergottes Thor. Er hält seinen Hammer Mjollnir auf seinen Knien. Nordisland. Wikingerzeit. Etwa 1000 n. Chr. (Nationalmuseum von Island, Reykjavik).

434. Bronzestatuette des Freyr, des in der nordischen Mythologie für Sonnenschein, Regen und Fruchtbarkeit zuständigen Sonnengottes. Er wurde vor allem in Norwegen, Schweden und Island verehrt. Wikingerzeit. Etwa 1100 n. Chr. (Statens Historiska Museum, Stockholm).

435. Die Spitze eines Bronzezepters mit der Figur des Sonnengottes. Römische Zeit. Willingham Fen, Cambridgeshire, England. (University Museum of Archaeology and Anthropology, Cambridge, England).

436

schen Kriegern, deren Körper die Form der Sonnenscheibe annehmen. Es mag sich dabei um irreale, mit dem Sonnenkult assoziierte Figuren handeln oder vielleicht auch Gläubige, die die Insignien der Sonnenmacht tragen. Einige Bilder zeigen Menschen, die Sonnenscheiben auf Ständern tragen, als ob sie an Sonnenzeremonien teilnähmen. Sollte die nordeuropäische Felsbildkunst im religiösen Sinne symbolhaft zu verstehen sein, dann wären die Sonnenabbildungen eine Kombination von Darstellungen von Sonnengottheiten und Kultzeremonien, die vielleicht mit einem Fruchtbarkeitsritual und der Bedeutung von Wärme und Licht als den lebensspendenden Kräften der Sonne in Verbindung stehen.

In Italien findet man Felsbilder vor allem im abgelegenen Val Camonica, inmitten der Berge rund um Brescia. Die Camunier gravierten in den Fels sowohl Bilder ihres täglichen Lebens als auch Darstellungen von Göttern, und zwar von der Jungsteinzeit bis zum Ende der Eisenzeit. In diesem rundum von Land umschlossenen Gebiet gibt es keinerlei Bilder von Booten. Die wichtigsten Symbole sind vielmehr die Sonne und der Hirsch, der augenscheinlich mit einem mächtigen Jagd- und Fruchtbarkeitskult in Verbindung gebracht wurde. Die Camunier beschäftigte offensichtlich das Verhalten der Sonne: ihre Reise über den Himmel nach ihrer morgendlichen Ankunft und ihr Verschwinden bei Nacht standen im Zentrum ihrer Kulte und ihres Glaubens.

Der europäische Sonnenkult erreichte während der römisch-keltischen Phase ab dem 1. Jahrhundert n. Chr. seine volle Entwicklung als formalisierte und anthropomorphe Religion. Jetzt wurden zum ersten Mal Sonnengötter wiederholt in menschlicher Gestalt dargestellt, begleitet von Sonnenemblemen oder -attributen. Die Konzeption der Sonne als eines übernatürlichen Wesens war inzwi-

436. Innere Platte eines vergoldeten Silberkessels mit dem Sonnenradgott in der Mitte. Seine keltische Version weist verschiedene Sonnenmotive auf. Der Kessel wurde wahrscheinlich im 3. oder 2. Jahrhundert v. Chr. aus Südosteuropa nach Dänemark gebracht. Gundestrup in Jütland. (Nationalmuseum, Kopenhagen).

schen von einem einfachen visuellen Symbol zum Status einer anerkannten Gottheit transformiert worden. Eine der ersten anthropomorphen Abbildungen des Sonnengottes ist möglicherweise die auf dem großen dänischen, silbernen Kultkessel, der in Jütland in einem Torfmoor gefunden wurde und etwa aus dem 2. Jahrhundert v. Chr. datiert. Das Gefäß besteht aus einer Anzahl reich dekorierter getriebener Platten und zeigt mythologische Szenen und Gottheiten. Eine der inneren Platten stellt den Sonnengott mit dem Sonnenrad dar.

Während der römisch-keltischen Zeit wurde der keltische Sonnengott durch ein Speichenradem-blem dargestellt, das, wie schon oben beschrieben, ein mächtiges prähistorisches Sonnensymbol war. Die römisch-keltische Tradition vermischte die Identitäten des einheimischen Sonnengottes und des römischen Gottes Jupiter. Epigraphische Widmungen für den römischen Himmelsgott wurden von keltischen Sonnenmotiven begleitet. Eine Bronzefigur aus Landouzy in Frankreich, die einen nackten Radgott darstellt, ist am Sockel mit einer Widmung an Jupiter versehen. Die eindeutige Verbindung zwischen der Rad- und Sonnensymbolik, wie sie von der Ikonographie des keltischen Jupiters veranschaulicht wird, beweist fraglos, daß das Rad selbst ein himmlisches Motiv war. Überall in Gallien, im Rheinland und in Britannien trugen die dem römischen Gott geweihten Altäre keltische Sonnenräder. In den Pyrenäen wurden kleine Heiligtümer mit Altären ausgestattet, die Motive von Rädern und Hakenkreuzen aufweisen, wobei letztere andere unter indoeuropäischen Völkern sehr verbreitete Sonnenzeichen waren.

Der keltische Himmelsgott wurde sowohl mit der Sonne als auch mit dem Donner assoziiert. Der römische Dichter Lukan berichtet von einem großen keltischen Gott Taranis, „dem Donnerer"; aus allen Teilen der keltischen Welt sind Widmungen an ihn überliefert. Ein späterer Kommentar zu Lukans Text bringt den Taranis-Kult mit einem barbarischen Ritual in Verbindung, zu dem das Brandopfer von lebenden Menschen und Tieren in einem gigantischen Götterbild aus Korbgeflecht gehörte. Über das Fest mit der Verbrennung eines „Mannes aus Weidengeflecht" berichten auch Caesar und Strabo. Bei sehr viel späteren Feuerzeremonien verbrannten christliche Germanen an Ostern Bildnisse aus Weidengeflecht und nannten sie „Judasmänner". Während der heidnischen Periode des römisch-keltischen Europas wurden Donner und Sonne auf Altären, in die Räder und Blitzstrahlen eingraviert waren, miteinander verbunden. Der keltische Sonnengott selbst wird häufig mit seinem Sonnenrad in der einen Hand und Blitz und Donner in der anderen abgebildet.

In so weit voneinander entfernten Orten wie der Provence und Corbridge in Northumberland tritt der Sonnengott als Soldat in voller militärischer Rüstung auf. Zu dieser Ikonographie gehört eine Gruppe von Monumenten, die als Jupiter-Giganten-Säulen bekannt sind; sie waren vor allem im östlichen Gallien und im Rheinland wärend der römischen Zeit verbreitet und bestanden aus hohen Säulen, die Jupiter geweiht waren; ihr Dekor imitierte einen Baum, auf dessen Spitze sich eine Skulpturengruppe befand, zu der der berittene Himmelsgott gehörte, der einen schlangenfüßigen Giganten niederreitet. Der Gott trägt als Waffe einen Blitzstrahl und als Schild ein Sonnenrad. Mit der Symbolik dieser Darstellung scheint die Bezwingung des Bösen, der Dunkelheit und des Todes durch die glänzenden Mächte des Lichtes gemeint zu sein.

Wir haben bereits gesehen, daß die Sonne in der europäischen Prähistorie eng mit Fruchtbarkeit in Zusammenhang stand. Diese Assoziation wird auch bei keltischen Sonnenkulten deutlich. Man verehrte eine Sonnenfruchtbarkeitsgöttin und überzog ihre Kultbilder aus Ton mit Sonnenmotiven. Statuetten dieser Gottheit wurden in den Werkstätten Zentralgalliens und der Bretagne geradezu in Massen produziert und in heiligen Schreinen aufgestellt oder mit den Toten begraben. Ein bretonisches Beispiel aus Caudebec-les-Elboeuf zeigt Radsymbole auf den Brüsten, dem Bauch und den Schenkeln der Göttin. Manchmal war es der Radgott selbst, der mit der Fruchtbarkeitssymbolik in Verbindung gebracht wurde: in Naix (Meuse) wurde er mit seinem Sonnenemblem und zwei Füllhörnern abgebildet.

437. Ein Marmorkopf des Sonnengottes Mithras, der im Zentrum Londons im Walbrook Mithraeum gefunden wurde. Der typisch römische Stil zeigt, daß die Skulptur im späten 2. Jahrhundert n. Chr. aus Italien importiert worden sein muß. (Museum of London).

437

438

Die große keltische Heilgöttin, die über das bedeutende Kurheiligtum in Bath präsidierte, hieß Sulis, ein Name, der philologisch gesehen mit der Sonne in Verbindung steht. Zwischen ihr und der Kraft der Sonne bestand ein mächtiger Bund, der sich auf verschiedene Weise manifestierte. Viele Frühjahrsschreine, denen heilende Kräfte zugesprochen wurden, erhielten Votivgaben in Form von Miniatursonnen. Dies geschah z.B. in Bourbonne-les-Bains. Während des „heiligen Frühlings" in Essarois in Burgund wurde der Heilgott Apollo Vindonnus genannt; sein keltischer Beiname bedeutete so viel wie „klares Licht", und sein Bild war das eines strahlenden Sonnengottes. Auch die Verbindung zwischen Wasser und Sonne blieb im nachheidnischen Wales bestehen, wo es eine christliche Tradition war, drei Mal in derselben Richtung wie die Sonne um einen heiligen Schrein herumzugehen, um sich Fruchtbarkeit und Empfängnis zu sichern.

Die Assoziierung von Wasser und Sonne könnte mit Läuterung und Reinigung in Verbindung stehen. Das Feuer ist ein weiterer großer Läuterer, und dieses Element wurde in der heidnischen keltischen Tradition dahingehend verstanden, daß es eine starke Affinität mit der Sonne hat. Feuer ist das irdische Element, das mit der Sonne am Himmel korrespondiert; es ist die irdische Quelle für Wärme und Licht. Die vielen Feuerfeste, die es in Europa gab, sprechen von der magischen Assoziation zwischen Sonne und Feuer. Während des keltischen Inselfestes von Beltene am 1. Mai wurden in einer symbolischen Läuterungszeremonie Tiere zwischen zwei Freudenfeuer getrieben. Feuerfeiern fanden zu ganz bestimmten Zeiten des Sonnenjahres statt, nämlich zu Beginn des Sommers (Beltene), am 1. August in Lughnasad als Erntefest und am 1. November in Samhain bei Ausbruch des Winters.

Bei einem großen Feuerfest, das seinen Ursprung in keltischen Zeiten hatte und von dem noch im 19. Jahrhundert berichtet wurde, wurden Feuerräder gerollt. Im 4. Jahrhundert n. Chr. beobachtete

438. Goldschüssel, die mit Rehen, Sonnen und Monden dekoriert ist. Aus Alstetten bei Zürich, Schweiz. 6. Jahrhundert v. Chr. (Schweizerisches Landesmuseum, Zürich).

der Hl. Vinzenz einen Sonnenritus in Aquitanien, bei dem ein brennendes Rad den Berg hinab in einen Fluß gerollt wurde. Eine völlig identische Zeremonie findet während der Sommersonnwende statt, scheinbar um die Geburt des Hl. Johannes des Täufers zu feiern; in Wirklichkeit handelt es sich aber um das Fortleben eines alten heidnischen Fruchtbarkeitsrituals. Im Dorf Basse Kontz an der Mosel soll ein solches Fest zuletzt im Jahr 1822 stattgefunden haben: ein riesiges hölzernes, strohbedecktes Rad wurde auf die Spitze des Strombergs gebracht, wo es auf das Signal des örtlichen Bürgermeisters mit Fackeln in Brand gesetzt und dann gewaltsam zur Mosel hinabgerollt wurde. Erreichte das Rad den Fluß ohne Mißgeschick, sah man dies als ein gutes Omen für das Dorf und als besonders günstig für die Weinernte an.

Britische Augenzeugenberichte für das Sonnenfeuerfest mit Feuerrädern gibt es vom 12. bis 16. Jahrhundert. Solche Feuerfeste fanden immer bei Nacht statt, wenn das große brennende Sonnenrad am spektakulärsten wirkte:

> Andere erhalten ein verrottetes Rad, schon völlig verbraucht und weggeworfen, rundum mit Stroh und Werg bedeckt verstecken sie es gut: und nachdem sie es auf einen Berggipfel gebracht haben, schleudern sie es, in Brand gesetzt, bei aufkommender Nacht heftig hinunter: Es gleicht sehr der Sonne, die von den Himmeln herunterfallen sollte.

> (Some others get a rotten wheel, all worne and cast aside,
> Which covered round about with strawe and tow they closely hide;
> And caryed to some mountaines top, being all with fire light,
> They hurle it down with violence, when darke appears the night:
> Resembling much the Sunne, that from the heavens downe should fal.)*

* Aus: R. C. Hope, *The Popish Kingdome or Reigne of Antichrist written in Latin verses by Thomas Naogeorgus and englished by Barnabe Googe, 1570, London, 1880*).

439

439. Metallplatte mit einer Strahlensonne. Unter dem Sonnenmotiv die Policennummer. Sie war das Emblem des *Sun Fire Insurance Office*, das 1708 in London nach dem Großen Brand von 1666 gegründet wurde. (Museum of London).

440

440. *Der Monat Juni* (Sommersonnwende). Aus: *Les Très Riches Heures du Duc de Berry* (1413–1416) der Gebrüder Limburg. (Musée Condé, Chantilly, Frankreich).

441

Die Sonne in der traditionellen französischen Kultur

Jacques Lacarrière

In der religiösen und geistigen Tradition der mediterranen Länder ist die Sonne ein Herrschergott, der sich in einem von feurigen Pferden gezogenen Wagen hoch am Himmel bewegt. Er hat genau definierte Funktionen des Erleuchtens, Wärmens, Herrschens und Läuterns. In den volkstümlichen und ländlichen Überlieferungen Frankreichs, die hauptsächlich von keltischen Traditionen abstammen, ist die Sonne meist ein Gott oder eine Persönlichkeit, die der Erde und den Menschen so nahe steht, daß mitunter eine alte animistische Unterschicht durchscheint, die menschliches Verhalten, Denken und Sprechen himmlischen Phänomenen (den Sternen, Winden, Regenbögen und Wolken) zuordnet. In Märchen und Erzählungen, die der Volkskundler Paul Sébillot zu Beginn dieses Jahrhunderts aus ganz Frankreich zusammengetragen hat, leben das materielle Universum, die Erde und die Menschen noch in einer perfekten Symbiose, wenn nicht in perfekter Harmonie miteinander. Das Himmelsgewölbe (das Wort „Gewölbe" ist bereits signifikatif) wird als eine riesige Glocke gesehen, die die Erde bedeckt und sie an ihren Enden berührt. Dieses Randgebiet ist ein geheimnisvoller und unzugänglicher Ort, den nur wenige Helden nach zahlreichen Prüfungen erreichen und damit das Vorrecht erlangen, die Fundamente und die Wurzeln des Himmels zu berühren.

Der Raum zwischen Himmel und Erde wird von Sonne und Mond durchquert, die natürlich Mann und Frau sind und deren Kinder die Sterne sind. Da sie sich aber nur während der Eklipsen sehen bzw. treffen können, hat das Paar kein leichtes Leben, und ihr ständiges Streiten verursacht Wolken, Regen und Stürme!

441. Sonnenmaske, wie sie bei Prozessionen anläßlich des Festes der Unbefleckten Empfängnis mitgeführt wird. 18. Jahrhundert. Geispolsheim, Elsaß.

Die Sonne erscheint als ein anthropomorphes Wesen, dessen Antlitz bald strahlend, bald hochrot ist; es ist den Menschen eher freundlich gesinnt, aber – wie diese – wechselnden Launen ausgesetzt. Ist es verärgert, schmollt es und verbirgt sich hinter Wolken; ist es zornig, löst es Stürme aus oder verbrennt die Erde durch Dürre. Wie alle himmlischen und hochgestellten Wesen will die Sonne respektiert, verehrt, ja sogar gefürchtet werden. Sie will betrachtet und bewundert werden und nicht umsonst scheinen! Deshalb hat sie eine Doppelnatur und einen dualen Aspekt: sie ist strahlend und düster, wärmend und fern zugleich. Die Menschen behandelten sie mit vertrautem Respekt und gaben ihr in den verschiedenen Teilen Frankreichs unterschiedliche Namen, wie *Jean le Roux* in den Bergen des Jura, *Pol* in der Manche, *Bourguignon* (Burgunder) im Poitou und in der Vendée (wahrscheinlich wegen ihres roten Gesichtes bei Sonnenuntergang) oder aber *Sabotier* (Holzschuhmacher) im Département Morbihan in der Bretagne.

In vielen Märchen, vor allem aus der Bretagne, heißt es, daß die Sonne, müde des ständigen Suchens nach dem Mond, den sie doch nicht finden kann, manchmal auf die Erde heruntersteigt, um nach einem hübschen Mädchen zu suchen und es dann zu entführen.

„Er“ (die als männlich verstandene Sonne) bringt es dann in seinen Palast, der normalerweise gen Westen liegt, wo der Himmel die Erde berührt. Es ist ein Palast mit vielen glänzenden Räumen aus Kristall und Edelsteinen, die je nach Tageszeit ihre Farbe verändern. Morgens rosa, werden sie um die Mittagszeit blendend weiß und bei hereinbrechender Nacht rot und golden. Manchmal machen sich die Eltern oder Brüder der jungen Frau auf die Suche nach ihr, um festzustellen, was ihr zugesto-

442

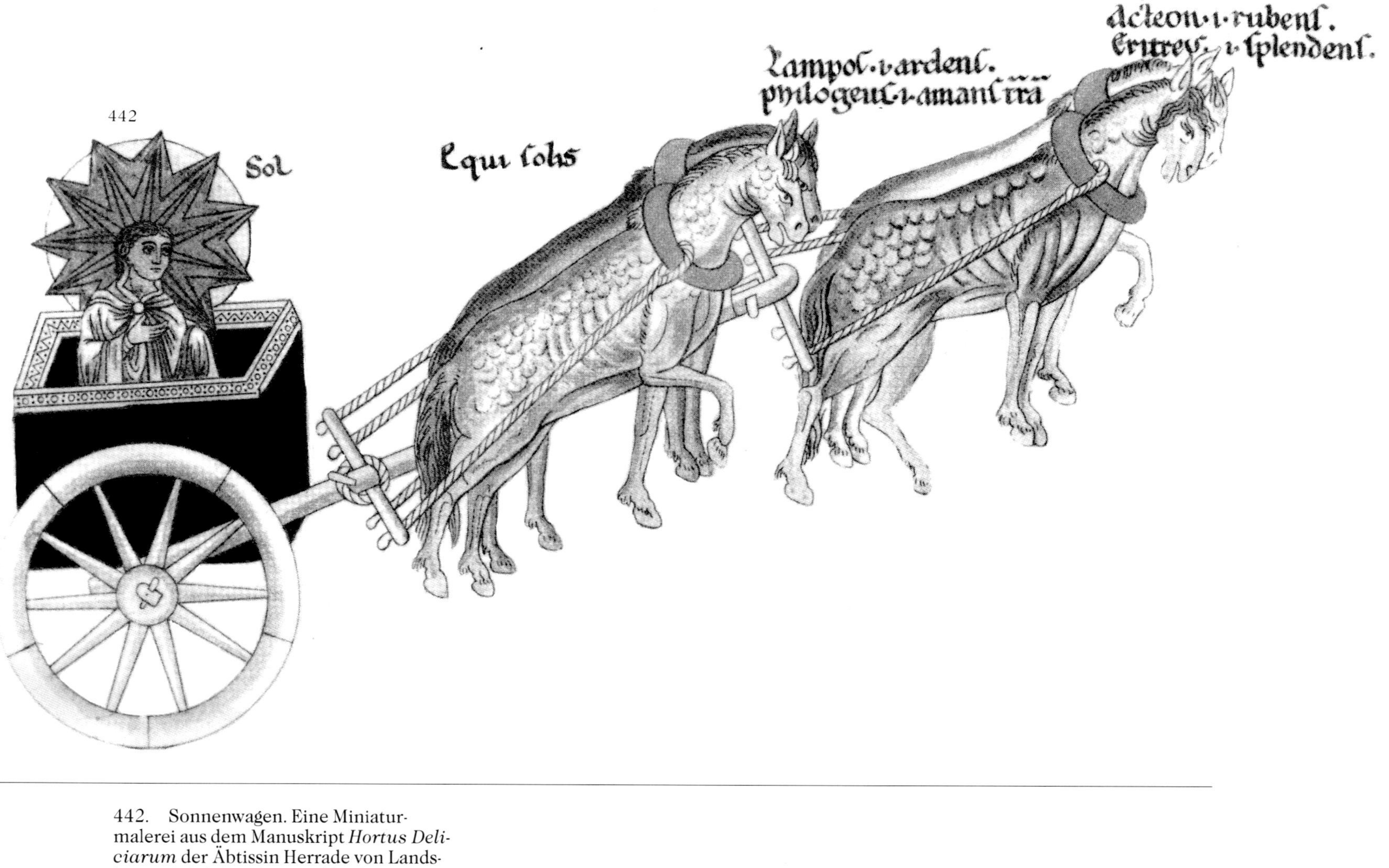

442. Sonnenwagen. Eine Miniaturmalerei aus dem Manuskript *Hortus Deliciarum* der Äbtissin Herrade von Landsberg. 12. Jahrhundert. (Bibliothèque Nationale, Paris).

ßen ist. Aber sie sagt ihnen dann gewöhnlich nur, daß sie alles habe, was sie sich wünsche, daß sie sich aber langweile, weil sie den ganzen Tag alleine sei, denn ihr Gemahl verließe sie schon im Morgengrauen und kehre erst nachts zurück.

Anderen Versionen zufolge zieht die Sonne, nachdem sie untergegangen ist, aus, um das Land der Toten zu erleuchten oder aber um sich im Haus ihrer Mutter auszuruhen und nachts neue Kräfte zu sammeln, weil sie von ihrer den ganzen Tag dauernden Reise erschöpft ist. Deshalb bereitet ihr ihre Mutter in ihrem großen, im Westen gelegenen Haus eine üppige stärkende Mahlzeit, zu der (nach den ältesten Versionen) sogar Menschenfleisch gehörte. Ursprünglich muß die Sonne als menschenfressend verstanden werden, einer Legende aus der Bretagne zufolge soll sie eine Riesin namens *Grand Sourcil* („Große Augenbraue") gewesen sein, die in einer riesigen Höhle lebte, wo sie sich allabendlich ausruhte und mit Menschenblut sättigte.

Die Sonne wird abends nach ihrer Reise nicht nur schwach, sie kühlt auch ab. Dies ist logisch, denn die Bewohner der Atlantikküste dachten, sie tauche ins Meer. Noch im letzten Jahrhundert erzählten bretonische Matrosen aus St. Malo, daß an manchen Abenden, wenn die Sonne das Meer berühre und sie genau genug hinhörten, ein lautes Zischen zu vernehmen sei, wie von rotglühendem Eisen, das in kaltes Wasser getaucht wird!

Die Sonne beschränkt sich nicht allein darauf, zu scheinen, zu wärmen oder sich wieder hinter Wolken zurückzuziehen, wenn sie über die Menschen verärgert ist; sie blickt auch auf die Erde, beobachtet und bewacht sie. Ihren Augen entgeht nichts, wenigstens nicht tagsüber; und sie ist die wache

443

443. Ein junges Paar springt beim Johannisfest über das Feuer. Elsaß. Stich aus dem 19. Jahrhundert von Théophile Schuler. (Kupferstichkabinett, Straßburg).

und oberste Zeugin aller unserer Handlungen, ja selbst unserer Gedanken. In einem seltsamen mittelalterlichen Text aus dem 15. Jahrhundert, den *Évangiles des Quenouilles* (den Spinnrocken-Evangelien), wird die Sonne als ein vertrautes Wesen porträtiert, allerdings eines, das für Ehrenbezeugungen empfänglich und dankbar ist. Unter all den Sprichworten und Volksweisheiten, die diese Sammlung enthält, heißt es z.B., daß ein Mann, der gegen die Sonne uriniert, mit Sicherheit ein Gerstenkorn am Auge bekomme oder an Nierengrieß erkranken werde. Andererseits soll eine Person, die häufig die Sonne segnet, sich zunehmenden Wohlstands während des Jahres erfreuen. In einem späteren, ebenso merkwürdigen Werk aus dem Jahre 1679, dem *Traité des Superstitions* (Traktat über Aberglauben) macht sein Autor, der Abt Thiers, auf eine Praxis aufmerksam, die er allerdings verurteilt: demzufolge war es zu seiner Zeit auf dem Lande noch üblich, sich – um Fieber zu kurieren – völlig nackt der aufgehenden Sonne auszusetzen und dabei viele „Vater unser" und „Ave Maria" zu beten. Und, so fährt der wackere Abt fort: „Es gibt gar viele Frauen und Mädchen, die diese Methode praktizieren, und sie sind dabei viel mehr um ihre Gesundheit besorgt, denn um ihre Integrität, Bescheidenheit und ihr Heil".

Ein weiteres sehr altes, heute noch gebräuchliches und verbreitetes Sprichwort, das meine Mutter während meiner Kindheit immer wieder benutzte, lautete: „Es gibt keinen Samstag ohne Sonnenschein." Warum? Weil dies der Tag ist, an dem die Hl. Jungfrau das Hemd wäscht, das das Jesuskind am Sonntag tragen soll. Und dieses Hemd braucht Sonne, um zu trocknen!

Neben dem Vorrecht, die Erde zu beleuchten und zu wärmen, hat die Sonne – neben dem Trocknen des Hemdes des Jesuskindes – noch viele andere Eigenschaften: Sie kann z.B. Fieber kurieren und Wohlstand und Fruchtbarkeit verleihen. Bauern wenden sich an die Sonne mit anderen Bitten, z.B. daß ihre Hennen größere Eier legen oder die Liebhaber ihrer Frauen entdeckt werden! Das größte Problem der Landbevölkerung ist jedoch das Wetter, und so benutzte man bestimmte Gebete und Gesänge, um die Sonne, war das Wetter schlecht, zum Scheinen zu bewegen oder um einen verspäteten Frühling herbeizurufen. Bei schlechtem Wetter pflegten im letzten Jahrhundert die Bauern im Finistère folgendes Lied zu singen:

Kleine Sonne Gottes
gehe schnell über der Welt auf!
Setze deinen violetten Hut auf
und drehe deine Runde!

„Petit soleil du bon Dieu
Lève toi vite sur le monde
Mets ton chapeau violet
Et viens faire ta ronde".

Mehr noch als das Kommen und Gehen von Tag und Nacht regte der Wechsel der Jahreszeiten die Phantasie der Landbevölkerung an. Dies führte zu dem Glauben, daß die Sonne zu bestimmten Zeiten des Jahres – z.B. während der Winter- und Sommersonnwende – ganz spezielle und wunderbare Eigenschaften annähme. In der Franche-Comté glaubte man, daß derjenige, der am Sonntag Trinitatis den Mont Dôle bestiege, drei Sonnen aufgehen sähe. In der Normandie und in der Auvergne glaubte man, daß man das gleiche Phänomen am Mittsommertag in der Morgendämmerung erleben könne. An diesem Morgen könne man auch beobachten, wie die Sonne den Mond bekämpft. In der Creuse und im Limousin soll man sogar ein noch selteneres Schauspiel miterleben können, nämlich wie die Sonne zu Ehren des Hl. Johannes tanzt! Bei klarem Himmel sei der Sonnenaufgang voller wunderbarer Farben: es sind die Kleider der vor Freude tanzenden Engel.

444. Der französische „Sonnenkönig" Ludwig XIV. tanzt in Versailles am 23. Februar 1653 für das *Königliche Ballett der Nacht* den Part des Apoll. Gouache von Stefano della Bella. (Kupferstichkabinett, Bibliothèque Nationale, Paris).

444

Die Stroh- und Johannisfeuer, welche die Zyklen zwischen der längsten Nacht (am 22. Dezember) und der kürzesten Nacht (am 21. Juni) abschließen, führten auf dem Lande zu zahlreichen Riten. Ihr Zweck war es, die Energie der Sonne während ihrer Reise um die Erde zu erhalten und ihr zu helfen, Kälte und Nacht zu besiegen. Es ist eigenartig, wie stark man glaubte, die Sonne bedürfe der Hilfe der Menschen, um ihr Feuer und ihr Licht zu erhalten. Diese phantastische Idee entspringt dem Unterbewußten und ist mit den offiziellen Religionen, seien es heidnische oder christliche, unvereinbar. Im römischen Mithraismus, der in Südfrankreich lange auf dem Lande vorherrschte (das romanische und französische Wort für „Sonne" stammt von dem Lateinischen *sol)*, war Phöbus ein gänzlich unabhängiger Gott, der seine Energie ausschließlich aus seiner eigenen göttlichen Natur bezog. Die Römer gaben der schwierigen Zeit der Wintersonnwende (dem Äquivalent unserer heutigen Kalenderwoche vom 21. bis 26. Dezember), wenn die Sonne am tiefsten und kältesten Punkt ihrer Reise angelangt ist, den Namen *Sol Invictus* (die unbesiegbare Sonne). Dies zeigt deutlich, daß der Sonnengott für unsterblich galt und nur er allein aus sich heraus immer wieder die Kraft für seine Rundreise finden konnte.

Diese Sonnwendriten – die man auch als „Beistandsriten für die gefährdete Sonne" bezeichnen kann – waren also bis zum Ende des letzten Jahrhunderts überall auf dem Lande weit verbreitet, in einigen Gebieten sogar bis zum Ende des Ersten Weltkrieges, und zwar trotz der scharfen Opposition der Kirche, die in ihnen zurecht heidnische Relikte sah. Ihr Zweck war es, der Sonne, wenn sie es brauchte, erneut Kraft zu geben, und ihre Energie zu empfangen, wenn sie auf ihrem Höhepunkt angekommen war. Das Wort *Solstitium* („Sonnenwende") stammt ja auch von *sol stare* (das „Innehalten der Sonne"). Es bezeichnet den Moment, an dem die Sonne innezuhalten scheint, ehe sie ihre Bahn fortsetzt oder umkehrt. Während dieser Pause ist sie am schwächsten und verletzbarsten und deshalb auch am empfänglichsten für eine Intervention von außen.

Während der zweiten Hälfte dieses Jahrhunderts machte die bäuerliche Welt derart einschneidende Veränderungen durch, daß diese so einfühlsame heidnische Sicht der Sonne (als einer göttlichen, aber verletzlichen Freundin und Verwandten) und die sie ausdrückenden Riten vollständig verschwanden. Schon 1905 schrieb Sébillot in seinem monumentalen Werk *Folklore de France* folgendes: „Es ist wahrscheinlich, daß die Zeremonien einer alten Form der Sonnenverehrung einst in hochgelegenen Regionen durchgeführt wurden. Vor etwa einhundert Jahren wurden noch Spuren von ihnen in den Berggebieten der Provence gefunden. Einige wurden während der Sommersonnwende zelebriert, die in manchen Ländern noch heute mit Feuern gefeiert wird, worin diverse Mythenexperten die Überreste früherer Sonnenverehrung sehen."

Zu diesen Zeremonien gehört auch das Fackelfest. Es existiert noch heute in vielen Dörfern Frankreichs, hat aber viel von seiner ursprünglichen Bedeutung verloren. Es findet am ersten Fastensonntag statt, um die Energie der schwächer werdenden Sonne wiederzubeleben. Es wurden Strohfakkeln entzündet (die regional unterschiedliche Namen hatten: *brandons* bzw. *brandes, bordes, bourdes, béhourdis, bouhourdis*. Sie wurden in einem Umzug durch die Dorfstraßen, über Landwege und insbesondere durch die Obstgärten getragen, damit sie diese vor Ungezieferbefall bewahrten. Auf dem Dorfplatz wurde ein riesiges Freudenfeuer entzündet, manchmal sogar mehrere, wozu Brombeer- und Dornbüsche sowie Unterholz von beschnittenen Hecken benützt wurden. Ein junger Baum, von dem die Zweige entfernt worden waren und dessen Spitze mit einem turbanartigen Putz geschmückt wurde, wurde in der Mitte dieses Scheiterhaufens aufgestellt. Sobald er halbverbrannt in die Flammen sank, begann der Tanz rund um das Feuer. Sobald das Feuer niedergebrannt und zu glühender Asche geworden war, begannen die jungen Leute, vor allem aber jene, die in diesem Jahr heiraten wollten, über es hinwegzuspringen.

Anderenorts, insbesondere in einigen Dörfern in den Alpen, in der Franche-Comté, in Lothringen und Aquitanien, wurden große Strohräder geflochten, in Brand gesetzt und von der Spitze eines Hügels zum nächstgelegenen Fluß hinuntergerollt. Man dürfte wohl kaum ein strahlenderes und (im wortwörtlichen Sinn des Wortes) leuchtenderes Bild des Sonnenfeuers finden! Heutzutage ist die Fruchtbarkeit der Obstgärten, des Landes und der Ehen das erklärte Ziel dieser Dorf- und Flurprozessionen, Feuerbrände, Freudenfeuer, Tänze und Sprünge. In der Vergangenheit jedoch war es noch ihr eigentlicher Zweck, durch diese Riten, diese brennenden Räder und Feuer, der schwachen Wintersonne durch magischen Beistand erneut Stärke zu verleihen.

Die zahlreichen Feuer, die auch heute noch in der Mittsommernacht entzündet werden, haben eine andere Bedeutung. Der 21. Juni ist der längste Tag des Jahres, der Tag, an dem die Kraft der Sonne am stärksten ist. Deshalb glaubte man, daß alles Lebende auf der Erde – von den Pflanzen bis zu den Menschen – von dieser vitalen Energie erfüllt und durchdrungen werde.

Man hielt z.B. Heilkräuter, die im Morgengrauen des 21. Juni gesammelt wurden, für besonders wirksam, ja wundertätig, vorausgesetzt sie wurden gepflückt, ehe die Sonne aufging. Außerdem spielten dabei von Dorf zu Dorf abweichende Riten eine Rolle: sie sollten z.B. mit leerem Magen und rückwärtsschreitend gesammelt werden, wobei dieses oder jenes Gebet oder diese oder jene Formel gesprochen werden mußte. Einem zu Beginn dieses Jahrhunderts noch lebenden Brauch aus der Pi-

445

446

445, 446. Ein Holzturm, der während des Festes des Hl. Johannes in Urbes im Thann-Tal entzündet wird. Elsaß.

cardie zufolge sollte ein Aufguß aus Walnußblättern, die am Mittsommermorgen gesammelt wurden, eine unfehlbare Liebe zu der Person hervorrufen, die den Trunk bereitet hatte. Ähnlich hatte der in der Morgendämmerung dieses Tages gesammelte Tau reinigende Kräfte. Deshalb nahmen Jungen und Mädchen noch lange Zeit Mitsommer-Taubäder, indem sie sich vor Sonnenaufgang nackt im Gras von Wiesen und Hügeln benetzten. Natürlich hatte die Kirche die größten Schwierigkeiten, diese sehr spezifischen Bäder zu verhindern bzw. zu verbieten!

Die Hauptrolle bei den Mitsommerriten spielen jedoch die vielen Feuer, die in dieser Nacht entzündet werden. Diese Riten und Bräuche sind von Region zu Region verschieden, manchmal sogar von Dorf zu Dorf. Ihre Tradition setzte sich praktisch bis zum heutigen Tage fort. In *La Paille et le Feu, Traditions Vivantes d'Alsace* (Stroh und Feuer: Lebende elsäßische Traditionen) wird ein hübscher Brauch aus einigen Dörfern in der Nähe von Münster im Elsaß wie folgt beschrieben: „In einem kleinen Bauernhof sind Frauen und Mädchen, die inmitten einer Flut roter Rosen im Kreis sitzen, emsig damit beschäftigt, diese Blumen auf breitrandige Hüte zu nähen. Nachdem sie die Stiele abgezwickt haben, befestigen sie kleine Rosensträußchen aus vier oder fünf Rosen auf einem Hut, bis dieser ganz damit bedeckt ist. Die Mütter passen auf, was die Mädchen tun, denn diese seltsamen Hüte sollen von ihren Söhnen getragen werden, und zwar noch am selben Abend, wenn sie über das Feuer springen. Es ist nämlich die in den Rosen vorhandene Feuchtigkeit, die den Kopf kühlen soll und die Jungen vor den Flammen und der intensiven Hitze des Freudenfeuers schützt."

Bei Einbruch der Nacht bildet sich dann eine Prozession mit Musikbegleitung, und das ganze Dorf versammelt sich beim Feuer auf einem nahegelegenen Hügel. Zuerst werden Fackeln aus Reisigbündeln, die mit Spänen gefüllt sind, entzündet. Während die Jungen und Mädchen den Hügel hinunterrennen, wirbeln sie diese durch die Luft. „Dies dauert nur einige Minuten. Eigentlich ist es nur die verkürzte Form des vollständigen Umschreitens des Hügels in Nachahmung der Sonnenbahn um die Erde, wie es vor etwa zehn Jahren noch der Brauch war. Der wilde Lauf der jungen Leute, die ihre brennenden Fackeln umherwirbeln, scheint die physiologische, ja sogar die psychologische Vorbereitung dafür zu sein, daß sie sich dem Feuer stellen können."

Nach ihrem Lauf benützen sie ihre Fackeln zum Anzünden des riesigen Scheiterhaufens, welcher 7 m hoch ist und aus trockenem Rebenholz besteht. Etwas weiter weg, in Dörfern des Thur- und des Thann-Tales, werden richtige, bis zu 30 m hohe Feuertürme gebaut, die man im Dialekt der Vogesen *chavandes* und im Elsäßischen *Fackeln* nennt.

Sobald die Flammen des Feuers aus Rebenholz, das die Mädchen entzündet haben, bis auf die glühende Asche niedergebrannt ist, setzen die Jungen ihre prächtigen Rosenhüte auf, bedecken das Gesicht mit einem Schal und springen über das Feuer, während die Mädchen nahe der glühenden Asche, dem Ausgangspunkt des Feuerlaufs, verharren.

„Die Gegenwart dieser Mädchen nahe bei dem Freudenfeuer ist eine Reminiszenz eines rührenden Brauchs aus der Vergangenheit. Früher pflegten verlobte und jungverheiratete Paare nämlich Hand in Hand über das Sonnwendfeuer zu springen. Gelang der Sprung, ein Liebespfand und Beweis gegenseitiger Treue, dann galt dies als ein gutes Omen für die Zukunft des Paares. Zum Schluß der Zeremonie, wenn die Asche noch glüht und knackt, steigen die jungen Leute jubelnd wieder ins Dorf hinab und Siegesrufe schallen zum Sternenhimmel empor. Noch lange wird die Nacht von ihrem Lachen, ihren Liedern und Tänzen erfüllt sein."

Auf dem Platz vor dem Rathaus beginnen die jungen Leute dann einen weiteren Tanz. „Nach den Klängen einer Ziehharmonika reichen sich Jungen und Mädchen die Hände und tanzen freudig im Kreis herum. Dieser Tanz dreht sich wie die Sonne im Uhrzeigersinn und imitiert so die Bahn des Gestirns. Obwohl der Tanz heute nach profaner Musik getanzt wird, dürfte er wohl von einem genuin sakralen Tanz abstammen, der einst zu Ehren der Sonne ausgeführt wurde. Es ist der einzige im Elsaß noch existierende Tanz, der sich nach dem Kalender richtet."

447

Dieser Bericht stammt aus dem Jahre 1980; man kann also davon ausgehen, daß es in in diesen Dörfern Frankreichs tatsächlich noch ein letztes getanztes Relikt der ältesten Form eines Sonnenkults gibt.

Dank dieser kleinen Dörfer, der jungen Leute, der Feuer und dieses Rundtanzes haben sich bis in unsere Gegenwart der lebensspendende Glanz und das Licht der Sonne symbolisch am Leben erhalten.

447. Die Sonne über einem traditionellen französischen Himmelbett.

448

449

Die Sonnenkultur im alten Ägypten

James F. Romano

In der polytheistischen Welt der alten Ägypter hatte die Sonne viele Namen und Formen. Gesehen unter ihrem elementarsten Aspekt, als Quelle von Licht und Wärme während des Tageshimmels, war die Sonne der Gott Rê. Dieser existierte unabhängig, oder aber er verschmolz mit anderen Gottheiten. Während des Alten Reiches (3.–7. Dynastie, etwa 2675 – 2130 v. Chr.) hatten die ägyptischen Priester Rê mit Harachte (Horus des Horizontes), einem frühen Himmelsgott, in Verbindung gebracht. Die daraus entstandene Figur des Rê-Harachte tritt als der majestätische Falke des Horus auf, der eine Sonnenscheibe auf seinem Haupte trägt. Khepri, die Morgensonne, wird mit dem Skarabäus (Mistkäfer) gleichgesetzt, der eine Dungkugel über den Wüstenboden rollt, als sakrales Wesen aber die Sonnenscheibe am Himmel entlang bewegt. Für die Äypter war die Sonne, die am westlichen Horizont unterging und nachts durch die Unterwelt reiste, der widderköpfige Atum. Die Scheibe (Aton) als physische Form der Sonne kommt in den religiösen Texten der gesamten ägyptischen Geschichte vor. Sie hatte allerdings nur in der späteren Zeit der 18. Dynastie, vor allem unter König Echnaton, göttlichen Status.

Der Beginn des ägyptischen Sonnenkultes liegt zwar im Dunkeln, dennoch erreichte er in der ägyptischen Religion letztendlich eine Vorrangsstellung. Das Fehlen von Texten aus der vordynastischen Periode, der Zeit, die der Errichtung eines vereinigten Reiches um 3100 v. Chr. vorausging, begrenzt unsere Kenntnis von den frühesten Formen der Sonnenreligion. Trotzdem wissen wir, daß die vordynastischen Ägypter die Sonne in ihren Begräbnisritualen verehrten. Während der vordynastischen Periode wurden die Toten lange Zeit so beerdigt, daß sie gen Westen blickten, wo die Sonne jeden Abend „starb“. Rê-neb (Rê ist mein Herr), der Name eines der Könige der 2. Dynastie (etwa 2800 – 2675 v. Chr.) liefert einen Hinweis auf die zunehmende Bedeutung des Sonnenkultes. In der 4. Dynastie (etwa 2625 – 2500 v. Chr.) erklärten sich die Könige zum „Sohn des Rê“; und einer von ihnen, Chephren, errichtete am Fuße des Sphinx von Giseh einen für die Sonnenanbetung be-

448. Rê-Harachte (eine Kombination des Sonnengottes Rê und des falkenköpfigen Himmelsgottes Harachte) in einer Szene aus dem Grab der Nefertari, Gemahlin des Königs Ramses II. (etwa 1279–1213 v. Chr.). Er wird von der Göttin Hathor, dem furchtbaren „Auge des Rê“ begleitet. (Ägyptologisches Seminar der Universität Basel).

449. Skarabäus-Pektoral. Der Skarabäus dient gemeinsam mit der Sonnenscheibe zur Schreibung eines der Namen des Königs, Neb-Kheperu-Rê. Gefunden im Grab des Tut-ench-Amun. Etwa 1332–1322 v. Chr. (Ägyptisches Museum, Kairo).

450

stimmten Tempel. Ab der 5. Dynastie (etwa 2500 – 2350 v. Chr.) war Rê zu Ägyptens offiziellem Hauptgott geworden. Nach dem *Westcar Papyrus*, einem Dokument aus der Zweiten Zwischenzeit (14. bis 17. Dynastie, etwa 1630 – 1539 v. Chr.), das von Ereignissen aus der weit zurückliegenden Vergangenheit Ägyptens berichtet, werden die ersten drei Könige der 5. Dynastie (etwa 2500 – 2350 v. Chr.) – Userkaf, Sahure und Keku – aus der Vereinigung von Rê und der Priestergemahlin Rededjet geboren.

Die Sonnentheologie des Alten Reiches lehrte, daß es die Sonne war, die im Augenblick der Schöpfung das gesamte Universum schuf, die Götter, die Erde und alle lebenden Wesen. Die Priester des Rê, die in Heliopolis (heute ein Vorort im Nordosten von Kairo) ihren Sitz hatten, hinterließen eine Kosmologie, die die Sonne in Gestalt des Atum als Schöpfer anerkannte. Vor dem Aufkommen eines geordneten Kosmos befand sich alles Existierende in dem potentiellen Zustand Nun, der ein uferloser Ozean von dunklem, bewegungslosem und trägem Wasser war. Zu Beginn der Zeit ging Atum, der Herr von Heliopolis, aus dem wäßrigen Nichts des Nun hervor. Atum stand auf einem uranfänglichen Hügel namens Benben und strahlte Licht aus, das die Dunkelheit des Nun durchdrang und den Beginn der Existenz des Universums ankündigte. Eine Passage aus einem späteren Text beschreibt das Ereignis wie folgt:

> „Durch mich, Atum, wird ein Wort Wirklichkeit. Ich war allein; ich war Rê bei seinem ersten Erscheinen, als er sich vom Horizont erhob. Ich bin der Große, der Selbstgeschaffene, der seine Namen schuf..., und der von den Göttern nicht abgewiesen werden wird. Gestern ist mein, ich weiß um das Morgen."

451

450. Kalksteinrelief mit der Darstellung des Pharao Echnaton, seiner Frau Nofretete und einer seiner Töchter bei der Anbetung der Aton-Sonnenscheibe und ihres Lichtes als der Manifestation eines universellen Prinzips. (Ägyptisches Museum, Kairo).

451. Die „Pyramidentexte", die ältesten religiösen Texte Ägyptens, wurden in die Wände der Vorkammern und Sargkammern der Pyramiden eingemeißelt. 6. Dynastie, 2320–2170 v. Chr. (Pyramide des Unas, Sakkâra).

Genauso wie das Auftauchen der Sonne aus dem wäßrigen Grund des Nun die universelle Existenz bestimmt hatte, bestätigte der tägliche Zyklus der Sonne die ewige Erneuerung der Schöpfung. Allmorgendlich wiederholte die Sonne das Drama des „Ersten Mals“, wenn sie sich über dem östlichen Horizont erhob und das Niltal mit Licht überflutete, das die Finsternis besiegte und das Versprechen neuen Lebens mit sich brachte.

Die universellen Kräfte, die Atum schuf, wurden von Gottheiten dreier Generationen personifiziert, die sich zu einer Neunheit formten. Zuerst schuf Atum den Gott Schu (Luft) und seine Schwester Tefnut (Feuchtigkeit). Die Berichte über ihre Geburt variieren. Nach einer Version soll Atum das Paar durch Masturbation gezeugt haben; nach einer anderen „erbrach“ er Schu und „spuckte“ Tefnut „aus“. Schu schwängerte Tefnut, die dann den Erdengott Geb und die Himmelsgöttin Nut gebar. Diese wiederum hatten die Götter Osiris und Seth und die Göttinnen Isis und Nephthys zu Kindern.

Diese jüngsten Gottheiten der Neunheit lieferten das Paradigma für die königliche Nachfolge Äyptens. Osiris hatte auf Erden als ein weiser und gütiger König geherrscht. Sein Bruder Seth, der neidisch auf seine Popularität und Macht war, lockte ihn in eine verzierte Holztruhe, versiegelte diese, warf sie in den Nil und ertränkte den Gottkönig auf diese Weise. Seth beanspruchte für sich das Recht der Nachfolge von Osiris und setzte sich auf den Thron Ägyptens. Als er erfuhr, daß Isis, die Witwe Osiris', den Leichnam ihres Mannes geborgen hatte, zerstückelte Seth ihn in vierzehn Teile und verstreute diese über ganz Ägypten. Isis und Nephthys machten sich daran, die zerstückelten Teile des Körpers von Osiris wiederzufinden. Schließlich fanden sie alle, nur nicht des Gottes Glied. Deshalb formten die Göttinnen einen neuen Phallus für Osiris; und indem Isis Magie einsetzte, riefen sie Osiris ins Leben zurück. Osiris schwängerte Isis; das gemeinsame Kind sollte zum Himmelsgott Horus heranwachsen. Nachdem Horus geboren war, versteckte Isis das Kind vor den mörderischen Nachstellungen des Seth, bis der Gott alt genug war, um den Mord an seinem Vater zu rächen. Schließlich kam es zu einem heftigen Kampf zwischen Horus und Seth, der die universelle Ordnung so störte, daß die anderen ägyptischen Götter verlangten, sie sollten aufhören. Geb rief ein göttliches Tribunal

452

453

452, 453. Das *Am-duat* berichtet von der Nachtreise des Sonnengottes durch die Unterwelt. Darstellung aus dem Grab des Pharao Thutmosis III., 18. Dynastie (etwa 1479–1425 v. Chr.) im Tal der Könige. (Ägyptologisches Seminar der Universität Basel).

zusammen, das sich die Ansprüche der beiden Rivalen anhören sollte. Horus wurde zum rechtmäßigen Erben des Osiris ernannt; er sollte auf Erden als König von Ägypten herrschen. Auch Osiris sollte regieren, aber in seinem eigenen Gebiet. Da er bereits gestorben war, sollte er auf ewig als Gott der Toten in der Unterwelt verweilen. Während des größten Teiles der ägyptischen Geschichte galten die lebenden Könige als die irdische Verkörperung des Horus, und alle verstorbenen Herrscher wurden zum unsterblichen Osiris.

Als Zentrum des Sonnenkultus beherbergte Heliopolis das dem Schöpfer- und Sonnengott Atum gewidmete Hauptheiligtum. Dieses Heiligtum, das wir nur noch aus Inschriften kennen, hieß Hut-Benben (das Haus des Benben) und enthielt einen pyramidenhaft geformten Steinfetisch, den man für den Erdhügel hielt, der aus Nun im „Ersten Augenblick" hervorgegangen war. Obwohl von dem ursprünglichen Hut-Benben von Heliopolis aus dem Alten Reich keinerlei Spuren auf uns überkommen sind, nimmt man an, daß es den beiden imponierenden Sonnenheiligtümern unter freiem Himmel geglichen haben könnte, die für die Könige Userkaf und Niuserre der 5. Dynastie in Abu Gurob gebaut wurden.

Die Sonnenreligion des Alten Reiches lehrte, daß ein König nach seinem Tode in den Himmel aufstieg, wo er sich zu Rê gesellte, dessen göttliche Barke für immer über den Himmel fährt. Dieser Glaube spiegelt die zyklische Ewigkeitsidee der Ägypter wider. Sie hatten zwei Begriffe von Zeit: die lineare Zeit erlaubte es, historische Ereignisse wie Kriege oder Krönungen zu ordnen; im Gegensatz dazu stand die zyklische Zeit, die aus dem ägyptischen Verständnis der Natur hervorging. Ihre Welt wurde von einer Reihe vorhersehbarer, wiederkehrender Naturereignisse dominiert, wie dem jährlichen Anschwellen und Fallen des Nils und der Wiederkehr der Zugvögel. Von all diesen Zyklen war der tägliche Kreislauf der Sonne der bemerkenswerteste und gewaltigste. Die Sonne wurde jeden Tag in der Dämmerung „geboren"; dramatisch stieg sie zum Himmel empor und reiste über den Himmelsozean; in der Abenddämmerung wurde sie „schwach" und „starb" unweigerlich, um am nächsten Morgen „wiedergeboren" zu werden. Deshalb wurde der Sonnenzyklus für die Wiedergeburt

454

455

454, 455. Ein Detail aus dem *Am-duat*, das die Sonne zeigt, wie sie nachts durch die Unterwelt reist. Ihr Erscheinen am nächsten Tag verkündet die glorreiche Vollendung der Reise.

456

456. Taperet verehrt den Sonnengott Atum. Das Bild auf der Stele wird vom Körper der Göttin Nut wie von einem Rahmen umgeben; ihr Schoß gebiert die Sonne. Holz, beidseitig polychrom bemalt. 9. Jahrhundert v. Chr. (Musée du Louvre, Paris).

exemplarisch. Die Natur war sowohl repetitiv wie ewig. Konnte sich ein König (und in späteren Zeiten auch ein gewöhnlicher Mensch) mit einem der natürlichen Zyklen vereinen, insbesondere mit dem Kreislauf der Sonne, so konnte der Tod besiegt und die Wiedergeburt als unsterblicher Aspekt der Natur gewährleistet werden.

Um den König während seiner Sonnenreise zu leiten, schrieben die Ägypter eine ganze Reihe von schwer verständlichen Formeln, Sprüchen und Mythen an die Innenwände der königlichen Pyramiden. Diese sogenannten *Pyramidentexte*, die erstmals in der Pyramide des König Unas, des letzten Herrschers der 5. Dynastie, auftreten, sind die ältesten zusammenhängenden religiösen Texte des Alten Ägyptens. Viele von ihnen beschreiben die Stellung des Königs im Sonnenzyklus. Zum Beispiel lesen wir folgendes:

> Oh Rê-Atum, dieser König kommt zu Dir, ein unvergänglicher Geist, Herr über alle Dinge des Ortes der vier Säulen (der vier Himmelsrichtungen). Dein Sohn kommt zu Dir, dieser König kommt zu Dir. Mögest Du den Himmel überqueren und in der Dunkelheit vereint werden. Mögest Du zum Horizont aufsteigen, zum Ort, wo alles gut für Dich ist.

Während des ganzen Alten Reiches war der Sonnenkult mit dem Anspruch der ägyptischen Könige auf Unsterblichkeit verbunden. Im Mittleren Reich (11. bis 12. Dynastie; etwa 2000 – 1786 v. Chr.) hatte sich auch unter dem gemeinen Volk die Hoffnung auf Unsterblichkeit in Gesellschaft der Sonne verbreitet. Aber dieser Glaube war nicht das einzige Mittel, um zum ewigen Leben zu gelangen. Zusammen mit dem traditionellen Sonnenglauben treffen wir jetzt auch auf die Vorstellung, ein Individuum könnte nach seinem Tode wiedergeboren werden, wenn man Osiris, den Gott der Toten, anrief. Beide Konzepte waren in den sogenannten *Sargtexten* kodifiziert, Inschriften, die auf die Innenseite großer rechteckiger Särge gemalt sind. Obwohl viele dieser Texte eigentlich nur leicht abgewandelte Zaubersprüche aus den *Pyramidentexten* sind, unterscheiden sie sich von diesen in einem grundsätzlichen Punkt: In den *Sargtexten* ist die Unterwelt solar (das himmlische Reich des Rê) wie chthonisch (die Unterwelt des Osiris). In dieser Dualität manifestiert sich das Zusammentreffen der älte-

457

458

457, 458. Die Himmelsgöttin Nut gebiert die Sonne, wie dies in dem *Buch des Tages* beschrieben ist wie in dem übereinstimmenden *Buch der Nacht*. Gewölbte Decke im Grab König Ramses VI. Etwa 1145–1137 v. Chr. (Ägyptologisches Seminar der Universität Basel).

ren Sonnentraditionen mit dem zunehmend wichtiger werdenden Kult des Osiris, der sich einer weitverbreiteten Beliebtheit erfreute, insbesondere während der 12. Dynastie. Rê und Osiris werden nun als unterschiedliche Ausdrücke für ein und dasselbe Thema interpretiert: den „wiedergeborenen“ Gott.

Die meisten ausgeführten Aspekte – die Sonne als Schöpferin des Universums, die zyklische Wiedergeburt, die Assoziation des Königs mit Rê, das Zusammenfallen des osiriaschen mit dem solaren Fortleben – verschmolzen im Neuen Reich (18. bis 20. Dynastie; etwa 1539 – 1075 v. Chr.) in dem spannungsreichsten Zeugnis ägyptischer Sonnenreligion: den Malereien und Reliefs in den Königsgräbern im Tal der Könige. Die dort abgebildeten Szenen und erläuternden Texte, auch als *Die Bücher* bekannt, erzählen vom Abstieg der entkräfteten Sonne in die Unterwelt oder das Reich des Osiris (Duat). Sie beschreiben die Gefahren, die die Sonne während ihrer Nachtsstunden überwinden muß, ehe sie in der Morgendämmerung als eine glorreich wiedergeborene Gottheit erneut hervortritt.

Im frühesten dieser *Bücher*, dem *Am-duat*, durchmißt die Sonne zwölf Stadien oder Stunden in Richtung auf eine eventuelle Wiedergeburt. Sie betritt die Unterwelt als ein widderköpfiger Gott, der ganz einfach als „das Fleisch“ bezeichnet wird. Der Gott steht, begleitet von seinem göttlichen Gefolge, in einem Schrein an Deck einer einfachen Barke. Im Verlaufe der Reise findet der Sonnengott das versiegelte Tor, das zu jeder Stunde von furchtbaren Schlangen bewacht wird, die günstig gestimmt werden müssen, ehe er weiterreisen kann. Schließlich erreicht er in der Fünften Stunde den siebten Punkt seiner Reise und die Höhle des Sokar, des Todesgottes. Und erst nachdem er mit dem letztendlichen Ausdruck des physischen Todes konfrontiert war, kann der Sonnengott mit dem Aufstieg zur Wiedergeburt beginnen. Aber auch der Rest seines Aufenthaltes ist nicht ohne Gefahren. In der Siebten Stunde z.B. muß er seinen größten Feind, der auch der Feind jeglicher Schöpfung ist, die Schlange Apophis, besiegen. Selket, die Skorpiongöttin, durchsticht Apophis' Körper mit Messern, wodurch sie vorübergehend kampfunfähig wird, so daß die Sonnenbarke in Richtung der Zwölften Stunde weiterreisen kann. Hier tritt die Sonnenbarke in den Schwanz einer riesigen Schlange ein, wo der Gott in die aufgehende Sonne, Khepri, verwandelt wird und aus dem Mund der Schlange austritt.

In anderen *Büchern* finden sich weitere Varianten über die Reise des Sonnengottes. Zu ihnen gehören *Das Buch des Tages* und sein Gegenstück, *Das Buch der Nacht, Das Höhlenbuch, Das Pfortenbuch, Das Nutbuch, Das Buch von der Erde* und *Das Buch von der Himmelskuh*. Der vielleicht ungewöhnlichste Text der Unterweltliteratur ist aber wahrscheinlich *Die Sonnenlitanei*. Ein erklärender Text beschreibt aufs genaueste, warum der König mit dem Sonnengott identifiziert ist. Der Anspruch des Pharao ist nämlich dreifach: Er *ist* die Sonne; seine Seele (*ba*) ist die Seele der Sonne; und seine Reise durch die Unterwelt ist die Reise der Sonne. Des Gottes Allgegenwart wird noch hervorgehoben durch die Darstellung von fünfundsiebzig verschiedenen Namen und Bildern der Sonne, die alle den toten König schützen sollen: „Sie, die aus ihren eigenen Gliedern hervorgeht“, „Sie, deren glänzendes Auge spricht“ oder „Die stets Werdende“.

Obwohl die meisten Unterwelt-*Bücher* einen Sonnengott beschreiben, der ohne Individualität oder Emotionen existiert, beschreibt *Das Buch von der Himmelskuh* ihn als der Rache und des Mitleids fähig. Der Text berichtet, daß in allerfernster Vergangenheit ein gealterter, müder Rê erfuhr, daß die Menschheit „böse Pläne“ gegen ihn schmiede. Er berief den Rat der ältesten ägyptischen Götter ein und wurde von Nun angewiesen, das unbesiegbare „Auge des Rê“ in Form der Kuhgöttin Hathor loszulassen, um die Verschwörer auszurotten. Obwohl die menschliche Rasse von der ihr bevorstehenden Vernichtung erfuhr und in die ägyptische Wüste floh, verwandelte sich Hathor in die Löwengöttin Sachmet und mordete alles, was sie finden konnte, nieder. Die Göttin watete im Blut ihrer Opfer und schwelgte in dem von ihr angerichteten Massaker. Schließlich fiel sie selbst ihrem Blutrausch zum Opfer und brach vor Erschöpfung zusammen.

459. Kalksteinstele mit der Königin Kleopatra, die der sitzenden Göttin Isis, die Harpokrates nährt, zwei Vasen darbietet. 51 v. Chr. (mit einer griechischen Inschrift). (Musée du Louvre, Paris).

ΥΠΕΡΒΑΣΙΛΙΣΣΗΣ
ΚΛΕΟΠΑΤΡΑΣΘΕ
ΑΣΦΙΛΟΠΑΤΩΡΤΟ
ΠΟΣΣΕΝΟΝΑΙΤΙΑ
ΚΗΣΣΥΝΟΔΟΥ
ΩΝΣΥΝΑΓΟΓΟΣ
ΟΝΝΩΦΡΙΣΛΕΣΩΝΗ
L ΛΕΠΙΦ Ā Ι

459

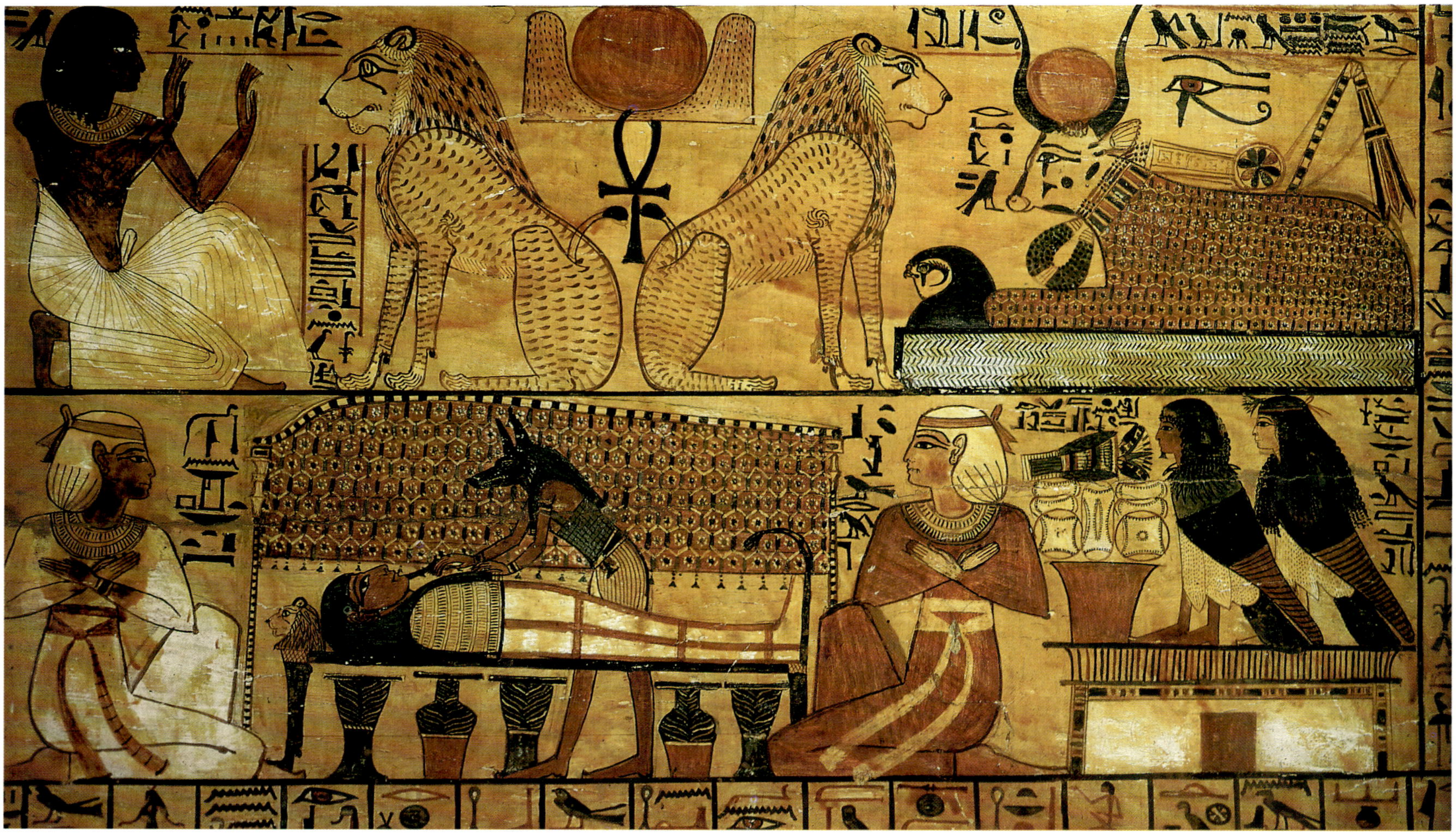

460

Trotz der Untreue der Menschheit war Rê ob Hathors Gemetzel besorgt und beschloß, diejenigen zu schonen, die vor Hathors anfänglichem Angriff geflohen waren. Zuerst mußte er jedoch die Göttin selbst unschädlich machen, deren Raubgier, war sie erst einmal entbrannt, nicht mehr zu bändigen war. Während Hathor schlief, sammelten Rês Helfer riesige Mengen roten Ockers, den der Hohepriester von Heliopolis mit starkem ägyptischen Bier vermischte und daraus siebentausend Krüge berauschenden blutähnlichen Getränks herstellte. Der Trank wurde neben der schlafenden Göttin auf den Boden gegossen, die es beim Aufwachen gierig aufleckte und sofort in eine tiefe Besinnungslosigkeit fiel. Obwohl die Menschheit damit der Vernichtung entging, ließ diese Episode Rê enttäuscht und entmutigt zurück. Er gab seine irdischen „Kinder" auf und stieg zum Himmel empor, um für immer auf dem Rücken der Großen Himmlischen Kuh zu leben.

Während jedes der *Bücher* über die Unterwelt vor allem die geistige Wiederauferstehung des Königs garantieren sollte, fand die gewaltige religiöse Thematik der Sonne als Quelle der Wiedergeburt auch unter den gewöhnlichen Menschen des Neuen Reiches ihren Ausdruck. Seit Beginn der 20. Dynastie (etwa 1190 – 1075 v. Chr.) gehörten zu vielen privaten Begräbnissen sogenannte *Am-duat*-Papyri (Dasjenige, das in der Unterwelt ist). Sie unterschieden sich von den königlichen Prototypen nur dadurch, daß an der Stelle des Namens des toten Königs der des einfachen Mannes stand.

460. Sargschrein des Khonsu. Zwei Löwen stützen die Sonnenscheibe am Himmel, unter welcher das Zeichen des Lebens hängt. Neues Reich, Regierungszeit Ramses II. (1279–1213 v. Chr.) (Ägyptisches Museum, Kairo).

461

Noch verbreiteter war eine Reihe von 190 Begräbnissprüchen, *Die Kapitel für das Herausgehen am Tag*, heute einfach als *Totenbücher* bezeichnet. Diese illustrierten Texte finden sich in den Gräbern oft als Papyrusrollen oder waren auf die Särge oder die Sargschreine gemalt. *Das Totenbuch* versetzte einen Verstorbenen in die Lage, die unvermeidlichen Gefahren der Unterwelt mittels Zauberformeln, die das Böse abwehren sollten, zu besiegen. Außerdem sollten diese Texte den Schutz bedeutender Gottheiten wie Osiris und Rê beschwören. Das Kapitel 15 z.B. enthält ein langes an Rê gerichtetes Gebet, das so beginnt:

> Heil Dir, oh Rê, bei Deinem Aufgang, Oh Atum-Harachte! Wenn der Sonnenschein über mir aufgeht, verehren meine Augen Deine Schönheit. Du fährst wie es Dir beliebt in der Nachtbarke, und Dein Herz ist bei einem angenehmen Wind fröhlich in der Tagesbarke; es ist glücklich beim Überqueren des Himmels mit den Gesegneten. Alle Deine Feinde sind besiegt, die unermüdlich gleichbleibenden Sterne jubeln Dir zu, die Unvergänglichen Sterne verehren Dich, wenn Du den Horizont betrittst.., sie sind zu allen Zeiten glücklich und so lebend und ausdauernd wie mein Herr.

Die ägyptischen Könige wie die Oberschicht assoziierten das Verhalten gewisser Tiere mit der Sonnenanbetung. Da der erste Laut, den sie allmorgendlich hörten, das Quaken der Frösche war,

461. Sargschrein des Khonsu. Er zeigt die Verehrung der himmlischen Kuh Mehet-weret. (Ägyptisches Museum, Kairo).

wurden diese als Vorboten für das Erscheinen der Sonne angesehen. Man verehrte Heket, eine Göttin in Froschgestalt, als Geburtsgöttin. Da der ägyptische Pavian seinen Bauch wärmt, indem er ihn der aufgehenden Sonne zuwendet und dabei seine Vorderpfoten auf die Knie legt, glaubten die Ägypter, daß er mit einer feierlichen Geste des Gehorsams „den aufgehenden Rê begrüße", und nahmen Darstellungen des Tieres in das Bildprogramm ihrer der Sonne geweihten Tempel auf.

In der 18. Dynastie (etwa 1539 – 1292 v. Chr.) verschmolz Rê mit Amun, dem Gott von Theben, der den Status einer Staatsgottheit erlangt hatte. Parallel zu diesem Aufstieg Amun-Rês (des Götterkönigs) verfaßten ägyptische Priester eine Reihe von Sonnenhymnen, die die Allmacht des Gottes priesen. Einige sind sehr langatmig, andere aber drücken in gedrängter Form die persönliche Erwartung und Hingabe an einen gnädigen Gott aus:

Amun-Rê, der als erster König war,
der Gott uralter Zeiten,
der Wesir der Armen.
Er nimmt keine Gaben (Bestechungen) von den
Schuldigen an, und spricht nicht mit dem,
der Zeugnis ablegt,
noch blickt er auf jenen, der Versprechungen macht.
Amun richtet die Erde mit seinen Fingern,
und er spricht zum Herzen.
Er verurteilt den Schuldigen,
und verweist ihn gen Osten,
den Gerechten aber gen Westen.

Um die Mitte des 14. Jahrhunderts v. Chr. erfuhr der Kult des Amun-Rê eine dramatische und revolutionäre Veränderung. Bis dahin war Ägypten die mächtigste Nation des damaligen Vorderen Orients gewesen. Handel und Abgaben hatten die königliche Schatzkammern bereichert, und die Militärmacht Ägyptens hatte sich von Westasien bis nach Afrika südlich der Sahara ausgebreitet. Die Ägypter schrieben ihren Erfolg göttlicher Intervention zu, insbesondere der Vermittlung Amun-Rês. Sie errichteten ihm zu Ehren große Tempel. Der Wohlstand und das Prestige seiner Priesterschaft rivalisierte mit der Macht des Pharao.

Nur wenige Ägypter mögen den religiösen Umbruch vorhergesehen haben, der stattfand, nachdem der ägyptische Thron um 1353 v. Chr. auf den rätselhaften Herrscher Amenophis (Amunhotep) IV. überging. Die Darstellungen des Königs entsprachen zunächst ganz der ägyptischen Konvention und stellten ihn als ein perfektes Wesen dar, das Ägyptens traditionelle Feinde erschlug; mehrere verzierte Blöcke zeigen ihn bei der Verehrung des Rê-Harachte.

Im zweiten Jahr seiner Regierung jedoch begann Amenophis IV. im heiligen Bezirk des Amun-Rê in Karnak ungewöhnliche Tempel aus Sandstein zu errichten. Diese waren dem Kult des durch die Sonnenscheibe Aton verkörperten Sonnengottes geweiht. Aton wird in Gestalt einer Scheibe mit glänzenden Lichtstrahlen, die in winzigen Händen enden, wiedergegeben. Amenophis IV. (oder Echnaton) seinerseits wird nicht länger in der traditionellen Darstellung des idealisierten Pharaonenbildnisses gezeigt, sondern naturalistisch und mit vielen auffallenden körperlichen Mängeln.

Im 5. oder 6. Jahr seiner Regierung verlegte Amenophis IV. die ägyptische Hauptstadt von der königlichen Residenz bei Karnak an einen unbebauten Ort nach El-Amarna, das etwa 300 km weiter nördlich liegt. Hand in Hand mit diesem Umzug, der den Beginn der sogenannten Amarna-Periode ankündigte, ging die Tatsache, daß der Name des Königs von Amunhotep (Amun ist gnädig) in Achen Aton (oder Echnaton) (der dem Aton wohlgefällig ist) umgeändert wurde. Schließlich verkündete Achenaton noch die Alleinherrschaft des Aton und erklärte, daß „es niemanden außer ihm gebe". Unter Mißachtung einer sechzehn Jahrhunderte langen Tradition ließ der König die Tempel vieler alter Götter schließen und den Tempelbesitz beschlagnahmen. Er befahl, daß die meisten göttlichen Namen, insbesondere der des Amun von Tempel- und Grabinschriften getilgt wurden.

Achenatons (Echnatons) Philosophie war jedoch so eng mit der Persönlichkeit des Königs verbunden, daß sich Ägypten gleich nach seinem Tod wieder dem alten Glauben zuwandte. Seine Nachfolger ließen die vernachlässigten Tempel wieder öffnen und unternahmen massive Bauanstrengungen, um die traditionellen Götter wieder in ihrer früheren Bedeutung zu verherrlichen. Die Leichtigkeit, mit der die alten religiösen Glaubensformen wiederhergestellt wurden, dürfte uns kaum überraschen. Ausgrabungen haben gezeigt, daß die Amarna-Religion nie bis zur ägyptischen Bevölkerung durchgedrungen war. Sogar in El-Amarna wurden in den Häusern von Arbeitern Amulette mit verbotenen Gottheiten wie Amun, Isis und Hathor gefunden. Echnatons einzigartige Neufassung einer Sonnenreligion kannte nicht die mitleidende Gottheit früherer Glaubensformen. Aton war zwar Lebensspender, bot aber dem Bedürftigen weder Hilfe noch Tröstung. Auch Echnatons Version vom Leben im Jenseits war unklar und stand in markantem Gegensatz zu der konkreten Realität der osiriaschen Sonnentradition. In einer Kultur, die so fest in der Realität verwurzelt war wie die des Alten Ägyptens, konnten Echnatons abstrakte Glaubensformen nicht von Dauer sein.

462

462. Sargschrein des Khonsu. Der Verstorbene ist in das *Senet*-Spiel vertieft; seine Frau beobachtet den Fortgang des Spiels. Die Blumengebinde hinter ihr sind ein Symbol für die vitalen und regenerativen Kräfte. (Ägyptisches Museum, Kairo).

464

Die Ambivalenz der Sonne in Schwarzafrika

Allen F. Roberts und Christopher Roy

Die Sonne wird in der afrikanischen Kunst selten in menschenähnlicher Gestalt dargestellt. Dies erklärt sich daraus, daß die Sonne ambivalent gesehen wird: Obwohl das Licht und die Wärme der Sonne für Fruchtbarkeit, Wachstum und Reife notwendig sind, dörrt sie die Natur auch aus, macht unfruchtbar und tötet. Dagegen ist ihre transformative Macht oft in Vorstellungen und Beziehungen impliziert, die in Bildhauerei, Architektur, Körperkunst, Drama und anderen Ausdrucksformen dargestellt werden.

In vielen Gebieten Afrikas ist das Jahr in zwei Hauptjahreszeiten unterteilt, die sich ständig abwechseln, die eine regenreich und lebensfördernd, die andere bestimmt von der versengenden, tödlichen Kraft der Sonne. In der afrikanischen Kosmologie hat jede Jahreszeit ihren Helden. Beim Volk der Luba in Zaïre ist beispielsweise ein Ursonnenkönig die Inkarnation aller Formen von Exzeß. Er wird von einem Mondhelden, der der Regelmäßigkeit, der dunklen Kühle, dem Regen und der Vernunft zu ihrem Recht verhilft, in Schach gehalten. Die Dialektik der Jahreszeiten ist oft ein Modell für die sozialen Beziehungen in afrikanischen Gesellschaften. Bei den Völkern von Burkina Faso haben heilige Könige Anteil an den uneingeschränkten Kräften der Sonne. Diesen Sonnenherrschern gegenübergestellt sind erdgebundene Priester, deren Kräfte vom Wasser und von der Fruchtbarkeit herrühren und ihnen Prophezeiungen und Heilungen ermöglichen. Das „kontrapunktische" Zusammenspiel von solaren und irdischen Mächten, von Hoheitsrechten und Loyalitäten ist die Quelle des vitalen Zusammenhalts dieser Völker.

Wie drei kurze Studien zeigen, werden die ambivalenten Kräfte der Sonne in transformativen Bereichen des afrikanischen Alltagslebens durch Erzählungen, Kunst und Magie vermittelt und eingesetzt. Das Nachdenken über die Eigenschaften der Sonne und die mit ihr verbundenen Ereignisse hilft den Menschen, ihr eigenes Leben zu verstehen, denn die Sonne ist für sie eine Metapher für Unsicherheit, die Wahl und für das Treffen einer Entscheidung.

463. Tabwa-Maske aus Glasperlen, Federn, Fellen, Leder, Riemen und pflanzlichen Fasern. Das zentrale Sonnenmotiv wird von dreieckigen Ornamenten, die „das Aufgehen des Neumondes" (*balam wez*) zeigen, flankiert. (University of Iowa Museum of Art, Iowa City. Stanley Collection of African Art).

464. Afrikanischer Goldschmuck aus Senegal. Wahrscheinlich 17. Jahrhundert. (IFAN-Museum, Dakar, Senegal).

Im Jahre 1947 begann ein Weiser namens Ogotemmêli einen der bemerkenswertesten intellektuellen Dialoge in der Geschichte der Anthropologie, indem er dem französischen Anthropologen Marcel Griaule den Ursprung des Universums, wie er von den Dogon in Mali gedeutet wird, erklärte. Ogotemmêli beschrieb sowohl die auf Veränderung zielenden Kräfte der Sonne als auch die tiefe Ambivalenz, mit der die Dogon diese Kräfte deuten.

In Ogotemmêlis Geschichte lebte Amma, das höchste Wesen der Dogon, in den Himmeln mit Wesen, die Nommo genannt werden. Die Nommos hatten eine menschliche Gestalt, waren aber Hermaphroditen und hatten schlanke, schlangenartige Arme, Beine und Körper. Amma wollte im Universum Ordnung herstellen und menschliche Existenz auf Erden schaffen und baute deshalb eine himmlische Arche in Form eines Getreidespeichers oder Silos. Diese Getreidespeicher-Arche enthielt alle Kreaturen, Gegenstände und Phänomene und wurde zur Erde geschickt, um physisches und soziales Leben zu überbringen, das der Art und Weise entsprach, wie die Dogon das Universum verstanden.

Als Ammas „Wunder-Silo" für den Abstieg zur Erde bereit war, bemerkte ein Nommo, daß keine Vorsorge für die Einführung des Feuers auf der Erde getroffen worden war. Der Nommo betrat die Werkstatt Ammas und stahl ein Stück Sonne, die zur Herstellung von Ammas Schöpfung gedient hatte, und benutzte dazu einen Gegenstand, den die Dogon heute *yo domolo* oder „Räuberhaken" nennen. Dabei wurde der Nommo so aufgeregt, daß er den Eingang zur Getreidespeicher-Arche nicht mehr finden konnte, und so kletterte er auf das Dach des Gefährts. Als das Silo anfing, sich zu bewegen, rief der Nommo triumphierend: *„Guyo!"* (gestohlen) – ein Wort das immer noch in der Bedeutung von „Getreidesilo" verwendet wird, denn ohne Feuer wären die Dogon-Schmiede nicht imstande, die für die Landwirtschaft notwendigen Eisenwerkzeuge herzustellen, und es gäbe keine Ernte, die in den Dogon-Silos gelagert werden könnte. Der Nommo steuerte sodann die Arche bei ihrem Abstieg entlang des Regenbogens zur Erde.

Weil er wußte, daß Amma ihn bestrafen würde, postierte sich der Nommo oben auf der Arche in Verteidigungsstellung, hielt dabei einen Schmiedehammer in der Hand und trug einen eisernen Amboß in einem Sack auf dem Rücken. Amma schleuderte Blitze in die Arche, die so beschleunigte, daß sie auf die Erde geschmettert wurde und ihren Inhalt an Kreaturen, Gegenständen und Phänomenen so verstreute, wie sie heute verteilt sind. Der Aufprall war so stark, daß der Hammer und der Amboß Nommos schlangengleiche Arme und Beine am Handgelenk, den Ellenbogen, den Schultern, Hüften, Knien und Fersen zerbrachen. Das Wesen „kam so zu den Gliedern, die zu der neuen menschlichen Gestalt paßten, die sich über die Erde verbreitete und sich der Arbeit verschrieb."

Die Tat des Nommo kennzeichnet die Loslösung des Menschlichen vom Göttlichen und den Ursprung der menschlichen Kultur, die auf der transformierenden Kraft des Feuers beruht, welche sie von der Sonne erhalten hatte. Obwohl er in seiner Schöpferkraft positiv war, hatte der promethische Widerstand des Nommo auch das schwierige Leben, das die Dogon in der ewig kargen Landschaft in ihrem Teil Afrikas führen müssen, zur Folge. Ogotemmêlis Geschichte erzählt so in knapper Form die tiefste Wahrheit über die Zwiespältigkeit eines Aktes, der gleichzeitig kreativ und schmerzvoll ist, der der Anfang von Kultur, aber auch von mühseliger Arbeit ist und der sowohl größte Freude über die Früchte der Arbeit als auch tiefsten Kummer wegen schlechter Ernten, Unterernährung und Hungersnöten hervorbringt. Die Sonne und das Feuer *verwandeln*, ein Akt, den die Dogon als schlechterdings paradox betrachten, denn das, was erschafft, kann und wird auch zerstören.

Heute reflektieren und schildern die Dogon diese Zwiespältigkeit in Ritualen, wobei sie Masken tragen und mit Zubehör wie dem *yo domolo* tanzen. Jeder Dogon-Klan besitzt einen *yo domolo*. Der Tierkopf auf diesem Gegenstand kann der einer Hyäne, dem „Dieb" unter den wilden Tieren, sein, während die Ohren manchmal die Gestalt des ersten menschlichen Paares annehmen. Die Zickzack-„Mähne" des *yo domolo* symbolisiert den Abstieg der Arche und das Überbringen von grundlegen-

465–473

465–473. In Schwarzafrika erscheint die Sonne selten in anthropomorpher Gestalt, aber ihre Kraft ist in einer Vielzahl phantastischer Masken zu spüren: Maske für Grenzrituale der Guerze, Guinea (465), Beschneidungsmaske der Suku, Kongo (466), Initiationsmaske der Pende, Kongo (467), Helmmaske der Ibibio, Nigeria (468), Weissagungsmaske der Sussu, Guinea (469), Maske der Guere mit einer sozialen Funktion, Burkina Faso (470), Baoule-Maske des Büffelgeistes, Burkina Faso (471), Beschwörungsmaske der Dogon, Mali (472), Ahnenmaske der Dogon, Mali (473).

474

475

dem Wissen und Kräften an die Menschen. Während des Begräbnisses eines Ältesten, der für das mächtige Wissen, das der *yo domolo* verkörpert, verantwortlich ist, trägt dessen Nachfolger den *yo domolo* und stiehlt und schlachtet alle Tiere, die er finden kann. Damit bestätigt der Nachfolger die endgültige Trennung von Menschlichem und Göttlichem, die durch den Raub eines Sonnenstückes durch den Nommo verursacht worden war, und gibt so dem Verlust eines geliebten Ältesten, der gerade gestorben ist, einen Sinn, ja feiert ihn sogar. Ironischerweise bietet der sozial gesehen negative Ritualraub der Gemeinschaft eine Gelegenheit, über die Ordnung und die Perspektiven, die ihre alltäglichen Beziehungen regeln, nachzudenken. Für die Dogon handelt es sich hier letztendlich um die Ambivalenz der Sonnenjahreszeiten, die Leben schenken und es dann wieder nehmen; somit kann das Leben im Lauf der Jahreszeiten immer wieder neu beginnen, vom Regen zur Dürre und wieder zum Regen.

Um 1500 n. Chr. stießen Reiterbanden vom Königreich der Dagomba nach Norden vor, in das heutige Nord-Ghana. Die Männer waren militärisch organisiert und etablierten sich bald als Herrscher über viele kleine Bauerngemeinden, die jahrhundertelang im oberen Voltabecken gelebt hatten. Die Krieger benutzten ihre Pferde und eine starke Kavallerie, um die Bauern, die sich kaum verteidigen konnten, zu überwältigen. Die Invasoren ritten zunächst in die Gegend der heutigen Stadt Tenkodogo im ostzentralen Burkina Faso, dann gen Westen, um das Ouagadougou-Königreich zu gründen, und schließlich nach Norden, wo sie den Staat Ouahigouya errichteten. Sie setzten in jeder Gemeinde, die sie eroberten, einen der ihren als erblichen Herrscher oder *naba* ein und umgaben ihn mit einem Hofstaat. Die ursprünglichen Bauernfamilien durften ihr Land, ihren Besitz und ihre eigene

474. Die Bwa im westlichen Burkina Faso tanzen bei jährlichen Erneuerungsritualen zu Beginn der Regenzeit mit spektakulären Masken. (University of Iowa Museum of Art, Iowa City. Stanley Collection of African Art).

475. Holzschnitzer im Sudan stellen traditionsgemäß verschiedenartige Scheiben her, die Mond- und Sonnenmotive aufweisen. (University of Iowa Museum of Art, Iowa City. Stanley Collection of African Art).

476

476. Die Joruba von Benin glauben, daß sie durch das Opfer eines Hahns ihr Recht auf den Anblick der Sonne verteidigen, denn der Hahn erwacht und kräht beim ersten Licht der Morgendämmerung. Der Hahn ist auch bei einem antiken byzantinischen Ritual in Zentralasien ein Sonnensymbol: s. Abb. 382. (University of Iowa Museum of Art, Iowa City. Stanley Collection of African Art).

Tradition behalten, aber sie mußten dem *naba* Treue schwören, Wehrdienst leisten, die ersten Früchte ihrer Felder als Steuern abgeben und die Sprache der Invasoren annehmen. Die Söhne der Herrscher heirateten die Töchter der besiegten Bauern, und so bildete sich eine neue Gesellschaft, die heute Mossi (sing. Moaga) heißt, ein Name, der sich auf diese Heiratspolitik bezieht. Die Mossi-Bezeichnung für ihre Stammesfürsten, *burkina*, wurde in den Namen des modernen Staates Burkina Faso übernommen.

Aufgrund ihrer langen Verbundenheit mit dem Land werden die Nachfahren der ursprünglichen Bauern *nioniosse* (die Alten) genannt. Vor der Eroberung trugen die Priester der Erdschreine die Verantwortung für die Verteilung des Landes sowie für die Opfergaben an die Geister der Erde, *tenga*, die für Fruchtbarkeit und Fülle zuständig sind. Solche Priester, die als *tengsoba* bekannt sind, stehen immer noch den Herrschern der Mossi-Staaten Tenkodogo, Ouahigouya und Ouagadougou gegenüber. Unter den Letztgenannten nahm der Moro Naba (der König) von Ouagadougou die Stellung des *primus inter pares* im sogenannten Mossi-Imperium ein.

Der jährliche Zyklus von Zeremonien, Amtseinsetzungen, Opfern und Gedenktagen am Hof der Mossi-Herrscher wird von der Bewegung der Himmelskörper, insbesondere der Sonne und des Mondes, bestimmt. Der Moro Naba selbst ist von frühen Hofchronisten mit der Sonne verglichen worden. Jeden Morgen erhebt sich der König und grüßt seine Untertanen in einer Zeremonie, die *Wend pus yan* (die Sonne geht auf) genannt wird. Der Mossi-Hofchronist Dim Delobsom stellte fest, daß die Untertanen des Moro Naba diesen für ebenso leuchtend wie die Sonne halten. Wenn er aus seinem Palast tritt, um seine Untertanen zu begrüßen, trägt der Moro Naba ein weites rotes Gewand und eine Mütze mit silbernen Bändern, die die aufgehende Sonne darstellt. Der Palast des Königs mit seinen Thronen in verschiedenen Himmelsrichtungen stellt auch den Lauf der Sonne dar und ist eigentlich auch ein Sonnenkalender.

477 a, b, c, d. Verschiedene senegalesische Schmuckstücke mit kosmischen Motiven. In der Mitte ein Kopfschmuck für Initiationszwecke. Senufo, Elfenbeinküste.

478

479

Das Erscheinen des Königs wird durch einen Trommler angekündigt, der mit einem Finger über seine Trommel streicht, um das Gebrüll des Löwen zu imitieren, mit dem der König ebenfalls assoziiert wird. Bei den Mossi sind Sonne, Pferd und Löwe überall verbreitete Symbole für politische Macht. Beim Besuch in einer Mossi-Ansiedlung – sogar in Ouagadougou, der Hauptstadt des modernen Staates – kann man das Haus des Königs an dem Pferd, das stets vor der Palasttür angebunden ist, erkennen. Man kann sogar behaupten, daß das Pferd mit seinem schönen und vielteiligen Geschirr aus Leder, Messing und Silber als wichtigste politische Kunstform der Mossi-Herrscherelite angesehen werden kann.

Während es den Eroberern gelang, die Völker im Voltabecken zu neuen Mossi-Staaten zusammenzuschließen, leisteten viele Stämme an der Peripherie Widerstand und blieben unabhängig. Dazu gehören die Winiama, Nuna, Nunuma, Bwa, Samo, Zaose und andere, die bis heute ihre politische Selbständigkeit erhalten haben. Die überwiegende Mehrheit der Kunstwerke, die in Burkina Faso in heutiger Zeit wie auch in jüngster Vergangenheit entstanden sind, wurde nicht von Mossi-Herrschern oder im Kontext ihrer politischen Macht, sondern von den Nachfahren der besiegten Volta-Bauern, die mit dem Land verbunden waren, hergestellt. Masken der *nioniosse* werden von den Häuptlingen oder der Nobilität, die von der Invasoren-Kavallerie abstammt, nicht getragen. Ebenso stellen auch die Bwa, Winiama, Nuda, Lela und viele andere Völker jenseits der Grenzen der Mossi-Staaten immer noch zahlreiche Kunstgegenstände her, um ihre Verbundenheit mit dem Land und den Naturgeistern, die gestört wurden, als der Urwald für die Landwirtschaft gerodet wurde, zum Ausdruck zu bringen.

Bei den Mossi selbst wird das Wissen um die Masken vor der herrschenden Klasse geheimgehalten. Häuptlinge und deren Angehörige nehmen an Zeremonien bei Begräbnissen oder anderen Er-

478, 479. Die hölzernen Türflügel von Getreidespeichern werden von den Dogon in Mali und Burkina Faso mit mythologischen Motiven bemalt. So wird z.B. dargestellt, wie der Nommo ein Stück Sonne stahl und so Feuer und menschliche Kultur auf die Erde brachte.

480

480. Sonnenmaske der Nuna, die von der Holzschnitzerfamilie Konate für den Handel mit Touristen hergestellt wird. Die Konate sind überall im westlichen Burkina Faso für ihre Kunstfertigkeit und Geschicklichkeit bekannt.

eignissen, bei denen Masken der *nioniosse* eingesetzt werden, niemals teil. Auch sind bei Feierlichkeiten, die mit der aktuellen Regierung von Burkina Faso in Verbindung stehen, *Nioniosse*-Masken nie öffentlich zu sehen.

Nioniosse-Masken stellen viele symbolische Bezüge zu den Geistern des Urwalds, der Fruchtbarkeit der Erde, zum Mond und den moralischen Regeln der Vorfahren her. Bei den Bwa krönt ein großer weißer Halbmond die großen Brettmasken, die bei Beerdigungen und anderen wichtigen Ereignissen getragen werden. Symbole, die mit der weltlichen Macht der Mossi-Könige assoziiert werden, insbesondere Sonne, Pferd und Löwe, werden nie abgebildet. Diese Kraftquellen werden von denen der *nioniosse* getrennt gehalten – vielleicht in kontrapunktischem Gleichgewicht, aber trotzdem getrennt.

Völker der Bantu-Sprachfamilie bewohnen den größten Teil von Zentral-, Ost- und Südafrika. Ihre eng verwandten Kulturen und historischen Entwicklungen werden von einer gemeinsamen Logik beherrscht, von der sich Metapher, Kunst und andere Ausdrucksformen ableiten. Die Sonne wird von der Bantu-Kunst nicht direkt abgebildet; ihre Ambiguität ist jedoch im symbolischen Gebrauch der Farbe Rot implizit enthalten.

Bantu-sprechende Völker sehen in den Farben Rot, Weiß und Schwarz eine ursprüngliche Triade. Rot bedeutet Unentschlossenheit, Unvorhersehbarkeit, Wunsch, Entfremdung, Aggression, Gewalt, Übergang und Transformation. Rote Pigmente aus Kamholzrinde (*Pterocarpus* spp.) oder eisenhaltigen Mineralien werden von den Bantu-Völkern seit langer Zeit bei Gelegenheiten benutzt, bei denen, wie es ein Tabwa-Mann ausdrückte, jemand zeigen will, daß „er wild ist, mit niemandem befreundet ist; jetzt ist er jemand anderes, eine andere Person. Er ist wie ein Polizist. Er hat keinen Vater, keine Mutter und keinen Bruder der Mutter. Er ist Blut!" Schamanen-Heiler tragen eine rote Gesichtsbemalung und Federn, wie einst die Mörder, und zeigen so ihre Bereitschaft, sich mit Hexern und rachsüchtigen Geistern, die den Lebenden schweres Leid zufügen, in eine blutige Auseinandersetzung einzulassen. Rituale wie die männliche Initiation sind oft mit roten Masken und anderem Zubehör verbunden: sie verweisen auf die Heftigkeit jenes Vorgangs, bei dem die Neophyten aus ihrer früheren Unreife gerissen werden, um symbolisch in die Privilegien und die Verantwortung der Erwachsenen hineingeboren zu werden.

Rote und weiße Farbtöne werden einander oft gegenübergestellt. In der Bantu-Farbtriade ist Weiß in seiner symbolischen Bedeutung am beständigsten und stellt in jedwedem Zusammenhang das Erleuchtete, Erfolgreiche, Wohlwollende, Reine und Gute dar. Rot liegt am konzeptuellen Scheitelpunkt, der schematisch als ein Eckpunkt der Grundlinie des gleichschenkligen rot-weiß-schwarzen Dreiecks dargestellt werden kann. In dieser Position kann das Rot zum weißen Zustand des Wohlwollens an der Spitze des Dreiecks oder zum Schwarz am gegenüberliegenden Grundwinkel des Dreiecks führen. Schwarz bedeutet *Einsicht* im wörtlichsten Sinne: der Blick nach innen auf das, was nicht offensichtlich ist, was aber trotzdem das Wesen des Seins ist – vergleichbar mit dem „natürlichen Sosein" im Zen-Buddhismus.

Schwarz bedeutet auch die kunstvolle indirekte Andeutung oder *Anspielung* – den nagenden Verdacht, daß eine Tat oder ein Ereignis eine Bedeutung jenseits des Sichtbaren haben könnte. In der Magie kommt das Bantu-Konzept von Schwarz oft dadurch zum Einsatz, daß die verändernde Kraft von „Rot" freigesetzt wird. Die von den Bantu-sprechenden Völkern bei der Zauberei verwendeten Mittel sind nicht ikonisch: auch wenn man sie sehen kann, sind sie doch überlagert, vermischt, verbrannt oder sonstwie in einen Zustand versetzt, in dem sie niemand erkennen kann – außer jenen wenigen, die die Geheimnisse der jeweils benutzten, spezifischen Elemente kennen. Was die Menschen erschreckt, manchmal im wörtlichen Sinne zu Tode erschreckt, ist nicht unbedingt das, was in der Magie ist, sondern das, was in ihr sein *könnte*.

Die Bantu-sprechenden Völker vergegenwärtigen sich die Ambivalenzen der Sonne mit Hilfe einer Gattung von Kulturbringern, die manchmal die Gestalt riesiger Schlangen annehmen, die Regenbogen ausatmen. Regenbogen erscheinen als Gegensatz der Sonne, weil sich das Sonnenlicht in den Regentropfen bricht. Weil man Regenbogen meist nach einem Regenschauer sieht, meinen Bantu-Völker, daß es eine kausale Verbindung zwischen der Sonne und dem Regenbogen gibt. Sie sagen, daß der Regenbogen-Atem der Sonnenschlange den Regen „verbrannt" und den Sturm „gegessen" hat und ihn so beendete. Alles, worauf der Regenbogen fällt, wird rot, trocknet aus und wird bald vergehen. Die Sonnenschlange und der lebenspendende Regen stehen sich so in einem Wettkampf, der tödlich enden kann, gegenüber.

Die bekannteste dieser Sonnenschlangen ist die Nkongolo Mwamba, die als Urkönig personifiziert wird, von dem die Luba-Völker im südlichen bzw. zentralen Zaïre glauben, daß er es war, der damit begonnen hatte, ihren vorkolonialen Staat zu festigen. Nkongolo war wegen seiner „roten" Haut bekannt; er ist im Luba-Mythos die Inkarnation aller Formen von Exzeß: Trunkenheit, Inzest, Mord und Zerstörung. Nkongolo trifft auf die strafende Gerechtigkeit in Gestalt von Mbidi Kiluwe, der aus dem Osten kommt, um diejenige Sozialordnung und Königskultur zu etablieren, die auch das Leben der späten vorkolonialen Luba bestimmte. Das Luba-Epos erklärt, wie Nkongolo schließlich von Mbidi Kiluwe und seinem Sohn Kalala Ilunga besiegt und enthauptet wurde und wie diese dann das perfektionierte, geläuterte und geordnete heilige Königtum begründeten, das die Luba immer noch verehren.

Mbidi gehört zur zentralafrikanischen Gattung mit dem Mond verbundener Kulturbringer, die ruhig, kühl und rein sind und mit dem Regen und der Fruchtbarkeit assoziiert werden. Sie sind entlang ihrer Körpermitte geteilt und werden oft als halb Mensch, halb Wachs dargestellt. Mbidi und seine Genossen sind zweigeteilt, sie stellen Paradoxe und Unbestimmtheiten, die in den ambivalenten Kräften der schwarzen Dunkelheit und der Erhabenheit der „weißen" Erleuchtung zu finden sind, dar. Der Gegensatz der beiden Gattungen, zu denen Nkongolo (die „rote" Sonne) und Mbidi (der „schwarzweiße" Mond) gehören, ist ein zentraler Aspekt der dualistischen Bantu-Philosophie.

Andere Bantu-spechende Völker wie die Tabwa im südöstlichen Zaïre und die Fipa im südwestlichen Tansania entwickelten keine so hochorganisierten vorkolonialen Staaten wie ihre Nachbarn, die Luba, kannten und kennen aber immer noch die transformativen Kräfte der Sonnenschlange, die die Luba Nkongolo nennen. Der Regenbogen-Atem der Schlange wird mit Epidemien und aktuelleren Katastrophen, wie Grubenunglücken durch Gasbildung in Verbindung gebracht. Es heißt, daß die Sonnenschlange früher gefangen genommen werden oder daß man ihr sonstwie etwas Fleisch und Blut entwenden konnte, was dann für einen sehr mächtigen Zauber verwendet werden konnte, welcher das erfolgreiche Schmelzen von Eisen, Heilungen und andere für das menschliche Leben ausschlaggebende Umwandlungen ermöglichte. Aber er konnte auch gegen Feinde eingesetzt werden. Die Tabwa sprechen immer noch davon, wie diejenigen, die über eine solche Magie verfügen, „die Sonne zum Stillstand" und das Getreide eines Gegners zum Verdorren und Absterben bringen können. Die Ambivalenz der Sonne kann folglich so gesteuert werden, daß sie dem einen zum Vorteil und dem anderem zum Nachteil gereicht.

481

482

481. Holzfigur eines Häuptlings der in Angola, Zaïre und Sambia lebenden Tschokwe. Er hält *hampa*-Geister in den Händen, die Vermittler zwischen den Menschen und den Kräften der Natur sind. (University of Iowa Museum of Art, Iowa City. Stanley Collection of African Art).

482. Der hölzerne Schemel der Luba ist wie der Thron ein Autoritätssymbol und weist viele kosmologische Bezüge auf. Die Kaurimuschelformen entlang der Sitzfläche und der Basis symbolisieren die Dualität der Erscheinung des Häuptlings. (University of Iowa Museum of Art, Iowa City. Stanley Collection of African Art).

484

Die Sonne in der Welt der Maya

MARY ELLEN MILLER

Überall in Guatemala, Belize, Honduras und den mexikanischen Staaten von Yucatán, Campeche, Quintana Roo, Tabasco und Chiapas anerkannten die Maya die Macht der strahlenden tropischen Sonne und verehrten sie. Im 1. Jahrtausend v. Chr. siedelten die Maya in diesen Gebiete zuerst in Dörfern und dann in Städten; ab etwa dem Jahre 100 v. Chr. begannen sie, auf den Hoch- wie in den Tiefebenen Guatemalas große architektonische Komplexe zu bauen und hochentwickelte mit Hieroglyphen beschriftete Monumente zu errichten, um die menschliche Herrschaft zu verewigen. Ein Teil der frühesten Maya-Skulpturen war bereits auf die Sonne bezogen; seitdem haben uns die Maya ihre Vorstellung von der Sonne und anderer Himmelskörper in ihrer Kunst und Architektur hinterlassen. Die klassische Maya-Kultur, die hochentwickeltste Zivilisation der Neuen Welt, blühte im 1. Jahrtausend unserer Zeitrechung (100–900 n. Chr.) in den tropischen Tiefebenen an so verschiedenen Orten wie Tikal, Palenque, Copán, Yaxchilán und Caracol. Die Maya-Stadt von Chichén Itzá im nördlichen Yucatán dürfte um das Jahr 1000 die größte und mächtigste Stadt in Mesoamerika gewe-

483. Blasrohr-Gefäß. Der Tod des *Vucub Caquix*. Um den pompösen Papagei zu zerstören, der fälschlicherweise als Sonne regiert, verwendet einer der Heldenzwillinge ein Blasrohr, um das glänzende Pyrit aus dessen Mund herauszuschießen. Nachdem so die falsche Sonne gestürzt war, bereiteten die Heldenzwillinge den Boden für die Zivilisation. Wahrscheinlich El Peten, Guatemala. Frühe klassische Periode. 300–500 n. Chr.

484. Schwarze Spiegelscheibe mit Türkisen. Oft wurden Feuerschlangen, die *Xiuhcoatl*, mit dem Verhalten der Sonne am Himmel assoziiert. Ihre Darstellung auf der Rückseite von Spiegeln, die in Hüfthöhe auf dem Rücken getragen wurden, könnte den Träger als Sonne gekennzeichnet haben, die über das Firmament zieht. Chichén Itzá. Yucatán, Mexiko. 10. Jahrhundert. (Anthropologisches Nationalmuseum, Mexico City).

485

485. Weihrauchgefäß mit dem Jaguargott der Unterwelt. In den fünfziger Jahren entdeckten Archäologen große, verzierte Zylinder, welche das Gesicht des Jaguargottes der Unterwelt aufwiesen. Diese waren auf den stufenförmigen Rängen des Tempels des Blattkreuzes in Palenque gestapelt, einem Monument, das dem Maisanbau und der Fülle gewidmet war. Tempel des Blattkreuzes, Palenque, etwa 690 n. Chr. (Anthropologisches Nationalmuseum, Mexico City).

486

sen sein. Zur Zeit der Spanischen Eroberung war das Zeitalter der Maya-Städte bereits vorbei, aber trotzdem gab es keinen höheren Dienstrang als den des *ahau kin* oder „Sonnenherrn". Da die Maya-Kultur von keinem zentralen Verwaltungssitz abhängig war, enthüllen die auf uns überkommenen Berichte und die aus dem 16. Jahrhundert stammenden Schilderungen sowie die in der klassischen Epoche geschaffenen Kunstwerke subtile Variationen und Überschneidungen von Göttern und religiösen Praktiken. Deshalb ist unser modernes Verständnis von der alten Maya-Sonne nicht ohne verwirrende Aspekte.

486. Die frühen Maya dekorierten diese Fassade mit dem Bild eines jungen Mannes, dessen Kopfputz üppige Maisfrüchte aufweist. Es mag sich bei ihm um einen (den als Sonne vergöttlichten) der Heldenzwillinge handeln, der seinen Vater, den Maisgott, aus der Unterwelt zurückbringt. Wahrscheinlich aus dem Süden von Campeche, Mexiko. 50 – 200 n. Chr. (Anthropologisches Nationalmuseum, Mexico City).

487

Alle Völker Mesoamerikas waren eifrige Sonnenbeobachter, die das Sonnenjahr genau verfolgten. Gerade während der klassischen Epoche machten aber gerade die Maya die kompliziertesten Aufzeichnungen und entwarfen die am raffiniertesten ausgeklügelten Kalender. Die meisten Experten für mesoamerikanische Kalender wiesen auf das Problem eines Jahres mit nur 365 Tagen hin, wobei die jeweiligen Schaltjahre nicht berücksichtigt wurden. Lange Zeit hatte man angenommen, daß es sogar den hochentwickelten Maya nicht möglich gewesen war, mit dieser Kalkulation richtig umzugehen. Obwohl die normalen Berechnungen und Aufzeichnungen der Maya, die auf uns auf monumentalen Stelen überkommen sind, nur Sonnenjahre mit 365 Tagen kannten, verriet z.B. die Art von Jahrestagsfeiern in Piedras Negras, daß das wahre tropische Jahr von grob gesagt 365.24 Tagen auf Hunderte von Jahre hin konzipiert war. Bei der Buchführung über das genaue Mondjahr sagten die Maya sowohl Sonnen- wie Mondfinsternisse voraus. In Yucatekisch wurden Finsternisse *chi'bil kin*, oder das „Beißen der Sonne" genannt. Sonnenfinsternisse galten als weitaus gefährlicher als solche des Mondes. Die Maya wußten genau, wann Venus als Abend- oder Morgenstern die Sonne in die Unterwelt hinein- und wieder herausführen würde. Sie folgten der Sonne und ihren Bewegungen mit mehr Aufmerksamkeit als irgendein anderes Volk in Mesoamerika.

Während des größten Teils der klassischen Zeit kannten die Maya das Gold nicht. Ihre erste Erfahrung mit diesem Material machten sie im 8. Jahrhundert, als zentralamerikanische Goldgegenstände gelegentlich zu ihnen gelangten; die ersten datierten Objekte stammen aus versiegelten Dolinen aus

487. Kinich Ahau und der Jaguargott der Unterwelt. Kinich Ahau, der schielende Sonnengott der Maya, ist an den blumenähnlichen *kin*-Zeichen, die seinen Körper und sein Gesicht bedecken, zu erkennen. Der Jaguargott der Unterwelt, der Gott der Nachtsonne der Maya, hat Jaguarohren. Ein gebogener „Kringel" verläuft unterhalb der Augen und verdreht sich über der Nase. (Zeichnung von Linda Schele).

488 a

488 b

488 a, b. Gefäß aus San Agustin Acasaguastlán. Die reiche verschlungene Szene zeigt einen sitzenden Sonnengott mit seinem skelettartigen Kopfputz. Er hat die Beine überkreuzt und hält in seinen beiden Armen zwei sich windende Schlangen, aus deren Rachen ein menschlicher Kopf sowie das Haupt des Sonnengottes selbst hervortreten. San Agustin Acasaguastlán, Hochland von Guatemala. Frühe klassische Periode. 6. Jahrhundert. (Museum of the American Indian. Smithsonian Institution, Washington D.C.).

489

489. Wahrscheinlich im 10. Jahrhundert bauten die Maya-Herren von Chichén Itzá den Komplex, der heute als „Castillo" bekannt ist, neu auf. Er integrierte eine frühere Konstruktion in eine neunstufige strahlenförmige Pyramide jenes Typs, der oft mit der Vollendung von Zeitperioden oder der Himmelsbewegungen assoziiert wird. Bei Sonnenuntergang werfen die neun Stufen der Pyramide während der beiden jährlichen Tag- und Nachtgleichen einen Schatten, der an der nördlichen Balustrade die Windungen einer Schlange zeigt. Die Treppenflucht auf dieser Seite hat 92 Stufen, wenn man die Schlangenköpfe des Fundamentes mitzählt. Jede der drei anderen Treppen weist 91 (von insgesamt 365) Stufen auf: ein eindeutiger Hinweis auf den Sonnenkult in Chichén Itzá.

490

491

dem 8. Jahrhundert. Die Kenntnis der Metallverarbeitung schritt, von den Anden ausgehend, langsam gen Norden voran; die Mesoamerikaner begannen Metalle frühestens um 900 oder vielleicht um 1000 n. Chr. erfolgreich zu verarbeiten. Natürlich wurden das kostbare Gold und die Sonne im Verlauf der Geschichte miteinander identifiziert. Deshalb stellt sich die Frage: Wie stellt eine Kultur die Sonne ohne Gold dar? Welches Material könnte die Brillanz des Goldes ersetzen? Und wie veränderte es die Konzeption von der Sonne selbst? Die alten Maya scheinen dieses Problem dadurch gelöst zu haben, daß sie die Kostbarkeit und die Bedeutung der Sonne in den Vordergrund stellten. Folglich verwendeten sie für die Sonnensymbole ihr kostbarstes Material, Jade, wenn sie sich selbst mit dem Sonnenabbild schmücken wollten. Wollten sie die Sonne größer darstellen, so verwendeten sie oft rote Terrakotta oder Lack. Dachten sie an die nächtliche Sonne oder die Sonne der Unterwelt, dann stellten sie sie als Jaguar mit einem schimmernden gelben Fell und schwarzen Rosetten dar.

Schon immer und zu allen Zeiten hatte die Sonne das Leben der Völker bestimmt, aber bei den Maya hing auch die Nahrungsbeschaffung von der sich ständig bewegenden Sonne ab; sie wußten, daß der in der Neuen Welt heimische Mais viele lange, sonnenerfüllte Tage benötigt, um eine ausreichende Ernte zu ermöglichen. So brachten die Maya die grüne Jade (Maisblätter) und die kostbare gelbe Jade (die Sonne) miteinander in Verbindung. Mais war für sie unerläßlich: Den meisten Quellen zufolge glaubten sie, daß die Götter verschiedene Male erfolglos versucht hatten, eine Menschenrasse zu schaffen, und daß ihnen dies erst gelang, als sie Menschen aus weichem Maisbrei formten, der schon immer die Hauptnahrung der Maya gewesen ist. Die Erschaffung der Menschen fand kurz vor dem Beginn eines neuen Zeitalters statt, der sogenannten „Neuen Sonne", wie die mesoamerikanischen Völker ihre Zeitalter zu nennen pflegten (die Azteken z.B. glaubten, daß sie in der „Fünften Sonne" lebten). Nach den Berechnungen der Maya folgten der Maisanbau, die Erschaffung der Menschen und das Aufgehen der Sonne kurz nacheinander. Die Maya vergöttlichten nicht nur die mächtige Sonne des Zeitalters, in dem sie lebten, sondern auch die „falsche" Sonne der Vergangenheit.

Nach dem *Popol Vuh*, einem „heiligen Buch" aus dem 16. Jahrhundert, das die Geschichte der Quiche-Maya des guatemaltekischen Hochlandes vom Beginn der Zeit bis zur Transkription des Tex-

490, 491. Riesige Gesichter von Mayagöttern schmücken die Fassaden von Bau 5 und anderer Konstruktionen in Cerros, Belize, und belegen die Verbindung mit dem Sonnenkult. Die untersten Masken gehören zu den frühesten Darstellungen des Sonnengottes Kinich Ahau.

492

tes in europäische Buchstaben erzählt, gab es ein Vogelmonster, Vucub Caquix oder „Sieben Papagei“. Dieses Monster gab sich vor dem Heraufdämmern des aktuellen Zeitalters und dem Aufgehen der realen Sonne als eine falsche Sonne in der Dunkelheit aus. Damit die Dämmerung stattfinden konnte, mußten die Heldenzwillinge, göttliche Sprößlinge einer Unterweltgöttin und eines Mannes, der sich später in der Geschichte als Maisgott herausstellt, diesen Vucub Caquix, diese falsche Sonne, töten. Sein Strahlen, so stellten die Zwillinge fest, kam aus seinem Mund, in dem Pyrit glänzte bzw. das, was wir heutzutage falsches Gold nennen. Da nahmen die Zwillinge, schlau und geschickt mit den Blasrohren, wie sie waren, ihre Blasrohre und schossen damit die glitzernden Zähne des bestürzten und beschämten Vucub Caquix heraus, der damit besiegt war.

Die Maya-Elite ahmte die Heldenzwillinge nach. Jung, klug und besonders begabt für Wortspiele überlisteten diese ihre Gegner eher, als daß sie sie überwältigten. Auf der Suche nach ihren Vorfahren stiegen sie ins Xibalba, die Unterwelt der Maya, hinab und bestanden die nächtlichen Prüfungen, mit welchen die Unterweltgötter sie hereinzulegen versuchten: Schließlich wendeten sie das Blatt und machten diese Götter selbst zu Opfern. Dem *Popol Vuh* zufolge sollen die Zwillinge, nachdem sie ihren Vater wieder zum Leben erweckt hatten, in den Himmel aufgestiegen sein, um dort als Sonne und Mond zu herrschen. Anschließend an die Geschichte der Heldenzwillinge berichtet der *Popol Vuh*-Erzähler von der Pilgerschaft der Vorfahren zu einem heiligen Berg, wo sie das Heraufdämmern der wahren Sonne erwarteten, die schließlich von Venus aus der Unterwelt herausgeführt wurde, um ihre Tagesreise zu beginnen.

493

492. Lintel 24, Yaxchilán, Mexico. In einem wahrscheinlich nachts durchgeführten Ritual hält König Schildjaguar eine brennende Fackel über dem Kopf seiner Gemahlin, der Dame Xoc, die aus ihrer Zunge mit einem dornengespickten Seil Blut zieht. Schildjaguar trägt das Antlitz des Kinich Ahau auf seiner Brust.

493. Polychromes Gefäß mit dem Jaguargott der Unterwelt und dem Schutzpatron von Pax. Dieser (rechts auf dem Bild) kommt dem Jaguargott der Unterwelt zu Hilfe und durchbohrt in einem Meer von Blut eine gefiederte Schlange. Er ist vermutlich ein anderer Aspekt der nächtlichen Sonne, der besonders mit Opferung in Verbindung zu bringen ist. Späte Klassik, wahrscheinlich 8. Jahrhundert. (Dumbarton Oaks, Trustees for Harvard University).

494

494. Jaguargott der Unterwelt, Jaina-Figur. In der Abenddämmerung, wenn die Sonne im Westen versank, nahm sie die Merkmale des Jaguars an, des mächtigsten nächtlichen Geschöpfs der Maya-Welt. Während seiner nächtlichen Reise fährt der Jaguargott der Unterwelt auf einem Kaiman durch die Unterwelt. Wahrscheinlich von der Insel Jaina. Späte Klassik. 7. – 8. Jahrhundert. (Australisches Nationalmuseum).

Die alten Maya nannten die Tagessonne „Kinich Ahau“, oder den „Schielenden“ bzw. den „sonnengesichtigen Herrn“, wahrscheinlich weil die grelle tropische Sonne die Augen blendet. Stellten sie die Sonne aber in ihrer klassischen Kunst dar, zeigten sie sie oft als einen großen schielenden Herrn mit T-förmig gefeilten Vorderzähnen, dessen ganzes Gesicht voller Runzeln war, als blicke er direkt in die Sonne. Die alten Maya glaubten, daß die Sonne nachts das Wesen eines Jaguar annähme und unter der Erde von Westen gen Osten, von der Abenddämmerung bis zum Morgengrauen durch die Unterwelt reise. Dieser Jaguargott der Unterwelt, wie er heute genannt wird, war ein lebenswichtiger Teil der Sonne und in der klassischen Maya-Kunst ihr am meisten dargestellter Aspekt. Für gewöhnlich wird der Sonnengott weder alt noch jung dargestellt, eher in reifem Alter, und zwar sowohl in seiner Tages- wie Nachtgestalt. Bei den Hieroglyphenschriften der Maya ist die Tagessonne der Gott der Zahl vier und der Monat Yaxkin; der Jaguargott der Unterwelt ist der Gott der Zahl sieben und der Monat Uo. Beide Aspekte der Sonne können von dem vierblättrigen *kin* oder Sonnenzeichen gekennzeichnet sein; dies wird allerdings eher für die Tagessonne verwendet. *Kin* bedeutet nicht nur „Sonne“, sondern auch „Tag“. Bei den Maya-Hieroglyphenschriften, insbesondere bei der Zeitberechnung, kann der Kopf des Sonnengottes die *kin*-Glyphe ersetzen.

Mit Stolz nannten sich viele Maya-Könige der klassischen Zeit „Ahau Kin“ oder „Kinich Ahau“, was beides so viel wie „Sonnenherr“ bedeutet. Auf diese Weise wurden sie zur lebenden Verkörperung der Gottheit. Im 1. Jahrhundert v. Chr. wurden die frühen Maya-Könige in Cerros und El Mirador und auch anderswo mit den ersten großen Göttern identifiziert, zu denen auch der Mais- und der Sonnengott gehörte. In Palenque kannte man den großen König Pacal während seines ganzen Lebens als „Kinich Ahau“; Kinich Ahau war als einer der drei Schutzgottheiten von Palenque anerkannt, und nach der Palenque-Version der Maya-Geschichte hatte seine Geburt beim Anbruch dieses Zeitalters im 3. Jahrtausend v. Chr. stattgefunden. Als Pacal starb, trugen seine Erben und Nachfolger seinen Körper in das Grabgewölbe unter dem Tempel der Inschriften hinunter, wo auf seinem Gesicht eine Maske aus Jademosaik zusammengesetzt wurde. Obwohl der große König über achzig Jahre alt war, verlieh ihm diese Jademaske das Bild der immerwährenden, idealen Jugend, wie sie der Maisgott verkörperte; die Maske trug aber auch die sehr deutlichen T-förmigen Zähne der Tagessonne. Im Tode vereinigte sich Pacal mit den Gottheiten, die er sein ganzes Leben lang personifiziert hatte. Der Tempel der Inschriften selbst ist kein Heiligtum spezifischer Gottheiten; eher könnte man sagen, daß er dem Kult des mächtigen, mit diesen Göttern vereinigten Vorfahren geweiht ist.

495

495. Gefäß im Kodexstil mit Wasserlilienjaguar. Der Gott Wasserlilienjaguar führt diese Prozession von übernatürlichen Wesen an. Bei dieser ungewöhnlichen Darstellung trägt er ein *kin* oder Sonnenzeichen auf seinem Bauch. Späte Klassik, wahrscheinlich 8. Jahrhundert. (Brooklyn Museum N.Y. Guennol Collection).

In Piedras Negras nannten sich die Herrscher der späten klassischen Maya-Periode (600 – 900 n. Chr.) „Ahau Kin"; überraschender ist aber die Tatsache, daß eine junge Frau, die Tochter der mächtigen Dame Ahau Katun und Dritter Herrscher, ebenfalls unter diesem Titel bekannt war, obwohl sie kaum älter als ein Kind war. War sie eine spezielle Sonnenpriesterin? In Yaxchilán trägt König Schildjaguar das Abbild des Sonnengottes als Brustschmuck, während er über dem Kopf seiner Frau, der Dame Xoc, eine Fackel hält und sie ein Seil mit Dornen durch ihre Zunge zieht. Auf diese Weise verkündete auch er, daß er ein „Kinich Ahau" war. Jüngste Forschungen zur Datierung von Yaxchilán haben gezeigt, daß die Gebäude von Yaxchilán so zur aufgehenden Sonne hin ausgerichtet waren, wie sie an den Tagen der Sommersonnwende stand. In diesen Gebäuden erinnern steinerne Türstürze an ein Sonnwendritual, bei welchem Klappenstäbe (wie sie die Forscher benannten) ausgetauscht wurden.

Es war König Schildjaguar, der dieses Sonnenritual mit dem Klappenstab in Yaxchilán initiiert hatte. Nach seinem Tode und nachdem sein Sohn König geworden war, errichtete Vogeljaguar eine Reihe von Monumenten, um sein eigenes Königtum zu feiern, zu dem auch dieser Austausch von Klappenstäben gehörte. Auf diesen Monumenten erwies Vogeljaguar seinen toten Eltern die Ehre, indem er sie an deren oberen Rändern in Sonnen- und Mondsymbolen porträtieren ließ. Schildjaguar ist innerhalb einer Sonnenkartusche dargestellt und bestätigt damit die Vereinigung des bisherigen Königs mit der Sonne im Tod, während die Mutter innerhalb des Mondsymboles abgebildet ist. Abbildungen von sowohl dem Sonnen- als auch dem Jaguargott der Unterwelt begleiten die beiden. Als Schildjaguar starb, wurde er mit der Sonne eins. Viele klassische Maya-Könige wurden als Sonne vergöttlicht, besonders deutlich aber ist die Transformation bei Schildjaguar.

In der Dämmerung, wenn die Sonne im Westen versank, nahm sie die Merkmale des Jaguars an, des mächtigsten nächtlichen Geschöpfs der Maya-Welt. Obwohl auch die Nachtsonne markant mit denselben T-förmigen Zähnen wie die Tagessonne versehen ist, hat die Nachtsonne zusätzlich Jaguar-Ohren und einen gebogenen „Kringel" (so genannt nach dem gewundenen Gebäck!), der unterhalb der Augen verläuft und sich über der Nase verdreht. Während seiner nächtlichen Reise durch die Unterwelt fuhr der Jaguargott auf einem Kaiman.

Der Jaguargott der Unterwelt wird häufig mit einem Stern- oder Venus-Symbol assoziiert, vielleicht weil dieser Planet bei seinem periodischen Erscheinen als Morgen- und Abendstern die Sonne sowohl in die Unterwelt hinein- wie wieder herausführt. Aber ungleich der Venus der Alten Welt wird die mesoamerikanische Venus nicht mit erotischer Liebe oder Schönheit in Verbindung gebracht: der Morgen- und Abendstern Mesoamerikas versinnbildlichte vielmehr die Mächte von Gefahr und Mißgunst, von Verwundung, Opferung und Fehde. In Zentralmexiko und unter den Maya fanden an den Tagen, an denen Venus zum ersten Mal als Abend- oder Morgenstern erschien, Schlachten statt, denn man glaubte, daß ihre durchdringenden Strahlen das Töten von Feinden begünstige. Das frontal wiedergegebene Gesicht des Jaguargottes der Unterwelt ist das gängigste Motiv auf den von Maya-Kriegern mitgeführten Schilden, ja der Jaguargott selbst konnte als siegreicher Krieger auftreten. In diesen Fällen ist er die nächtliche Sonne wie Schutzherr des Krieges. Wenn sie die Vorbereitungen von Menschenopfern beaufsichtigten, schmückten sich die Maya-Könige von Yaxchilán, Tikal, Caracol, Naranjo und anderen Orten von Zeit zu Zeit selbst als Jaguargott der Unterwelt. Diese Assoziation von Jaguar, Sonne und Kriegsführung könnte mit späteren zentralmexikanischen Kriegerkulten in Verbindung stehen, deren Schutzpatrone, der Jaguar und der Adler, wie die Sonne in Teotihuacan aus dem Feuer hervorgingen.

Die Maya-Sonne ist in der Maya-Kultur auch in einigen anderen Zusammenhängen dargestellt. So trägt der Wasserlilien-Jaguar gelegentlich das *kin*- oder Sonnenzeichen auf seinem Unterleib. Der Schutzpatron von Pax, ein häufiger Begleiter des Jaguargottes der Unterwelt und wie er ein Jaguargott, der mit Krieg und Opferung assoziiert wird, dürfte einen Aspekt der nächtlichen Sonne verkörpern. Das bicephale Monster, buchstäblich ein Monstrum mit zwei Köpfen, beschreibt den Himmelsbogen und die Bewegung der Tagessonne. Während sein Vorderhaupt normalerweise ein Venuszeichen trägt oder verschlungenes Bandwerk als Auge, trägt es an seinem umgekehrten Skeletthinterkopf die Sonne in einem verschlossenen und versteckten Gefäß. Meist begleitet das zweiköpfige Monster Szenen der Thronbesteigung oder der Herrschaft für die Maya. Aber eigentlich scheint es den Himmelsbogen darzustellen, wobei sein Vorderhaupt mit Venus identifiziert werden könnte, die das fleischlose Haupt der Sonne in der Unterwelt hinter sich herzieht.

Um etwa das Jahr 1000 hatten überall in Mesoamerika geschickte Handwerker begonnen, Metalle, insbesondere Gold, zu bearbeiten. Vielleicht war es dieser Materialwechsel, der zu einer neuen Konzeption der Sonne in der Kunst führte, denn von da an bis hin zur Conquista wurde das Rohmaterial Gold mit dem Strahlen der Sonne identifiziert, so wie es bereits in der restlichen Welt der Fall war. Zur Zeit der Eroberung durch die Spanier nannten die Azteken Gold *teocuitlatl* oder göttliches Exkrement. Die Maya nannten es *tahkin* oder Exkrement der Sonne. Von den Tzotzil im Hochland bis

496

496. Zweiköpfiges Monster, das den Himmelsbogen und die Bewegung der Tagessonne symbolisiert: Meist begleitet es Darstellungen von Thronbesteigungen oder der Maya-Herrschaft. Torweg. Bau 22. Copán, Honduras. Späte Klassik. 8. Jahrhundert. (Zeichnung nach A. P. Maudslay, 1899–1901).

497

zu den Yucateken in der Ebene überlebte das Wort bis heute im Sinne von Geld, ein Überbleibsel aus der Zeit, als es nur Gold und – im erweiterten Sinne – Goldmünzen bedeutete.

Ab dem Jahr 1000 verwendeten die Maya und andere mesoamerikanische Völker Gold, vor allem in Gestalt einer strahlenförmigen Sonnenscheibe, um die glänzende, prächtige Sonne darzustellen. In Chichén Itzá, in Kriegs- und Brandszenen, herrschten deifizierte Vorfahren von diesen Scheiben aus, genau so wie in Yaxchilán Sonnenkartuschen frühere Könige kommemorierten. Während mehrerer Jahrhunderte warfen die Maya in Chichén Itzá Unmengen von wertvollen Opfergaben in die heiligen Cenote (Brunnen) dort, unter anderem Gold-, Kupfer- und Zinngegenstände. Dünne und weiche Goldscheiben wurden gehämmert und mit getriebenen Bildern verziert; einige von ihnen waren sonnenförmig gestaltet. Oft wurden Feuerschlangen oder *xiuhcoatl* mit dem Verhalten der Sonne am Himmel assoziiert; ihre Abbildung auf der Rückseite von Spiegeln, die man am Rücken in Hüfthöhe trug, könnte die Bedeutung gehabt haben, daß ihr Träger als Sonne ausgewiesen werden sollte, die über den Himmel transportiert wird.

497. Die schwarzgrundige Vase, vielleicht die eindrucksvollste und eleganteste Malerei der klassischen Periode, zeigt zwei Aspekte der nächtlichen Sonne, links den Jaguargott der Unterwelt, rechts den Schutzpatron von Pax und zwischen ihnen Xbalanque, einen der Heldenzwillinge. Späte Klassik. Wahrscheinlich 8. Jahrhundert. (Museum of Fine Arts, Boston).

Unmittelbar nach der Eroberung durch die Spanier und dem Ansturm auf die überkommene Religion nahmen die Maya-Glaubensformen und -praktiken neue Formen an. Zu Beginn des 20. Jahrhunderts wurde die Sonne oft mit Jesus Christus, dem Sohn der Jungfrau Maria, identifiziert, die ihrerseits wieder mit dem Mond gleichgesetzt wurde. Man sah Sonne und Mond auch als streitende Eheleute; während eines Streites riß die Sonne eines der Augen des Mondes heraus. Es gibt noch heute viele Erzählungen über das Leben, das Sonne und Mond vor ihrer Verwandlung in Himmelsgestirne miteinander geführt haben sollen. Die Idee, wonach Sonne und Mond früher einmal auf Erden gelebt haben sollen, bringt uns zurück zum *Popol Vuh*, demzufolge die Heldenzwillinge zu Sonne und Mond wurden. Und von dort führt sie uns zurück in die alten Zeiten, in denen das Ideengebäude der Maya-Religion entstand.

498

498. Ein Jade-Pektoral. Kleine Darstellungen des Sonnengottes sind oft aus Jade; der Brustschmuck entspricht dem, den auch Schildjaguar trägt. Späte Klassik. 7.–8. Jahrhundert. (Anthropologisches Nationalmuseum, Mexico City).

500

Die Azteken: Volk der Sonne

Eduardo Matos Moctezuma

Während der Geschichte der Menschheit hat es viele Beispiele einer speziellen Verbindung zwischen Agrargesellschaften und der Sonne gegeben. Dies ist kein schierer Zufall. Die Beobachtung der Bewegung der Gestirne, die sich abwechselnden Jahreszeiten von Regen und Trockenheit in den Tropen, das Leben der Pflanzen und alle anderen Erkenntnisse, die die Menschen über die Natur erwarben, führten dazu, mythische und religiöse Assoziationen mit der Sonne, dem Mond und den Sternen als Grundlagen einer Weltsicht zu bilden, bei welcher eine gegebene Ordnung die Ursprünge der Menschheit und das Universum bestimmt.

Die Azteken Mexikos waren dabei keine Ausnahme. Sie waren im wesentlichen Bauern und Krieger. Diese Dualität spiegelte sich in vielen Aspekten des täglichen Lebens wieder und ist wesentlich für das Verständnis der Institutionen, die sich diese komplexe Gesellschaft gab, die bis zum Beginn des 16. Jahrhunderts über einen großen Teil Mesoamerikas regieren sollte. Die Azteken siedelten im Hochtal von Mexico, wo sie etwa 1325 n. Chr. mitten im Texcoco-See die Stadt Tenochtitlán gründeten. Beinahe ein Jahrhundert lang lebten sie als Vasallen anderer Völker, wie z.B. dem Volk der Tepaneken von Azcapotzalco, dem sie tributpflichtig waren. Etwa 1428 gewannen sie jedoch ihre Unabhängigkeit und entledigten sich des Jochs des Herrschers von Azcapotzalco. Die Rollen waren nun umgekehrt, denn die Völker von Azcapotzalco wurden nun ihrerseits von den Azteken und ihren Alliierten unterworfen, die ihr Gebiet in einem noch nie dagewesenen Maße erweiterten, indem sie zuerst die benachbarten Völker unterwarfen und dann bis zu den mesoamerikanischen Küstengebieten vordrangen, 450 km von der Stadt Tenochtitlán entfernt. Alle diese Eroberungen wurden in Zusammenhang mit ihrem Kriegsgott Huitzilopochtli, der auch der Sonnengott war, gebracht, der seine Feinde zum Ruhme Technochtitláns besiegte.

499. Kopfputz des Aztekenherrschers Moctezuma. Als der Spanier Bernad Díaz de Castillo im November 1519 in die große mexikanische Stadt Tenochtitlán einzog, beschrieb er ihn als einen „wundervollen Anblick“. (Anthropologisches Nationalmuseum, Mexico City).

500. Der Sonnengott Tonatiuh und zwanzig Tagesnamen, die im Kreis um ihn angeordnet sind. Der Azteken-Kalender ist reich an Symbolen aus vorangegangenen Weltepochen, an Himmels- und Farbsymbolen. (Anthropologisches Nationalmuseum, Mexico City).

Die Mythen spiegeln die jeweiligen Vorstellungen der Völker über ihre Ursprünge und den Beginn der Welt wider. Die alten Nahua-Völker Zentralmexikos (und zu diesen gehörten auch die Azteken) hinterließen uns durch ihre Mythen und Legenden detaillierte Berichte über ihre Beziehung zur Sonne. Eine interessante Quelle ist ein Dokument, das in der Nahuatl-Sprache 1558 geschrieben wurde und als die *Leyenda de los Soles* (Legende der Sonnen) bekannt ist, die von der Lehre der Vorfahren berichtet, wie vier Zeitalter oder Sonnen geschaffen und wie eine jede von ihnen durch die Hand der Götter und deren Kämpfe zerstört worden war:

Dies ist der mündliche Bericht dessen, was darüber bekannt ist, wie die Erde vor langer Zeit geschaffen wurde. Hier sind eine um die andere die verschiedenen Stadien (Zeitalter). In welcher Form es begann, auf welche Weise jede Sonne seit 2513 Jahren entstand; dies wissen wir, gerechnet ab dem heutigen Tag, den 22. Mai 1558. Diese Sonne – Vier Tiger – dauerte 676 Jahre. Diejenigen, die in dieser ersten Sonne lebten, wurden von Jaguaren (Tigern) in der

501

501. Kosmische Unendlichkeit und endliche Darstellung des Azteken-Universums. Der massive Steinkalender der Azteken wiegt vierundzwanzig Tonnen und hat einen Durchmesser von mehr als 4 Metern. (Anthropologisches Nationalmuseum, Mexico City).

502

502. *Tlaltecuhtli*, der Herr der Erde.
1500. Aztekisch. (Anthropologisches
Nationalmuseum, Mexico City).

503

504

Zeit der Sonne Vier Tiger verschlungen. Und was sie aßen war das Blut unseres Lebens – Sieben Gras – und sie lebten 676 Jahre.

Und die Zeit, in der sie gefressen wurden, war das Jahr 13. Daraufhin gingen sie zugrunde, und das Ende (von allem) kam, und das war, als die Sonne zerstört wurde. Und das Jahr war Ein Rohr; sie begannen, an einem Tag – Vier Tiger – verschlungen zu werden, und an einem einzigen Tag war alles vorbei und alles ging unter. Diese Sonne heißt Vier Wind. Diejenigen, die am zweiten Ort in dieser zweiten (Sonne) lebten, wurden vom Wind zur Zeit der Sonne Vier Wind weggetragen und gingen zugrunde. Sie wurden (vom Wind) weggerissen und in Affen verwandelt; ihre Häuser, ihre Bäume, alles wurde vom Wind fortgerissen, und auch diese Sonne wurde vom Wind davongetragen. Und was sie aßen, war das Blut unseres Lebens. Zwölf Schlange, die Zeit, in der sie lebten, waren 364 Jahre. Und so gingen sie an einem einzigen Tage unter, davongerissen vom Wind, und in dem Zeichen Vier Wind gingen sie unter. Das Jahr war Ein Feuerstein.

Diese Sonne Vier Regen war die dritte. Diejenigen, die im dritten (Zeitalter) zur Zeit der Sonne Vier Regen lebten, gingen ebenfalls unter, es regnete Feuer auf sie herunter und sie wurden zu Truthähnen, und die Sonne wurde ebenfalls vom Feuer verschlungen, alle ihre Häuser brannten nieder, und sie hatten 312 Jahre gelebt. So gingen sie unter, einen ganzen Tag lang regnete es Feuer. Und was sie aßen, war das Blut unseres Lebens. Sieben Feuerstein; das Jahr war Ein Feuerstein und der Tag Vier Regen. Diejenigen, die untergingen, waren die Truthähne, und dies ist der Grund, warum die Jungen der Truthähne heute *pipil-pipil* genannt werden.

Diese Sonne wird Vier Wasser genannt, und das Wasser hielt 52 Jahre vor. Und diejenigen, die in diesem 4. Zeitalter lebten, lebten in der Zeit der Sonne Vier Wasser. Die Zeit, die sie dauerte, betrug 676 Jahre. Und so gingen sie unter: sie wurden vom Wasser überflutet und wurden zu Fischen. Der Himmel kam an einem einzigen Tag herunter und sie gingen unter. Und was sie aßen, war das Blut unseres Lebens. Vier Blumen; das Jahr war Ein Haus und das Zeichen Vier Wasser. Sie kamen um, und alle Berge gingen unter, das Wasser dauerte 52 Jahre, und darauf endeten seine Jahre.

503. Die Azteken glaubten auch an das universelle Konzept dreier Welten, wie es hier von diesem modernen Gemälde dargestellt ist. (Anthropologisches Nationalmuseum, Mexico City).

504. Der Sonnengott der Unterwelt (750 n. Chr.). Teotihuacán-Kultur (200 v. Chr. bis 900 n. Chr.). (Anthropologisches Nationalmuseum, Mexico City).

505 a

505 b

Wie aus obigem Bericht zu entnehmen ist, ging die Menschheit durch vier Sonnen oder Zeitalter/Welten hindurch, ohne daß ihre Existenz fest etabliert worden wäre. Die Menschheit mußte deshalb auf das Hervortreten einer neuen Sonne – der Fünften Sonne – warten, bis dies Wirklichkeit wurde. Wie geschah das? Es gibt einen wichtigen Mythos, der uns sagt, daß dieses Ereignis in Teotihuacan stattfand, der alten zentralmexikanischen Stadt, die seit Beginn unserer Zeitrechnung bis 750 n. Chr. blühte. Warum Teotihuacan? Als die Azteken 1325 n. Chr. die Stadt Tenochtitlán gründeten, wußten sie, daß es in Teotihuacan eine große Stadt gegeben hatte, wie dies die große Zahl von Hügeln bezeugt, unter welchen Überreste der älteren Stadt begraben lagen. Da sie aber nicht wußten, wer sie erbaut hatte, ging sie in ihre Mythologie ein, und die Arbeit von Menschen wurde im Mythos zum Werk der Götter. So kommt es, daß die Stadt Teotihuacan noch viele Jahrhunderte nach ihrer Zerstörung ihre Bedeutung durch den Mythos behielt.

Es war der Mönch Pater Bernadino de Sahagún, ein Chronist aus dem 17. Jahrhundert, der eine Reihe Berichte aus einheimischen Quellen über die Schöpfung der Fünften Sonne aufzeichnete. Nach dieser Version gab es zwei Götter, die in die Sonne verwandelt werden wollten. Einer von ihnen namens Tecuciztécatl war arrogant, während der andere, Nanahuatzin, bescheiden und kränkelnd war:

> Um Mitternacht versammelten sich alle Götter um den Herd ... An diesem Ort hatte das Feuer vier Tage lang gebrannt ... und sie sagten zu Tecuciztécatl: „Nun denn, Tecuciztécatl, wirf dich in das Feuer!" Und daraufhin sprang er

505 a,b. Azteken bei der Arbeit unter der Sonne, in welcher sich eine Schlange ringelt. Der Tempel des Quetzalcoatl war ebenfalls eine runde Struktur, um die sich Schlangen wanden. Die Grundlage ihrer Gesellschaft war der *macehualli*, ein Bauer, der aber gleichzeitig Teil einer Agrarmiliz war. Moderne Wandzeichnungen. (Anthropologisches Nationalmuseum, Mexico City).

506

los, um sich in die Flammen zu werfen. Da es aber ein großes Feuer war und wild brannte, fühlte er die große Hitze und begann sich zu fürchten und wagte nicht, sich in das Feuer zu werfen, und er wich zurück... Daraufhin sprachen die Götter zu Nanahuatzin: „Nun Nanahuatzin, versuche du es!“ Und wie ihm die Götter geheißen hatten, faßte er Mut, schloß seine Augen, rannte los und warf sich in die Flammen, und da begann er zu brennen... Als Tecuciztécatl sah, daß (Nanahuatzin) sich in die Flammen geworfen hatte und brannte, rannte auch er los und warf sich in den Herd... Nachdem sich beide in das Feuer geworfen hatten und verbrannt waren, setzten sich die Götter, um zu warten und zu sehen, wo Nanahuatzin wiedererscheinen würde. Sie warteten lange, und dann begann der Himmel rot zu glühen, und man konnte das erste Licht der Dämmerung überall sehen. Sie sagen, daß danach die Götter auf ihre Kniee fielen, um zu warten und zu beobachten, von welcher Seite der in die Sonne verwandelte Nanahuatzin sich zeigen würde. Manche glaubten, er würde im Norden, andere dachten, er würde im Süden erscheinen... Andere begannen gen Osten zu blicken und sagten, daß von dort die Sonne aufgehen müßte; und diese sprachen die Wahrheit; sie sagen, daß jener, der ostwärts blickte, Quetzalcoátl war... und daß der andere Tótec hieß..., und als die Sonne dann aufging, war sie brennend rot... und niemand konnte sie ansehen... sie loderte und war von großen Strahlen umgeben, die sie in alle Himmelsrichtungen schickte.

Auf diese Weise wurde die neue Welt, die neue Sonne, geschaffen. Aber es gab noch keine Bewegung. Die Sonne stand still, und es bedurfte noch einmal der Vermittlung der Götter. Sie besprachen die Sache und beschlossen, daß es eines Opfers bedürfe, damit Bewegung und folglich Leben entstehe. Sie sprachen wie folgt:

506. Wie das buddhistische Rad des Seins, stellt der Cuauhxicalli-Sonnenstein die Götter und Krieger in dem sich ewig bewegenden Rad des Azteken-Universums dar. 1500. (Anthropologisches National-museum, Mexico City).

507

Wie werden wir leben?
Die Sonne bewegt sich nicht!
Wie können wir es anstellen, damit Menschen leben?
Die Sonne soll durch unsere Vermittlung an Stärke
gewinnen,
laßt uns uns selbst opfern, laßt uns sterben!

Aus dem Opfer und dem Tod der Götter entstand somit lebensspendende Bewegung. Diese Konzeption der vorhispanischen Welt ist ausschlaggebend für das Verständnis vieler Dinge, denn man glaubte, daß die zukünftige Existenz der Welt von einem Duell zwischen den Göttern und dem Sieg eines von ihnen abhing. Wir wissen, daß die Konfrontation zwischen Tezcatlipoca und Quetzalcóatl für das Erscheinen jeder der Sonnen notwendig war. Die Fünfte Sonne wird mit Quetzalcóatl in Verbindung gebracht, dessen Aufgabe es auch noch war, die Menschheit zu schaffen. Wiederum sind es die alten Nahua-Mythen, die uns sagen, wie die Menschen erschaffen wurden. Quetalcóatl mußte in das Mictlan, den Wohnort der Toten, in die Unterwelt, hinabsteigen, um die Gebeine der Vorfahren zu suchen. Das Privileg, zum Ort der Toten zu gehen, war nur einigen wenigen Personen verliehen worden. Im folgenden zitiere ich Ihnen einen Abschnitt aus meinem Buch *El Rosro de la Muerte* (Das Gesicht des Todes):

507. Wie in vielen anderen Teilen der Welt ist der Adler auch in der Kultur der Azteken ein Sonnensymbol, wie dies dieser massive Stein zeigt. 1500. (Anthropologisches Nationalmuseum, Mexico City).

Wir sind dabei, eine Reise nach Mictlan, die Welt der Toten, anzutreten. Solche Reisen sind das Monopol einiger weniger Privilegierter. ... Es sei daran erinnert, daß Odysseus nach dem Trojanischen Krieg die Segel setzte und, nachdem er die vielen Abenteuer seiner Reise bestanden hatte, das schattige Reich des Hades, das Land der Toten, erreichte. Auch Dante machte in Begleitung Virgils seine poetische Reise in die Hölle der Christen. Christus stieg in die Hölle hinab und erstand von den Toten, wie uns dies unser Glaubensbekenntnis sagt. Und auch Quetzalcóatl hatte in der prähispanischen Welt das Privileg, zum Ort der Toten zu gehen. Nur jene, die man als die Kultur- oder Religionsbringer betrachtete ... waren dazu in der Lage, die feine Grenze, die die Lebenden von den Toten trennt, zu überschreiten; und sonst niemand.

Nachdem er die Gebeine sichergestellt hatten, kehrte der Gott zurück und begab sich zu dem heiligen Platz Tamoanchan. Dort zermahlte er die Gebeine und legte sie in die kostbare Schale der Göttin Quilaztli. Er goß Blut, das er selbst aus seinem Penis opferte, in diese Schüssel. Der Sexualakt, der auf diese Weise ausgedrückt wird, war wieder einmal eine Gelegenheit, bei der Götter opferten und büßten. Nur so konnte der Schöpfungsakt gutgeheißen und die Menschheit geboren werden, deren Recht auf Existenz durch Buße erworben werden mußte.

Aus diesen sich wiederholenden Zyklen von Schöpfung und Zerstörung, dieser universellen Dialektik von Konflikt, Tod und göttlichem Opfer kamen also die Menschen auf die Welt. Für Menschen ist es deshalb nötig, das Opferritual ständig zu wiederholen, um die kosmische Ordnung zu erhalten. Gerade so wie die Götter starben, damit Leben entstehen konnte, so mußte die Menschheit später den Göttern ihren kostbarsten Besitz opfern – das Leben selbst: Wenn sie dies tut, wird die Sonne in ihrem Lauf nicht innehalten und die Harmonie des Universums wird erhalten bleiben. Dies ist das Konzept, wie Leben erlangt werden kann – durch den Tod.

Im Falle der Azteken haben wir eine Legende, die uns von der Geburt ihres Gottes Huitzilopochtli, des Sonnen- und Kriegsgottes, erzählt. Die Legende berichtet, wie die Mutter der Götter, Coatlicue, „Die mit dem Schlangenhüfttuch", auf dem Hügel Coatepec lebte, dem „Hügel der Schlange", und dort Buße tat. Eines Tages, als sie beim Kehren war, schwebte eine weiße Feder herunter; die Göttin hob sie auf und steckte sie an ihren Busen, woraufhin sie sofort schwanger wurde. Ihre Tochter Coyolxauhqui, „Die mit Glocken in den Wangen", eine Mondgöttin, erfuhr, daß ihre Mutter schwanger war und stiftete ihre Brüder, die 400 (zahllosen) Huitznahua, dazu an, diese Schande zu rächen, indem sie ihre Mutter auf dem Hügel Coatepec töteten. Dies beschlossen sie dann auch zu tun, und sie marschierten zum Hügel mit der Absicht, sie zu töten. Die Göttin war betrübt und sehr traurig, aber sie hörte, wie die Stimme des Kindes unter ihrem Herzen ihr sagte, sie solle sich nicht sorgen. Mittlerweile marschierten die Huitznahua, angeführt von Coyolxauhqui, in voller Kriegsausrüstung entschlossen auf den heiligen Hügel zu. Der Kriegsgott Huitzilopochtli – denn er war es, der sich im Bauch von Coatlicue befand – ließ sich berichten, wie seine Halbbrüder vorrückten. Als sie den Hügel heraufkamen, wurde der Gott geboren; in einem grimmigen Kampf besiegte er seine Feinde.

Zu diesem Mythos, der von dem Bruderkampf auf dem Hügel Coatepec berichtet, gibt es mehrere Interpretationen. Wir wissen ja, daß Mythen oft in tatsächlichen historischen Fakten oder Ereignissen ihren Ursprung haben, die aber wegen der Bedeutung für die von ihnen betroffenen Menschen im Laufe der Jahrhunderte mystifiziert werden. So wird aus dem Kampf zwischen Menschen eine Schlacht zwischen Göttern. Dies scheint auch auf diesen Mythos zuzutreffen: Nach verschiedenen historischen Quellen waren, ehe die Azteken ihre Stadt Tenochtitlán gründeten, Probleme unter den verschiedenen *calpulli* („Mundschaften" oder Sippen) aufgetreten, die die Hauptgruppe bildeten. Einer dieser *calpulli* war in der Tat die Gruppe der Huitznahua. Daraus könnte man schließen, daß es einen internen Zwist zwischen den Anhängern des Huitzilopochtli gab, der augenscheinlich der Anführer der Gruppe war, und den Leuten des *calpulli* von Huitznahua, der unter dem Kommando von Coyolxauhqui stand, gegeben hatte. Die ersteren gingen als Sieger hervor. Aber im Verlaufe der

508

508. Sonnensymbol der Azteken waren auch ihre Adlerritter, wie hier in dieser Terracotta-Figur (1480). Solche Motive wurden auch in Stein und auf hölzerne Trommeln graviert. Jaguarmotive gibt es auch im Maya-Zentrum von Chichén Itzá. (Templo Mayor Museum, Mexico City).

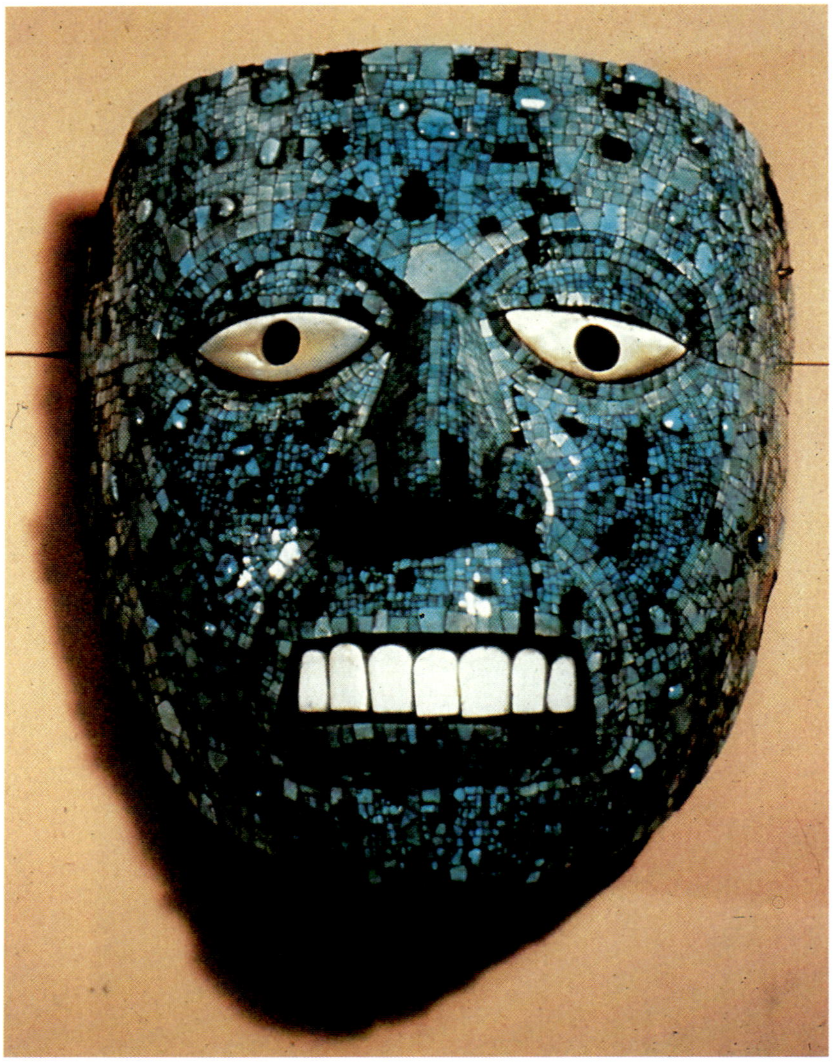

509

510

Jahre wurde dieses Ereignis, das ihre Macht konsolidierte, in einen der wichtigsten Mythen der Azteken umgewandelt. Daraus ergeben sich eine Reihe von Folgerungen. Zum einen kennzeichnet es die Geburt ihres Kriegs- und Sonnengottes, dessen Schicksal von dem Augenblick seiner Geburt an bestimmt war: er war geboren, zu kämpfen. Das Schicksal der Azteken war es deshalb, den Spuren des Gottes Huitzilopochtli zu folgen. So wurde der Krieg zum grundlegenden Anreiz für Expansion und Wechsel, da – wie wir gesehen haben – Götter in einer dualen Welt, in der alles geboren wird und stirbt, in den Kampf eingreifen. Somit konnten die Azteken ihre Expansionskriege durch angestammte, althergebrachte Mythen rechtfertigen, die sowohl Eroberung wie die Forderung von Tributzahlungen sanktionierten, die sie für die Erhaltung Tenochtitláns so bitter nötig brauchten.

Aber derselbe Mythos wurde auch auf eine andere Weise interpretiert, nämlich als der tägliche Kampf, den die Sonne, Huitzilopochtli, gegen die vom Mond (Coyolxauhqui) angeführten Mächte der Nacht und die 400 Südländer (Huitznahuas) führt, von denen man annahm, daß sie die Sterne repräsentieren. Und so führen sie Tag um Tag Kampf, aus dem die Sonne, die Lebensspenderin, siegreich hervorgeht. Die Waffe, mit welcher Huitzilopochtli Coyolxauhqui besiegte und die Xiuhcoátl, die Feuerschlange, genannt wurde, wurde als die Strahlen der Sonne interpretiert, die täglich aufgeht und die Dunkelheit vertreibt. Für ein Volk, für das die Sonne Lebensquelle sowie Ursache von Tod durch ständigen Krieg ist, ereignet sich der Triumph der Sonne täglich aufs neue. Und auch hier wiederum wiederholt sich überall in der Natur und im Universum die Dualität von Leben und Tod.

509. Die mit Türkismosaik verzierte Azteken-Maske stellt einen *Tonatiuh,* den Herrn des Tageshimmels, dar, der sich in ein großes Feuer warf und aus ihm als die Sonne hervorging. (Das Gesicht trägt Brandspuren). 15. Jahrhundert. (Museum of Mankind, London).

510. Der Herr der Unterwelt und des Nachthimmels war *Tezcatlipoca* („Der rauchende Spiegel“). Der mächtige Gott war der Schutzpatron von Kriegern, Wegelagerern und Wahrsagern. 15. Jahrhundert. Es war ein magischer Vogel mit einem Spiegel im Kopf, der dem Aztekenherrscher Moctezuma die Ankunft der Spanier vorhersagte. (Museum of Mankind, London).

Alle diese Glaubensformen wurden in dem großen Tempel der Azteken, dem *Templo Mayor*, illustriert. Er wurde so gebaut, daß er gen Westen gerichtet ist, wo die Sonne untergeht. Er wurde flankiert von zwei monumentalen Treppen, die zur oberen Plattform führten. Die Treppen führten zu zwei Heiligtümern, die oben auf dem Tempel lagen, wovon das eine Huitzilopochtli, dem Sonnen- und Kriegsgott, gewidmet war und das andere Tláloc, dem Wasser- und Fruchtbarkeitsgott. Sie symbolisierten die Grundbedürfnisse der Azteken – zum einen den Krieg als Mittel und Weg, andere Gebiete zu unterwerfen und von ihnen als für ihre Wirtschaft lebenswichtige Einnahme Tributzahlungen einzufordern; zum anderen die Grundbedürfnisse der Landwirtschaft – Wasser und Erde –, die für ein Ackerbau treibendes Volk wie die Azteken ja so wichtig waren. Aber dies war noch nicht alles. Der *Templo Mayor* war der Ort, an dem die Hauptlegenden symbolisch durch geheiligte Riten veranschaulicht wurden. So stellte zum Beispiel das dem Huitzilopochtli geweihte Heiligtum den heiligen Hügel Coatepec dar, den Ort, wo die Schlacht ausgetragen worden war. Hier wurde auch jedes Jahr zu Ehren des Kriegsgottes das Fest Panquetzaliztli gefeiert, wobei die Schlacht, in welcher das Volk des *calpulli* von Huitznahua gegen das des Huitzilopochtli kämpfte, reinszeniert wurde. Das Fest fand seinen Höhepunkt in der Opferung von Kriegern, die während der neuesten Expansionskriege des Reiches in Gefangenschaft geraten waren. Das dem Regengott geweihte Sanktuarium stellte ebenfalls einen heiligen Berg, den Tonacatépetl, den „Berg der Nahrung", dar, den Speicher der uranfänglichen Nahrung, die der Gott Quetzalcóatl holen mußte, um sie an die Sterblichen zu verteilen. Wie wir sehen können, finden Mythos und Ritual im Haupttempel der Azteken, dem Zentrum der aztekischen Konzeption vom Universum, von wo aus man in den Himmel auf- oder in die Unterwelt hinabsteigen konnte, ihren Ausdruck. Vom Tempel gingen die vier Quadranten aus, die das Universum symbolisieren, er lag somit im Mittelpunkt einer kosmologischen Konzeption, bei der die Beobachtung der wechselnden Zyklen der Natur und der Bewegung der Gestirne als Teil eines dialektischen Konstruktes verstanden wurde, bei dem alles geboren wird und stirbt, nur um in einem konstanten Zyklus, der durch rituelle Opferungen in Bewegung gehalten wird, wiedergeboren zu werden. Die Sonne geht bei ihrer täglichen Runde im Westen unter und steigt zur Welt der Toten hinunter, nur um durch Kampf wiedergeboren zu werden. Vielleicht ist das der Grund, warum die Azteken als das Volk der Sonne bekannt sind.

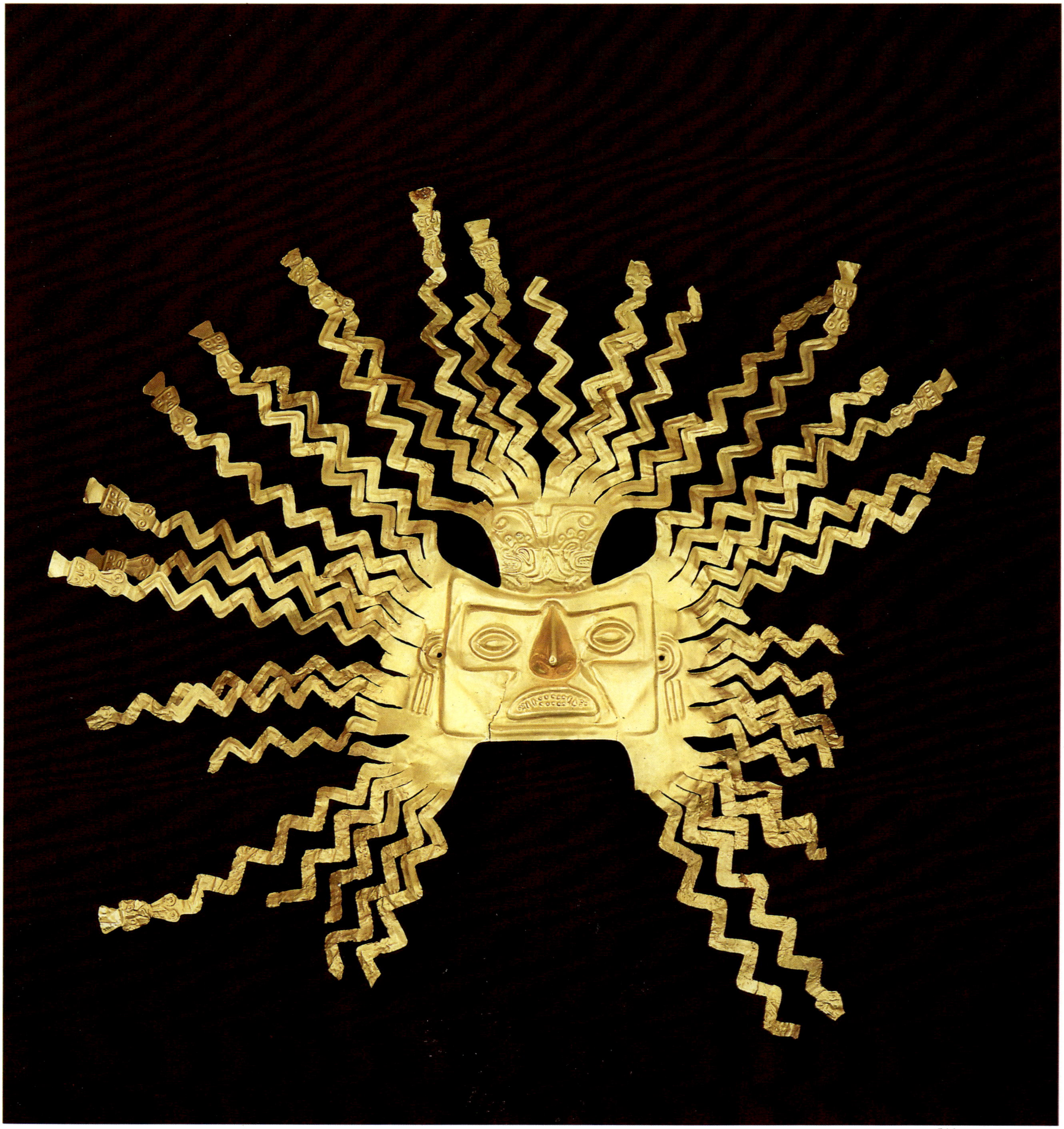

511

511. Inti, der Sonnengott der Inkas, wird auch Apu-Punchau genannt. Er wird gewöhnlicherweise als Goldmaske mit menschlichem Gesicht dargestellt, von dem Sonnenstrahlen und Flammen ausgehen. Seine Schwester und seine Gemahlin ist der Mond, *Mama-Kilya*, der als Silberscheibe portraitiert wird. (Archäologisches Museum und Kunstgalerie der Zentralbank, Quito).

512

Inti, der Sonnengott der Anden

RAMIRO MATOS MENDIETA

Im 1. Jahrtausend v. Chr. während der Anfangsperiode der Kulturentwicklung trat die Sonne in den Anden zum ersten Mal sozusagen versuchsweise als Gegenstand von Verehrung in Erscheinung. Dieser frühe Kult verband sich mit Tempeln, wogegen die Chavín-Ikonographie aus Katzen-, Falken- und Schlangenskulpturen bestand. In der Mochica-Kultur während des 2. bis 5. Jahrhunderts n. Chr. scheint der Totenkult an Bedeutung gewonnen zu haben. Neuere Entdeckungen in Sipan, El Brujo, Cerro la Mina und Huaca de la Luna sind Beispiele für diesen Begräbniskult.

Nach Tiahuanaco IV oder der Klassischen Zeit der Tiahuanaco-Kultur (450–850 n. Chr.) und mit der Ikonographie des Sonnentors begann die Sonne eine führende Rolle in der Anden-Religion zu spielen. Die Analyse des Stils läßt darauf schließen, daß es sich bei der zentralen Gottheit des Sonnentors von Tiahuanaco, dem „Eingangsgott", um dieselbe wie die als „Stabgott" bekannte der Chavín-Kultur handelte. Dasselbe gilt für die sogenannten „Schutzengel" des Tors von Tiahuanaco und die „Vogelmenschen" des Tores in Chavín.

In den Zentralanden Perus gleicht die Verzierung der Urnen von Conchopata (Huari) den Figuren des Sonnentores. Die zentrale Figur mit einem viereckigen Kopf, deren Kopfputz mit Sonnenstrah-

512. Virakocha, im Inka-Pantheon Schöpfer von Sonne und Mond, ist auf dem Sonnentor mit einem Herrscherstab in seinen beiden Händen dargestellt.

513

len und einem Federbüschel verziert ist, die in den Profilen von Katzen und Falken enden, ist anthropomorph. Die Figur hält in jeder Hand einen Stab, ihre Augen und Zähne sind vertikal geteilt. Die Tiahuanaco-Kunst wurde von der Huari-Ikonographie – natürlich mit einigen Abweichungen – übernommen und verbreitete sich überall in den Anden.

Während der nachfolgenden Periode (vom 9. bis 14. Jahrhundert) nahm die Darstellung der Sonne wieder den zweiten Rang ein. Im Chimú-Reich nahm der Mond, Shi, Si oder in der Yunga-Sprache Chinan, den Rang vor der Sonne ein. Sonnenfinsternisse wurden als Siege des Mondes über den

513. Der universale Glaube an das Sonnentor der Unsterblichkeit wird von diesem monolithischen Sonnentor aus der Tiahuanaco-Kultur (500–800 n. Chr.) dargestellt. Seine Ausstrahlung reichte östlich entlang des Titicaca-Sees bis zum Collao-Hochplateau in Bolivien.

Raum der Sonne gefeiert. Der Mondtempel wurde Sian-in genannt. In Chincha jedoch hatte der See oder Ozean (*jatun-mama-cocha*) die Priorität; er hatte seinen eigenen Kult, und die *wamani* und die *jirka*, Gottheiten, die mit den Bergen in Verbindung standen, waren bei den Wanka- und Chanka-Völkern die Hauptgötter.

Während der letzten Periode der kulturellen Entwicklung in den Anden (15. Jahrhundert) wurde die Darstellung der Sonne, Inti, als offizielle, vom Inka-Staat institutionalisierte Gottheit, das dominierende Götterbild. Da auf diese Periode sofort die Spanische Eroberung folgte, war es einigen Schriftstellern der Kolonialzeit möglich, Berichte darüber aus erster Hand zu liefern. Diese beschreiben komplexe Hierarchien mit „größeren" und „weniger wichtigen" Göttern. Im Pantheon der Anden gab es eine Vielzahl von Göttern, wobei einige mit den anderen in Harmonie, andere aber in Konflikt lebten. Zum Beispiel gehörten zwei Hauptgottheiten zum Inka-Kosmos, Ticsi-Virakocha und Inti. Ticsi-Virakocha galt als älter als Inti und ist vielleicht dieselbe Figur wie die zentrale Darstellung auf dem Sonnentor in Tiahuanaco, während Inti dann die Inka-Version des Ticsi wäre. Anderen Berichten zufolge könnten sie aber auch zwei getrennte Personen gewesen sein, die zusammen, wie beim Christentum, eine einzige Gottheit bildeten.

Inti wurde zum ideologischen Symbol des Inka-Staates, während Ticsi-Virakocha als legendäre und mythische Figur dargestellt wurde. Bei einigen Gelegenheiten überlagerten sich die beiden Gottheiten, z.B. bei den Apu-Inti-Feierlichkeiten während der Sommersonnwende. Manchmal konnte Inti im Gegensatz zu Ticsi-Virakocha gesehen werden, insbesondere im Zusammenhang mit Staatsdingen.

Der Titicaca-See und der Berg Tamputocco, die beide südlich von Cuzco liegen, wurden in ihrer mythischen Geschichte als Ursprungsort (*pacarina*) der Inkas gesehen. Demnach wären die Inka aus dem Collao-Gebiet gekommen; allerdings konnten die Archäologen diese Version nicht bestätigen. Der Stil nämlich, der dort unmittelbar dem Inka-Stil vorausging, gehörte zur Killke-Kultur und ist lokalen Ursprungs. Es sind vielmehr die Ayarmaca, die in der Ethnohistorie als unmittelbare Vorfahren der Inka gelten.

Man nimmt an, daß die Inka-Dynastie etwa 1400 n. Chr. begründet wurde. Die Chronik des Miguel Cabello de Valboa (1586) trug dazu bei, die dreizehn Herrscher von Manco Capac bis Atahualpa chronologisch zu erfassen. Die Regierungsaufgaben wurden in einer dualen Struktur erledigt, bei welcher die Verwaltung diarchisch war, was so viel hieß, daß zwei Inkas gleichzeitig im Besitz der Macht waren. Manche hatten ihren Sitz in Hanan Cuzco. Sie besaßen den Sonnentempel (Inticancha oder Coricancha) und hatten deshalb einen höheren Rang.

Als direkter Nachkomme von Inti sollte der Inka dieselben geheiligten Charakteristika haben wie die Sonne. Außerdem war der Inka der von der Sonne geschaffene Mensch auf Erden (*caypacha*) und ihr Vertreter (*Intip-rantin*). Der Prozeß der Identifizierung mit der Sonne begann mit Viracocha. Einige Völker akzeptierten dies ohnes weiteres, andere mußten politisch oder militärisch dazu gezwungen werden. Die Sonne wurde als „Schöpferin der Welt" angesehen, aber jede ethnische Gruppe hatte eine unterschiedliche Konzeption vom Sonnengott. Der Inti der Küstenfischer war nicht derselbe wie der Inti der Hirten der Hochebenen oder der der Bauern in den Tälern; und genau das befähigte die Inka, das Sonnensymbol je nach Umständen und ihren eigenen Interessen zu manipulieren.

In der Inka-Kosmogonie gab es wenigstens drei Persönlichkeiten, nämlich Ticsi-Virakocha (die Ahnengottheit), Inti (Gottheit und Symbol des Staates) und Illapa (Donnerer und Himmelsfurie) im Himmel oder am Firmament (*hanan-pacha*). Zusammen mit diesen Gottheiten wurden sechs andere „Hauptgötter", nämlich Tunupa, Pachacamac, Pariacaca, Guari, Catequil und Chicopae von den Ethnographen eindeutig identifiziert.

Ticsi-Virakocha war die Gottheit, die von den Chronisten der Kolonialherren den höchsten Rang zugeschrieben bekam, und zwar in so hohem Maße, daß er selbst Inti übertraf. Sie wußten jedoch

514

von Atahualpa selbst, dem letzten Inka von Tahuantinsuyo, sehr gut, daß Inti die universelle und offizielle Staatsgottheit war. Aber sie taten ihr bestes, um ihn herabzusetzen – vielleicht, um nach dem großen Schaden, der an seinen Tempeln angerichtet worden war, ihr Gewissen zu beruhigen, vielleicht auch in der Hoffnung, daß sie, wenn sie die Macht der Anden-Gottheit untergruben, damit der Sache der Christianisierung dienten.

Die Merkmale Illapas, ja selbst sein Name, war von Region zu Region verschieden. Im Norden wurde er Catequil genannt, in den zentralen Gebirgsketten Libiac und im Süden Catuilla.

In einigen Provinzen des Reiches wurde zwischen Inti und Punchao unterschieden: Inti war dann der Stern und Punchao der „Sonnentag". Punchao regelte die Zeit und alles, was zum Lebenszyklus auf Erden beitrug.

Die Tatsache, daß eine Hauptgottheit zwangsweise über andere existierende Gottheiten gesetzt wurde, implizierte nicht nur die Unterwerfung der eroberten ethnischen Gruppen, sie schweißte auch die verschiedenen Völker unter ein- und derselben Ideologie zusammen. Da die Verehrung einer Gottheit die menschliche Unterwerfung unter eine übernatürliche Macht bedeutet, setzten die Inka Inti als allen anderen Anden-Gottheiten überlegen ein; und da die Inka sich selbst für Inti in

514. Die spektakulärste aller Inka-Anlagen ist die *Machu Picchu*-Festung, wo ein *Intihuatana* aus Stein oder „Ort, an dem die Sonne hängenbleibt", eine Sonnenuhr, dazu verwendet wurde, die Sonnwenden durch die von der Sonne geworfenen Schatten zu bestimmen.

515

menschlicher Gestalt hielten, statteten sie während ihrer Erdenzeit materielle Dinge mit einer übernatürlichen Bedeutung aus.

In der Hierarchie der Götter standen Inti und Killa (der Mond) an der Spitze der Konstellation und wurden in regionale Glaubensformen eingebunden, ohne daß sie dadurch mit lokalen „Göttern" in Konflikt gerieten. Der Inti-Kult, der im Dunkeln der mythologischen Ursprünge der Inka seine Ursprünge hat, machte binnen einer sehr kurzen Zeit nachhaltigen Eindruck und war der im ganzen vorkolumbanischen Amerika verbreitetste.

Ethnohistorische Quellen legen nahe, daß Inti in Untergottheiten eingeteilt werden könnte. Zu den am besten bekannten von ihnen zählen Apu-Inti (die Sonne als Herr oder die Große Sonne), Churi-Inti oder Punchao (die Sonne als Sohn oder Sonnentag) und Guauqui-Inti (die Sonne als Bruder). Die astronomische Achse, die auf den Sommer- und Wintersonnwenden basiert, war die Trennlinie zwischen Apu-Inti und Punchao.

Sonnenriten wurden während des Tages bei Sonnenaufgang (*Inti-ccespimuy*), mittags, wenn die Sonne im Zenith stand (*Chawpi-punchao*) und bei Sonnenuntergang (*Inti-seccaycuy*) praktiziert. Mondriten fanden nachts statt. Es wurde auch unter den vier Stadien des Monatszyklus', nämlich

515. In P'saq, einer anderen gigantischen Festung, die den Oberlauf des Uzubamba-Flusses sowie den Paß, der gen Osten nach Pancartambo führte, schützte, befand sich ein wichtiger Sonnentempel.

516

516. Die Ähnlichkeit zwischen der Darstellung auf dem Conchopata-Gefäß und jener auf dem Sonnentor in Tiahuanco beweist, daß enge ikonographische Verbindungen zwischen der Conchopata- und der Tiahuanco-Kultur bestanden.

Neumond (*Musocc-Killa*), Vollmond (*Huntun-huntay-Killa)* und und den dazwischen liegenden Mondvierteln (*Chawpi-Killa*) unterschieden. Das Diagramm des Santa Cruz Pacchuti Salcamayhua stellt die Inka-Kosmogonie in eine universelle Perspektive und zeigt die Himmelsgötter (*hanan-pacha*) und die Erdgötter (*cay-pacha)* mit Inti und Killa an der Spitze, wobei ersterer links und letzterer rechts ist und die Natur unten.

Eine interessante Episode in der Geschichte der Inka spielte sich etwa 1438 während der Regierungszeit von Viracocha Inca ab, als die Chankas Cuzco belagerten. Der Inka floh, und die Verteidigung der Stadt blieb seinem Sohn Cusi Inca Yupanqui überlassen, dem es gelang, seine Armee neu zu formieren. In diesem Augenblick erschien ein geheimnisvolles übernatürliches Wesen vor ihm und sagte ihm, daß er den Krieg gewinnen und ein großer Herrscher werden würde. Cusi vernichtete die Chankas gänzlich und übernahm die Macht unter dem Namen Pachacutec Inca, oder „der große Umgestalter des Universums". Bei der geheimnisvollen Erscheinung könnte es sich um Inti oder Ticsi-Virakocha gehandelt haben. Auf jeden Fall drückten fortan die Darstellungen von Inti und Pachacutec die Macht eines Staates mit neuer Lebenskraft aus.

Killa (der Mond) war eine weibliche Gottheit, die Stereotype der Anden-Frau. Sie war Intis Gemahlin und verrichtete die Aufgaben einer Hausfrau. Sie stand mit Fortpflanzungs- und Fruchtbarkeitsriten in Verbindung. Mondfinsternisse interpretierte man als Begegnungen zwischen dem Mond und dem Meer (*hatun-cocha)*.

Der bedeutendste der für die Verehrung von Inti gebauten Tempel stand in Cuzco. Er hieß *Inticancha* oder Coricancha und wurde später von den Spaniern in eine katholische, dem Hl. Dominik geweihte Kirche verwandelt. Reich verziert mit Gold und Silber sah man diesen Tempel als das Zentrum der Stadt und des Reiches an. Von diesem heiligen Bezirk gingen strahlenförmig einundvierzig imaginäre Linien (*ceques*) aus, die etwa 328 *wakas* zusammenfaßten. Jeder *waka* stand mit einem Ereignis der Geschichte der Inka in Verbindung.

Während der frühen Kolonialzeit soll ein imponierendes Idol mit blendenden, die Sonne symbolisierenden Strahlen im Coricancha-Tempel verehrt worden sein. Ein Bildnis des Mondes war in einem anderen Raum untergebracht. Danach kam der Inka-Pantheon mit den mumifizierten Herrschern des Reiches. Die anthropomorphe Darstellung der Sonne bestand aus purem Gold. 1564 schrieb Bruder Bernabe Cobo: „Diese goldene Statue hatte einen hohlen Magen, der mit zermahlenem, mit der Asche oder dem Staub der Herzen von Inka-Königen vermischtem Gold gefüllt war." Damit dürfte die Assoziation der Inka-Mumien mit dem Bild des Inti klargestellt sein.

Außer in Cuzco gab es auch in jeder Provinz Tempel. Bei einigen von ihnen, z.B. denen von Titicaca und Pachacama, handelte es sich um Hauptheiligtümer, während andere, wie die *usnú* von Vilcashuaman, Huánuco Pampa, Pumpu usw. lediglich heilige Bereiche waren, wo geopfert werden konnte. Der Priester stand auf einer Plattform, wo er die Riten zelebrierte und Opfer darbrachte, und zwar opferte er normalerweise der Sonne und *mama-pacha* zusammen ein Trankopfer aus Blut und Maislikör (*chicha)*. Einige Reproduktionen dieser Szenen sind auf den Holzvasen der Kolonialzeit (*kero)* dargestellt.

Die rituellen Opferungen nahmen vielerlei Formen an. In Dokumenten aus der Kolonialzeit ist erwähnt, daß Lamas und Meerschweinchen geopfert wurden. Einige Chronisten deuten an, daß bei den Inka wie bei den Maya und Azteken auch Menschen geopfert wurden, insbesondere Kinder, doch gibt es keinen Beweis dafür. Tiere, insbesondere Meerschweinchen, werden noch heute geopfert.

Wie jeder andere zentralisierte und hierarchische Staat war das Inka-Reich straff organisiert. Der für die Kirchenverwaltung verantwortliche Sektor setzte sich aus einer hoch geachteten Priesterschaft zusammen. An der Spitze dieser Struktur stand der Hohepriester (*Willak-Umu)*, der immer ein enger Verwandter des Inka war und deshalb zur königlichen Familie (*panaca)* gehörte. Er residierte in Cuzco und stand der Kirche, assistiert von einem Priesterrat, vom Coricancha aus vor.

517

Die „Sonnenjungfrauen“ (*acllas*) bildeten einen substantiellen Teil des Kultes. Diese „Jungfern“, die im Dienst des Inka und der Religion standen, hatten wichtige Staats- und religiöse Funktionen.

Sonnenuhren (*Intihuatana*) wurden erfunden, um die Zeit zu messen. Sie waren normalerweise aus Stein gehauen und an prominenter Stelle aufgestellt. Die bekannteste Sonnenuhr ist die von Machu Picchu.

In seinen Kommentaren zu einheimischen Riten berichtete der Chronist Cristobal de Molina, daß viele Riten, so auch das *aymoray*, mit der Maisernte in Verbindung standen und das *Inti-raymi* oder Sonnenfest während der Sommersonnwende stattfand. Das *Goya-raymi* oder *Capac-Situa* wurde im September gefeiert und im Dezember das *Capac-raymi*, das mit dem männlichen Initiationsritus, genannt *huarachicuy*, und der Wintersonnwende zusammenfiel.

Einer der Berichte von Molina enthält folgende Anrufung:

> Oh Schöpfer, der der Sonne befahl, zu entstehen, und dann sagte: „Nun soll es Nacht werden und nun Tag, Dämmerung und Licht“, gehe in Frieden, halte Frieden, um die Menschen, die Du geschaffen hast, oh Schöpfer, zu erleuchten! Oh Sonne, die Du in Frieden und Sicherheit bist, werfe Licht auf diese Menschen, die Du ernährst, laß sie nicht krank werden! Bewahre sie sicher!

517. Die kosmischen Glaubensformen der Chimú-Kultur (110–1400 n. Chr.) sind im Drachentempel dargestellt, wie es die Regenbogenmotive auf diesem Fries zeigen. Zwischen den beiden mythologischen Figuren im Zentrum des Regenbogens befindet sich das *tumi*, ein Chimú-Sonnensymbol.

518

519

Ein anderer Bericht stammt von Bruder José de Acosta und liest sich wie folgt:

> Sie erweisen der Sonne die höchste Ehre, und dann auch dem Donner. Sie nennen die Sonne Punchao und den Donner Illapu. Sie ehren auch den Kiel, der der Mond ist, und Cuillo, die Sterne; die Erde, die sie Pachamama nennen und das Meer Mamacocha... und dann ihre Könige, berühmte Männer, denen sie Göttlichkeit zuschreiben; die sie bewundern und deren Körper sie bis zum heutigen Tag intakt und dem Leben ähnlich bewahrten... und zwar so sehr, daß sie in Findigkeit mit den Griechen wetteifern könnten.

Obwohl Ticsi-Virakocha in den Dokumenten der Kolonialherren als „Schöpfer und Macher des Universums" bezeichnet wird, trat Inti auch noch nach der Spanischen Eroberung in den Berichten und Bekenntnissen der Andenbewohner als der Schöpfer und die Grundlage des menschlichen Lebens auf. Er wurde weiterhin im geheimen verehrt, und seine Heiligtümer und Tempel blieben jahrhundertelang erhalten. Viele der Priester, die im Dienste Intis standen, fuhren fort, ihre Funktionen in aller Heimlichkeit auszuüben.

Angesichts der Kampagne der Kolonialverwaltung, einheimische Sitten auszurotten und neue aufzuzwingen, begannen die Indianer über die Glaubensformen nachzudenken, die man ihnen verordnet hatte. Sie verglichen die spanischen Symbole mit ihren eigenen und stellten die göttliche Macht

518. Felipe Guaman Poma de Ayala war ein amerikanisch-indianischer Chronist. Seine empfindsamen Zeichnungen geben genau die Sitten und Gebräuche wider, wie z.B. hier diese Verehrung von lokalen Gottheiten.

519. Eine weitere Zeichnung von Ayala stellt *Hatun Inti-Raymi*, das Sonnenfest während der Sommersonnwende am 21. Juni, dar.

christlicher Bilder in Frage. Die Antworten waren offensichtlich. Dies war keine Alternative. Das einheimische Volk identifizierte sich mit seinen eigenen „Göttern". Die Priester der Anden-Völker bemerkten, daß „die Spanier bemalte und vergoldete Stücke aus Holz anbeten, während die Indianer ihre *Camaquenes* verehrten, die allen ihren Bedürfnissen entsprechen." Sie betonten des weiteren, daß „die christlichen Götter gut für die Spanier, aber nicht für die Indianer seien ... die *wakas* seien ihre Götter, weil sie ihnen Nahrung zu essen geben." Nachdem die Tempel der Andenvölker zerstört und ihre traditionellen Glaubensformen geächtet waren, schien es, als ob die Ideologie der Andenkultur an Kraft und Stärke verloren hätte. Aber einheimische Praktiken wie die, die mit Apu-Inti in Verbindung standen, hielten sich noch über mehrere Jahrhunderte.

Das offizielle Sonnenbild von Cuzco wurde zerbrochen und in Cajamarca neben dem letzten Inka begraben. Aber der Glaube an die *wakas*, die lokalen Gottheiten, wurde nie ganz ausgelöscht und hielt sich bis in unsere modernen Zeiten. Die *wamani, auqui* und *apachetas* leben in der Vorstellungswelt der Bauern bis zum heutigen Tage fort.

Im 17. Jahrhundert gaben Indianer aus Canta und Cajatambo, die der Götzendienerei beschuldigt wurden, zu, im geheimen Sonnenriten zu zelebrieren – als ein Volk, das sich seine Identität erhalten wollte und verzweifelt gegen jene ankämpfte, die versuchten, dies zu unterdrücken. Sie selbst beschrieben das Idol der Sonne, das sie kannten: es habe „eine menschliche Gestalt" und sei „aus schwarzen Stein, so groß wie ein aufrecht stehender Mann gemacht". Diese Beschreibung erinnert an das Idol im Coricancha und auch an die Ähnlichkeit zwischen der Sonne und Molinas Inka Yupanqui.

Die *Inti-raymi*-Feiern werden jedes Jahr im Juni abgehalten, damit sie mit der Sommersonnwende zusammenfallen können. Die bekannteste dieser Feiern findet in Cuzco, der alten Hauptstadt des Inka-Reiches und der wichtigsten archäologischen Stätte des heutigen amerikanischen Kontinentes, statt.

Das *Capac-raymi*-Fest hat sich, wenn auch abgeschwächt, unter den Bauern in der zentralen südlichen Gebirgskette seinen Anden-Charakter erhalten. *Hatun-pocoy*, die Regenzeit, in der das Korn gesät wird, wird ebenfalls durch ein Fest herausgehoben.

Das *Inti-raymi* in Cuzco wurde zu einem volkstümlichen Schaustück. Es wird der Tod des Atahualpa durch die Hand der Spanier beschworen, und das Ritual ist Inti gewidmet. Als Teil der Handlung betritt der Inka auf seinem Thron den Platz in Begleitung seiner *goyas, acllas, sinchis* und dem *Willak-Umu*. Sie opfern ein weißes Alpaka, dessen Blut Inti durch den Inka dargeboten wird mit der Bitte um bessere Zeiten für sein Volk. Die Zeremonie findet so statt, daß sie mit dem Verschwinden der Sonne hinter den Bergen zusammenfällt; die *acllas* (Sonnenjungfrauen) und *sinchis* (Krieger) führen Tänze auf und singen Lieder.

Als Höhepunkt des Rituals wird der Inka festgenommen und getötet, sein Tod wird vom Volk betrauert. Die Inszenierung der Tötung des Inka am Tag des *Inti-raymi* ist vielleicht die soziale Erklärung für das Verschwinden von Kult und Symbol Intis in der Ideologie der Andenvölker.

Das von den Inka kontrollierte Gebiet erstreckte sich bis zum heutigen Kolumbien, und der Kult des Inti, als einem religiösen Symbol, reichte sogar noch weiter.

Unter den Chibchas im Norden von Tahuantinsuyo gab es eine alteingeführte Tradition der Sonnenverehrung. Sie nannten die Sonne Zuhé und den Mond Chia. Ihre Rituale wurden von Tier- und Menschenopfern begleitet. Opferblut wurde mit Mais und Yucca-Likör gemischt und als Opfergabe an die Sonne in den Bergen verspritzt.

Die Sonne war die oberste Gottheit für die Chibchas und die Muiscas. Auch die Schamanen riefen die Macht der Sonne an, um böse Geister abzuwehren.

Entlang der Küste von Ecuador und in den Grasebenen Venezuelas waren weibliche Gottheiten von größerer Bedeutung als die männlichen. Da die Sonne ein männliches Symbol war, hatte sie bei diesen Kulturen nicht dieselbe Macht wie in den Zentralanden.

In den zentral- und mesoamerikanischen Kulturen andererseits hatte der Sonnengott eine lange und vielgestaltige Tradition. Obwohl das Sonnensymbol universell war, variierten die mit ihm verbundenen Konzeptionen je nach Ort und Region. Die von den Maya verehrte Sonne war nicht dieselbe wie der der Azteken, und der von den Cunas in Panama verehrte Sonnengott war wiederum verschieden.

Zusammenfassend kann gesagt werden, daß die Sonne von allen Völkern und Kulturen des präkolumbianischen Amerikas verehrt wurde, obwohl in manchen Fällen der Mond einen höheren Rang als die Sonne innehatte. Die Charakteristika des Sonnengottes variierten von einem Ort oder einer Region zur anderen. Nur weil er das Symbol des Inka-Staates war, verbreitete sich dessen Kult über ein sehr großes Gebiet.

520

520. Eroberer haben oft die Kulturen eines Volkes, das sie besiegten, absorbiert. Dies symbolisiert ein Sonnenemblem, das ein Spanier im 16. Jahrhundert an seiner *casa del sol* in Cáceres nach seiner Rückkehr aus Peru nach Spanien anbrachte.

Glossar

abhaya mudra: symbolische Geste (*mudra*) der Beruhigung in Südostasien: es wird die Fläche der erhobenen rechten Hand gezeigt.

Aja-ekapad: („der schnelle Einfüßler"), einfüßige Ziege, Zugtier der hinduistischen Sonnengottheit Pûschan, sie geht Sûrjas Sonnenpferd voran und verkörpert die Macht der Sonnenbewegungen.

Agni: indischer Gott des Feuers, der das Opfer vom Altar zum Himmel trägt, erscheint dort als Sonne.

Akroterion: in der Antike Bekrönung von Ecken und First eines Giebels oder von Relieftafeln in Form von Ranken, Palmetten oder Figuren.

Amaterasu: japanische Sonnengottheit.

Am-duat: („Dasjenige, das in der Unterwelt ist"), ältestes der *Bücher*, das sind Malereien und Reliefs in den Königsgräbern im Tal der Könige in Oberägypten, die vom Abstieg der Sonne in die Unterwelt während der Nachtstunden berichten und ihrer Wiedergeburt in der Morgendämmerung.

Anahita: iranische Göttin, dem Element des Wassers zugeordnet.

Apophis: große Schlange in der altägyptischen Unterwelt, Feind jeglicher Schöpfung, besonders des Sonnengottes Atum, der während seines nächtlichen Abstiegs in die Unterwelt mit ihr kämpft.

Atar: iranischer Gott des Feuers.

Aton: („Scheibe"), dieser ägyptische Sonnengott wurde von Echnaton als einzige zu verehrende Gottheit in seinem Reich eingeführt.

Atum: altägyptischer Sonnen- und Schöpfergott, in Darstellungen erscheint er widderköpfig oder mit Schlangenkörper.

Baktrien: im Altertum die von den Baktriern bewohnte Landschaft zwischen dem Margos im Südwesten, Hindukusch im Süden und der Hissarkatte im Nordosten mit der Hauptstadt Baktra (heute Balch).

Benben: Urhügel in der altägyptischen Theologie, der zusammen mit den Wassern des Chaos am Beginn der Schöpfung stand. Gott Atum stand auf ihm, als er die Welt erschuf.

Candi: Gedenkstätte; auch andere indonesische Heiligtümer.

Da-wen-kou: spätneolithisches Volk und Kultur in Ostchina (ca. 3000–2500 v. Chr.).

dhûli chitra: magische auf den Boden gemalte Malereien und Diagramme, sie treten in Südostasien unter verschiedenen Namen auf.

Dhyani Buddhas: („Siegreiche"), die fünf kosmischen Buddhas. Der Wadschrajana-Buddhismus führte die Lehre von ihnen und ihren 'Familien' ein: assoziierten Gottheiten, die angerufen werden durch *mantras*, *ynatras*, *mudras* und *mandalas*.

Dualismus: eine theologische Vorstellung, wahrscheinlich iranischen Ursprungs, bei der die Welt von zwei entgegengesetzten Kräften regiert wird: einer guten und einer bösen.

Echnaton: der ägyptische König Amenophis IV. (ca. 1352–1337 v. Chr., 18. Dynastie), er führte anstelle der alten ägyptischen Religion die Verehrung der Sonnenscheibe (Aton) in seinem Reich ein.

Element: in Naturphilosophien die einfachsten Bestandteile, durch deren Zusammenfügung oder Trennung Werden und Vergehen der Körperwelt bedingt sein sollen, z.B. in der traditionellen chinesischen Vorstellung fünf: Holz, Feuer, Erde, Metall und Wasser, wenn richtig vereint, schaffen sie Frieden und Wohlstand, ansonsten Leiden und Unglück; bei Empedokles, dem griechischen Philosophen des 5. Jahrhunderts v. Chr., sind es vier: Feuer, Luft, Wasser und Erde.

Elysion: bei den Griechen das Land der Seligen am Westrand der Erde, wohin die Lieblinge der Götter versetzt werden, ohne den Tod zu erleiden.

Fusang: Maulbeerbaum, der in der chinesischen Mythologie eine große Rolle spielt (so in der Schöpfungsgeschichte).

Gandhara-Kunst: hellenistisch-iranisch-indische Mischkunst im Dienste des Buddhismus, die vom 1.–7. Jahrhundert in Nordwestindien und Afghanistan blühte.

Ganggrab: prähistorisches Megalithgrab mit einem langen, von Steinplatten überdeckten Gang.

Garuda: in der indischen Mythologie adlerartiger Vogelmensch, Fürst der Vögel und Schlangen, der Wischnu als Reittier dient.

Gigantomachie: Kampf der Giganten gegen Zeus in der griechischen Mythologie, oft Gegenstand künstlerischer Darstellung.

Gupta: nordindische Dynastie, die ca. 320–500 Nordindien beherrschte; eine Zeit der Hochblüte der Hindu-Kultur.

Hathor: altägyptische Göttin, als Kuh oder mit Kuhhaupt oder -hörnern dargestellt, sie wird gewöhnlich mit Liebe, Lust und Musik in Verbindung gebracht, kann aber auch zu Gewalttaten neigen.

Heliopolis: alte ägyptische Stadt nordöstlich von Kairo, Zentrum der Verehrung des Rê, bedeutender Sonnentempel.

Helios: der griechische Sonnengott.

Hesiod: griechischer Dichter um 700 v. Chr. aus Askra in Böotien, schrieb eine Dichtung über die Abstammung der Götter (*Theogonie*) und das Lehrgedicht *Werke und Tage*.

Hesperiden: in der griechischen Sage die Hüterinnen der goldenen Äpfel des Lebens im äußersten Westen.

Horus: altägyptischer Himmelsgott, Sohn von Osiris und Isis; er wird meist als Falke oder falkenköpfig dargestellt. Der jeweils lebende ägyptische König galt als seine irdische Verkörperung.

Hsi-ho: chinesische Himmelsgöttin, in der Mythologie die „Mutter der 10 Sonnen", von denen jede ein Naturelement repräsentierte.

Huitzilopochtli: Hauptgott der Azteken, Sonnen- und Kriegsgott, der ewig junge Krieger, der immerfort die Nacht bekämpft, um das Überleben des nächsten Tages zu sichern. Die Azteken opferten ihm das Blut und die Herzen ihrer gefangenen Feinde.

Hut-Benben („Haus des Benben"): Heiligtum in Heliopolis, das Atum als dem Gott, der die Welt geschaffen hat, geweiht war.

Indra: altindischer Heldengott, Kriegsgott, Gott des Firmaments, König der Götter in wedischer Zeit, im Rigweda auch mit der Gottheit Wayu (Luft-Wind) identifiziert.

Inti: Ahnen- und Sonnengott der Inka, auch Apu-Punchau genannt. Er wurde in Form einer Goldmaske dargestellt, von der Sonnenstrahlen und Flammen ausgingen. Seine Schwester und Gefährtin ist Mama-Kilya, der Mond.

Isis: altägyptische Göttin, Schwester und Gemahlin des Osiris, Mutter des Horus. Nachdem Osiris von Seth ermordet worden war, sorgte sie für seine Wiederbelebung, sie wurde zum Modell weiblicher Treue und mütterlicher Fürsorge.

kami: („die Höheren"), die Gottheiten des Schintoismus.

Kherpi: eine der Erscheinungen der Sonne im Alten Ägypten, vor allem die Morgensonne, wenn sie über dem Horizont auftaucht. Sie wird meist mit dem Skarabäus gleichgesetzt.

Kin: „Sonne" in der Sprache der Maya; auch „Tag".

Kinich Ahau: „schielender" oder „sonnengesichtiger Herr", bei den Maya die Tagessonne.

Krischna: („der Schwarze"), mythischer indischer König, 8. irdische Erscheinungsform des Gottes Wischnu mit Attributen ähnlich dem griechischen Dionysos.

Kuwera: indische Gottheit des Wohlstands.

Laksana: ein physisches Attribut des Buddha wie das *urnā*, eine kleine Locke auf der Stirn, oder das *usnîsa*, eine Schwellung oben auf seinem Kopf.

Lotus Sûtra: eine synkretische Lehre, die Vorstellungen aus anderen Mahajana-Buddhismus-Richtungen und dem japanischen Schintoismus verbindet, in China *T'ien-t'ai*, in Japan *Tendai* genannt.

mandala: („Kreis"), Diagramm (Kreis, Vieleck), das geistige Zusammenhänge versinnbildlicht und u.a. im Buddhismus als Meditationshilfe dient.

Ma-wang-dui: Ausgrabungsort in China, nahe Changscha, Gräber aus der Zeit der westlichen Han-Dynastie (206 v. Chr. – 24 n. Chr.).

Mbidi Kiluwe: Kulturbringer der Luba und verwandter Völker in Zaïre; zusammen mit seinem Sohn Kalala Ilunga errichtete er ein heiliges Königtum und gilt als Begründer der Luba-Reiche.

Mithras: iranischer Lichtgott, Spender von Fruchtbarkeit, Frieden und Sieg. Sein Kult verbreitete sich von Persien über Kleinasien, Griechenland, das Römische Reich.

Maurja: indische Dynastie. Aschoka (272–231 v. Chr.), der sich zum Buddhismus bekehrte, begründet ein Reich, das bis 184 v. Chr. in Afghanistan, Belutschistan, Sind, Kaschmir, Nepal, dem Gangestal und im Dekkan die Toleranz gegenüber allen Glaubensbekenntnissen zur Grundlage hatte; hier setzte andererseits die buddhistische Mission und Ausbreitung der buddhistisch-indischen Kultur ein.

mudra: symbolische Geste mit den Händen oder Fingern im Hinduismus und Buddhismus.

Naba: ein König oder Häuptling bei den Mossi-Völkern in Bukina Faso, irdischer Repräsentant der Macht der Sonne.

Nephthys: Schwester der altägyptischen Gottheiten Isis, Osiris und Seth, half Isis, den von Seth ermordeten Osiris wiederzubeleben.

Nkongolo Mwamba: Urkönig in den Ursprungsmythen der Luba und verwandter Völker in Südost-Zaïre, er wurde von Mbidi Kiluwe besiegt, der daraufhin das heilige Königtum der Luba schuf.

Nommo: Urwesen bei den Dogon im westlichen Zentralmali und nordwestlichen Burkina Faso; ein Nommo stahl der Gottheit ein Stück der Sonne, brachte so das Feuer auf die Erde und wurde zum Kulturbringer.

Nun: uferloser Ozean, aus dem heraus in der altägyptischen Vorstellung die Schöpfung der Welt stattfand.

Nut: altägyptische Himmelsgöttin.

Nyx: altägyptische Göttin der Nacht.

Odin: nordgermanischer Gott der Winde (südgermanisch: Wotan), er ist Herr in der Schlacht, Schöpfer der Dichtkunst, Totengott.

Okeanos: der Weltstrom in der griechischen Mythologie, der die Länder der Erde umfließt, später das Weltmeer.

Orakelknochen: im frühen China zur Zeit der Shang-Dynastie in Gebrauch: auf einen Knochen wurde eine Frage geschrieben, der Knochen dann erhitzt, die Antwort aus den entstehenden Rissen abgeleitet. Diese Inschriften sind die ältesten bisher entdeckten chinesischen Schrifterzeugnisse.

Osiris: altägyptischer Fruchtbarkeitsgott, Bruder und Gemahl der Isis. Nach dem Mythos wurde er von seinem Bruder Seth ermordet und von Isis wiederbelebt, regiert seither als Totengott die Unterwelt und steht für die Wiedergeburt, auf die die alten Ägypter hofften. Hauptkultort war Abydos.

Pahlawi: Mittelpersisch (Sprache zur Zeit der Sassaniden).

Popol Vuh: ein Epos und 'heiliges Buch' aus dem 16. Jahrhundert, in dem die Geschichte der Quiche-Maya dargestellt ist.

Pûschan: in der altindischen Mythologie ein Gott, der als „Herr der Wege" die Wanderer beschützt, auch Bezeichnung des Sonnengottes.

Quetzalcoatl: („die gefiederte Schlange"), Gottheit der alten Kulturvölker Mesoamerikas, eine Verkörperung des nächtlichen Himmelsozeans und des irdischen Weltmeeres, das die Erde umgibt. Er ist auch Mond-, Morgenstern- und Windgott.

Qu-yuan: chinesischer Dichter und Staatsmann (ca. 340–278 v. Chr.) aus dem Staat Chu im Tal des Yangzi, er beeinflußte die frühe chinesische Dichtung mit seinen ausdrucksvollen Versen sehr stark, sein Werk überlebte in einer frühen Antholgie: *Ch'u Tz'u* (Elegien von Chu).

Rê: ägyptischer Name der Sonne und des Sonnengottes, Quelle allen Lichts, der Wärme und so allen Lebens; wurde später mit anderen Gottheiten als wesensgleich betrachtet.

Rê-Harachte: eine Verschmelzung der altägyptischen Götter Rê und Horus, wird meist falkenköpfig mit einer Sonnenscheibe auf dem Kopf dargestellt.

Rigweda: das älteste Denkmal der indischen Literatur, gehört zu den Weden, heiligen Schriften der Inder, und enthält vor allem Hymnen an einzelne Götter.

Safawiden: persisches Herrschergeschlecht, das 1501 das Neupersische Reich begründete und bis 1722 regierte.

Sassaniden: persische Herrscherdynastie, die nach dem Sieg über die Parther 224 das zweite große persische Reich errichtete und 642 durch die Araber gestürzt wurde.

Schamasch: der Sonnengott im semitischen Pantheon in Mesopotamien. Er wird oft als Reiter dargestellt.

Selene: griechische Mondgöttin.

Seth: altägyptischer Gott der Wüste und Dürre, der Stürme und des Unwetters, wurde im Mythos zum Mörder seines Bruders Osiris, später von dessen Sohn Horus besiegt.

Shotoku Taishi: japanischer Fürst des frühen 7. Jahrhunderts, der eine Idealherrschaft errichtet, die auf den buddhistischen Prinzipien von Frieden und Erlösung aufgebaut war.

Sogdien: Landschaft zwischen Oxus und Jaxartes mit der Hauptstadt Samarkand, war lange von iranischer Kultur geprägt.

Sokar: altägyptischer Todesgott, der in der tiefsten Unterwelt haust und in Falkengestalt verehrt wurde.

Stambha: Säule oder Pfeiler.

Stupa: buddhistischer Sakralbau, für die Aufnahme von Reliquien bestimmt, oder reines Kultmal.

Sûrja: die Sonne, gehört zusammen mit Agni und Indra zu den hinduistischen Hauptgottheiten.

Sûrjaprabba (*Nikkô* in Japanisch): buddhistische Sonnengottheit, vor allem in Japan populär, da sie in ihren Eigenschaften in vielem der schintoistischen Sonnengottheit Amaterasu entsprach.

Taiyo: eine der japanischen Bezeichnungen für die Sonne, die vor allem ihre strengen Aspekte meinte.

Tao: grundlegender Begriff der chinesischen Philosophie; während die konfuzianischen Schriften ihn mehr im ethisch-normativen Sinne auffassen, wird er bei den Taoisten zum Welturgrund, der allen Erscheinungen zugrundeliegt, aber nur in mystischer Versenkung begriffen werden kann.

Taxila: alte Stadt in Pakistan, Ausgrabungen förderten die Ruinen von 3 Städten zutage, die vom 7. Jahrhundert v. Chr. bis zum 5. Jahrhundert n. Chr. Bedeutung hatten und vor allem durch ihre buddhistischen Klöster Mittelpunkte geistigen Lebens waren.

Ticsi Viracocha: Schöpfer und Sonnengott der alten Kulturvölker der Anden.

Timuriden: Nachkommen des asiatischen Eroberers Timur (1336–1405) aus türkisch-mongolischem Fürstengeschlecht, die bis 1506 in Mittelasien herrschten, später als Großmoghuln in Indien.

Totenbuch: altägyptische Sammlung von Texten (insbesondere Zaubersprüchen), die sich auf das Leben nach dem Tod beziehen, auf Papyrus geschrieben und häufig mit Bildern versehen ist, wurde seit dem Neuen Reich den Toten ins Grab gegeben; die Sprüche sollten ihm helfen, die Gefahren in der Unterwelt zu bestehen.

Tschhandraprabha (*Gakkô*: in Japanisch): buddhistische Mondgottheit, Gegenstück zur Sonnengottheit Sûrjaprabha in der Yakushi-Triade.

Upanischaden: eine Gattung altindischer theologisch-philosophischer Texte mit Lehren. Die ältesten enthalten die frühesten philosophischen Betrachtungen der Inder. Die jüngeren reichen bis in die Zeit um 1500.

Uschas: hinduistische Göttinnen der Morgenröte.

Uräus: Schlange, die sich nach der altägyptischen Mythologie an der Stirn des Sonnengottes gegen die Feinde aufbäumte und sie vernichtete mit ihrem Gluthauch; sie wird zu einem Herrschersymbol, das vom ägyptischen König als Diadem getragen wurde.

Utu: Sumerischer Sonnengott, der mit Schamasch identifiziert wird und als Scheibe, die hinter zwei Bergen aufgeht, dargestellt wird.

Vucub Caquix: („Sieben Papagei"), ein Vogelmonster und 'falsche Sonne' im Maya-Epos *Popol Vuh*.

Wadschra: Donnerkeil (Blitzstrahl), mythische Waffe Indras und anderer hinduistischer Götter.

Wairocana: ältester und erster Buddha im indischen *Guhyasamâja* (ca. 300 v. Chr.). In China, Korea und Japan wurde er zum Maha-Vairocana, dem „Großen Erleuchter".

Waruna: eine der ältesten wedischen Gottheiten, Hüter der sittlichen Weltordnung, im späteren Hinduismus jedoch der Gott des Wassers; er wird auch als der höchste Himmelsgott angesehen.

Wayu: hinduistischer Windgott, dessen goldener Wagen, der von tausend Pferden gezogen wird, von Indra gefahren wird.

Yakushi (japanisch; auch *Bhaishaijaguru*): heilender Bodhisattwa, der im allgemeinen mit Nikkô, dem Sonnenlicht, und Gakkô, dem Mondlicht, dargestellt wird.

Yama: hinduistische Totengottheit.

Yangshao: jungsteinzeitliche und frühbronzezeitliche Kultur in Zentralchina (5000–3000 v. Chr.), deren Träger in kleinen Siedlungen aus runden Häusern lebten und eine feine bemalte Keramik herstellten.

yantra: lineares Diagramm, das als Meditationshilfe dient.

Yin Yang: kosmologische Begriffe der chinesischen Philosophie; dem Yang entspricht das Männliche, der Himmel, die Stärke und Macht, dem Yin das Weibliche, die Erde und Nachgiebigkeit. Alle Wesenheiten werden einem der beiden zugeordnet.

yo domolo: ein geschnitzter hölzerner Schulterhaken, der von Mitgliedern der 'Ritualdiebe' innerhalb der Dogon-Gesellschaft getragen werden (in Mali und Burkina Faso), erinnert an eine Szene aus dem Schöpfungsmythos dieses Volkes.

Zikkurat: in der sumerischen, babylonischen und assyrischen Baukunst ein turmartiger Tempelbau, der sich in Stufen ansteigend über einer Terrassenanalge erhebt.

Bibliographie

Ahmad Hasan Dani

Banerji, J.N. *The Development of Hindu Iconography*. Calcutta, University of Calcutta, 156.

Bisswas, T.K.; Jha, Bogendra. *Gupta Sculptures*. New Delhi, 1985.

Dani, A.H. *Chilas: The City of Nanga Parvat*. Islamabad, 1983.

– *The Historic City of Taxila*. Paris/Tokyo, 1986.

– *History of the Northern Areas of Pakistan*. 2. Aufl., Islamabad, 1991.

Gardner, P. *The Coins of the Greek and Scythian Kings of Bactria and India in the British Museum*. London, 1886.

Gordon, D. H. *The Prehistoric Background of Indian Culture*. Bombay, 1960.

Kak, R.C. *Ancient Monuments of Kashmir*. New Delhi, Sagar Publications, 1971.

Majundar, R.C. (Hg.). *The Classical Accounts of India*. Calcutta 1960.

Marshall, Sir John. *Taxila*. Cambridge, 1951.

Rowland, Benjamin. *The Art and Architecture of India*. Baltimore, 1967.

Miranda Green

Green, Miranda. *Dictionary of Celtic Myth and Legend*. London, Thames & Hudson, 1992.

– *The Gods of Roman Britain*. London, Shire, 1983.

– *The Gods of the Celts*. London, Sutton, 1986.

– *The Sun Gods of Ancient Europe*. London, Batsford, 1991.

– *Symbol and Image in Celtic Religious Art*. London, Routledge, 1992.

Hua Tao

Gai Shanlin. *Yinshan Yanhua* [Die Felsmalereien von Yinshan]. Beijing, Wenwu Press, 1986.

Hua Tao. The Advance of Islam. In: Chen Dezhi (Hg.), *History of the Chinese Ancient Western Region*. Beijing, National Foundation for Social Studies, 1985.

Jiang Tingyu. *Tonggu Shihua* [Die Geschichte der Bronzetrommeln]. Beijing, Wenwu Press, 1982.

Qu Yuam. *Chuci* (hg. u. kommentiert v. Lu Kairu). Shanghai, 1980.

Ssu Ma Chien. *Records of the Grand Historians of China* (translated by Burton Watson). New York, Columbia University Press, 1961.

Wang Ningshen. *The Rock Paintings of Cangyuan County, Yunnan*. Beijing, Wenwu Press, 1985.

Yuan Ke (Hg.). *Shanghai Jin Jaozhu* [Beschreibungen von Bergen und Seen]. Shanghai, Shanghai Guji Press, 1980.

Zhou Dao, et al. *Henan Hangdai Huaxiang Zhuang* [Break Carvings der Henan Provinz. Han-Zeit]. Shanghai, Shanghai Meishu Press, 1985.

Jeannine Davis-Kimball and Anatoly Ivanovich Martynov

Allman, William. The Mother Tongue. *This World*, March 1991, S. 11–14.

Boyce, Mary. *Zoroastrians: Their Religious Beliefs and Practices*. London/Boston, 1979.

– *A History of Zoroastrianism*. Leiden, 1989.

Chernikov, S. *The Mystery of the Golden Mound*. Moskau, 1968.

Davis-Kimball, Jeannine. *Proportions in Achaemenid Sculpture*. Ann Arbor, MI, 1989.

Martynov, Anatoly. *The Ancient Art of Northern Asia*. Bloomington, IL, 1991.

Masson, V. *The Early Civilizations*. Leningrad, 1989.

Ogibenin, B. *The Indo-European Forefatherlands*. Gorki, 1989.

Radson. Ancient India: From the Earliest Times to the First Century AD. Chicago, 1974.

Wilson, Thomas. *The Swastika: The Earliest Known Symbol, and Its Migration, with Observations on the Migration of Certain Industries in Prehistoric Times*. Washington, DC, 1986.

Jacques Lacarrière

Bardout, Michèle. *La paille et le feu. Traditions vivantes de l'Alsace. Paris, Berger-Levrault, 1980.*

Dontenville, Henri. Mythologie française. Paris, Payot, 1973.

Les Evangilles des Quenouilles. (Anonymer Text aus dem 15. Jahrhundert ins moderne Französisch übersetzt von Jacques Lacarrière.) Paris, Editions Imago, 1989.

Gennep, Arnold van. *Manuel de Folklore contemporain*. Paris 1943.

Sebillot, Paul. *Folklore de France*. Bd. 1: *Le ciel et les esprits des airs*. 1909. Paris, Editions Imago, 1988.

Varagnac, André. *Civilisation traditionelle et genre de vie*. Paris, 1948.

Boris I. Marshak

Andreev, M. S. *Tadziki doliny Khuff*. Bd. 2, Stalingrad, 1958.

Azarpay, G. *Sogdian Painting. ThePictorial Epic in Oriental Art*. Berkeley/Los Angeles/London, 1981.

Boyce, mary. *Zoroastrians. Their Religious Beliefs and Practices*. London/Boston, 1979.

Dzahonov, U. Zemledel'cheskii narodnyi kalendar' u i schet vremeni u tadzikov Sohka. In: B. A. Lituvunsky (Hg.), *Ethnography of Tadjikistan*. Duschanbe, 1985.

Herzfeld, E. Die sasanidischen Quadrigae Solis et Lunae. *Archaeologische Mitteilungen aus Iran*, Bd. 2, 1930.

Lenz, W. Zeitrechnung in Nuristan und um Pamir. *Abhandlungen der preußischen Akademie der Wissenschaften*, 1938; *Phil.-hist. Klasse*, Bd. 7, Berlin, 1939.

Marshak, Boris I. *Silberschätze des Orients*. Leipzig, 1986.

– The Historico-cultural Significance of the Sogdian Calendar. *Iran*, Bd. 30, 1992.

Negmatov, N. N. O zhivopisi dvortsa afshinov Ustrushany. *Soviet Archaeology*, Nr. 3, 1973.

Ramiro Matos Mendieta

Conrad, W.G.; Demarest, A. A. *Religion and Empire: The Dynamics of Aztec and Inca Expansionism*. London/New York, Cambridge University Press, 1984.

Duviols, Pierre. Punchao, Idolo Mayor de Coricancha: Historia y Tipologia. *Antropologia Andina* (Cuzco), Bd. 1/2, S. 156–83.

Pease, Franklin. *El Dios Creador Andino*. Lima, Edición Mozca Azul, 1973.

Rowe, J. H. Religión e Imperio en el Antiguo Perú. *Antropologia Andina* (Cuzco), Nr. 1/2, 1976, S. 5–12.

Steward, J.H.; Faron, L.C. *Native People of South America*. New York/Toronto, McGraw-Hill, 1959.

Taylor, Gerald. *Rites et traditions de Huarochiri: Manuscrit Quechua du debut du 17ème siècle*. Paris, Editions l'Harmattan, 1980.

Zuidema, T.R. The Ceque System of Cuzco. *The Social Organization of the Capital of the Inca* (translated by E. M. Hooykass). Leiden, International Archive of Ethnography, 1964.

Mary Ellen Miller

Broda, Johanna; Carrasco, David; Matos Moctezuma, Eduardo. *The Great Temple of Tenochtitlan: Center and Periphery in the Aztec World*. Berkeley, University of California Press, 1987.

Clendinnen, Inga. *Aztecs: An Interpretation*. New York/London, Cambridge University Press, 1992.

Coe, Michael D. *The Maya*. London/New York, Thames & Hudson, 1987.

Covarrubias, Miguel. *Indian Art of Mexico and Central America*. New York, Knopf, 1957.

Miller, Mary Ellen. *The Art of Mesoamerica*. London/New York, Thames & Hudson, 1986.

Miller, Mary Ellen; Taube, Karl. *The Gods and Symbols of Ancient Mexico and the Maya*. London/New York, Thames & Hudson, 1993.

Morley, S.D. *The Ancient Maya*. Palo Alto, CA, Stanford University Press, 1983.

Pasztory, Esther. *Aztec Art*. New York, Harry N. Abrams, 1983.

Schele, Linda; Freidel, David. *A Forest of Kings*. New York, Morrow, 1991.

Schele, Linda; Miller, M.E. *The Blood of Kings: Dynasty and Ritual in Maya*

Art. Fort Worth/New York, Kimbell Art Museum/Braziller, 1986.
Weaver, M. P. *The Aztecs, Maya and Their Predecessors*. New York, Academic Press, 1981.

EDUARDO MATOS MOCTEZUMA

Broda, Johanna; Carrasco, David; Matos Moctezuma, Eduardo. *The Great Temple of Tenochtitlan: Center and Periphery in the Aztec World*. Berkeley, University of California Press, 1987.
Clendinnen, Inga. *Aztecs: An Interpretation*. New York/London, Cambridge University Press, 1992.
Pasztory, Esther. *Aztec Art*. New York, Harry N. Abrams, 1983.
Townsend, Richard. *The Aztecs*. London/New York, Thames & Hudson, 1992.

GREGORY NAGY
AND PANOS D. VALAVANIS

Frame, D. *The Myth of Return in Early Greek Epics*. New Haven, CT, Yale University Press, 1978.
Hoffmann, H. Helios. *Journal of the American Research Center in Egypt*, Bd. 2, 1963, S. 117–24.
Jessen, O. Helios. *Real Ecnyclopedie*. Bd. 7, 1, 1913, S. 58–93.
– Gestirnbilder in Athen und Unteritalien. *Antike Kunst*, Bd. 5, 1962, S. 51–64.
Nagy, G. *Greek Mythology and Poetics*. Ithaca, NY, Cornell University Press, 1990.
Sichtermann, H. Helios. *Enciclopedia dell'Arte Antica.*, Bd. 3, 1960, S. 1140–42.
Yalouris, N. Astral Representations in the Archaic and Classical Periods and Their Connection to Literary Sources. *American Journal of Archeology*, Bd. 84, 1980, S. 313–18.
Helios. *Lexicon Iconographicum Mythologiae Classicae*. Bd. 5, 1990, S. 1005–34.

JAN L. PERKOWSKI

Conte, Francis. *Les Slaves*. Paris, Albin Michel, 1986.
Dragomonov, M. P. *Notes on the Slavic Religio-ethical Legends: The Dualistic Creation of the World*. Bloomington, Indiana University Publications, 1961.
Georgieva, Ivanichka. *Bulgarian Mythology*. Sofia, Svyat Publishers, 1985.
Gimbutas, Marija. *The Slavs*. New York, Praeger, 1971.
Guiraud, Felix (Hg.). *Larousse Encyclopedia of Mythology*. London, Hamlyn, 1982.
Newall, Venetia. *An Egg at Easter*. London, Routledge & Kegan Paul, 1971.
Perkowski, J. L. Anointment of the Gods: A Solar Ritual of Renewal. *Miorita*, Bd. 7, Nr. 1/2, 1983, S. 46–50.
– *The Darkling: A Treatise on Slavic Vampirism*. Columbus, OH, Slavica Publishers, 1989.
– *Vampires of the Slavs*. Cambridge, MA, Slavica Publishers, 1976.
Vana, Zdenek. *The World of the Ancient Slavs*. Detroit, Wayne State University Press, 1983.

ALLEN F. ROBERTS
AND CHRISTOPHER D. ROY

Delobson, A.A. *L'Empire du Mogho-Naba*. Paris, Domat-Montchrétien, 1932.
Griaule, Marcel. *Conversations with Ogotemmeli: An Introduction to Dogon Religious Ideas*. London, Oxford University Press, 1965.
Heusch, Luc de. *The Drunken King or the Origin of the State*. Bloomington, Indiana University Press, 1982.
Jacobson-Widding, Anita. *Red-White-Black as a Mode of Thought*. Stockholm, Almqvist & Wiksell International, 1979.
– (Hg.). *Body Gender and Space: African Folk Models of Social and Cosmological Order*. Stockholm, Almqvist & Wiksell International, 1991.
Mudinbe, V. Y. *Parables and Fables: Exegis, Textuality, and Politics in Central Africa*. Madison, WI, 1991.
Nooter, M. (Hg.). *Art That Conceals, Art That Reveals*. New York, 1992.
Parkin, D. (Hg.). *The Anthropology of Evil*. Oxford, 1985.
Roberts, Allen; Maurer, E. (Hgg.). *The Rising of a New Moon: A Century of Tabwa Art*. Ann Arbor, University of Michigan Museum of Art, 1985.
Skinner, E.P. *The Mossi of the Upper Volta: The Political Development of a Sudanese People*. Stanford, CA, 1961.

JAMES F. ROMANO

Allen, J.P. *Genesis in Egypt: The Philosophy of Ancient Egyptian Creation Accounts*. New Haven, CT, Yale Egyptological Seminar, 1988.
Faulkner, R.O. *The Ancient Egyptian Book of the Dead* (hg. v. Carol Andrews). London, British Museum Publications, 1985.
– The Ancient Egyptian Coffin Texts. Warminster, Aris & Phillips, 1973–78 (3 Bde.).
Hart, George. *Egyptian Myths*. Austin, University of Texas Press, 1990.
Horming, Erik. *Conceptions of God in Ancient Egypt; The One and the Many*. Ithaca, NY, Cornell University Press, 1982.
– *The Valley of the Kings*. New York, Timkin Publishers, 1990.
Piankoff, Alexandre. *The Litany of Re*. New York, Pantheon Books, 1964.
– *The Shrines of Tut-Ankh-Amon* (hg. v. N. Rambova). New York, Pantheon, 1955.

JAMES R. RUSSELL

Boyce, Mary. *Zoroastrians: Their Religious Beliefs and Practices*. London, 1984.
– *Textual Sources for the Study of Zoroastrianism*. Chicago, 1990.
Britt, Tilia. *Studies and Restorations at Persepolis*. Rome, IsMEO, 1978.
Cumont, Franz. *Aufstieg und Niedergang der Römischen Welt*, Bd. 2, Berlin, 1984.
– *The Mysteries of Mithra*. New York, 1956.
Ghirshman, Roman. *Persia: From the Origins to Alexander*. London, Thames & Hudson, 1964.
– *Persian Art, 249 BC–AD 651*. New York, Golden Press, 1962.
Hinnells, John. *Persian Mythology*. New York, 1985.
Russell, James. *Zoroastrianism in Armenia*. Cambridge, MA, Harvard University Press, 1987.

ELIZABETH SCHULTZ
AND FUMIKO YAMAMOTO

De Barry, William T.; Keene, Donald; Tsunoda, Ryusaku (Hgg.). *Source of Japanese Tradition*. New York, Columbia University Press, 1961.
Dorson, Richard M. *Folk Legends of Japan*. Rutland, VT, Charles E. Tuttle, 1962.
Hisamatsu, Sen'ichi. *The Vocabulary of Japanese Aesthetics*. Honolulu, Center for East Asian Cultural Studies, 1963.
Muraoka, Tsunetsuju. *Studies in Shinto Thought* (übers. v. D. M. Brown und J. T. Araki). Tokyo, Ministry of Education, 1964.
Murasaki, Shikibu. *The Tale of Genji* (übers. v. E.G. Seidensticker). New York, Knopf, 1977.
Robbins-Maury, Dorothy. *The Hidden Sun: Women of Modern Japan*. Boulder, CO, Westview Press, 1983.
Reich, R. B.; Nathan, Robert. Is Japan Really Out to Get Us? *New York Times: Book Review*, February 9, 1992, S. 22–23.
Taro, Yashima. *The New Sun*. New York, Henry Holt & Co., 1943.

EDI SEDYAWATI

Ambo-Enre, Fachruddin. Kata Pengantar (Preface). In: R. A. Kern (Hg.), *I La Galigo, Cerita Bugis Kuno* [I La Galigo, Eine alte buginesische Erzählung] Indonesische Übers. v. La Side u. Sagimun M.D. S. vii–xii. Yogyakarta, Gadjah Mada University Press, 1989.
Ballard, Chris. Dudumahan: A Rock Art Site on Kai Kecil, Southeast Moluccas. *Indo Pacific Prehistory Association Bulletin*, Nr. 8, 1989, S. 139–61.
Bernet-Kempers, A.J. *Ancient Indonesian Art*. Amsterdam, Van der Peet, 1959.
Fontein, Jan. *The Sculpture of Indonesia*. Washington/New York, National Gallery of Art/Harry N. Abrams, 1990.
Hadimulyo; Sedyawati, Edi. Iconographical Data from Old Javanese Kakawins. *Proceedings of the Seventh IAHA Conference, 22–26 August 1977, Bangkok*. Bangkok, Chulalongkorn University Press, 1979, Bd. 2, S. 1151–67.
Holt, Claire. *Art in Indonesia, Continuities and Change*. Ithaca, NY, Cornell University Press, 1967.
Kosasih, S. A. Lukisan Gua Prasejaraj: Bentagan Tema dan Wilayahnya [Prähistorische Höhlenmalerei]. *Diskusi Ilmiah Arkeologi II: Estetika dalam Arkeologi Indonesia* [Archäologische Diskussion II. Ästhetik in der indonesischen Archäologie]. Jakarta, Pusat Penelitian Arkeologi Nasional, 1987, S. 16–37.
Lohuizen-deLeeuw, J.E. van. Sûrya in Indonesia. *The 23rd Congress of Orientalists*. 1955.

Moens, J.L. Was Pûrnavarman van Târumâ een Saura?]War Pûrnavarman von Târumâ ein Saura?] *Tijdschrift v. h. Bataviaasch Genootschap van Kunsten en Wetenschappen*, Nr. 80, 1940, S. 78–109.

Pott, P. H. *Yoga and Yantra: Their Interrelation and Their Significance for Indian Archaeology*. The Hague, Koninklijk Instituut voor Taal-, Land- en Volkenkunde, 1966.

Sedyawati, Edi. Cosmological Interpretations of Javanese Temples. *Symposium on Indonesian Views of Time and Space, October 11–12*. San Francisco, The Asian Art Museum and the Society for Asian Art, 1991.

Soekmono. *Candi: Fungsi dan Pengertiannya* [Candi: Seine Funktion und Bedeutung]. Unpublizierte Dissertation, University of Indonesia, Jakarta, 1974.

Stutley, Margaret; Stutley, James. *A Dictionary of Hinduism: Its Mythology, Folklore and Development 1500 BC–AD 1500*. London, Routledge & Kegan Paul, 1977.

Stutterheim. W. F. De Plaatsing der Rama-Reliefs van Tjandi Lara-Djonggrant en de Zonne-omloop [Die Plazierung der Rama Reliefs von Candi Lara Jonggrang und der Lauf der Sonne]. *Bijdragen v. h. Koninklijk Instituut voor Taal-, Land- en Volkenkunde, Nr. 84, 1928.*

MADANJEET SINGH

Bhattacharyya, Benoytosh. *The Indian Buddhist Iconography*, 1958.

Kramrisch, Stella. *Exploring India's Sacred Art*. Edited by Barbara Stoler Miller, 1983.

Singh, Madanjeet. *Indian Sculpture in Bronze and Stone*. Rome, Italian Institute of the Middle and Far East, 1951.

– *Himalayan Art*. New York, New York Graphic Society, 1968.

Coomaraswamy, Ananda K. *Svayamātrnnā: Janua Coeli. Zalmoxis*, Bd. 2, 1939.

– *The History of Indian and Indonesian Art*. 1927.

Dowson, John. *Hindu Mythology and Religion*. Calcutta, Ruper, 1991.

Hall. *Sûrya Sidhanta* (übers. v. Whitney und Burgess). Biblioteca Indica, 1923.

Symposium papers on Helios – from myth to solar energy – presented at the State University of New York, Albany, 1978.

ATSUHIKO YOSHIDA

Anesaki, Masaharu. *History of Japanese Religion*. 1930, ND 1963.

Bando, Shojun. *A Bibliography of Japanese Buddhism*. 1960.

Chandra, Lo Kesh. *The Esoteric Iconography of Japanese Mandalas*.

Eliot, Charles. *Japanese Buddhism*. 1935, ND 1959.

Getty, Alice. *The Gods of Northern Buddhism*. 1928.

Hanayama, Shiuso. *A History of Japanese Buddhism*. 1960.

Kitagawa. J.M. *Religion in Japanese History*. 1966.

Suzuki, D.T. *Essays in Zen Buddhism*. 1927–61.

Takakasu, J. *The Essentials of Buddhist Philosophy*. 1956.

VERA N. ZALESSKAYA
AND YURI A. PIATNITSKY

Blankoff, J. Survivances du paganisme en vieille Russie. *Problèmes d'histoire du christianisme*. Brusselles, 1979.

Chatzidakis. M.; Djuric, V. *Les icons dans les collections suisses*. Genève, 1968.

Cumont, F. Il Sole vidici dei delitti ed il simbolo dele mani alzate. *Memorie della pontificia Accademia Romana di Archeologia*, Serie III, Bd. 1, T. 1, Roma, 1923.

Gabeli, G. S. Contribution to the Iconography of Saint Mamas and Saints with Attributes. *Second International Congress of Cypriot Studies*, Bd. 2, Nicosia, 1986.

Grabar, A. Un médaillon en or provenant de Mersine en Cilicie. *L'art de la fin de l'antiquité et du Moyen Age*. Bd. 1, Paris, 1968.

Moreau, J.B. *Les grands symboles méditerranéens dans la poterie algérienne*. Algier, 1976.

Sapunov, B.V. Pamiatniki materialnoy kultury dvoevertsev. *Trudy Gos. Ermitaja*, Bd. 11, Leningrad, 1970.

Velmans. L'image de la Deisis dans les églises de Georgie et dans le reste du monde byzantin. *Cahiers archéologiques*, Bd. 31, Paris, 1983.

Yakobson, A.L. *Srednevekovuj Hersones*. Moskau/Leningrad, 1950.

Zalesskaya, V.N. Classical Symbolism in Early Byzantine Art. *East Mediterranean and the Caucasus in the Fourth to Sixteenth Centuries*. Leningrad, 1988.

Quellennachweis

Karidin Akmataliyev, Frunze, 16–18, 325–327, 333
Anaya, Madrid, 520
Archaeological Survey of India, New Delhi, 268, 273–278
Artephot, Paris, 130–131
Aurora Art Publishers, St. Petersburg, 385
Dirk Bakker, Michigan, 49, 92, 307–309, 315–324
Benrido, Kyoto, 247
Victor R. Boswell, Jr. und Otis Imboden, 25, 65, 84, 133–134, 138, 141
Jack Breed, 161
Ciccione/Rapho, Paris, 56
Jeannine Davis Kimball, Berkeley CA, 339
Andris Eglitis, Riga, 132
Mihail Enev, Sofia, 395
Fabbrica di San Pietro in Vaticano, Rome, 204
Fiat Foundation, Paris, 57
David Freidel, Dallas, 490–491
Galerie Schmit, Paris, 209
Gamma, Paris, 185
Marcela Garcia, 192, 193, 228
George Gerster/Rapho, Paris, 77
Giraudon, Paris, 440
D.N. Goberman, Moscow, 384
Chikao Gotoh, Nara City, 249
Hidesaburo Hagiwara, Tokyo, 6
Hirmer Verlag, Munich, 40
David Joralemon, 494
Boris Kelemen, Zagreb, 389
Justin Kerr, New York, 483, 488, 495, 497
Matti Kolho, Lehtikuva, Helsinki, 415
S.A. Kosasih, 310–312
Jürgen Liepe, Berlin, 51, 102, 169, 298, 450, 460–462
I.S. Madanayake, Colombo, Sri Lanka, 101, 160
Paul Marggraff, 511
Jamshed Marzban, Bombay, 354
Roland and Sabrina Michaud/Rapho, Paris, 20, 23–24, 38, 61, 145, 170, 188
Lyubomir Mikov, Sofia, 398
Khojeste Mistree, Zoroastrian Studies, Bombay, 361
Krzysztof Pawlowski, Montpellier, France, 176
Photomedia, New Delhi, 107, 224, 271–272
Robert Polidori, 177–178
Réunion des Musées Nationaux, Paris, 3, 22, 33, 67–68, 89, 97, 100, 156, 351, 456, 459
James R. Russell, 358, 360
Richard Schneider, Strasbourg, 441
Shinto Shrine, Ise, Japan, 31, 127, 227, 243–244
Boris Shirokov, Aurora Art Publishers, St. Petersburg, 392
Madanjeet Singh, 1–2, 5, 8, 19, 21, 27–29, 36, 39, 44–46, 52, 54, 59, 62, 69, 74, 83, 85–86, 88, 103, 105, 108–126, 128–129, 137, 139–140, 143–144, 148–150, 152–155, 157–159, 162–166, 171–174, 181, 183–184, 187, 190, 199, 213–218, 220, 222–223, 229, 234–235, 237–238, 240, 246, 265–267, 279, 282–285, 291–297, 299–306, 329–331, 334, 338, 341, 352, 355–357, 359, 362, 365–366, 368, 393–394, 417, 447, 464–473, 477, 484, 486, 498, 500, 503–505
Stefan Slanov, Sofia, 391
Sotheby's Collection, New York, 182
Svyat Publishers, Sofia, 396
Vladimir Terebenin, St. Petersburg, 53, 63–64, 75, 93, 107, 342–345, 347–350, 353, 364, 369–378, 381–383, 406–407, 409–411, 413
Ukrainian Gift Shop, Minneapolis, Minnesota, 387
Zdenek Vana, Kiev, 386
Francesco Venturi, KEA Publishing, London, 34, 42, 106, 179–180, 514
Jacques Verroust, Paris, 445–446
Sun Yifu, China Pictorial, Beijing, 55
Michel Zabe, Mexico City, 35, 47, 50, 80, 90, 99, 142, 225–226, 485, 499, 501–502, 506–508

Besonderer Dank gilt all jenen Museen, Bibliotheken, Institutionen, Photoagenturen, Organisationen und Einzelpersonen, die in diesem Werk genannt oder zitiert sind und die hervorragendes Abbildungsmaterial zur Verfügung stellten, wobei sie ganz oder teilweise auf Reproduktionsgebühren verzichteten. Sie sind durch einen entsprechenden Bildnachwes gekennzeichnet. Sollte ein solcher Bildnachweis einmal unabsichtlich unterblieben sein oder ungenau sein, so wird dieser in den nachfolgenden Ausgaben berichtigt werden, sofern er dem Verlag mitgeteilt wird.

Index